人類の聖書

LA BIBLE DE L' HUMANITÉ

多神教的世界観の探求

ミシュレ

大野一道 訳

藤原書店

ハヌマーン　『ラーマーヤナ』に登場する猿の英雄。ラーマを助けて活躍する。

アグニ　『リグ・ヴェーダ』の火神。

インドの神々

ミトラ　元来は『リグ・ヴェーダ』の友愛の神。やがて昇る太陽に先立つ光として、完全性や調和を体現し、ペルシアやローマでも崇拝された。

ラーマとシータ　『ラーマーヤナ』の主人公。

インドラ　『リグ・ヴェーダ』の武勇神。

『ラーマーヤナ』　魔王ラーヴァナとハヌマーンの部隊との戦闘場面。

ペルシアの神々

オフルマズド　古代ペルシアの最高神で、賢明な主を意味した。

アフリマン　オフルマズドの宿敵で、悪の最高神。

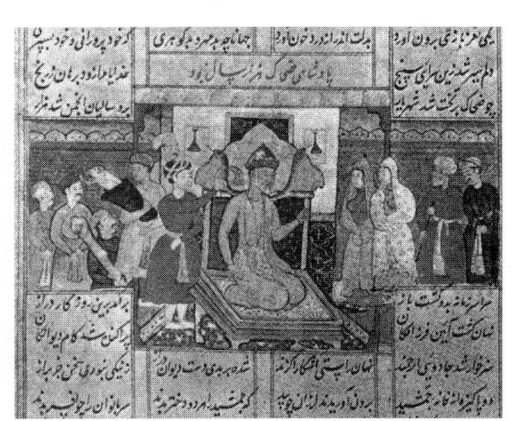

ザッハーク　『シャー・ナーメ』に出てくるヘビを両肩に生やした邪悪な王。

バッコス　酒と陶酔と解放の神。ディオニュソスのローマ名。後期ギリシア世界最大の神となった。（カラヴァッジオ画）

デメテル　「母なる大地」を意味する大地母神。プロセルピナの母。ディオニュソスの母という説もある。

アッティス　フリュギアの大地母神キュベレに愛された若者。

ギリシアの神々

プロメテウスの人間創造　プロメテウスはティタン族の一人で、神々に反抗し、神々から火を盗んで人間に与えたため罰せられた。

ディオニュソス　バッコスのギリシア名。

ヘラクレス　ギリシア神話最大の英雄で数々の偉業をなした。

エジプトの神々

オシリス　エジプトの救世神。死の主神。

イシス　オシリスの妻で妹。ホルスの母。

ホルス　オシリス殺害後、奇跡的力によってイシスがもうけたオシリスの子。

シリア、オリエントの神々

アドニスの死　アドニスはアフロディテに愛された若者。狩の最中に猪に突かれ死んだ。その血からアネモネが、彼を悼んでアフロディテが流した涙からバラが生じたという。（デル・ピオンボ画）

バアール　カナン人の豊穣神で「主」を意味する。

アスタルテ　カナンの、とりわけビブロスの大地母神。

マリアとアンナとイエス
（レオナルド・ダ・ヴィンチ画）

マグダラのマリア　（ドナテロ作）

ユダヤ・キリスト教の世界

ヨセフとイエスとマリア　（ラファエロ画）

人類の聖書／目　次

水を呼び出し大地を肥沃にする　生命の木　ホーマ　木＝光＝言葉　「言葉」によって人間は世界を支え生み出す

二　**善と悪の戦い、最終的許し**　*82*

イラン対トゥーラン　アッシリアの竜　労働、秩序、正義　水の正しい分配　オフルマズド対アフリマンの宇宙的戦い　あらゆる良きものは、オフルマズドがアフリマンを打ち破り、まっとうなものにするよう助ける

三　**翼をもった魂**　*90*

自らの魂を讃える　来世へと移行する魂に対する不安　太陽は死体を吸収し、鳥は魂を拾いに来る　魂は天使に迎えられ（その生命は変貌す）る

四　**ワシとヘビ**　*97*

竜の君臨　解放者としての鍛冶屋　ワシがバビロンに侵入する　ワシはアジアの魂として留まる

五　**『シャー・ナーメ』――強い女**　*102*

泉への崇拝　ペルシアのホメロス、フェルドゥーシー　家族の伝統　母　夫婦愛　フェルドゥーシーの生涯と不幸

3　ギリシア ……………………………… *113*

一　**インド、ペルシア、ギリシアの緊密な関係**　*113*

ギリシアはサラミスで世界を救い、ルネサンスで世界を復興させる　ギリシアの変革と教育の天分

二　**母ナル大地、デメテルあるいはケレス**　*117*

ペラスゴイ人の聖なる神秘、〈大地の魂〉　インドの優しさ、血への嫌悪　母の〈受難〉　ケレスの伝説の汚れなさ　花の祭り　法の祭り　ケレスは都市を創り、「不死」を教える

三　**イオニアの神々の軽やかさ、人間の家族の力**　*132*

ギリシアは反祭司的である　神々の階梯（火、大地、水、空）　神々の教育、神話から神話へ　ギリシアの高邁で軽やかで汚れない生　本来的家族は、そこでは『ヴェー

ダ』の家族とほとんど違わない　男と対等で、論争の裁き手である女

四　都市の創出　*147*

ギリシアの晴朗、その雄々しいほほえみ　体操的な汚れない戦い——いかなる奴隷もいない　ギリシアはドーリア戦争で、ヒロテ、クレロテ等の厳しい隷属で翳らされる　運命の神、モイラ、ネメシス　救い主プロメテウスは「都市」だった

五　教育——子供——ヘルメス　*158*

アテナイは市民、英雄、〈人間〉を一度に形成する　自由、活力、幸福の教育　ヘルメスは子供に翼とリズムを与える　ギリシア語の奇跡

六　アポロン——光——調和　*169*

デルフォイ　その彫像の地上楽園　どのようにしてアポロンは人間化され神化されたか　野蛮な笛対竪琴の戦い　デルフォイの平和をもたらす競技　アポロンにおけるギリシアの高度の調和

七　ヘラクレス　*179*

ヘラクレスは竪琴に賛同し、バッコスの笛に反対する　「働くこと」と「働く者」　ヘラクレスは大地を服従させ加工する　この神話がいかにホメロスを凌駕しているか　私生児、末っ子、奴隷——世界の犠牲者にして恩人　彼はギリシアを平和にし、悪者と河とを制圧する　大地全体に歓待の権利を基礎づける　神々の嫉妬　バッコスはケンタウロスを武装させる　ヘラクレスは地獄に行くよう強いられる　彼はアルケスティスを連れ戻す　意図せざる罪　隷属状態　死　彼は能動的、活動的〈受難〉の典型を残す

八　プロメテウス　*197*

兵士であり、厳しい批評家であり、預言者であるアイスキュロス　アテナイの破格の栄光に包まれ、彼は予感で頭がいっぱいだ　新しい芸術　バッコスの君臨　〈若い〉神々と差し迫った専制とに反対するアイスキュロス　アイスキュロスは、圧政者ユピテル＝バッコスに対して、「正義」の息子プロメテウスを反＝圧政者として喚起する　プロメテウスはストア派哲学者と法律家とを予告する　ギリシアは戦争によっても、奴隷制によっても、悪い風俗習慣によっても滅びはしない——家庭の衰弱と女の孤独（サッフォーの例）によって、そしてオリエントの神々の苛立たしい侵入によって、滅ぶのである

第二部　夕闇、夜、薄明の民

1　エジプト、死……………………………………231

死の巨大な重要遺物　生の大河　壮大なハーモニー　すべての者はそれを模写した　イシスの善意　祭壇上の家族　オシリスの死　イシスの服喪（永遠の真実の物語）　愛は死よりも強し　オシリスは彼女のために戻ってくる　愛する対象に結びつく、排他的で極めて個人的な愛　イシスは暗殺者の息子アヌビスを養子にし授乳する　アヌビスは技術を創り、死者を導き安心させる　エジプト人の厳しい条件その惜しみなく与える生活　その悪霊への恐怖　木は彼のために心なごみ、託された彼の心を受け取る　サトゥの物語（モーセ時代の話）

2　シリア、フリュギア、無気力……………………251

みだらな理想　女＝魚＝鳩　アスタルテとモロク――売春、去勢　近親相姦の伝説――セミラミス、ロト、ミュラ　セミラミス――バベルのマギ、女＝妻　埋葬のディオニュソス信仰的狂乱　アドニスの近親相姦的で葬儀を思わせる誕生　アドニスの死――服喪と復活　〈アドニス祭〉の巨大な影響　男性的力の消滅　バビロンの歓待　マギ的女王たち　偶像〈母〉と神との不純な統一　キュベレの聖職者――その教皇たち――古代世界のカプチン会修道士、その托鉢僧たち

3　バッコス＝サボス、その化身、僭主……………267

オリエントの神々の侵入　バッコス的、プリアポス的魂　ペオルのバアール　バッコス＝サバジオスとその〈受難〉　それはエレウシスを支配し〈仲介者〉となる　愛の仲介者（饗宴）　僭主と奴隷の神、征服者バッコス　女たちのバッコス祭的乱痴気騒ぎ

4　続き――サボスの化身　軍事的バッコス祭…………279

オリンピアスは、ヘビのサボスからアレクサンドロスを宿したと主張する　アレクサンドロスは野蛮人の外見と性格を持った　その遠征はずっと前から準備された　彼はアキレウス、キュロス等を演じる　傲慢と亡恩——彼は自らを崇拝させる　カリステネスの抵抗（〈活力の哲学〉）　新しいバッコスの再来——それへの乱痴気騒ぎ　彼の話はメシア待望論にはずみをつける　マギたちは君主制のしきたりを立案、それがこれ以降模倣されていく

5　ユダヤ人、奴隷 …………………………………… 296

ユダヤ人とシリア、フェニキア、カルタゴとの血縁関係　ユダヤは、なりふりかまわず住民を引き寄せた　ユダヤが外国人と奴隷とに開かれた〈避難所〉であったというあかし　平和的で投機的なユダヤ人の性格　ユダヤ人は奴隷のため息を不滅のものにしたという栄光をもつ　夜の歌　砂漠の精霊、復讐者エホバ　『聖書』における二つの宗教、エロヒムとエホバ　これら二つの信仰を純化するための預言者たちの努力　ユダヤ人は自らを〈選ばれた者〉と信じる——神はユダヤ人にすべてを許すだろう　神は卑しき者や罪ある者を愛する　「法」の雄々しい面が、「恩寵」の女性的教義を覆い隠す　エレミアとエゼキエルは〈罪の世襲〉に反対し、「正義」を求め声高に叫ぶ　捕囚　小さな用心についての金言　『聖書』は大いなる体験を示す　すばらしい物語　想像上の虐殺　乾いた炎　パリサイ派の無味乾燥　カバラの無味乾燥　［注］　ユダヤ人の様々な功績　ユダヤ人は内的自由の感情によって立ち上がる〈最良の奴隷〉である　神秘主義の奇妙にまじったアルファベットへの崇拝

6　女、世界 …………………………………… 318

「雅歌」　そのシリア的淫蕩の性格　そのユダヤ的繊細さと激烈さの性格　七つの悪霊への娘の至上権　快楽と同じく辛い仕事にも通じたシリア女　男の内気な慎重さ　一般的無気力　物語の到来　ユダヤの物語　「エステル」は、当時至る所に広がっていたシリア、ユダヤ、ギリシア＝フェニキアの女たちの、一般的な物語を伝える　彼女たちは売られ、また賃貸される　オリエントの神々への彼女たちの愛着　ローマの既婚女性も同様である　死の神々（エジプト等の）がローマに侵入する

7　女とストア学派の、法と恩寵の戦い——ローマにおける …………… 340

8　女の勝利……358

イタリアの天分　それはまずオリエントを拒絶し、カルタゴを破壊する　ストア哲学　法律学の飛躍的発展　法律学は、消耗し衰弱した世界を見出した　それは自らの敵、「女」や母に、つまりメシア信仰の主導者に、有利になるよう働いた

キリスト教はマリアから生まれた　三六九年まで女は祭司だった　いかにしてマリアからイエスは生まれるか　『プロートエヴァンゲリウム』、（マリアの）〈原始福音書〉　〔エルサレムの〕神殿とシナゴーグの闘い　ラビたち　イエスは自らしか教えない　三人の女が伝説を始める　『プロートエヴァンゲリウム』によるマリアの生涯　イエスを取り囲む女たち　マグダラのマリア　パウロを取り囲む女たち　テクラ、リディア、フェベ　「恩寵」の「法」に対する宣言、「ローマの信徒への手紙」　フェベはこの書簡をローマへ、ネロの宮殿へ持ってゆく　際限ない服従の教義　ネロの二重の性格　フェベがストア派哲学者と法律家に対して、行ない続けねばならなかった闘い　四世紀にわたる女＝祭司の力

9　世界の衰弱、中世の粉砕……383

死を待つこと　無気力　野蛮人に開かれた帝国　帝国はミトラをイエスに対立させる　文学的無気力、ヘルマス　自然への憎しみ、父親の軽視　ヨセフの痛ましい福音書（ファブリ・リグナリイ）　予定説とあらかじめの劫罰　中世の粉砕

結　論……402

もはや批判せず、（さしあたり）中世を忘れること　未来に向けて歩み、真に〈人間的な方向〉をとること　〈深い信仰〉が築かれる、というのも「科学」と「意識〔＝良心〕」が理解しあったからである　いかにして新しい道において、揺るぎないものとなるか

訳者解説――『人類の聖書』、あるいは神々と人類の照応史……407

索　引　426

人類の聖書

多神教的世界観の探求

凡例

一、原注は＊、＊1、＊2……で示し各段落末に入れた。

一、訳注は（1）、（2）、（3）……で示し各段落末に入れ、番号は節ごとに起こしなおした（第Ⅱ部は節がないので章ごと）。段落末の原注の記述が長いものも多いため、訳注は原注の前に配置した。短い訳注は本文中に〔　〕で挿入した。

一、原文中の引用文は「　」で括って示したが、引用文中の引用文は『　』で括った。

一、原文中イタリックで強調されている箇所は〈　〉で括った。

一、原文中普通名詞で大文字で書かれている語は「　」で括った。ただし引用文中では『　』で括った。

一、引用原文が、ラテン語、ギリシア語の場合は〈　〉で括り、原則としてカタカナ表記した。ただし、フランス語訳の原文として挿入されているものは、すべて省略した。

一、書名、著作名は『　』で括って示した。ただし雑誌や新聞名、また聖書中の各巻の名前は「　」で括って示した。

一、目次の内容小見出しは原書のものである。ただし第二部第七章のタイトル中「――ローマにおける」という部分は、内容を理解しやすくするため訳者が補った。

序文

人類は、共通する一つの「聖書」の中に、絶えず自らの魂を託している。それぞれの偉大な民が、その中に、自らの一節を書き込んでいる。

それらの節は、じつに明快に見てとれるが、しかし形式はさまざまであり、まことに自由な書き方をされている。こちらでは偉大な詩または歴史的物語の形で、あちらではピラミッドや彫像の形で、といった具合に。ときには一つの神が、一つの都市が、書物以上に雄弁に語る。言葉を使わないでも魂そのものを表明する。ヘラクレス[1]は一つの節である。アテナイ[2]は一つの節である。『イリアス』[3]と同じか、あるいはそれ以上に。ギリシアのすぐれた天分は、まさしくパラス・アテナ[4]の中に存在する。

（1）**ヘラクレス**　ギリシア神話に出てくる最大の英雄の一人。
（2）**アテナイ**　ギリシア共和国の首都アテネの古称。
（3）**『イリアス』**　古代ギリシア最大の叙事詩人ホメロスの『オデュッセイア』と並ぶ作品。古代ギリシア世界での大事件、トロイア戦争を歌う。
（4）**パラス・アテナ**　アテナイの守護神ともされる女神アテナの称呼の一つ。元来パラスはトロイアのアテナ神殿に安置されていた古い神像のことである。

人が書き忘れたものこそ最も奥深いもの、それによって人びとが生き、行動し、息づいていた生命そのものであるということがしばしば起きる。あえて誰が「今日私の心は高なった」などと言うのか。彼ら、あの英雄たちは行動した。われわれこそ彼らのことを書き記し、彼らの魂を、彼らの高潔な心を、すべての時代がそこから糧を得るであろうその魂を再発見すべきである。

われわれの時代は何としあわせな時代か！　電線を通して地球上の魂を、今現在の中に一つに結びつけ調和させる時代である。歴史の流れを通し、いくつもの時代を照応させ、友愛にみちた過去を共有していたという感覚を与え、地上の魂が、同じ一つの心によって生きてきたことを知る喜びを与える！

これは、ごく最近起きたまさに今世紀的現象である。これまでは手段が欠けていた。いまや今日的手段（科学、言語、旅行、あらゆる分野での発見）が、一度にわれわれのもとにやって来た。不可能だったことが突如容易になった。空間と時間の深淵を、天の向こうの天を、星々の向こうの星々を、次々と見通せるようになった。一方、時代から時代へとどんどん遡ることで、巨大な古代エジプトをその王朝において、古代インドをその神々や次々とやってきて重なり合う言語において、見通せるようにもなった。

こうして知識が拡大していけば、いっそうの不一致が見いだせるだろうと予測されたのに、逆に調和のほうが、しだいに姿を現してきたのである。星々は、その太陽スペクトルが金属成分であるということが分かったばかりだが、われわれの太陽とほとんど変わらないように見える。言語学によって遡りうる歴史上の時代も、精神的な大きな物事にあっては、現代とごくわずかしか違っていない。とくに家庭と心のこもった情愛に関し、また仕事と権利と正義との基本的観念に関し、太古の世界はまさにわれわれである。世界の黎明期と名づけうる『ヴェーダ』(5)の頃の原初インドと、『アヴェスタ』(6)の頃のイランは、家庭と創造的仕事の点で、たいへん力強く素朴で心うつ手本を残しており、不毛と禁欲主義の〔ヨーロッパ〕中世よりも、はるかにずっと、われわれの近くにいる。

（5）**『ヴェーダ』**　古代インドのバラモン教の根本聖典で、『リグ・ヴェーダ』等四つある。原義は「知」ということ。

（6）**『アヴェスタ』**　ゾロアスター教の聖典集。その中に神事書で大祭儀に読誦されたヤスナ等が含まれている。

本書の中に否定的なものは何一つない。われわれの祖先たちが、自らの思いや心情に関して編み上げてきた生きた道筋が、普遍的な骨組みが、存在するばかりである。われわれはそれと気づくことなく、その骨組みを引き継いでいる。われわれの魂も、あすになれば理解するだろう。

これは、一見そうと思われるような宗教の歴史ではない。宗教の歴史を他と切り離して別扱いすることは、もはや出来ない。われわれは分離法からは完全に脱却するだろう。われわれがたどってゆく生命の全体的道筋は、引き抜かない限り分離できない二十もの絡みあった糸によって織りなされている。愛、家庭、法、技術、産業の糸が絶えず宗教の糸に混じりあう。精神活動が宗教を包含するのであって、それが宗教の中に包含されるのではない。宗教は〈原因〉ともなるが、それ以上にはるかに〈結果〉である。宗教はしばしば、その中で真の生命がゆらめき動く一つの枠組みとなる。それはしばしば、生来のエネルギーの媒体や手段となる。

信仰が心を作るときには、すでに心自体の方で信仰を作っていたということなのだ。

私の書物は、われわれの祖先たち、光の息子アーリア人のところ[7]、つまり〈インド人、ペルシア人、ギリシア人〉のところで、燦々とした陽光を浴びて生まれる。ローマ人、ケルト人、ゲルマン人は、そこから枝分かれして下ってきた者たちだ。*

（7）**アーリア人**　インド・ヨーロッパ語族に属する古代民族で、紀元前一五〇〇年ごろ、中央アジアからインドやイラン（＝ペルシア）に移住した。現在のヨーロッパやアジアの多くの民族と文化的共通性をもっている。

＊　本書は限りなく単純な構造でできている。この分野での最初の試みは、最高に明晰なものしか与えるべきではなかったから、次のことどもを除外した。一、未開人の生活に関すること。二、中心から離れた世界（中国等）。三、ほとんど痕跡がなく、年代についても議論されている世界（ケルト等）。四、はっきりと認識できる諸社会に関してさえ、決して民衆のものとならなかった高度の抽象概念は、とりわけ遠ざけねばならなかった。哲学者については語られ過ぎている。彼らの書物はギリシアにおいてさえ、ほとんど読まれなかった。アリストテレスはまこと適切にも、あのアレクサンドロスの間抜けを馬鹿にしたが、それは『形而上学』が〈出版された〉のに対しアレクサンドロス〔大王〕が苦情を言ったからである。アリストテレスのこの本は未完のごとくに扱われ、長く長く忘れ去られていた。

彼らの高度の天分とは、人類にとって必須で不可欠なタイプの物事を、一番最初に創造したことである。『ヴェーダ』時代の原初インドは、われわれに、いかなる時代にも勝る自然な汚れなさと比類ない高貴さの中で、〈家庭〉を与える。

ペルシアは、偉大さ、力強さ、創造的力において〈雄々しい仕事〉を教える。こんなにも力あふれているわれわれの時代自体が、羨みたくなるくらいである。

ギリシアは、もろもろの術に加え、すべての中で最も偉大なもの、〈人間を作る術〉をもっていた。桁外れに豊かで素晴らしいその力は、それ以降に作りだされたものを凌駕し、問題ともしない。

もしも人間が早い時期から、その三つの〈生命原理〉（呼吸、血液循環、消化吸収）をもっていなかったら、人間は間違いなく生きられなかったろう。

もしも古代文化からすでに、人間がその大いなる社会的器官（家庭、仕事、教育）を所有していなかったら、人間は生きつづけられなかっただろう。社会は消失しただろうし、個人でさえそうなっただろう。

したがって社会的器官の自然な類型が、早い時期から、素晴らしく比類ない美しさで存在したのである。純粋さ、力、光、無垢といった美しさで。

まったき幼年時代である。しかしこれ以上偉大なものは何一つない。

汚れなき乙女たちよ、子供たちよ、来たまえ、そしていくつもの光の「聖なる書」を手に取りたまえ。そこではすべてが健康的で純粋きわまりない。

最高に純粋なもの『アヴェスタ』は、太陽の光線である。

ホメロスとアイスキュロス[8]は、偉大な英雄神話とともに、若々しい生命に、みずみずしい三月の樹液に、輝かしい四月の青空にあふれている。

（8）**アイスキュロス**（前五二五頃〜四五六）　ギリシアの悲劇詩人。前四九〇のマラトンの戦い、前四八〇のサラミスの海戦に参加したといわれる。『縛られたプロメテウス』ほかがある。

暁は『ヴェーダ』の中にある。『ラーマーヤナ』[9]（近代的貧弱さを感じさせる五〜六ページは取り除きたまえ）には、甘美な夕暮れがある。そこでは、あらゆる幼年時代が、「自然」の母性が、精霊が、木々が、獣たちが、一緒になってたわむれ、心を魅了する。

（9）**『ラーマーヤナ』**　古代インドの大叙事詩。現在のような形は、紀元二世紀末にヴァルミーキによって編纂されたといわれる。

メンフィス[10]、カルタゴ、ティール[11]とユダヤ地方、ごく自然にこの三カ所からできている光の聖なるトリオに対し、対照的に南国のほの暗い天分が対立する。エジプトは記念建造物の中に、ユダヤは書いたものの中に彼らの「聖なる書」を、闇にみち深遠な影響力をもったそれらの書を託した。

（10）**メンフィス**　古代エジプトの都市。

（11）**ティール**　レバノン南部の港町。紀元前十一世紀から前七七四までフェニキアの首都。古代最大の都市の一つで、アフリカ北部、現在のチュニス近くにあった都市国家カルタゴの母市でもあった。

光の息子たちは、生を際限なく開拓し豊かにした。だが彼らは死の中へと入った。シリアの信仰では死と愛が一体となって混じりあい、激しく発酵する。このシリアの信仰が至る所に広まったのである。

諸国民のこの群れは、間違いなく人類の二次的側面であり小さな半分である。だが彼らの占める部分は交易および書いたものにより、カルタゴとフェニキアにより、アラブの征服により大きなものだし、ユダヤの『聖書』が多くの国民になした、もう一つの特異な征服も大きい。

この貴重な記念碑は人類がかくも長きにわたって宗教的生命を追い求めたもので、歴史にとっては素晴らしいものだが、啓発するものとしては、はるかに程度が落ちる。そこには、じつに多くの時代と状況との、またそれを生みだした変幻自在な想念との多種多様な痕跡が、まこと当然ながら保たれてきた。それは教条的に見えるが、あんなにも一貫性を欠いていたから教条的ではありえないのだ。宗教的道徳的原理はそこにあって、エロヒム[12]からヤハウェへと果てしもなく揺れ動く。随落の宿命論とか、神の自由裁量による救済の選択等が至る所で見いだされるが、それらは「エレミヤ書」[13]や「エゼキエル書」の美しい章とは、激しく食い違う。彼らの書には、今日われわれが理解しているように、「法」の公布がある。道徳の細部でも同様の矛盾がある。たしかにイザヤの大きな心は、いわゆるソロモンの書[14]といわれるものが巧みに多様な解釈を許しているやり方や、小心な用心深さを見せているのとは無限に隔たっている。一夫多妻や奴隷制等に関し『聖書』は詳しいが、あるときは賛成し、あるときは反対しているのだ。

(12) **エロヒム**　「神」を意味するヘブライ語の「エロアハ」の複数形。『旧約聖書』本文中に二五五〇回ほど用いられている。それに対し「ある」とか「成る」を意味する動詞ハーヤーに由来する「ヤハウェ」(これが、その後エホバに転ずる)は六八〇〇回ほど用いられている。その他ユダヤ人は「わが主」の意味で「アドナイ」という語も使用しており、すべて「神」を指す言葉となった。

(13) **エレミア書**　『旧約聖書』中の一篇。前七世紀中頃から六世紀初頭にかけて出現したユダ王国の預言者エレミヤの活動を中心に伝える。以下に出てくるエゼキエル(前六世紀)、イザヤ(前八世紀中頃)も同様、それぞれの「書」をもっている。

(14) **ソロモンの書**　イスラエル王ソロモン(前九七一頃〜九三一頃)自身の手になったとされる『旧約聖書』中の諸篇。「雅歌」、「コヘレトの言葉(=「伝道の書」)」、「箴言」、「詩篇」等であるが、ソロモン作というのは伝説にすぎない。

『聖書』の多様性、その柔軟性は、一家の父が（厳格なユダヤ教徒でも、正直で揺るぎないプロテスタントでも）その中から幾つかの断章を選んで読み、家族にそれを解釈し、テクストの中につねに存在するわけではない息吹でもってそれを貫くとき、何といっても大いに役立つ。このテクストを、あえて誰が子供の手にゆだねるだろうか？　目を伏せることなくそれを読んだなどと、あえて言えるどんな女がいるだろうか？　それはしばしば、シリヤの無邪気で淫らな言動を突然提示するし、あらゆる物事を貫いてきた、ほの暗く繊細な精神の、甘美で計算されていて十分に味わわれた官能性を、しばしば提示する。

近縁関係にあるわれらが「聖なる書」たちが光を浴びて明らかとなった日に、ユダヤの『聖書』がいかに別種のものに属するかが一層注目された。それはたしかに偉大であり、つねにそうしたものとしてあるだろう――しかしながら闇と怪しげな両義性にみち――夜のように美しいが確かさに欠けているのだ。

エルサレムは古代の地図におけるように、まさしく一番の中間地点に存在するが――微小なヨーロッパと小さなアジアの間で、人類全体を消し去るほどに巨大であり続けることはできない。

人類はあの灰の風景の中で、「かってそこにありえた」木々に感嘆しながら、永久にすわっていることはできない。一日中歩いたあと夕暮れに、水のない川辺に連れてゆかれ、次にように言われる渇いたラクダみたいであり続けることはできない。「飲め、ラクダよ、これが川だった……もしお前が海を望むなら、死海がすぐま近にあるぞ。湖畔の草地が、塩が、砂利があるぞ。」

インドの広大な木陰から、『ラーマーヤナ』から戻って来ると、そして『アヴェスタ』や『シャー・ナーメ』[15]が私に四つの流れを、パラダイスの水を与えてくれた生命の「木」から戻って来ると――ここでは、白状するが――私は喉が渇く。私は砂漠も評価するし、ナザレ[16]やガリラヤの小さな湖をも愛でる。しかし正直言って喉が渇く……だから、あれらを一息に飲むだろう。

(15)**『シャー・ナーメ』**　『王書』とも言う。イラン建国からゾロアスター教を国教としていたササン朝（二二六〜六五一）没落までを歌う叙事詩。フェルドゥーシー（九四〇頃〜一〇二五）によって古来からの伝承、神話、歴史をまとめて完成された。

(16)**ナザレ**　イスラエル北部、ガリラヤ高地南面にある都市で、イエス・キリストが教えを説き始めるまでの三〇年間を過ごした町といわれる。預言に反しないためイエスはベツレヘム生まれとされるが、本当はここナザレで誕生したものと思われる。

むしろ自由な人類が、自らの偉大さに包まれて、至る所に行けるようにさせたまえ。自らの最初の父祖たちが飲んだ場所で、飲めるようにさせたまえ。巨大な仕事、あらゆる方向に拡がる任務、ティタン(17)のような欲求、それらをもった人類には多くの空気が、多くの水が、多くの空が——いな空全体が！必要なのだ——空間と光が、無限の地平線が——「約束の地」に代わる「大地」が、エルサレムに代わる世界が必要なのだ。

(17)**ティタン**　ギリシア神話においてオリンポスの神々が生まれる以前にいた巨人族の神々。ウラノス（天）とガイア（地）の十二人の子で、ゼウスとの戦いに敗れ、冥界に追放されたという。

一八六四年一〇月一五日

第一部　光の民

1　インド

一　『ラーマーヤナ』

一八六三年は私にとって、これからも祝福すべき大切な年としてあり続けるだろう。インドの聖なる偉大な詩、あのすばらしい『ラーマーヤナ』を初めて読むことのできた年だからである。

「この詩が歌われたとき、ブラフマー〔宇宙の創造者＝梵天〕さえ魅了されてしまった。神々も精霊たちも、すべての生き物、鳥たちから蛇に至るまで、人間も、聖人のようなリシ〔仙人〕たちも叫んだのだ。『おお！　どんなときにも聞いていたい甘美な詩よ！　おお！　えも言えぬ歌よ！……何と自然に倣ったものか！　この長い物語が見える。それは私たちの目の前で生き生きと活気づいてくる……』

「この書を全部読むものは幸いだ！　半ばまで読んだだけのものも幸いだ！……この書はバラモン[1]たちに知恵を与え、クシャトリヤ[2]に勇敢さを、商人に豊かさを与える。たまたま奴隷がそれを聞けば、彼は高貴なものにされるだろう。『ラーマーヤナ』を読むものは自らの罪から解放される。」

（1）**バラモン**　古代インドのカーストにおける最上位の身分の司祭階級。祭式と教育を独占した。
（2）**クシャトリヤ**　同じくカーストにおける第二位の身分の王侯および武士階層。

この最後の言葉は空疎なものではない。われわれの絶えざる罪、時間がもたらし残してゆく滓とか苦い思いの種とかを、この大河のように偉大な詩は運び去り清めてくれる。誰であれ心ひからびた者は、『ラーマーヤナ』で心うるおすように。敗れて泣く者は、そこに自然の優しい鎮静作用と思いやりとを汲み取るように。多くのことをし過ぎたり望み過ぎたりした者は、この深い盃から、生命と若さとを思いのかぎり飲みほすように。

人はしじゅう働いているわけにはいかない。ほっと一息つき一休みすることが、永遠の清らかさを保つ大いなる生きた泉で体力を回復することが、毎年毎年必要である。その永遠の清らかさが、われらが種族の揺籃の地、こちらにはインダス河とガンジス河が流れ下り、あちらにはペルシアの急流が、「楽園」の大河が流れ下ってくるあの聖なる頂にないとしたら、どこで見つければよいだろうか？　西欧ではあらゆるものが狭苦しい。ギリシアは小さい。私は息がつまる。ユダヤは干からびている。私は息が切れる。あの高地アジアの方を、奥深いオリエントの方を少しは眺めさせてほしい。かの地にはわが果てしもない詩が、インドの海のように広大で、太陽によって祝福され豊かな恵みを与えられた詩が、何ひとつ不協和音を立てない素晴らしい調和の書がある。そこには穏やかな平和がみちている。戦いのさ中においてさえ、無限の優しさが、生きとし生けるものへと及ぶ果てしない友愛が、そして愛と憐憫と寛容の大海（水底も岸辺もない）がある。私は自分が探し求めていたものを、善意の聖書を見いだした。だから私を受け入れたまえ、偉大な詩よ！……その中に私が沈潜するように！……それは乳の海だ。

この書の全体を読めるようになったのは、ずっと後、ごく最近になってからである。それまでは、ばらばらの断片で、改竄されたエピソードでそれは判断されてきた。まさしく、かの書の全体的精神とは正反対のものによってである。その真実が、その偉大さが明らかとなったいま、誰が最後の編者であれ、これはあらゆる時代を通して書きつがれてきたインド共通の作品であるということが容易に見てとれる。かの叙事詩を準備した様々な歌や物語の形で、多分二千年にもわたり『ラーマーヤナ』は歌われた。それからさらに二千年近く、大きな祭りで上演される民衆劇の形でそれは演じられてきた。

それは単なる一つの詩ではない。神聖な伝統とともに、自然、社会、芸術、インドの風景、植物、動物、異なる季節季節に独特な幻想的光景を見せる一年の変化といったものを内に含んだ、一種の聖書である。このような書物を、『イリアス』についてするようなやり方で判断するわけにはいかない。この書は、ホメロスの詩が民衆の中で最も批判的な人びとから受けたような、純化や修正を何ひとつ受けていない。自らのアリスタルコスたち(3)を持たなかったのである。時間が作りあげたままなのだ。いくつもの繰り返しが見てとれる。あるモチーフは二度三度、あるいはそれ以上反復される。あきらかに次々となされた書き加えが、いくつも見てとれる。こちらには、あのインドの揺籃期にかかわる原始古代の古いものごとがある。他方、相対的に近代的なもの、甘美で精妙な、イタリアのものにも似た繊細なメロディーがある。

(3) **アリスタルコスたち**　アレクサンドリアの文献学者アリスタルコス(前二一五頃〜前一四三頃)のような厳正な批評家という意味である。

そうしたものすべてが、西洋的術策の巧みさとは結びつかない。そんなことは気にもされなかった。漠とした調和から、この果てしもない多様性が受け取る統一が、信頼されたのだ。そこでは、陰影、色彩、相反する色調でさえうまく案配されて調和している。それは詩人自身が語る森や山のようなものだ。巨大な木々の下に、副次的な木々によって作られた過剰なまでの生が、小灌木や名もない植物の数知れぬ層がある。あの巨大な木々は、善良にもそうした小さなものたちを生かしており、それらの上に花々の雨を降り落とす。植物たちのこの大きな段丘には、法外な数の動物たちが住んでいる。はるか高みの方では、千差万別の色彩で身を飾る鳥たちが天がけ飛び回っている。中程の枝えだでは猿たちがブランコをしている。細おもてのガゼルが時おり木々の根元に姿を見せる。全体は混沌とした世界か？　いいやまったく違う。多様性が符合しあって、互いの魅力で身をかざっている。夕方、太陽がその圧倒するような光をガンジス河に消し去るとき、そして生き物たちのざわめきが静まってゆくとき、あんなにも多様であんなにも統一のとれたこの世界全体が、すべてが愛しあい共に歌う最高に甘美な夕映えのなか、森のはずれにちらりとかいま見られる。そこから共通のメロディーが生じてくる……それが『ラーマーヤナ』だ。

以上が最初の印象である。そこに登場するすべての行為者は感じよく優しく、そして〈深く浸透する〉*善意の甘美な光が詩を金色に輝かせる。これほど偉大で、これほど優しいものは何ひとつない。（近代的部分において）女性的聖性をもっている。そこには愛、友情、相互的厚情、神々への祈り、バラモン、聖者、隠者への敬意しかない。とりわけ、この最後の点に関して、詩は尽きることを知らない。ひっきりなしにそこに戻ってくる。全体が表面的には、すばらしくバラモン的な色合いで彩られる。わが国のインド学者たちは、この詩の一人ないし多数の著者が、インドのもう一つの偉大な詩『マハーバーラタ』(4)の著者が間違いなくそうだったように、バラモンだったと最初ひどく熱心に信じようとした。奇妙な不注意から、彼らのうちの誰一人として、じつのところ二つの詩がお互い完璧なアンチテーゼとなっており、完全なコントラストをなしているのを見なかったのである。

（4）**『マハーバーラタ』** 古代インドの大叙事詩。四〇〇年頃に現在の形が確定。バラタ族の戦いの物語を中心に、神話、伝説、哲学、宗教、道徳、風俗などをもりこんでいる。

＊ これがヴィシュヌ〔シヴァとならぶヒンドゥー教の最高神〕という語の意味である。

森でおおわれているあの巨大な山を眺めてみたまえ。そこには何も見えないだろう？　水があんなにも深く見える海の、あの青い一点を眺めてみたまえ。「どんなにやってみても何も見えない。」

よろしい！　私ははっきりと言おう。多分十万尋《ひろ》もある大海のあの一点には、厚い水を通してそのやわらかな光が見える一つの変わった真珠が存在することを。また、あの山の途方もない積み重なりの下には、ある神秘なもの、奇妙な一つの目がきらめいていることを。その目は、きらきらと光戯れるダイヤモンドとも思われるだろう。もっともそれに伴う独特の甘美さはないが。

これこそがインドの魂である。密かな隠された魂なのである。この魂の中に、インド自身がそれほど見ようとしない護符があるのだ。あえてそのことを尋ねてみても、答えとしては黙したほほえみしか返ってこないだろう。

インドに代わって私が語らなければならない。だが、そうしたことすべてからあまりに遠い西洋の読者に、まず私は準備させねばならないのである。最初に次のことを説明しなければ理解してもらえないだろう。つまり、インドがいかにして前世紀末に再発見され、その古代宗教と忘れられていたその技術において知られるようになったか、そして読むことを禁じられていた書物の宝を、ついに見い出させてくれたかということを。それらの書は、素朴で飾り気なく、インドの原始的思考を教えてくれた。またそのことによって、後日なされた展開全体を、端から端まで徹底的に明らかにしてくれた。

二　どんなふうに古代インドは再発見されたか

前世紀の功績は、あんなにも長いこと否定され翳らされていたアジアの徳性を、東洋の聖性を、再発見したということにある。二千年間もヨーロッパは自らの古い母をののしったのだ。人類の半分がもう半分を呪い罵倒したのだ。誤解と中傷のもと、あれほど長期に葬られていたあの世界を光の方へと連れ戻すには、敵たちに意見を求めるのではなく、それ自身に尋ねること、そこに身を置き、それが生み出した書と法を調べることが必要だった。

この画期的な時期、批評家たちは初めて、人間のあらゆる知恵がヨーロッパだけに属するのかと、あえて疑った。彼らは多産で尊敬に値するアジアに、知恵の一部を求めた。こうした疑問は、人類の大いなる類縁性への信頼であり、習俗や時代の多様な見せかけのもとに、変ることなくある魂と理性の統一への信頼であった。

議論が起きた。ある若者が確かめようとした。アンクティル＝デュペロン[1]というのが彼の名で、たったの二十歳だった。彼は図書館で東洋の言葉を学んだ。貧しかったので長期にわたって金のかかる旅行をする手だてはまったくなかった。そうした旅行は金持ちのイギリス人たちでも失敗していたのだ。だがいつか出かけよう、成功しよう、ペルシアやインドの原初の書物を持ちかえり明らかにしようと心に期していた。彼はそう誓い、それを実行した。

（1）**アブラーム・イヤサント・アンクティル＝デュペロン**（一七三一～一八〇五）　フランスの東洋学者。『インドの歴史地理研究』等の著作のほか『アヴェスタ』のラテン語訳がある。

彼を紹介されたある大臣が、その計画を高く評価し援助を約束してくれたが、実行を先のばしにした。アンクティルは自分自身しか頼れなかった。東インド会社の新社員が募集されていたので兵士として雇われた。一七五四年一一月七日この若者はパリを去った。調子の悪い太鼓を先頭に、身体の不自由な老いた下士官にくっついて、六人の新兵とともに。彼の書いた本の第一巻は、彼が耐え、直面し、克服したすべてに関する風変わりなイリアスともいえるが、それを読んでみなければならない。当時のインドはアジアとヨーロッパの三十カ国によって分割されており、のちにジャクモン[2]がイギリス管理下で見いだした安穏なそれでは全くなかった。一歩進むごとに障害にぶつかった。本や通訳を見つけたいと願っていた町からまだ四百リュー[3]しか行っていないところで、前進するあらゆる手だてが無くなってしまった。その地方全体が、野性のトラやゾウのいる巨大の森だということだ。しかし彼は歩みつづけた。ときおり案内役の者たちは怯え、彼を置き去りにして消えた。しかし彼は歩みつづけた。そして報われた。トラたちは遠ざかり、ゾウたちは彼を敬い、彼が通ってゆくのを眺めていた。彼はとうとう森を通り抜けた。怪獣たちの勝利者は、たどり着いたのだ。

（2）**ヴィクトル・ジャクモン**（一八〇一～三二）　フランスの植物学者で旅行家。北アメリカを旅したあとインドに渡り、チベット近くにまで行く。死後『インドへの旅』（一八三六～四四）が出る。
（3）**リュー**　メートル法採用前の距離の単位で、国、地方で異なるが、ほぼ四キロに相当。

トラたちは襲ってこなかったが、風土病は遠慮なく襲ってきた。まして女たちが、英雄的魂をもったこの二十歳の若者に、ひそかに計ったかのように魅惑的姿でせまってきた。ヨーロッパ系の混血女たち、インドの踊り子たち、サルタン〔イスラム圏の君主〕の愛妾たち、こうした淫蕩なアジア全体が、光に向けての跳躍から彼をそらそうとした。彼女たちはバルコニーから合図して彼を招いた。彼は目を閉じる。

彼の踊り子や愛妾は、判読できない古い書物であった。その書を理解するには、彼をあざむこうと願っていたパルシー(4)たちの心を捕らえ魅了せねばならなかった。十年間も彼はパルシーたちを追いかけ、しっかりと捉え、彼らの知っているものを無理やり吐き出させた。彼らはほとんど知らなかった。彼のほうが彼らを啓発し、ついには彼らに教えることになる。インドの『ヴェーダ』の抜粋とともに、ペルシアの『ゼンド＝アヴェスタ』(5)が翻訳された。

(4) **パルシー**　七〜八世紀にイスラム教徒の迫害をのがれたペルシア系のインド・ゾロアスター教徒。
(5) **『ゼンド＝アヴェスタ』**　『アヴェスタ』とその注釈のこと。それらが書かれた言葉が、古代ペルシア語の方言アヴェスタ語＝ゼンド語であった。

この動きが、いかなる栄光とともに継承されたかは周知のごとくである。あの英雄がかいま見たものを、学者たちが究めていった。東洋全体が明らかにされていった。ヴォルネ(6)と〔シルヴェストル・ド・〕サシー(7)がシリアとアラビアの扉を開いた間、シャンポリオン(8)はスフィンクスに、神秘のエジプトに取り組み、かの地の碑文によってそれを説明、紀元前六千年にあった文明化された帝国を証明した。ウージェーヌ・ビュルヌフ(9)はアジアの二つの父祖、アーリア人の二つの分枝の血縁性を明らかにした。つまりバクトリア王国(10)がインド＝ペルシア語族だったということを。ヒンドゥスタン〔インド北部地方〕の奥地でパルシーたちは、コレージュ・ド・フランスの弟子となって、議論好きなイギリス人に対抗して、西洋のマギ(11)を引き合いに出したものだ。

(6) **コンスタンタン・フランソワ・ヴォルネ**（一七五七〜一八二〇）　フランスの碩学で哲学者。『エジプト、シリア旅行』（一七八七）、『廃墟あるいは諸帝国の革命をめぐる瞑想』（一七九一）等がある。
(7) **アントワーヌ・イサーク・シルヴェストル・ド・サシー**（一七五八〜一八三六）　フランスの東洋学者。『マホメット以前のアラブ史論』（一七八五）ほか。

(8) **ジャン・フランソワ・シャンポリオン**（一七九〇〜一八三二） フランスのエジプト学者。ロゼッタ石の碑文解読で知られる。

(9) **ウージェーヌ・ビュルヌフ**（一八〇一〜五二） フランスの東洋学者。『ヤスナ注釈』（一八三三）、『仏教史入門』（一八四五）ほか。コレージュ・ド・フランスのミシュレの同僚で、東洋に関しミシュレは彼から多大の情報を得た。

(10) **バクトリア王国** アフガニスタン北部に紀元前三世紀から前二世紀半ばすぎまで存在した古代王国。東西文化交渉史上大きな役割を果した。

(11) **マギ** 古代メディア王国、ペルシア帝国などにおけるゾロアスター教の祭司階級。超自然能力をもっていたとされ、占星術や魔術師をさすようにもなった。

そのとき地の底から、ピラミッドよりも五百倍も高い巨像が、明るみの方へと昇ってくるのが見えた。それは、ピラミッドが死んで黙しているのに対し、生きている記念碑、——インドの巨大な花、聖なる『ラーマーヤナ』*であった。

* 私のような無学な者がフランス、イギリス、ドイツにこの書の紹介で寄与しようというのは、全くのおかど違いである。栄光が帰されるべきなのはインド学の創始者たち、パリやカルカッタやロンドンの諸学校、そしてウィリアム・ジョーンズ[12]、コールブルック[13]、ウィルソン[14]、ミュラー[15]、ラッセン[16]、シュレーゲル[17]、シェジー[18]、三人のビュルヌフ[19]等々の人びとと言うべきである。こうした人びとは私よりもよく語ったし、これからも語るであろう。

(12) **ウィリアム・ジョーンズ**（一七四六〜九四） イギリスの東洋学者。『ペルシア語文法』（一七七一）等の著作のほか、『シャクンタラー』（一七八九）、『マヌ法典』（一七九四）等の翻訳がある。

(13) **ヘンリー・トマス・コールブルック**（一七六五〜一八三七） イギリスの東洋学者。サンスクリット語研究の先駆者。『インド法規類纂』（一七九七）、『インド哲学論』（一八三三〜三七）等がある。

(14) **ホラース・ハイマン・ウィルソン**（一七八九〜一八六〇） イギリスの東洋学者。『サンスクリット辞典』（一八一九）、『サンスクリット文法』（一八四七）のほか、『リグ・ヴェーダ』の部分訳（一八五〇）等がある。

(15) **マックス・ミュラー**（一八二三〜一九〇〇） ドイツの東洋学者。『インド・ヨーロッパ語比較文献学』（一八四九）、『比較神話学論』（一八五八）、『古代サンスクリット文学史』（一八五九）等がある。

(16) **クリスティアン・ラッセン**（一八〇〇〜七六） ドイツの東洋学者。パリでウージェーヌ・ビュルヌフと共同で研究する。『インド古代研究』（一八四四〜六二）ほかがある。

(17) **アウグスト・ウィルヘルム・シュレーゲル**（一七六七〜一八四五） ドイツの詩人、評論家。とくにボン大学教授（一八一八）となってから東洋学とインド言語学の基礎を築く活動をする。その方面の業績では雑誌「インド・ライブラリー」の創設、『ラーマーヤナ』や『マハーバーラタ』の部分訳等がある。

(18) **アントワーヌ・レオナール・ド・シェジー**（一七七三〜一八三二） フランスの東洋学者。『シャクンタラー』の翻訳（一八三〇）

等。

（19）　三人のビュルヌフとは、ウージェーヌのほか、文献学者だったその父ジャン・ルイ・ビュルヌフ（一七七五〜一八四四）と、東洋学者だったその従兄弟エミール・ルイ・ビュルヌフ（一八二一〜一九〇七）のことである。ジャン・ルイには『ギリシア語研究法』（一八一四）ほかが、またエミール・ルイには『サンスクリット研究法』（一八四九）、『古典サンスクリット - フランス語辞典』（一八六三）、『「国史略」による日本神話』（一八七五）等がある。

つづいてバラモンの詩的百科全書『マハーバーラタ』、ゾロアスターの書の洗練された翻訳、ペルシアのすばらしい英雄物語『シャー・ナーメ』がやってくる。

そして次のことが知られてきた。ペルシアの背後、バラモン教のインドの背後に、はるか遠い古代、農耕時代に先立つ最初の牧畜時代から、一つの記念碑的作品が存在しているということが。この書『リグ・ヴェーダ』は、讃歌と祈りの撰集で、かの地の牧者たちの宗教的高揚、天と光に向かう人間的思いの最初の飛躍をあとづけるものである。ローゼン[20]は一八三三年、その見本例を出版した。それ以降、サンスクリット語、ドイツ語、英語、フランス語でそれを読むことができる。今年一八六三年には、一人の強力かつ深遠な批評家（またしてもビュルヌフ家の一人）が、その真の意味を説明し、果てしもないその影響力を証明した。

（20）　**フリードリッヒ・アウグスト・ローゼン**（一八〇五〜三七）　ドイツの東洋学者。彼の『リグ・ヴェーダ』訳が出たのは一八三八年。

こうしたことすべてから、大きな精神的結果がわれわれの許にもたらされた。アジアとヨーロッパとの完璧な一致、はるかな昔の時代とわれわれの時代との一致が分かったのである。人間はあらゆる時に同じように考え、感じ、愛したということが分かったのである。――したがって、唯一の人類が、唯一の心があるのであって、二つに分かれてあるのではないということが分かったのだ。空間と時間を貫く大いなる調和が、永遠に復元されたのである。真理は緯度によって異なると言っていた懐疑家たちや、疑い深い博士たちの愚かなアイロニーには沈黙を。そうした屁理屈の声は、かぼそいまま、人類の友愛を示す巨大な合奏の中に消えてゆく。

三　インドの技術——一八五一年の展覧会

ユダヤの『聖書』への敬意からインドの「聖書」の年代をもっと若いものにしようと、イギリス人たちがどんな努力をしてみても、次のことを認めないわけにはいかない。原始インドが、その最初の草創期あって、世界の母胎だったということ、インドはギリシア、ローマ、そして近代ヨーロッパにとって人種、思想、言語の主要かつ支配的な源泉だったということ——さらにはセム族[1]の動き、つまりユダヤ＝アラブの影響は、いかに考慮すべきものではあっても、やはり二義的なものであったということを。

（1）**セム族**　セム語を話す諸民族の総称。『旧約聖書』に出てくるノアの子セムから生じた名称。バビロニア人、カナーン人、フェニキア人、ヘブライ人、アッシリア人、アラブ人たちである。つまりユダヤとアラブはともにセム族である。

古代インドをあんなにも高く位置づけるよう強いられた人々は、古代インドが死んでいること、『ヴェーダ』や『ラーマーヤナ』は永遠に（エジプトがそのピラミッドの中にそうされたように）エレファンチン島[2]の洞穴の中に埋葬されてしまったと断言していた。一億八千万（むしろ一つのヨーロッパといえる）の人々を考慮せず、終ってしまった世界の使い古されたくずのようなものだと言っていたのだ。インドを支配した者たちは鈍重な思い上がりから、インドにおいて開拓すべき大平野しかけっして見なかった。プロテスタントやカトリックが一致して吐いた侮蔑的な言葉、そして最後にヨーロッパの無関心と軽薄、すべてがインドの魂は消失してしまったと信じさせようとした。種族そのものも枯渇し疲弊してしまったのか？　ヒンドゥー教徒、ほっそりとした女のような手をしたあんなにもか弱い男は、ヨーロッパからやってきた赤ら顔の男を前に、いったい何であったろう？　ヨーロッパの男ときたら、栄養を取りすぎるほど取っており、肉と血をつねにがつがつ食らうことでおちいるあの半酩酊状態によって、種族の力を倍加させていたのだ。

（2） **エレファンチン島**　エジプト南部、ナイル川の川中にある島。ローマ時代の神殿がある。

イギリス人たちは自分たちがインドを殺したと言うのに、ほとんど問題を感じない。思慮深く人間味あふれたH・ラッセル(3)はそう信じてそう書いた。イギリス人たちはインドの製品*に税や製造禁止措置を課した。そしてインドの技術がインド人の手の内にある限り、それに水を差したのである。もしもインドの技術が存続しているとしたら、それは東洋人たちが、ジャワやバスラ(4)のもっと人間的な市場で、それを特別尊重していることによる。

（3） **ホワード・ラッセル**（一八二一～？）　イギリスのジャーナリストで、インドのセポイの反乱を取材し『インド日記』（一八六〇）を書いた。

（4） **バスラ**　イラク南部の港湾都市。

＊ 綿の生産は今日（一八六三年）インドで、必要から無理矢理にも奨励されているが、アヘンやインジゴの栽培と同じくらいにしか、かの地の人々に利益をもたらさないだろう。アヘンなどの栽培はベンガルでは嘆きの種となっている。何人かのイギリス人行政官は、これらが最近乱用されていることを誠実にも指摘した。

一八五一年、あの思いもかけない逸品が陸あげされ、白日のもとにさらされたとき、インド研究の大家にとってさえ大きな驚きが起きた。一人の良心的イギリス人、ロイル(5)氏があぁした東洋の見事な姿をまるまる提示し説明したときのことである。審査する人々は、「一五年間の進歩」のみを判断すべきことになっていたので、あらゆる流行から無縁な、いつの世にも変らぬ技術、われわれの（生まれたときから老いぼれた技術）よりももっと古くもっと新しいそうした技術に、いかなる評価をも下さなかった。イギリスの織物の前に、インドの古いモスリンが再び姿を現わし、すべてを圧倒してしまった。東インド会社は、展覧会用の見本を手に入れようと、（大変つつましい）六二フランという値段を提示した。その見本は、ゴルコンダ(6)の織物職人イルビウラから手に入れたのである。彼の布地は小さな指輪の中をも通った。それほど軽く、二リーヴル(7)の重さになるのに三〇〇ピエ(8)の長さを必要としたくらいである。ベルナルダン・ド・サン＝ピエール(9)がヴィルジニーにまとわせたような、あるいはアウラングゼーブ(10)がアウランガバード(11)で、人々から讃嘆されている白大理石の記念碑の中にいとしい娘を埋葬したとき使ったような、本物の雲ともみまごう薄くて透けるように軽い布地だった。

（5） **ジョン・フォーブス・ロイル**（一八〇〇頃〜一八六四）　イギリスの博物学者。『インド医療の歴史について』（一八三九）、『インドの繊維植物』（一八五五）ほか。
（6） **ゴルコンダ**　インド南部、アンドラ＝プラデシュ州中部の城砦都市遺跡。
（7） **リーヴル**　旧い重量単位で地方により異なるが、およそ五〇〇グラム。
（8） **ピエ**　長さの旧単位で、ほぼ三二センチ。
（9） **アンリ・ベルナルダン・ド・サン＝ピエール**（一七三七〜一八一四）　フランスの作家、博物学者。『ポールとヴィルジニー』の作者でフランスロマン主義の先駆者。
（10） **アウラングゼーブ**（一六一八〜一七〇七）　インド、ムガール帝国第六皇帝。ムガール帝国の最大版図を実現した。
（11） **アウランガバード**　インド西部、マハラシュトラ州中部の都市。ムガール帝国時代の首都。

ロイル氏の賞讃に値するこの努力にもかかわらず、そして東洋人たちよりも上位に遇されているといって問題視されていたフランス人たちも努力したにもかかわらず、イギリスはインドのあわれな臣民に対し、褒賞となる次のような言葉しか与えなかった。「魅力ある発明と言えば、様々な色彩の美、差異、多様性、巧みな調和がある。これに比較できるものは何もない！　ヨーロッパの製造業者たちにとって何という教訓だろう！」*

＊『審査団レポートⅡ』（一八五八年）。このことはドラボルド[12]、シャルル・デュパン[13]氏らのわがフランス人審査員たちによって見事にくり返された。とりわけ、アダルベール・ド・ボーモン[14]氏によって、「両世界評論」誌（一八六一年一〇月一五日、三五巻、九二四）の中で。
（12） **ジュール・ド・ラボルド**（一八〇六〜八九）のことか　フランスの法律家で歴史家。
（13） **シャルル・デュパン**（一七八四〜一八七三）のことか　フランスの経済学者で数学者で政治家で『諸国民の生産力』（一八五一）等を著す。
（14） **アダルベール・ド・ボーモン**（生没年不詳）　十九世紀フランスの文学者で画家。

東洋の技術は最高に輝かしく、同時に最高に安いものとしてある。過度なくらい労働力は安く、嘆かわしいと言いたいくらいだ。そこでは労働者はわずかなもので暮らしている。日々、一つかみの米で十分なのだ。それに加えて、気候が大そうおだやかだし、空気と日光がすばらしいし、目で捉えられる天上の霊気にも似た糧がある。特異な節度と調和にあふれた環境とが、すべての生き物を繊細にする。感覚は発達し洗練される。動物にさえも、とりわけ象に、そうしたことが見られる。象は不格好な巨体で粗野な外観をしているが、じつは感覚を刺激するものが好きで、香りをよく知り、かぐわしい草のあいだを完璧にかぎわけ、オレンジの木を好む。その木を一本見かけると、象は花をかぎとって食べ、ついで葉を、材質部を食べる。一方人間にあっては視覚と触覚が卓越した鋭敏さを獲得する。自然は特異な恩恵をもって人間を色彩に秀でた画家とする。人間はそれほどに自然の子供だし、それほどに自然の中に生きているから、自然は魅力あふれた様子ですべてを彼にさせてくれる。人は荒々しい色調を結びつけては、とてもやわらかな効果を出す。うすい色調も、その効果は決して味けないものではなく、逆に愛らしく心うつものともなる。

天は彼らのためにすべてを作る。毎日、日の出前一五分と日の入り後一五分の間、彼らは天の至高の美しさを、光の飛び抜けて完璧な光景を見る。そのとき光は神々しいものとなって、数奇な変貌、内面的な啓示、栄光、優しさを見せる。光の中に魂は沈み込む。魂は神秘な「友愛」* の果てしない大海にその姿を消して行く。

＊ 彼らの『リグ・ヴェーダ』の中で、「友愛」の神ミトラ(15)は、太陽ではなく、それに先行、ないしはそれに後続するこのほのかな光の方をまさしく指している。

(15) **ミトラ**　古代インド、ペルシアの男神。陽光、完全性、調和を体現する。ゾロアスター教ではミスラとなり、やがてヨーロッパまで入ってミスラ（ミトラス）教の主神となった。本訳書ではすべてミトラとして表記してある。

ほんのわずかしか食べない哀れな様子の慎ましくか弱い人間が、インドのショールのすばらしさをあらかじめ分かったり理解したりするのは、この無限の優しさにおいてなのだ。深遠な詩人ヴァルミーキ(16)が、自分の手のひらに、自らの詩『ラーマーヤナ』全体を拾い集めるのを見たのと同様である。この織物織りの詩人は、時に一世紀も続くことになるつらい大仕事をあらかじめ予想し、恭しくそれを始める。彼自身では完成しないだろう。彼の息子が、孫が、手と同様に同じ心でもって、継承される変らない魂でもって続けるだろう。あらゆる思考を追いかけてゆくあんなにも繊細な手でもって。この手は、家具や武具の幻想的な飾りの中に奇妙で甘美な宝飾品[*]を使う点でユニークである。インド最後の王族たちは、この「展覧会」に極めて個人的に親しいもの、先祖たちからもたらされた、手放しがたい彼ら自身の武具を、いさぎよく送ってきていた。あれらは物なのだろうか？　ほとんど人のようなものではないのか。というのも古い時代の魂がそこには、こめられているからである。それらを作った職人の魂が、それらを身につけていた王族たち（かつてあんなにも偉大だった）の魂が。ああした王たちの一人が、さらに多くのものを送ってきた。彼の署名の入った（彼自身で作ったものか？）一つのベッドである。彫刻され、彫金細工を施され、この上なく精巧な汚れない様子をした魅力的な家具、愛と、そして夢にあふれているように思える家具である。

（16）**ヴァルミーキ**　序文の訳注（9）参照。

＊　ドラボルド氏は言っている。「宝飾品はそこでは、モチーフのない膨らみをもっていない、ジェノバやあるいはパリの金銀細工工がもつ無意味な軽薄さももっていない……――非常に軽やかで、たおやかな彫刻、大理石のレース（アッバース[17]等の記念碑における）は、過剰なレリーフによってくっきりと浮き出るような影と光のコントラスト効果を追い求めるどころではなく、決して一点にしか注意を集中しないのである。それはまるで網を全体に広げるように作品全体に視線をふり注がせる。」

（17）**アッバース**　イランのサファヴィー朝第五代王、シャー＝アッバース一世（一五七一～一六二九）のことか。一五九八年カズヴィーンからイスファハンに遷都し、「世界の半分」とうたわれた美しい都を作った。

これらのデラックスな品々は類まれな芸術家の手になるもので、一つの種族の才能を示す以上に、下等だとか単なる工芸だとか言われる技術がはるかに広く実践されていることを示している。こうした技術は、大変難しいように見えるものを、費用もかけずそっと作り上げてしまうその単純なやり方において、特に際立つ。森の中で、いつももっているるつぼ用のわずかの粘土と、ふいご用の強くて弾力性のある二枚の木の葉を手にした男が、一人で、数時間のうちに、鉱石から鉄を作り出してくれるのである。それから、もしも大きなアスクレピアス〔=トウワタ〕が豊富にあれば、この鉄から彼は鋼鉄を作り出すだろう。この鋼鉄が、キャラバンによって西の方ユーフラテス川まで運ばれて、ダマスク鋼と呼ばれるようになるだろう。

同様指摘されたのは、奇妙に現実ばなれした占いがあって、それが彼らにあんなにもあざやかな色彩と、色を固定し永遠化するそれぞれの色階の〈媒染剤〉[*]を発見させ抽出させたということである。またインドの製糸女工に機械に関する大変複雑な問題を解決させ、信じられないくらい精巧な糸を、細い針と自らの繊細な手以外の機械なしで作らせる、あの本能についても指摘された。

＊　シャルル・デュパン『一八五一年の展覧会』（I、四六二ページ）

誰かが言っている。「インドの美的感覚をだめにしてしまうような突飛なショールの、ひどいデッサンをカシミールに送って注文する代りに、わが国のデザイナーを送ってみよう。彼らがあのまばゆい自然を見つめ、インドの光を吸い込んでくれるように」等と。だがインドの魂をも、その深いハーモニーをも捉えなければならないだろう。あの忍耐強い魂の大いなるやさしさと、自然のやさしさのあいだに、かくも見事なハーモニーが出来上がっている。「人」と「自然」はほとんど互いに見分けがたくなっている。それは信じられているような、単に魂の平安がもたらすものではない。それはとりわけあの種族が、もろもろの存在の奥底に生命を見、肉体を通して魂を見るという特別の能力をもっていることにもよるのだ。草は一本の草ではなく、木は一本の木ではない。精神の聖なる循環が至る所にあるということなのだ。

動物は動物ではない。それは一つの魂であり、人間だったし、あるいは人間となるであろう。この信仰だけが私たちに説明できる。かつて一番重要で、古い時代には最も必要とされた動物の飼い馴らしという術の中で、動物たちが獲得した驚異的な姿を。つまり飼い馴らしは、それなくしては人が生きていけないだろう有益な奉仕者たちの〈人間化〉なのである。犬や象がいなければ人間は、ライオンやトラに対しまちがいなくもちこたえられなかっただろう。ペルシアとインドの書物は、犬が何よりも救い手だったということを感謝にみちたやり方で想起させる。当時は並はずれて大きく、ライオンの息の根もとめてしまえたような犬と、人は手を結び親しくなったのだ。報酬は『マハーバーラタ』にある通りだ。そこでは主人公は自分の犬と共に入るのでなければ、天空を、つまり天国を拒む。

犬がそれほど力をもたず、トラを前にすると困惑して逃げ去ってしまうような低地インドの焼けつく風土にあっては、人はあえて象による保護を求めた。象はおだやかな性格になるが、若いころには粗暴で怒りっぽく、気まぐれである。遊んだり、食べたりする中で、思わず知らず、恐るべきものとなったりする。こういった友は、当時ほとんど敵と同じくらいこわがられるものとなっていた。この生きた山を力によって制御し抑えつけることは、ほとんど期待できなかった。比べてみればはるかに小さな馬に対してさえ、鋼の馬銜《はみ》や拍車、手綱、強力な勒が必要なのだと考えたとき、巨獣を導くことなどどうやって思いつけただろうか？

インドにとってこれ以上美しく偉大なことは何もなかった。勝利は魂を満たすものとなった。人は象が人間だったこと、ブラフマン〔＝バラモン〕だったこと、賢者だったことを信じて、そのことを象に言ったのだ。象はそれに心打たれた。そして人間としてふるまうようになった。それは今でも見られることだ。象は自分になすべきことを知らせてくれる二人の奉仕者をもっている。二人は（もし象がそこからそれていたら）ブラフマンの重々しさをもった適切な道へと、象を呼びもどす役目をになっている。象の首に乗り、その耳をひっかいて象を導いてゆく象使いは、とりわけ言葉と教えによって操る。もう一人は、足もとにいる奉仕者で、ごくま近を歩きながら、終始変らぬしっかりとした声で、常に敬意をこめて、象に自らの教訓をも教え込んでゆく。

今日そうしたことすべてがひどく軽く語られている。* 象はひどく貶められており、ここしばらく前からおそらく、いたって価値のないものとされている。象は服従することを覚え、人間の力を知った。当時は疑いもなく、はるかにずっと誇り高く御しがたいものだった。あんなふうに象を教化し、穏やかにし、乗りこなすとは！ それこそ大胆不敵さと同時に、やさしさ、愛情、まじめな信頼によって生まれた本当の奇跡である。象に言うことを人は信じていた。このやり方の中で象をだまそうなどとはいささかも考えなかった。死者の魂に語りかける生者の魂への尊敬を、人々はもっていたのである。死者、祖霊神（つまり死者の霊）たちは、こうした威風堂々と黙した形体のもとにいるのではなかったのか？

＊　とはいえ、フーシェ・ドプソンヴィル[18]が語っている象については何と言ったらよいだろう？　大変冷静で、ロマネスクな性癖からはひどく離れているこの分別あふれた旅行家は、インドで、戦いで傷つけられた一頭の象が、毎日病院に傷口の手あてをしてもらいに通っているのを見たという。この手あてがどんなものだったかお分かりだろうか？　焼きごてをあてることだったのだ……すべてが腐敗してゆくあの危険な風土にあって、傷口を焼灼することが、たびたび必要となる。象はこの手あてに耐えていた。毎日、それをしに通っていた。象は自分に、こんなにも灼けつくような痛さを与える外科医を憎むことがなかった。象はうめいたが、それ以上のことは何一つしなかった。象は明らかに理解していた。人が自分のために良いことをしようとしており、自分を苦しめる者は自分の友人であるということ、この必要な虐待は自分の治療を目差したものであるということを。

（18）**フーシェ・ドプソンヴィル**　原文 Fouché d'Obsonville。不詳。

朝、トラが夜のまちぶせをやめるころ、堂々と威厳にみちた様子で、暁の光に赤く染ったガンジスの水をのみに、大きな森から象が出てくるのを見た人々は、次のことを大いにありそうだと信じた。象もまた暁にあいさつし、そして良き太陽、〈貫くもの〉ヴィシュヌ[19]に染まり、そして大いなる「魂」に再び浸って、その光をわが身に具現するのだと。

（19）**ヴィシュヌ**　ヒンドゥー教において宇宙の根本原理の働きを表わす神。本来は一種の太陽神。やがて救済神として崇拝される。

四　原始インドの家族——最初の宗教

われわれは光で生きている。われわれの正当な先祖は光の民、アーリア人で、彼らは思想、言語、芸術、神々の中で、一方ではインドの方へ、他方ではペルシア、ギリシア、ローマの方へ、まるで星々から差してくる長い光の筋のようにその輝かしい足跡をしるした。恵まれた実り豊かな天分であって、何ものもそれを翳らせなかった。この天分は今もなお銀河の光の方へと世界を先導している。

出発点はまことに単純である。超自然的なことなどほとんどない。優しさと良識が、とりわけ早くからやってきていたということ以外、何一つ奇蹟はない。歴史全体を始めるためには、そういうことが必要だったのだ。人間がまず不条理から、そして常軌を逸した想像力から始めていたと推測したら、急を要する事ばかりあったあした時期に、まちがいなく滅んだろうと、一体全体感じられなかっただろうか。人間は知恵によって生き長らえたのだ。

アーリア人のうやまうべき創世記、まちがいなく世界の最初の記念碑、彼らの『リグ・ヴェーダ』の讃歌の中で、何が読めるだろうか*？

＊　長期にわたって口伝えされたこれらの讃歌は、言語も形式も、ともに刷新されたということはありえる。だが意味の点では、牧歌的生活に関してそれらがわれわれに示してくれることは、極めて古く原始的なもので、あらゆる記念碑的存在に先行する。——エジプトにはいかなる記念碑的文学もなく、ただ典礼と碑文のみがあるように見える。——ユダヤ人の「創世記」は、一部は古代の伝統を盗用しているが、しかし近代的特徴で印づけられている。それは天使（ペルシア人）を知っている。貨幣や売春も知っていて言及している。バビロンの捕囚から明らかにもたらされたアイデア以上のものである。

一体となった二つの人物、男と女が、高揚感を共にしながら光に感謝し、アグニ[1]〈イグニス、火〉への讃歌を一緒に歌う。

生まれくる日の光に、待望の暁に感謝を。この光こそ不安を終わらせ、夜の恐怖にとどめをさすものだ。炉に、アグニに、よきともづれに感謝を。火こそ、冬の日を陽気にさせ、家に微笑みをもたらす。糧をもたらすアグニ、精神生活の優しい証人となるアグニ。

正当な感謝である。ああした時期にもし火がなかったなら、生活はどんなものになっていただろう？　何とみすぼらしく、貧乏な、不安なものとなったろうか！　火がなければ何もないことになるのだ。火があればすべてがある。火は夜、野獣たちを、闇の徘徊者たちを遠ざける。ハイエナもジャッカルもかすかな炉の明かりをきらう。ライオンでさえ、うなり声をあげながら遠ざかってしまう。だが朝の火、燃え上がるような暁は、それら遠目のきかない連中を決定的に潰走させる。彼らは太陽を毛嫌いする。

十分に明るくされた町や、しっかりと閉ざされ保護された家の中では、われわれはもはやそうした情況を感じとることができない。だが旅して、数晩うろんな場所で、評判の悪い地方の孤立した別荘か何かで過ごさなかった人がいるだろうか？　最も勇敢な人も、正直に話せば、朝日を見て悪い気はしなかったと言うだろう。当時はだがまったく別だったのだ。棍棒、あるいはせいぜいアッシリア(2)の記念碑に描かれているような太くて短い剣以外の武器は、ほとんどなかったのだ。ライオンを刺し殺すにも、ごく接近し鼻を突き合わせてやらねばならなかった。当時ライオンは、ギリシアのような冬の寒い国にさえもわんさといた。ましてや、われらがアーリア人が住んでいたバクトリア(3)やソグディアナ(4)では、である。今日それらの地方でおぞましい猫族（ライオン或いはトラ）はまれになっていて、たけも小さくなり、その敵犬と同じようになっている。

（1）**アグニ**　『リグ・ヴェーダ』に出てくる火神。ラテン語でイグニスとなる。

（2）**アッシリア**　ティグリス川上流にあった古代メソポタミア文明の中心的帝国の一つ。紀元前一九世紀から前六一〇年まで、数回独立を失うものの、存続した。
（3）**バクトリア**　本章二の訳注（10）参照。
（4）**ソグディアナ**　中央アジアのサマルカンドを中心とする地域の古名。古くからイラン人の重要な根拠地で、東西交渉に大きな位置を占めていた

いかつい犬に守られ、よかれあしかれ閉ざされた家の中で、家族は——人間も家畜たちも——夜一度ならず恐るべき鳴き声を聞いた。動揺した雌牛はしかるべき所にいられなかった。東洋のあんなにも鋭敏なロバは、動かしやすい耳を立て物音を吸収していた。人々はその方を眺め、とりわけ参照した。ロバこそ最初に（と『リグ・ヴェーダ』は言っている）、ライオンが立ち去ったのを感知し朝をかぎとり、暁を告げたのである。そこで人々は思い切って外に出てみる。愛されいつくしまれている大きな犬を先頭に。ついで男が家畜、女、小さな子供たちといっしょに。人も獣も、みんなしあわせである、植物たちもである、若返るのだ。鳥は翼の下から頭を出し、枝の上で歌いはじめる。生きていることに魅惑されたように見える。人は鳥といっしょになって光をたたえるだろう。心うごかされて歌っただろう。「またやってきたお日さまよ！　有り難う！」と。

何千年という年を越えて、彼らのはるかなる子孫であるわれわれ自体、人類のあの尊ぶべき〈幼年期〉を、あれらの感動的な思いを今日読むことで、やはり心動かされる。ああした思いの中で彼らは単純かつ素直に、あまりにも当然な彼らの恐怖、あんなにも自然な光の喜び、そして彼らの感謝の感情を告白している。「不安が私を捉えた。水を飲みにやってきた渇いたシカの喉にオオカミがとびつくように。だから光よやってこい、そして物事に形を取り戻させてくれ。あそこに見える不吉な青白い光を明るくしてくれ」と男は言い、次のような心にしみこむ言葉を付け加える。「暁だけが、われわれに、自分自身を見つめる明晰な眼差しを取り戻させてくれる。[*]」

＊　これはローゼン[5]の訳である。私はしばしばウィルソンを利用する。彼の方は全訳である。ときに私はそれをラングロワ[6]と対照する。私は信じている、『リグ・ヴェーダ』の性格をはっきりと印した唯一の書はエミール・ビュルヌフ[7]氏の最近の本であると。この書がさらに古い時代のものとされることを、つまり、アグニであるものやインドラにあるもの等か

ら、切り離されることを私は望むだろう。

（5）**ローゼン**　本章二の訳注（20）参照。なお次のウィルソンは同（14）を、さらにエミール・ビュルヌフは同（19）を参照のこと。

（6）**シモン・ラングロワ**（一七八八～一八五四）　フランスの東洋学者。『インドの文学的金字塔』（一八二七）、『リグ・ヴェーダ、あるいは讃歌の書』（四巻、一八四九～五一）等がある。

（7）**インドラ**　『リグ・ヴェーダ』中で、最も多く讃歌を捧げられている武勇神。仏教に入って帝釈天となる。

炉の宗教は決して南部地方では生まれなかったろう。それは北部で生まれたのだ。長寿を願って「百の冬」をわがものとしたいと人が言うのを見るとき、そのことはほとんど疑いようもない。アジアの高地平原部の厳しい気候が、火に対し、良き友アグニに対し愛や優しさの表明が行なわれている中に、素晴らしく感じとれる。カンダハル(8)の温かくて細やかな毛をしたスマートな雌ヒツジについても、真心のこもったやり方で語られている。妻が夫を選ぶときの結婚を称える歌の中で、妻となるべき女は官能的な優しい無邪気さで次のように言う。「私はか弱いもの、で、あなたのところにまいります。私の弱さを包んで下さい。私はいつでも〈ロマ・サー〉に、ガンダーラ(9)のあの優しい雌ヒツジになりましょう。」絹のような*毛をした雌ヒツジが男の家にやってきて、彼を温めてくれるというのである。

（8）**カンダハル**　アフガニスタン南部にある町。アレクサンドロス大王によって建設、その後一三世紀にチンギス・ハーンにより、一五世紀にはチムールにより破壊されたが、のちに再建された。

（9）**ガンダーラ**　パキスタン西北のペシャーワル盆地にほぼ相当する地域。一世紀半ばから五世紀半ばまでに作られた独自の仏教美術、ガンダーラ美術で知られる。

＊　エミール・ビュルヌフ。一三六、二四〇ページ参照。

この羊飼いの世界にあって、女は、狩りや戦いの世界で送っていた隷属的生活を一切しなくなる。彼女はその当時のこまごまとした技術にとって、なくてはならない者となるから、男と完全に対等となり、彼女の真の名称、〈ダム〉つまり女主人と呼ばれる。この〈ダム〉*という言葉は、バラモン教のサンスクリットよりもはるかに古いもので、ヴェーダのサンスクリットより古くさえある。今日では失われてしまった言語からヴェーダはそれをとり入れたのだ。

＊　同、一九一ページ参照。

だが最も強烈なのは次のことだ。結婚に関する大変美しい典礼定式書に、最終章でだが、女の〈晩年までエネルギーを保ちもつ北部の女のみに固有の〉高度の特性が明記されている。「彼女が十人の子供をもつように……そして〈夫が十一人目となるように〉！」と。生き生きとした喜びの高まりが、予言的な気分から引き出した広い影響力をもつ素晴らしい言葉だ。女は最初夫の子供であり、ついで夫の姉妹となり、ついには夫の母となるというのが、なるほど目標なのだ（他のところで言ったことがあるが）。

ずっとあとで、低地インドに行き着くだろうとき、女は八歳か一〇歳で結婚する。だから夫が養成せねばならない小さな子供でしかないだろう。そこで嘆かわしい変更がおき、神仏への捧物をするときの助手は、若い世捨人、初心者、弟子となるだろう。だがここ高地アジアの原始生活にあっては、女は一人前の人間となっており、すでに大きくなって分別をわきまえているから[*1]、彼女〈ダム〉が礼拝の手伝いをするし、少なくとも男と同じだけ神官としての働きにあずかる。彼女はアグニを「その三つの形、三つの言葉、三つの糧において」知っている。彼はアグニの父となり母となる男の木と女の木を知っている。彼女はバターおよびアグニに好まれる揮発性蒸留酒ソーマ[*2]を作る。ソーマは喜びと生殖の友であるといまだ今日のインドで言われている。ブラック・コーヒーが思想の面では豊かだが愛に関して欠けているのと同様である。ソーマにより、聖なる菓子により、また生活を支え楽しませ神聖化するすべてにより、女は将来マギ的力をもった女王となるだろうことを、すでに予感させる。魔法使いのキルケ[(10)]であり力あふれたメデイア[(11)]（ただし罪をもたない）である。

(10)　**キルケ**　ギリシア神話に登場する魔力をもった女で、太陽神ヘリオスの娘。『オデュッセイア』では、伝説の島アイアイエで、オデュッセウスの部下たちを豚に変えてしまった。

(11)　**メデイア**　ギリシア神話に出てくる。コルキス王の娘で、イアソンへの恋のために、国を裏切り我が子を殺す。

＊1　今日では一五から一六歳である。エルファンストン、[12]ペラン[13]等参照。
＊2　ソーマは〈肉〉そのものであると彼らは言っている。そこから植物学者たちのつける名称、サルコ＝ステンマ・ヴィミナリス〔肉冠束〕、〈果肉＝植物〉（つまりアフィラ、アスクレピアス・アスィダ）が生じる（ロクスバーグ、[14]『インド植物誌』参照）。ソーマという名前、あるいはペルシアで与えられたホーマという名前の下で、果肉＝植物はアジアのホスチアとなった。小麦がヨーロッパでのホスチアとなったように――類似を完璧にするのは、ソーマもまた自らの「受難」をもっているということである（スチーブンソン[15]の『ソーマ＝ヴェーダ』とラングロワの「碑文アカデミー」一九号、三二九ページ参照）。それは天の種子とともに、上空の精気にみちた空間を落ちてきたのである。そして、静かな人里離れた丘で成長した。だがそれは受難へと自らをささげる。自らを押しつぶさせ（大麦とバターと一緒に）発酵させる。そして炎と、炉の大地、世界の母胎アディティ[16]と結婚する。滋養豊かな犠牲として、それは人間たちと神々とを堪能させ、揮発して天の方へと昇ってゆく。すべてのものは新たにされる。星々はいっそう輝きだす。インドラは雷雨を相手にいっそう闘う。水は流れ、大地は実り豊かになる。

(12)　**ステュアート・エルファンストン**（一七七八～一八五九）　イギリスの政治家、歴史家。『カブール王国とそのペルシア、タタール、インドへの従属の歴史』（一八一五）、『インド史』（一八四一）等がある。
(13)　**ナルシス・ペラン**（一七九五～？）　フランスの東洋学者。『ペルシア』（一八二三）、『アフガニスタン』（一八四二）等がある。
(14)　**ウィリアム・ロクスバーグ**（一七五〇～一八一五）　イギリスの博物学者。『インド植物誌』全三巻は一八二〇年から三二年にかけて死後出版された。
(15)　**スチーブンソン**　原文 Stevenson。不詳。
(16)　**アディティ**　『リグ・ヴェーダ』の無垢の女神。「無拘束。無垢。無限」の意であり、アーディティヤ神群（ミトラやインドラも含まれる）の母神としてたたえられる。

火に向ってなされる火を喚起する讃歌では、数多くのやり方で女との深い関連が呼び起こされる。「いとしいアグニよ、すべての準備はできた。お前の祭壇も飾った。妻が最愛の人を飾るように……――いとしいアグニよ、お前はまだ休息している。妊婦の胎内にいる生まれくる胎児のように。」

彼らは、雄の植物と雌の植物があることを見事に見抜いてしまった。だがどうやって見分けたらよいか分からぬまま、女性的詩心が生み出す優しい思いによって、次のように考えたのである。植物の妻は他のものにからみつき寄りかかり、好んでその影で生きている植物であると。

そこに「火」の父と母がいる。母の中に、小さなくぼみを作り、そこでもう一つの木材を回転させる。根気のいるやり方である。もっと未開の人々は火を偶然、落雷や山火事で手に入れるのだ。燃えるような地方の血気盛んな種族たちは、火打ち石で生きた束の間の火花、あっという間に消えてしまう火花を飛び散らせる。たいていは、驚きと闇しか残さない。[*2]

*1　Ad・クーン[17]『火の起源』（一八五九年）。ボードリー[18]「ルヴュー・ジェルマニック」一八六一年四月一五日号と三〇日号、五月一五日号。先史時代にまでさか上るために文献学からもたらされた実り豊かな援助の注目すべき例である。ボードリー氏がクーン氏の研究を広げ深めた時に修正したあの仕事以上に、明敏で巧みなものは何もない。それは最初の起源というこの主要な問題に関し重要な書物を書くときの基礎となる。ヴィーコ[19]は、独特な洞察力によって火、稲妻の火、雷の火は最初宗教の対象であったということを予見した。太陽の火がその後崇拝された。極めて自然で不条理なところの全くない崇拝である。今日の科学もそのことを認めざるをえない。ルナン[20]氏は、わが国の偉大な化学者ベルトロ[21]氏への注目すべき手紙の中で、次のように言っている。「あなたは私がどんな反対もできなくさせてしまうようなやり方で説明して下さいました。地球の生命は太陽にその源をもっていると。――あらゆる力は太陽の変化したものであると。――炉を養う植物も太陽を貯えたものであると。――蒸気機関車は大地の石灰層の中に眠っている太陽の効果によって走っているのだと。――馬は太陽によって生み出された植物からその力を引き出すのだと。――地球上での残余の労働は、太陽の直接的な働きによる水蒸気の上昇に帰してしまうと。宗教が神を絶対の地位につけにやってくる以前には、唯一の崇拝だけが合理的かつ科学的だった、つまり太陽の崇拝が、ということをです。」「両世界評論」誌四七巻、七六六ページ、一八六三年一〇月一五日発行。

*2　世界の二つの大きな人種がもつ対立的方法を、あまりにも際立たせるイメージである。インド＝ヨーロッパ語族は忍耐づよく、地上にその豊かな光の筋を整然とつらねていった。セム族はきらめく閃光を発したのだが、その光は人々の魂を動揺させ、あまりにもしばしば闇を倍化してしまった。

(17)　**アダルベルト・クーン**（一八一二〜一八八一）　ドイツの言語学者、神話学者。『インド＝ゲルマン語族の古代史』（一八四五）、『火と神々の飲み物の起源』（一八五九）等。

(18) **ボードリー** 原文 Baudry。不詳。
(19) **ジャンバティスタ・ヴィーコ**(一六六八~一七四四) イタリアの哲学者、歴史家。『新しい学』(一七二五)ほか。後世のコント、ヘルダー、カント、マルクス、クローチェなどにも影響を与えたと言われるが、ミシュレ自身、若い頃にヴィーコから決定的な影響を受けている。
(20) **エルネスト・ルナン**(一八二三~九二) フランスの思想家、宗教史家。実証主義的研究の大著『キリスト教起源史』(八三年完成)の第一巻『イエスの生涯』は特に同時代人に大きな影響を与えた。
(21) **マルスラン・ベルトロ**(一八二七~一九〇七) 有機合成、熱化学の分野で業績。『錬金術の起源』(一八八五)ほか。

話を元に戻そう。木材を回すことで人はちょっとした煙を出せるようになった、そして、ほどなく消えてしまうだろうあるかないかの火を。だがそこに女が手助けに来る。彼女は生まれたばかりの火を迎え入れ、木の葉でちょっぴり勢いづける。そして火の息吹を保たせる……讃歌は、ここでは極めて古い時代のものごとを示す。つまり「火」を消えるがままにしておいた初期のころに感じた極端なまでの恐怖、この生命の救い主を救うことができないという恐怖を示す。女だけが救うことができるのだ。彼女にとってそれは子供、愛する生まれたての赤児のようなものである。良き乳母はその子を支え、その濃厚な乳、バターで養う。自らの子の方は、感謝して立ち上がる……。*

* これが魅惑的な動きで、また測り知れない優美さで、讃歌が言うことである。「若い母親は、無力な自分の子に対し控えめで、その子を示さない。彼女は一時父に対しその子をかくす。だが見てごらん……彼は大きくなって動き回っている……──もう何と利発に見えることか! 彼は生き生きと動いている……見守っていよう。というのもこの子は自ずと休息にあこがれてしまうから」『リグ・ヴェーダ』ウィルソン、三巻、〔讃歌〕二三三、同三五、同二ページ。

その子が強くなり食べることができるようになるや、大麦や甘い菓子をごちそうしてやる。この固形のホスチア[22]に液体のホスチアが加えられる。男は女の手からアジアのワイン、彼女が作ったソーマを受けとり、それをアグニの中に注ぎ込む。アグニは飛び跳ね、ぱちぱちとはぜ、丸天上の方にまで青みがかって燃え上がる。すべてが変貌する……家はほほえみおののく……聖なる神秘である。一番暗い隅々も祭における自分たちの分け前に与かる。ずっとあとになってさえ、幻想的な照り返しで赤く染まる。

(22) **ホスチア**　元来は神へのいけにえのことだが、カトリックではミサで拝領する聖体のパンを指す。

だが、ごく初め、もえ上がりそのものの生き生きとした上昇の瞬間に、一つの声もまた上っていった。一体化した二つの心から発する同じ声、感動した優しい言葉である。罪のない一瞬の高まりのあと、大いなる静寂がやってくる……だが言われたことは言われたのである。聖なる声は留まるだろう。何ものにも消し去られることはないだろう。私たちはそれをいつでも、六千年後でもなお、ま新しいものとして読むであろう。

精神を集中することもなく同じ心で彼らが、もはや亡びることのないであろうこの言葉をいっしょに言ったとき、彼らは聖なるほの明かりのもとで互いを見つめ、二人（彼デーヴァ(23)と彼女デーヴィ*(24)）は〈神にも等しいものとして〉互いを理解した。子供じみたとも言えるような、こうしたこの上ない素朴さの中で、調和にみちた愛の真の秘蹟が、結婚についての高度の観念が現われてくる。

(23) **デーヴァ**　神、天。古代インドの神的存在の総称。

(24) **デーヴィ**　デーヴァという語の女性形、女神を意味する。

＊　エミール・ブュルヌフ、一九一～二ページ参照。

「死すべきものが不死なるものを作った……われわれがアグニを生み出した……十人の兄弟（十本の指）は祈りにおいて交錯されて、それの誕生の端緒となり、それをわれらの男の子と主張した。」

世界で最初のあの種族の堂々とした性格は、つねに神々を讃美しながら、自分たちがそれを作ったのだということをよく知っていたのである。最も熱狂的な讃歌においても、神聖な特徴のもとに見てとれるすばらしい現象が、同時に巧みに叙述され、追跡され、分析されている。だからアグニの誕生と、いやましてゆく生命とをわれわれは容易に再発見できるのである。さらに、アグニのすべての変化が透明な言葉によって記され続ける。その言葉にあって神々の名称は、まこと呼びかけるための名前*（「強いもの」、「輝けるもの」、「洞察力あるもの」等）でしかない。

＊　マックス・ミュラー、五五七ページ参照。こうしたすべては「『ヴェーダ』の中にあっていまだ流動的である。ホメロス時代のギリシアにあって、形容詞は実詞となり、人間であった。すべてがすでに石化している〉。」M・ミュラーによるこの妥当な考察は、明らかに最初の宗教的創造にまで至っている一つの民族の、巨大な古代文明をより良く理解するよう彼を導いたに違いなかった。

したがっていかなる迷信もなかったのである。神が自らを忘れて暴君となり、奴隷のもつような恐怖で想像力を暗くしようと望んだなら、精神はしかじかの言葉で武装し、神にその起源を思い出させて言うだろう。「誰がお前を作ったのか？　それは私だ」と。

高度の誇り高い観念をもった気高い信仰である。それはすべてを与えながらすべてを守る。祝福され愛される神々は、自分たちを創ったもの、人間から百パーセント解放されることはない。彼らも一般的な生の輪の中に留まる。人間が彼らを必要とすれば、彼らも人間を必要とする。彼らは人間の言うこと聞き、人間の声のところにまで降りてくる。人間の朝の讃歌は太陽をたたえるが、さらには太陽を呼び出し引き寄せもする。それは力強い呪文であり、太陽はそれに従う。大河のほとり、聖なる合流点でアグニが点火されるとき、そして、神々がすわりに来られるよう女たちの手によってその回りに草のじゅうたんが作られるとき、彼らは思わず知らずやって来てしまうのである。彼らは讃歌に逆らえないのだ。彼らは聖なるバターと、泡立つソーマの奉納式に親しく参加しにやってくる。神々は牧草地を緑によみがえらせる豊かな雨を与えた。お返しに人々は、自分たちのもっている最良のものを神々に与える。天は大地を養い、大地は天を養う。

この相互依存によって神々は低められてしまうというのか？　いや、はるかにずっと愛されるのである。恐怖の介在しない、にこやかで友愛にみちたこの宗教において、神々は人間生活の諸行為に親しくまじわり、人間たちを育て、神格化する。優しい妻は男のために、夕方彼に元気を回復させる聖なるパンを準備するうち、半分だけアグニといっしょになる。女が自分に関していだく心配りを、アグニは認めることができる。「アグニは娘たちの恋人であり、妻の夫である。」彼は生殖力の高まる幸せな瞬間を神聖化し輝き出させる。人間の中で輝こうと炉の中で輝こうと、天においては一筋の火でもって、彼が大いなる妻を受胎させるように。アグニは千差万別の形態のもと、ますます同一のものとなるのである。人々は精神を高めてくれるソーマの、生き生きとした熱の中にそれを感じる。軽やかな讃歌がそこから出てゆく、創意に富んだ炎にそれを感じる。太陽の中に感じるのとまったく同じくらい、愛の中にそれを感じる。

人はまちがいなく言うだろう。「そうしたことすべては、まだ純粋な自然主義にすぎない。精神的影響力をもっていない」と。古い批評の古い〈弁別〉である。あらゆる宗教から〈良心の覚醒〉というすばらしい成果が花ひらく。アグニは極めて古い讃歌の中で、人が肉体的精神的汚れを自分から引き離しながら、それを模倣すべき〈純粋なもの〉として明らかにとらえられている。肉体的精神的汚れがいまだはっきりと定義されていないと、魂は不安になりアグニに尋ねるのだ。「アグニよ、お前は私を何のことで非難するのだ？　私のした無礼とは何なのだ？　なぜお前は「水」と「光」（ヴァルナ[25]、ミトラ）に向ってそのことを語るのか？」等。そしてこの動揺した魂は自然力のすべてを数え上げてゆく。自然力を前にして、純粋なるもの、非の打ちどころのないものアグニが魂を責めるのである。

（25）**ヴァルナ**　『リグ・ヴェーダ』の司法神。ヴァルナが護持するリタ（天則）とヴラタ（掟）によって、秩序が保たれている。水との関係ははじめからあったが、ついには水の神、海上の神ともなった。仏教の水天である。

純化へのこうした傾向は、ゾロアスターの名のもとに擬人化された改革を引き起こす。厳格な性格をした農耕部族たちは、汚れない形での労働という雄々しい教義に、世界を秩序立てる目に見えないアグニに、執着する。より想像力に富んだ遊牧の部族たちは、天、太陽、雲といった見てとれるものすべてに釣り合った形で、目に見えるアグニを広げ拡大してゆく。* もともとの名称のもと、つねに祝われたたえられながらも、アグニは同時にインドラになる。牧草地をうるおしよみがえらせる雷雨の神、あのインドラに。

＊　熱が生命のしかじかの要素、しかじかの形態の中に存在することが気づかれるにつれ、神々の名称も数を増してゆくが、実際に神の数が増すわけではない。その点をまちがえることはない。讃歌がはっきりそう言っている。明確な言葉で、こうしたうわべの多様性が包み隠している一神教的単純さを明示している。「アグニよ、お前はヴァルナ〈水〉、〈空気〉として生まれ、ミトラ（日の出前なり日没後のおだやかな〈微光〉）となる。お前は力の息子インドラである。娘たちとの関係ではアリヤマンである……お前が同じ精神の夫と妻を作るときには」（『リグ・ヴェーダ』ウィルソン三巻、二三七）。こうして大いなる自由がいまだとどまっていた。これらの名称を作った人々は、そこにいかなる人格的存在も見ていなかった。宗教は軽やかに歩んでいた。宗教は精神を手助けしたが、それに枷《かせ》をはめることなく、また低俗な恐怖のもとにそれを屈服させることもなかった。もっとあとでギリシアでも認められる澄み切った何かを、気高いほほえみのようなものを、それはもっていた。

想像力のこの高まりは、住まう場所と風土の変化に、そして遊牧の部族が東方ないし南方へと移住していったことに符合しているように思える。カブールを通過するとき、突如その広大無辺の広がりの中に、その新しさの中に、インド的風景を見て人々は驚きに捉えられた。私には疑いようもないように思えるのは、そのとき、アグニのあの変容が、力あふれるインドラの炸裂が起きたのである。それは太陽それ自体であるよりも、厚い雲を征服する神となった。大河が流れているのに起伏が多く流れが激しいあの地方は、すさまじい日照りとそのあとにやってくる激しい雷雨の国である。闘争の、きわだつコントラストの、そして戦いの雰囲気をもつ自然である。そうした戦いをなすためにインドラには、一台の戦車と弓と数頭の軍馬が大盤振る舞いされた。この戦車がゴロゴロとうなりをあげながら走ってゆくのが聞こえる。インドラは勝利者であり、受胎させるものでもある。あるときはあえぐ大地を圧迫し、雷の一撃によってそれと交わる。あるときは山頂にねたみ深い雲のまっ黒な竜を見て、その怪獣を矢で差し貫く。すると含んでいる水を人手に渡すのを拒んでいた竜は、ひきさかれたそのわき腹からどっとばかり雨を降りそそぐ。

極めて透明で、神話や象徴をほとんどになわされない無邪気な装飾である。唯一無二の芸術は忠実に保存された言葉と歌であり、祖先たちへの清らかで神聖な讃歌となった。バクトリアからインダス川へ、ついでガンジス川へ、おそらく一〇世紀もかかって、この民は歌いながら進んでいった。一歩ごとに一つの歌が生まれた。そしてその全体が『リグ・ヴェーダ』となったのである。

ヒンドスタンの入口が境界となっていた。旅する民は三つの無限を前にした。その無限の一つが彼らを心底困惑させるに十分だった。

南方にある海のような無限である。岸辺がどこにあるか分からない、何だか分からない大河が、夕べごと煌々と照りはえる鏡となって、そこにインドの太陽が燃え上って沈んでゆく。

北方には巨人たちの連なりがある、ヒマラヤのすべての頂が、三十もの山を越えてそびえ立っている。あらゆる気候と植物を保持しつつ、暗い木々の黒い眉の上に雪の冠をかぶっている。トラやヘビのいる広大なジャングルは足許に広がっている。ガンジス川は荘重な姿で暁の方に流れてゆくだろう。巨大な森とともに、自らの水でうるおす生きた世界全体とともに。

最後にもっとも恐ろしいもの、ヒンドスタンの猛暑の燃えるような吸引力があった。あまりにも魅力的な自然の愛撫と誘惑である。優しく、ほとんど防御手段をもたない、ものすごい人数の種族、黄色人種*の吸引力で、一億人から二億人が奴隷となって白人を讃嘆し愛したのである。白人はとても愛されたから、かの地で絶えてしまうこともありえた。

＊　黄色人種は、簡単にまっ黒となる。ヴィヴィアン・ド・サン＝マルタン(26)氏のすぐれた手記『地理研究』（一八六〇）を見ること。

(26)　**ルイ・ヴィヴィアン・ド・サン＝マルタン**（一八〇二～九七）　フランスの地理学者。ミシュレが言及している作品の原題は『インド北西部の地理と原初住民との研究』である。

アーリア人の耐久力、あんなにも高度な精神の勝利は、かつて地上で起きた最大の精神的出来事であった。彼らは自分たちの救いをカーストの障壁の中に見出した。

カーストはああした風土にあって、極めて合理的な基盤の上に、生理的な、また自然史的な基盤の上に自ずから形成されたのである。

［一］〈血にまみれた食糧への恐怖〉。肉は体を重くし汚すし、不浄にし、また悪臭を放つようにさせるという考えである。肉と血を食べる者は、彼らには死臭を感じさせるように思えるのである。強烈な太陽によって完璧に熱せられ焼かれた大地からの果実が、まことたっぷりと滋味豊かな果汁を含んでいる国においては、肉ははるかに必要とされないということもある。

［二］〈下位の愛への正当な恐れ〉。黄色人種の女（かわいく、優しく従順な、中国でよく見られる）の恐るべき熱中、*そしてもっとも優しく、甘えついて、白人たちを好きになってくれる黒人女の熱中も恐るべきものだ。

＊　一夫多妻制を限りなく受け入れる。そのことはユ・キャオリ[27]の『二人の従姉妹』（スタニスラス・ジュリアン訳）二六章（第二巻一九八ページ）（一八六三）で、見事に見てとれる。

（27）**ユ・キャオリ**　原文 Yu Kiao-Li。不詳。

白人たちは抵抗しなければ、まちがいなく絶命してしまったろう。血にまみれた下卑た食事により、彼らは腹の出た重いモンスズメバチのようになってしまうだろう。あの国でヨーロッパ人がそうなっていた半睡状態、半分酔ったような状態になってしまったろう。奴隷や下位の女たちとの混じり合いにより、彼らは自分たちの種族の才能を失ってしまった。とりわけ創造的力を、『ヴェーダ』の中できらめいていた輝かしいきらめきを。黄色人種の女は、流し目と、猫のような優美さと、凡庸だが繊細な精神でもって、インド人をモンゴル人のレベルにまで平板化してしまったかもしれないし、中国人労働者の劣った才能にまで、深遠な思想の人種をおとしめてしまったかもしれない。そして地球全体を変えてしまった高度の技術の才能を消してしまったかもしれない。

さらに多くのことがある。ああいった風土にあって、ああいった混じり合いをうけて、ごく少数だったアーリア人は、まことにありそうなこととして、蠟の一滴がまっ赤な炭火にとけこむように跡かたもなく溶解してしまったかもしれないのである。インドは、すべてのものが逃走し流れ出し消え去り変貌し、まい戻ってきても別のものとなっているといった夢の世界のように見える。生を笑い死を笑う自然の恐るべきたわむれである！　同じように恐るべきものは、人間の才能がそれに対立して身を起こそうとする努力であった。途方もない詩によって、横暴とも見えたかもしれない激烈な法体系によって、創意と意志の人物が、他者を威圧し、厄介払いし武装解除するために創り出された。

節制する思想家たち、インドの才能を誇り高く守るものたちは、肉とアルコール類を完全に絶つことによって、別種の民を構成する。それがバラモン階級の気高くかつ当然の資格である。いささか肉を活用する戦士のカーストそのものも、発酵酒には、厳しい浄化をへてしか手をつけることができない。最後に大変すぐれた努力によってブラフマンの法体系は、愛と結婚の中に『ヴェーダ』の気高い理想を、一夫一婦制の純粋さを、ハーレム的生活には不寛容な誇り高く汚れない禁欲的結婚を、維持しようと努めた。

彼女はまず何よりも自由なのである。結婚は売買（他の多くの民におけるような）ではない。こうした魂の売買は犯罪である。マヌ(28)法にとっては恐怖の対象だ。

結婚の真の公式が見出されて次のように提示されたが、これはいかなる社会も将来とも凌駕できないだろう。

「人間は彼が三重のもの、つまり〈男＝女＝子供〉[*1]である限りにおいてのみ人間である。

『ヴェーダ』、法と聖なる命令によれば、民衆の慣例では、〈妻は夫の肉体の半分であり〉、汚れない行為も汚れた行為も同じ分だけ分かち合うことになるというのである。」だから二人の内の一人のなしたあらゆる良い仕事は、もう一人の得になるのだ。聖なる男はその聖性[*2]によって彼が愛する女を救うという幸福をもつ。

（28）**マヌ**　サンスクリットで「人間」の意。大洪水が起きたとき、マヌだけが助かり人類の始祖となり、宗教、道徳、生活規範を定めたマヌ法典を作ったと考えられている。

＊1　『マヌ』ロイズルール訳。九巻四五、三二二ページ。
＊2　『法大全』三巻『マヌ』九巻二二、三一九ページ。女は、下位のカーストの女でさえ、夫の徳によって救われるのである。

両性の平等（実際上、あの種族にとって、ああした風土では難しい）は、少なくとも天においては印され、寺院の中では明示されている。それは祭壇の上で炸裂する。至る所、神々のかたわらに、神々の妻たちが座して支配しているのだ。母！　この聖なる言葉、母！は、インドの心に対して非常に強烈なものとしてあるので、宗教的ヒエラルキー全体を見えなくさせてしまうように思える。男だけが祈りを唱えるのだが、この家庭内の祭司は女よりも下位にいるのである。

「母は千人の父よりも価値がある。種よりも畑が価値あるように。[*]」

＊『マヌ〔法典〕』九巻五二、三二四ページは大地（女）は種（男）よりも価値があると言った。ヒンドゥーの『法大全』三巻五〇四はこの方面で豊かであり、「一人の母は千人の父よりも価値がある」と言っている。

法は理想を追い、ぜひとも妻を夫に結びつけようとする。法は彼女に家庭という王国を与えようとするだろう。「女は家である。女を欠いた住まいは家とは呼ばれない。」これは空疎な言葉ではない。法は彼女に家の管理、収入と支出を現実にゆだねる。大きな、かつ断固とした権利の委譲だ。もしも女がわずかなりとも精力的だったら、彼女はただそれだけで、夫と同等のものとなり、『ヴェーダ』のもとにある限り、家の女主人となるであろう。

だが自然は、この偉大な預言者インドが、自らが人類に教えることを、自身で実現できるようにしてくれるだろうか？　いいや風土のあまりにも抗しがたい力が、夢みられた完璧さに現実が応えるのをまったく許さないであろう。女は八歳で結婚適齢となる。「三〇歳の男が〈一二歳の女を〉めとるだろう。二四歳の男は〈八歳の女を〉めとるだろう」（『マヌ』）。この断章だけで、すべてを変えてしまうだろう。法が夫婦のあいだにいかなる平等を打ち立てようと望んでも、この小さな少女は夫にとって、わが娘でしかなくなるだろうから。*

＊　もっと先の方で一夫多妻制、一妻多夫制、『マハーバーラタ』等について語るだろう。ここでは、一夫多妻制はいくつかの社会的理由によって生じるのであり、風土のせいではないということを言うだけで十分だろう。インドでは、すでに一人の女以上のものがいるように思える。婚礼はかなり冷淡である。結婚式においてはその夕方にさえ、夫は巡礼として出発しようといったふりをする。禁欲生活と苦行とを続けようといったふりをする。妻となった女の近くに、友人たちが彼を連れ戻す。彼はしあわせであるよう強制される。――明らかにこの若い女の夫は、この奇妙な風土のもと、すでにもはや若い男ではない。彼は結婚に遅れて到達したのである。一連の長期の試験、試練、苦行とくに宗教的理想によって（とりわけバラモンは）遅らされたのである。彼に与えられたこの女の子からは、はるかにへだたったものになっている。この女の子は彼を理解しないまま、飽くことを知らない目つきで彼を見つめる（『法大全』二巻一、三五）。彼女は穏和な人物にとっては、女であるのと同程度に生徒でもあるのだ。法も必要に応じて「小さな小学生のように」彼女をこらしめることを彼に許している（『マヌ〔法典〕』八巻一九九、二九六ページ）――だがこれは、他方、魅惑的な矛盾によって、今度は多分大人の女のことを考えながら、法が次のように言うことをさまたげない。「女を打ってはならない、彼女が百のあやまちをなしたにせよ、花によってさえ打ってはならない」（『法大全』二巻二〇九）――以上が法の困惑させるところだ。一方で法は年若い子供に共感を寄せる。他方、それを恐れる。言葉少ない小さな女の子は何も要求しないが、それでも恐ろしいものに見えないこともなかったのである。彼女は自分の中に無限の吸収力を感じる。この力は彼女が（それと知ることなく）風土の力とともにいることを無邪気に企てたとき、脅威となるのである。法は、こんなにも弱い男の保護に明らかに不安となっている。そこで結婚しても男が一人でいるのを認めるのだ。法は男に、もし彼が完璧を目差すなら、月に二度しか愛さないようにと勧める。そして法は、まちがいなく二番目の妻をもつことを免除するだろう。だが最初の妻は、ほんの数年で、もはや妻ではなくなるだろう。子供の死亡率はすさまじいものだ。したがって二番目の妻がやってくる必要がある。だが恐れてはならない。家族の永続が保証されるや否や、寛大な法は夫に休暇を与え、すべてをすてて何かボダイジュの木のようなものの根元に庇護され、隠者の生活を送るのを許してくれる。

私はインドの歴史を研究しているわけではないから、最初インドの救いだったバラモンの法が、どうやってしだいにその災いの種となっていったかを語ろうとは思わない。

そうしたことは、この法や、この国に固有のことではない。諸宗教の歴史に共通することである。同じことをペルシアやエジプトでも見出すだろう。

まず最初生命に根付いた理由、ほとんどつねに、心の真の必要から生まれた宗教は、のちに、法と聖職者組織の中に公式化されることで堅固なものとなる。だがこの法は些細で煩わしい抑圧的な規定で覆われるようになる。そして聖職者組織は専制的となり非生産的となる。それは南海の緑の小島のようなもので、少しずつサンゴと貝殻で満たされていって、こうした石質の植生の下に消えてゆき、何ものも決してやってこないような石灰質の固まりしかもはや呈さなくなる。

インドにはいかなる歴史的著作もない。ただ極めて重大な二つの伝説が、バラモンと戦士〔クシャトリヤ〕との戦いを大変明解に説明してくれる。最初前者が勝利を収めた。それらの伝説を信じるなら、彼らのその勝利は勇敢なバラモン、パラシュラーマ（斧をもつラーマ、ヴィシュヌの一化身）のおかげである。パラシュラーマは戦士たちを途方もなく虐殺したかもしれない。戦士たちはバラモンたちの精神的権威に帰順しながら、それでもなお強力なもの、国の王ないし首長として留まった。かれらの吟遊詩人、つまり宮廷の詩人たち（今日でもなおシク教徒[29]等にあって存在するような）は、バラモンに対し、競合するような伝説を対抗させた。バラモンのラーマより千年、あるいは二千年あとに、ヴィシュヌがラーマという同じ名前の王の息子の戦士となって姿を現わすと考えるものである。戦士のカーストの新しいラーマは、しかし平和的な優しい精神をしていて、インドの完全無欠の理想『ラーマーヤナ』の主人公となる。*

(29)　**シク教**　ヒンドゥー教とイスラム教の統合をめざして、一五世紀末にナーナクによって始められた教え。

* ゴレッシオ氏[30]のすばらしいイタリア語訳は、いくら称讃しても足りないくらいだろう。氏はビュルヌフの目の前で原文の校訂をした。しかしフォーシュ[31]氏の優れたフランス語訳についても、どうして語らないでいられよう？　彼はこの学派全体の中で、学問に対し最大の自己犠牲をなした人である。貧しく、孤独の中で、出版者を見つけられず、彼は〈自らの手で印刷し、自らの費用で〉九巻にわたるこの偉大な詩を〈出版した〉。彼は今この瞬間『マハーバーラタ』の翻訳を

始めている。さらにいっそう巨大な仕事であるが、それが何だというのだ？　彼は時間を超越して、より活動的に生きているのである。バラモンやリシたちにも劣らないインド的時間を生きているのである。

(30) **ガスパルト・ゴレッシオ**（一八〇八～九一）　イタリアの東洋学者。パリに来てビュルヌフの講義を受講した。『ラーマーヤナ』（一八四三～七〇）や『マハーバーラタ』のイタリア語訳がある。

(31) **イポリット・フォーシュ**（一七九七～一八六九）　フランスの東洋学者。『ラーマーヤナ』（一八五四～五九）や『マハーバーラタ』（一八六三～六八）のフランス語訳がある。

五　インドの深遠なる自由

『ラーマーヤナ』を驚嘆すべきものにしているのは、数限りない余分な書き加えでごちゃごちゃしているのにもかかわらず、二つの魂が均衡を保っているその内的な魂である。またその穏やかな矛盾である。淡い光のなかにかいま見られる自由な精神の魅力である。それは「優雅さ」のヴェールに愛くるしくつつまれた、はにかみがちの自由である。自由は自らを示し、自らを隠す。自らが存在することをわびている。

強力なマヌの法典によるバラモン教の支配のもと、支配的カーストが、際限ない些事に至るまで生活全体を掌握し、三万もの神々が重くのしかかっているのを大地に感じさせるときも――しかしながら自然は存在するのである。そしてひそやかな声で抗議するのである。愛において、憐憫において、弱いものや、つつましいものに対する無限の優しさにおいて、自然は依然として姿を見せる――かいま見せる――まっ正面から強い光をあびてではなく、えも言えぬ微光を通して。それは雪花石膏の下にあるのかと思わせるような、心地よいランプなのだ。海底深く眠る真珠の、神々しいまでにつつましやかな魅力なのだ。

だからといってつねにそういうものでもなかった。カースト間のはげしい対立は、はるかに遠い古代において生まれたときに、より一層目立ったのである。証拠となるのは風変わりな歌で（世界で最初の風刺詩か？）、そこではバラモンの教育が、大胆にパロディー化されていた。* また古いインドラ、雨や晴天を作る自然の陽気な神で、勝利者であり、冷やかし好きなあのインドラが、聖なる隠者たちの貞潔が危うくされるのをかぎつけ、ひどく嘲弄するという言い伝えも証拠となる。しかしとりわけ証拠となるのは、ヴィシュヴァーミトラ王(1)の伝説である。代々、バラモンの権威を追求し、脅かしてきた誇り高い物語である。この王は、『ヴェーダ』の中で読み取れる彼への讃歌によって名高く、またその一〇〇人の息子たちによって、つまり低い身分の者たちを寛大にも養子にしたことによって有名だが、彼はバラモンになろうとふと思いついたというのだ。ところがそれを拒まれ、千年もの間、しかじかの苦行に没入し、しかじかの功徳を獲得することになった。つまり、ただ眉をひそめるだけで、すべてのものを、天も地も、人間たちも神々も消し去りえるという恐るべき力を獲得したのだ。恐れを抱いた神々は彼の庵に降りてきて、彼を取り囲み、頼みこんで、世界がこれからも存続するとの約束を取りつけた。

（1）**ヴィシュヴァーミトラ**　ヴェーダの詩仙の一人で『リグ・ヴェーダ』第三巻の作者と伝えられる。

＊ それはカエルの歌で、カエルたちは説教し教えてくれる。マックス・ミュラー、四九四ページ参照。

この恐るべき聖者は死なないことに留意したまえ。彼はつねに危険なものとして生きる。彼は『ヴェーダ』の時代にいた。何千年もの後、『ラーマーヤナ』の中に戻ってくるだろう、彼はインドの魂の、もっとも奥深い本質的な基底である。その魂は作りまた解体しうる。それは創造した、だから無をも創造できるだろう。世界に、世界が産み出した神々を呼びもどすこともできるし、眉をひそめて世界を消失させてしまうこともできる。

そうすることができる、が、そうしようとは思わないということなのだ。じつのところこの大いなる秘密によって、自由であるインドの魂は、みずからの神々に対し、なおのこと優しい心づかいを見せるのである。神々に触れることをひどく嫌っているみたいだが、もちろん神々を愛している。神々の茫洋かつ崇高な存在を通して、自分自身と向きあっているからである。

このインド＝ギリシア種族の並はずれた特権、唯一無二の優位は、他の種族たちは何も見ないところで見るということ、思想と教義の世界の中に、互いに積み重なった神々の信じがたい厚みの中に、入り込むという点である。そういったことすべてが、苦もなく、あら捜しも悪意もなく——驚くべき視点をもつという事実だけによってなされるのである。アイロニカルにではなく、重なり合ったような百もの水晶を貫くような、恐ろしいほどに明晰な視線の力だけによってなされるのである。

この透明さが『ラーマーヤナ』の特異な美しさとなる。冒頭からこの作品はバラモン教に敬意を払い、ひざまずきひれ伏している。しかしその向うを完璧に見ている。それは初めの方の歌の中に、聖なる高位のカーストに対し敬意と優しさ（勿論のこと誠実な）をこめて、想像しうるものすべてを詰め込む。だが同時に、新しい啓示をも明らかにする。〈戦士＝神〉つまり〈非バラモン〉のカーストの中に具現化された神であり、それ以降クシャトリヤにおける聖性という理想になるものである。*

＊　ここには聖王ルイ[2]がキリスト教的理想の中でなした大改革に類似する何かがある。俗人が、戦士が、王が、ヨーロッパ第一の王が、聖性の理想となるのが見られたときに、そして同時代人たちが「おお聖なる人よ、司祭たちは彼のなしたことどもをまねなくてはならなくなろう！」と叫んだときに起きた、あのことと似ている。

（2）　**聖王ルイ**　フランス王ルイ九世（一二一四頃〜七〇）のこと。二度の十字軍に参加。聖人に列せられる。

同様に強烈なこと、それはこの書が言っていること、そしてすでに私が（本書の初めで）引用したことである。つまり『ラーマーヤナ』が向けられているのはバラモンのみではなく、あるいは戦士のみでさえもなく、〈商人たち〉ヴァイシュヤ[3]にもなのだということだ。ヴァイシュヤは語源学によると、最初は〈民衆〉を意味していた無限に数の多いカーストである。『ラーマーヤナ』はあえてシュードラ[4]のことは語らない。しかしそれが書き加えることは、語ったことより、もっと強烈である。彼らを抜かしてもっと下の方に降りてゆくのである。「もし〈奴隷〉がこの詩の歌われるのを聞けば、彼は気高くされるだろう。」ところで奴隷は四番目のカーストの人、シュードラよりはるかに下のものである。それは全カーストの外にいるのであり、インド世界の外にいるのである。あらゆるものの中で最低のこのあわれな人間が〈気高く〉されうる、『ラーマーヤナ』の祝福にあずかりうるとなれば、神の慈悲から除外されるものは誰一人いなくなるだろう。すべてのものは救われるのである。それは例外なく広げられた救いである。バラモンの古い〈斧の〉、厳格な法のラーマのあと、戦士のラーマが、寛大で慈悲深く普遍的な救い主の、恩愛のラーマがやって来るのだ。

（3）**ヴァイシュヤ**　インドのカーストにおいて第三階層の人。手工業、商業、交易を主要職業とする。クシャトリヤの下、シュードラの上に位置する。
（4）**シュードラ**　インドのカーストで四姓中最下位の細民。

詩の根底はまことに単純である。年老いた王ダシャラタは、天から感嘆すべき申し分ない、目に入れても痛くない息子を手に入れる。王は疲れていたので息子を聖別し、王位を譲ろうとする。だが寵愛していた女が、ラーマの継母が、彼女が求める贈り物をすべて与えるという約束を老いた王から巧みにとりつけてしまう。彼女はラーマの追放と、自分自身の息子の戴冠を要求する。王は拒否する。しかしラーマは父の言葉を尊重し守りぬこうと欲する。彼は懇願して自らに国外追放を科す。一人の弟が彼に伴ってゆく。そして彼の若い妻シーターも。彼らは無人の地に出発する。詩人にとって腕前を見せるすばらしいチャンスだ。砂漠における愛と友情！　このインドの楽園における崇高かつ甘美な隠遁の住居！

「この見事な山、聖チトラクタ山のすばらしさを見て以来、私は自分の追放に、失った王位に、この孤独な生活に心わずらわされなくなった。いとしのシーターよ、お前と、そして弟のラクシュマナとここで年月を過ごせてゆけたら、私は何の悲しみも感じないだろう。

天の方にまで上ってゆくあの崇高なきらめく稜線が見えるだろう。一方のものは銀色の塊り、あるいは深紅ないし乳白色の塊りとなっている。他方のものはエメラルド・グリーンの山塊となっている。彼方のものは太陽をさんさんと浴びたダイヤモンドとも思われるだろう。

大きな森は数知れぬ多くの鳥、猿、ヒョウでいっぱいである。ヒマラヤスギ、ビャクダン、コクタン、ナツメの木、バナナの木が、花の香りでいっぱいの、そしてあふれんばかりの果実をつけて茂みを作っている。至る所に泉があり、小川が流れ、ごうごうと滝が落ちている。山全体が愛に陶酔した巨大な象のように見える……

汚れない笑みをうかべている娘よ、わが子よ、彼方、あの甘美なマンダキニが、すみきった水の川が見えるか。ツルや白鳥が遊び、紅い蓮や青い睡蓮で水面がおおわれ、その子供たち、花咲く木々とたわわに実をつけた木々とが影を落とし、すばらしい島々を点在させている流れ……川のひと気のない分流に、一列になって水を飲みにやってくるガゼルの小さな群を、見てみたいものだ！……山のふもとにある木々、風に吹かれてしとやかにたわんでは、花の雨をふらせているあの木々を見てごらん。ある花々は地面をかぐわしくし、他の花々はここかしこ水に落ちて流れてゆく……天に向って幸せそうに飛び立ってゆく赤くそまったガンを見てごらん。幸運を呼ぶ歌で、朝に向ってあいさつしている。

それは信仰心篤いリシたちが聖なる流れに身を浸す時刻である……だから私とともに来たまえ……それは川の中でも最も神聖なものだ……ねえお前、川や山は、帝国や豊かな町々や、私たちが失ったすべてのものに匹敵するとは思わないか？……お前および私の愛する弟は、私にとって至福のものだ。」

ラーマがここで、あの偉大なインドの風景について言うことは、詩のイメージそのものとなる。その比類ない豊かさにおいて、この詩は、自らがそれを丸々包みこみ、壮麗に飾りたてるインドそのものと等しいのである。その技法は、あの国の魅力的な芸術のそれのように見える。カシミヤの至高の技巧、何代にもわたって労苦と愛をささげて継承されてきた粘り強い織物業のそれのように見える。

まずそれはうっとりさせるような、この上なく貴重なショールであり、ヴィシュヌのマフラーである。そこではラーマの驚くべき誕生が、彼の町が、結婚が、麗しのシーターが詩の基盤を織りなしている。

この基盤の回りに、すばらしい絨毯のように、自然全体が、山が、森が、川が、すべての風景が、インドのあらゆる四季が、人間の良き友すべてが、動物が、植物が織り上げられている。

この絨毯は、大変大きいものだが、さらに大きくなり、芸術、職業、宮殿、町、あずま屋、バザール、後宮を含むものになる。そしてそれは天幕のように、世界全体がくつろぐすばらしいあずま屋となる。広大な森に、ヒマラヤの頂にぶら下げられ、このテントはインド全体を覆う。インダス河からベンガル地方にまで、ベナレスからセイロンまで。しかしそこから空を隠すことなく。それはインドの空そのものなのだ。

ここで止めておこう、本書は文学史ではないということ、ただひたすら精神的な大いなる成果を追いかけているということ、それを忘れないようにしよう。

ラーマには二つのカーストの二十の理想が合流している。一方で彼はバラモン的美徳の絶頂に達しているが、他方他者のために、自分自身と、ときに自ら以上に愛するものとを危険にさらす戦士の、高度の献身をそこに付け加えている。弱いものを、悪霊になやまされる孤独な隠者を守るために、彼は自分の命以上に、愛するものを、魅力的で貞節で献身的な彼の妻、シーターをも危くする。完璧な人間、この〈バラモン＝戦士〉は、それゆえ、祈るが自らを犠牲とすることのない単なるバラモン以上に、より神のま近にいることになる。

ラーマはクシャトリヤの理想、高度の騎士道的理想を正確に追いかけている。〈勝利し、そして許す〉――〈傷ついた敵が立ち上がるまで待つ〉――〈与え、決して受けとらない〉といった理想を。『シャー・ナーメ』やわが国のケルト＝ゲルマン的詩を読んでいるような気がするだろう。こんなにも平和主義的なこの戦士は、詩によってバラモンたちや、最も神聖な人々にさえ与えられている怒りっぽい性格とは、正反対の性格をしている。バラモンたちは、取るに足りない理由により、わざとしたのではない誤ちに対しても恐ろしい呪いを投げつける。その呪いにより相手はずっと縛りつけられ、魔法にかけられ、時に化け物に変えられてしまう。最後の点〈何も受けとらない〉を、ラーマはいつものように優しく強調する。が、からかい気味の優しさであり、いつでも物をもらい、しばしばよこせと要求するバラモンへの、ラーマによる間接的風刺となっている。ここから、物乞いし食いしんぼうで宮廷のおどけ者であるバラモンが予想される。そうしたバラモンはのちにインドの劇に登場するだろう（『シャクンタラー』(5)参照）。

（5）**『シャクンタラー』**　もと『マハーバーラタ』の挿話で知られていた可憐な美女の物語を七幕ものの劇としたカーリダーサの作品。

『ラーマーヤナ』は、バラモンたちが二番目の位置を占めていたラージャ(6)たちの宮廷で、明らかに、食卓で歌われるために作られたのである。そこから途方なく誇張された数知れぬ戦いの物語が生まれる。それがこの作品の最大の欠陥である。だがその代り偉大な高潔さが、率直で自由な性質の爆発的現われが——聖職者の書いた本なら決して陥ることのないだろう、思い切った無謀さが生まれてくる。

（6）**ラージャ**　ヒンドゥー教諸国の王のこと。

母親らしい激情にかられて、ラーマの母は、息子の追放に憤って王に言う。「力強い王よ、あんなにも有名な二行詩を思い出して下さい」と。ブラフマーはある日、話した。「私は秤皿の中に一方には真理、他方には犠牲を投げ入れた。だが真理が勝ったのである。」苦悩およびラーマについてゆこうという欲望に駆り立てられたシーターは、おなじようにバラモン教の体系を根底からくつがえす次のような言葉を発する。「父、母、あるいは息子は、この世であろうとあの世であろうと、自らの行ないの成果だけを食べるのです。父は息子のために報酬を受けることも罰せられることもありません。息子も父のためにそうされることはありません。彼らのそれぞれが自分の行動によって善と悪を生み出すのです」等。

この小さな女、こんなにも大胆な精神をした女の子は何なのだろう？　見抜くよう努めてみよう。

ラーマの先祖の一人、偉大なる王ヴィシュヴァーミトラはすさまじい信仰心でもって、崇高な数多くの讃歌を書いた人だが、彼は、カースト間の障壁を非常に重視していたとは見えない。彼の百人の息子のうち五十人は、ダグジィヤつまり捕らわれた黄色人種の女から生まれたのであり、王は彼女たちを軽蔑してはいなかったのである。つまりこの時代における司祭=王のこの高度の典型は、大きな心であらゆるカースト、あらゆる身分を受け入れていたのである。『ラーマーヤナ』は、ラーマの妻、あの感じのよいシーターがどこからやって来たかを十分明確には言っていない。ある時は彼女は王の娘である。ある時は彼女は〈田のあぜから生まれた〉（それがシーターという語の意味するものである）とされる。ラーマはその国の古い部族から、大地そのものから一人の娘をめとることで、自分の名高い曾祖父のようにしようとしたのではないか？　王が、あの囚われの中国女からもったような混血の子を、である。あの甘美な中国人種は、後宮においてあんなにも追い求められていた。半ば閉じたような細い目を流し目にした彼女たちは、その優美さによって聖人たちを、そして多分彼女たちが少しは縁者となっている悪魔たちさえ、まどわしたのだ。

人間のカーストを越えて、一つの驚くべきカーストが、大変つつましい、しかしまことに数多いカーストがある！あわれな動物たちの世界である、救い上げ高めてゆかなくてはならない世界だ……それがインドとラーマと『ラーマーヤナ』の大いなる勝利となる。

六　自然の救済

人は単独で救いを得ることはない。

人間はすべてのものの救済によってのみ、自らの救済に値するものとなる。

動物もまた神の前にその権利を有している。

「動物、ほの暗い神秘よ！……夢想と、黙した苦悩との広大な世界よ！……だがあまりにも明らかなしるしが、言葉を欠いたそれらの苦悩を表明しているではないか。自らの下位の兄弟の価値を認めず、その品位を貶め、それを苦しめている人間の野蛮に対して自然全体が抗議している。」

一八四六年に〔『民衆』の中で〕私が書いたこの言葉は、再三再四私の心によみがえってきた。今年（一八六三年）一〇月、ひと気ない海のそばで、夜も明けようとするころ、風も波もおさまったとき、わが家畜たちのつつましい声を聞いたものである。家の一番低いところ、深い暗やみから、檻の中のあれらの声は、弱々しく、訴えるように私のところに届いた。そして私の心を憂愁で貫いた。漠とした感じのものではない、確かで明白な印象だった。前に進んでいけばいくほど、現実についての真の感覚を得るし、日常生活の流れが忘れさせている単純だがしかし極めて重大なもののごとが、聞きとれるようになるのである。

生、死、肉を食べることからひき起こされる日々の殺害、この厳しくつらい問題が私の心に提示された。あさましい矛盾だ！　北方のか弱い自然は、その非力な植物で、われわれにエネルギーを取り戻させることができず、われわれが仕事（この第一の義務）を十分に行なえるようになるのは、ただ血まみれの食物をとることによってのみなのである。死によって！　憐憫を忘れることによって！である……この地球の低俗で残酷な宿命から逃れられる別の地球を期待しよう。

憐憫はインドにあって知恵の効果をもった。それはあらゆる生きものを保存し救済するということを、一つの宗教的義務としたし、またそれによって報われもしたのである。そこに永遠の若さを獲得したのである。あらゆる災厄をこえて、動物の生命は尊重され、いつくしまれ、増殖され、過剰となり、枯渇することない多産性を、繰り返しインドにもたらす。

人は自らの死でも他者の死でも、それを避けることはできない。だが憐憫は少なくとも次のように願う。あれら被造物が、自らの生の短縮されるのを見るとしても、生きて愛したということなく何ものも死なないようにと。そして愛によって自らの小さな魂を手渡すことなく、そして優しい神が課す「聖なる瞬間をもつ」という甘美な義務を果たすことなく、死なないようにと。

そこから『ラーマーヤナ』の本当に敬虔な、魅力あふれた冒頭が、あわれなアオサギの死に関するヴァルミーキの美しい心の高なりが生じる。「おお狩人よ、お前の魂が、来るべきすべての生において、決して称えられることのないように。なぜならお前はこの鳥を、愛の神聖な瞬間に襲ったからだ！」彼はそう言って泣く……彼の嘆きは心の満ち干にあわせて、律動的にリズミカルになる。そして詩情にあふれる！そこからすばらしい詩が始まる。このハーモニーと光と聖なる喜びとの巨大な大河は、かつて流れ出た最も大きなものだが、あの小さな泉、ため息と涙から出発したのだ。

真に祝福された天分である。われらが西洋にあっては、最高にかわききった不毛なものが自然を前に傲慢不遜になっているとき、あらゆるものの中で最も豊かで多産なインドの天分は、小さなものも偉大なものも認めず、普遍的友愛を高潔な心で抱きしめた。そして魂の共同体の段階にまで高めた！

あなた方は言うだろう。「迷信だ！……動物に対するこうした度はずれの善意は、魂の転生というドグマから生じるのだ」と。だが逆こそはるかにずっと真実である。あの種族は、繊細で洞察力豊かだから、魂をその下位の形態においてさえ、弱い素朴なものたちの中でさえ、感じとり愛したのである。そこから、いやそれゆえにこそ、転生というそのドグマを作ったのである。信仰が心情を作ったのではなく、心情が信仰を作ったのだ。*

* もっと強烈で、もっとまじめな新しい批判が始まっている。諸宗教は今日あんなにも深く研究されているが、それらを作った〈天分〉に、それらの作り手、魂に、それらが単なる果実であるところの精神の発達に、従属していたのだ。――つまりその自然な風習とともに置いてみなければならないのである。するとその民族を、それらの神々を作ったやり方で学ぶことができる。その神々が、今度は、民族の上に影響を及ぼす。それは自然な〈循環運動〉である。あれらの神々は〈結果〉であり〈原因〉なのだ。だがまず最初それらが〈結果〉だったこと、人間の魂の生みだしたものだということを、しっかりと明確化するのが極めて肝要である。さもなければ、神々に天から降り下って自由に支配させてしまえば、彼らは歴史を抑圧し、飲みこみ、曇らせてしまうだろう。――以上が、まことに明断かつ信頼できる近代的方法である。この

方法が最近その規範と実例とを示した。

信仰が、また心情がいかなるものであれ、インドは、世界のこの矛盾を完璧には免れられない。果実を常食とするバラモンは弱いものとして留まっていた。したがって守ってくれる戦士を必要としている。戦士は血にまみれた食べ物に、そしてその食事のあとに引き起こされる情熱に、少なくともいくらかは与ったときにのみ力をもてる。

そこから〈堕落〉と〈悪〉が生じる。そして『ラーマーヤナ』の核心をなす危機が生じる。この詩は憐憫から生じた。そして憐憫を忘れたところに葛藤とドラマをもつ。あらゆるものの中で最も思いやり深いもの、女は、気をそそられ、何だか分からない悪夢によって、〈羨望〉と小さな欲望によって、自らのもつ自然な善意から引き離されてしまう。

ここにあるのは大食いの女ではない。インドのエバは、木々から楽園のあらゆる果実を取ってくるだろう。彼女の楽園とは愛であり、他のものを欲しがったりはしない。それに彼女はひたすら優しくて、おずおずとしていて無邪気だ*。しかしながら、まったく予想外の変化によって、彼女は眩暈を起こして一瞬残酷になる。金色にきらめく毛の、輝かしくもすばらしいガゼルが一頭通ってゆくのを見て、叫ぶ。「おお、あれが欲しい、あれが欲しい！」と。

* 彼女自身、ラーマが森の中で隠者たちを邪魔する「精霊」たちに対して戦いを開始するのを見て、控えめに平和の忠告を与えていた。「ラーマ、かつて一人の聖なる隠者が、贈り物として一ふりの剣をもらったという話を聞きました。その剣をたずさえて歩いているうち、剣が彼を変えてしまい、血を好むようにさせたというのです。そして殺すことがもうやめられなくなったといいます」と彼女は言ったのである。ラーマは、義務の名において、慎重過ぎることを避ける。彼は剣に酔いしれることはないし、血に眩惑されることもない。

いったい彼女はどうしたのだろう？　いかなる気まぐれを起こしたのか？　血を好んだのではない。彼女が好んだのは、その魅力的な顔がさらにいっそうほっそりと見えるだろう毛皮の、あのやさしい光沢、やさしいが野性的なあの光沢だったのだろうか？　いいや、ああいった風土にあっては、その種の装いは耐えがたいものとなるだろう。彼女は別のことを考えていたのである。それを言ったのだが、中途半端だった。「私はその上にすわってみたい……よくないだろうと感じる……でもやっぱりそうしたい。際限のない欲望の一つなのだが、是が非でも満たされたいのだ……」彼女は、野性の洞窟の中に、自分のベッドを、愛のしとねを作ろうとしてガゼルを欲しがったのである。

しかしながら彼女は純粋すぎた。無邪気すぎて自分の心にとがめるのを、感じないわけにも認めないわけにもいかない。彼女はそれを認め、それから克服する。自分自身をごまかそうとする。そして言う。「ガゼルは自分からつかまえられようとしているのよ！　私たちの楽しみとなるでしょう。」そうは言うが、信じているわけではない。臆病な動物は逃げてゆくが、運命の矢を受けて、官能的欲望の対象として、その命を引き渡してしまうのが容易に見てとれる。

最悪なのは、この欲望が共有されているということだ。ラーマは動揺する。あんなにも膨大な詩の中でただこれ一回きり、不都合な言葉をもらす。思い留まらせようとした弟に向って次のように言う。「王たちはまさしく自らの矢で森の訪問者たちを殺している。肉が欲しいときにも、あるいは楽しみのためにも。森の中ではすべてが王のものだ。」

彼はこうした冷酷さの下に、愛する女に対する自分の弱さを隠す。彼は彼女を弟にゆだねて出発する。弟は彼女のもとを去ってはならないのである。

幻想的なガゼルは逃げ去ってゆく。そして長くラーマを駆け巡らすことになる。シーターは遠くで呼んでいる彼の声を聞いたように思う……おやまあ！……危険な目にあっているのか……彼女は弟に、いいつけを破って救助に行くように強いる。――またも愛による別の罪である。ああなんということ！　彼は十分すぎるほどに罰せられる。彼女は一人となり、自信がなくなり、自らの二重の思い違い、致命的な錯覚によって弱くなってしまう。メジカは悪魔だった。声は悪魔だった。悪霊たちの王、恐るべきラーヴァナだった。彼はバラモンの、良き隠者の姿をしてやってくる。彼女にへつらい誘惑しようとする。そしてついに、大海原によって守られた近づきがたい自分の島へと、彼女を連れ去ってしまう。

ラーマの絶望は限りないもの、まったく生まれついてのもののようになってしまう。彼の美しい知恵の光は翳らされてしまう。彼にはもうものが見えない。ああいうときにわれわれのもとにやってくる、苦い疑いで重くされた人間としてのあらゆる苦悩を彼はもつ。そして言う。「ああなんということ！　義務に従っていったとて何の役に立とう？」ラーマは自分の神的起源についていかなる知識もないから、言わないのだ。「父よ！　父よ！　私を見捨てられたのですか？」〔十字架上のイエスの最期の言葉〕とは。若い神の受難は、彼が神であり神の息子であるという考えをいささかでももっていたら、その功績を減じさせたであろう。詩人は彼に、このあまりにも慰めとなる神秘を隠しておこうと心している。詩人は彼を、自らの運命に無知な、そしてシーターがどうなったかを不安がり、どうしていいか分からないでいる人間のままにしておく。そしていかなる微光も地平線に現われない恐るべき挫折の闇の中に、留まらせている。

雨期が、インドの本物の洪水が始まった。ラーマが逃げ込んでいた人跡未踏のガーツ山脈(1)は大雲にのみ込まれてしまう。大地も天も涙をしたたらせる。奔流がごうごうと流れ落ちる。風が嘆く。あらゆる自然力がラーマの悲嘆に自らのそれを一致させる。それらの悲痛な合奏の中で、ラーマはさらにいっそう一人ぼっちに感じる。

（1）**ガーツ山脈**　インド・デカン半島の山脈。東ガーツ山脈と西ガーツ山脈の二つがある。

両親は、宮廷は、この王の子の臣下たちはどこにいるのか？　弟ははるかな援助を求めて行ってしまった。だが人が遠ざかれば遠ざかるほど、共感し同情する自然が熱心に立ち働く。われらが友、かつてはさほど軽蔑されていなかったあらゆる動物たちが、警戒心をもたずに近づき、ラーマの回りにかけつけ、手助けを申し出、献身する。あらゆる生き物の聖なる一斉蜂起が、良きもののためになされる。

偉大で崇高な同盟である。これは生の最初の時代に、人間が自らの心の中に見出した信仰の一要点である。*

＊　インドはそう信じ、ペルシアもそう信じる。『シャー・ナーメ』は近代的形態のもと、多くの古い伝統を伝えているが、

『ラーマーヤナ』と正確に同じ光景を提示してくれる。主人公が悪霊にたいしても行なおうとするすさまじい戦いの中、すべての動物が彼の味方をし、戦闘に加わることなく、彼の勝利の輝かしさを何一つ奪い取ることなく、おそろしい叫び声で、さえずり、うなり、敵を金縛りにするのである。敵は、自然のこの荘厳な一体感により、その極度の呪、呪詛、批判により、あらかじめ打ち負かされたと感じる。

ラーマは自らの良き助手たちに、自分のために戦ってもらうという栄誉を拒まない。神のような力で武装した彼は、多分、一人でも勝利しえたろう。だが彼らにとって、自分たちの献身的熱意を彼に示し、彼のもとで聖なる戦いをなすというのは、しあわせなことなのである。あんなにも栄誉ある十字軍であり、ラーマの兵士だという称号は、彼らに名望を与え、彼らを高めるものだ。いかなるバラモンも聖なるリシも、孤独な森の奥にあって、いくら祈りや苦行をしても、彼らを神々にも等しくする瞑想への深い没入をしても、あれらの素朴なものたちがラーマと善意と憐憫と正義の大儀のために、心高鳴らして手に入れてくるあの功績を、自らのものにすることはできないだろう。したがって『ラーマーヤナ』の著者は万物に軍隊に入るのを許す。あらゆる生き物を軍籍簿にのせる。一番荒々しいもの、野蛮なもの、巨大なクマや大きなサルをも。彼らはみんな言葉をしゃべり、美しく明晰な精神をもっている。すべてが、あたたかい心、愛、信仰によって変貌し、南の方に駆けてゆく、信仰は山を持ち上げ、海を、あるいは手なずけ、あるいは挑発する。この野性の世界全体が、ヒンドゥスタンの先端で、それをセイロン島から分けている海の脅威を見るとき、憤慨し、岩を森を引き裂き、投げ入れ、つみ上げてゆく、そうして巨大な橋ができる。大軍が、野蛮な壮麗さに包まれて渡ってゆく。下の方から、驚きあきれて、打ちまかされたインド洋が眺めている。

こうしたすべてはドラマチックな形を取ってはいるが、歴史に属しているのである。今日では分かっているが、セイロンはかつては大陸に結びつけられていた。

人間のために良き動物たちがなしたこの戦いもまた歴史的なものである。それは実際になされたこと、つねになされていることなのである。とりわけあの国では、動物なくして人間は生きられなかったろう。

まずまっ先に人間の良き養い手、愛され敬われる聖なる雌牛を礼儀としてあげておこう。雌牛はすばらしい食べものを、不十分な草と嫌悪をもよおさせる肉の中間にある好ましい食べものを供給する。雌牛の乳やバターは、長いこと聖なるホスチアだった。それだけがバクトリアからインドへの長い旅のあいだ、原始の民を支えたのである。雌牛によって、人間のためにたえず土地を作り直してくれるこの豊かな養い手によって、多くの滅亡や荒廃に抗して、人々は生きてきたし、いまだ生きているのである。

だが、それほどには愛されたり親しまれたりしてこなかった他の多くの動物たちも、ヒンドゥスタンの森の中で一度に行なわれる二十もの各種の戦争のあいだ、人間を救ったし、いまも救っている。この巨大な森は、その並はずれた高さのあらゆる段階に、多くのものを、戦うものを住まわせている。足許では積み重なった死骸が発酵して、しばしば二つの恐ろしい災いを生みだす。あらゆるものの中で最も命を奪うもの、つまり腐敗の臭気、あるいは激しく襲ってくる昆虫たちである。そこではいかなる生も不可能だったろう、今日余りにも否認されているインドの二つの恩人がいなかったならば。一つは昆虫の狩人ヘビである。ヘビは鳥が到達しない所はどこでも、虫を追いかけつかまえる。もう一つは清めるものハゲワシで、死に対する大いなる闘士である。死が現われ出ることを禁じ、たえまなく死を変形し、死から生を作る。それは聖なる循環の疲れを知らぬ促進者である。

もう少し高い部分、森のレベルになると、あれら花でできたカテドラルの土台部分を飾る低い木々と、つる植物の中で、至る所に死がある。ライオンやトラが待ちかまえている。高い方、この植物の丸天上の上の階から手助けがやってくるのは、人間にとって救いだった。果物を常食とする無害な、しかし計りしれない力をもったオランウータンは、たわむれに指先で鉄をもねじってしまうが、トラやライオンに対し、必要に迫られると人間を守る戦いをしてくれた。折った枝で武装し、棍棒を作り、連帯し同盟する。三ないし四匹で彼らは攻撃し、(トラどころではない)ゾウをも殺す。ゾウが果実ないし砂糖きびを彼らに食べさせまいとするからである。オランウータンは怪獣と戦うことのできた、まことヘラクレスである。恐ろしい敏捷さ、空中と大地とを交互に行き、木々の中でブランコをこぎ、思い切った跳躍で空を飛び、下の方のあらゆる獣たちより断然優勢なのだ。それらを監視し見おろしている。トラはすさまじい一跳びで、人間や犬を組みしいてしまいうる。だがその頭上には危険がある。巨大な猿がトラを見つけて見はっている。そして雷のように、その上に落ちてきて押しつぶしうる。

この極めて恐るべき生きものは、挑発されることなく、敵対的なものは何一つもっていない。『ラーマーヤナ』の最初の方の歌では、自分たちのリーダーないし王に導かれて、群れなして（猿が今日しているように）通ってゆくのが見られる。シーターがそれを恐がったので、ラーマはリーダーに合図し、手で群れを遠ざけた。すべてのオランウータンがおとなしくわきを通っていった。

今日見られるものでオランウータンを判断してはならない。サルほど人間の過酷さによって、おびえさせられ気難しくさせられ、悪くさせられた生きものはいないのである。サルのひきつったような興奮状態は今日われわれを恐がらせる。半ば気が狂ったような、てんかんのような様子なのだ。あのはるかな昔、人間がたいそう親しくサルとともに暮らしていたころ、あの人まねをする生きものは、もっとおだやかで、インド人を手本にしていたに違いないのである。そして謹厳なサルに、大人しい召使いになっていたに違いないのである。女はとくに大いなる力をサルに対してもっており、サルをごく小さなものとして扱っていて、最高に優しい奴隷のようにしていた。

『ラーマーヤナ』で魅力となっているのは、架空のものでさえ、自然の方向にさからわないでそうなっているという点である。サルの軍団は、大変立派なリーダーのもとでラーマのために戦うが、相変わらず自らの性質に忠実である。*それらは多く正真正銘の四手獣で、大食いで軽率で、とりわけ気まぐれで動きが激しく、わがまま勝手で、さらに言わなければならないとしたら、バラモン教の禁止事項や血縁関係の程度についてほとんど気遣わない。彼らは落ちつかない不安げな精神をしているが、しかし容易に回復する。過剰なまでに、しかもほとんど理由なく意気消沈するが、突如立ち直ったりする。そこから魅力的で愛らしい、しかも悪意のない喜劇味が生じる。

＊　そこには中世の稚拙な伝説におけるような、祝福を求めてうわべだけ改心した動物、信心深いカラスや、改悛したライオンは見られない。

詩人のお気に入り、主人公のサル、ハヌマーンは大きな肩をしてはいるが、そのことでますますすばらしいものとなる。ラーマへの献身のあまり、ハヌマーンは自らの背に山をも背負ってしまう。少々空虚な「風」によって懐胎され、空気から生まれたハヌマーンは、不可能事を試み望んだのだ。強い下あごは彼をちょっぴり不格好にしているが、彼がまだ子供だったとき、太陽の中に登っていこうという常軌を逸した情熱をもったことを思い出させる。彼は転落し、以来、彼と、彼にならって彼の一族とが、そのしるしをつけられてしまった。こうして軽薄な、しかし善良で愛らしく感じよいほほえみが、この祝福された詩の中で至る所偉大なもの、聖なるもの、神々しいものにまじりあっている。

この光の国で、悪魔たちの王ラーヴァナが、中世の醜悪な創作物、グロテスクでひどく不潔なサタンの特徴を、ほんの少しでももっているなどと想像してはならない。サタンにはしっぽと角があったが、ラーヴァナの方はその高貴で堂々とした美しさ、およびその天分と学識と気高さによって、はるかに悪魔以上である。彼は『ヴェーダ』を読んでいる。彼の町、巨大で甘美なランカーは、叙述されているようにバビロンやニネヴェ(2)のような町をはるかにずっと凌駕するのだ。彼は、すっかり解放されていて、まったく監視のない見事な後宮をもっている。あらゆる悦楽がそこには満ちあふれている。この悪魔にあって危険なのは、その果てもない魅力であり、あれほど多くの情婦や友人を引きつけることだ。彼は熱烈に愛されている。そして芸術のまばゆい光や、自然の壮麗な光によって輝いている。そうしたことすべてを越えて、彼は魔法によって、一つの反自然を作り出すという恐るべき術をもっている。この反自然により、魅力的で、好きなときに恐ろしくもなる束の間の生きものたちはあざむかれてしまう。

（2）　**ニネヴェ**　現在のイラク北部にあった古代アッシリアの首都。

多くの術に抗して、ラーマは素朴なものたち、粗野で野性的なものたちだけを自分といっしょに連れて行く。心情の力以外、善意と権利以外、何もないのだ。そしてそれが彼を勝利させることになろう。ラーヴァナの後宮の中心部そのものにあって、彼の不幸なシーターを守ったのもそうしたことである。彼女の勇気ある重々しさ、雄々しい抵抗によって、彼女は原始のインド女性のレベルにまで高まっている。千年あるいは二千年前からすでに失っている、ウェーダの文献に出てくる高貴な妻のレベルにまで。

こうした悲劇的側面を越えて、サルの英雄ハヌマーンは、こっけいで心打つものとなっている。その大きな心や優しい美徳には、こまごまとしたこっけいさがまじりあっていて、笑わせ同時に泣かせる。本当のところ彼こそ、この戦いにおけるオデュッセウスであり、アキレウスである。彼はあえて一人で恐るべきランカーに、恐怖の後宮に、シーターのそばにまで入り込んでゆく。心をこめて尊重してくれるその姿勢がシーターの心をなぐさめる。何びとよりも彼が彼女を解放するのである。

勝利を収めたあとラーマは彼を称讃し表彰する。自然を変化させるであろう大いなる出来事がそこに起きた。二つの軍団を前に、人間たちや神々を前にラーマとハヌマーンは抱きあったのだ！

もはやカーストについての話などしないでくれ。詩人はこのテーマに言及しないよう十分に気をつけるだろう。現実に障壁はくずれ落ち、それ以降もはや存在しない。〈禽獣の〉カーストは消滅させられたのだ！〈人間の〉カーストの中の何が、どうしてまだ存続しうるだろう！人間の中の最低のものは言いうるだろう、ハヌマーンが私を解放した、と。

こうしてバラモン教の狭い天は壊れる。[*]あらゆる社会的スコラ哲学は終った。全世界が大いなる祝祭の中で抱擁する。

＊『ラーマーヤナ』が近代的な、仏教革命以後の部分を多くもっているにせよ、一般にそれ以前のものであること、とりわけ詩の基調において、そうであることは間違いない。これがカーストの廃止に力強く寄与したことは疑いないのである。つまり四億人の人々を解放し、地上における最大の教会を基礎づけたのである。

だがこの「恩寵」の偉大な日に、悪人は、劫罰を受けたものは存在しうるのか？いな悪人は否定的存在、無意味なもの、誤解されたものだった。彼は報いを受けて許される。怪物は、宿命的な魅惑の力でとじこめられた哀れな魂の仮面でしかなかった。打たれて、この魂は解き放たれる。それは駆け出してゆく。幸せなのである。雷で打たれて感謝しているのだ。

2　ペルシア

一　大地、生命の木

ペルシアにはカーストは存在しない。かの国にあって、宗教的観点からするとすべてのものは平等である。* すべてのものが〈汚れないもの〉であり、そう呼ばれている。各人が自らの家における神官であり、自分の家族のために祭式を執行し祈りを捧げる。

＊　原始ペルシアに関することである。文献は混乱してはいても、三つの時代を識別させてくれる。〈族長〉の時代、〈司祭〉が現われた時代、最後にメディア＝カルデアの(1)〈マギの教義〉がペルシアに接ぎ木された時代。マギ〔ゾロアスター教祭司〕たちは正確にはカーストではなく、一利益集団である。マギの教義の形が整ったのは、ほぼバビロンの征服以降でしかない。ギリシア人は、このひどく混交した遅い時期のペルシアのみを知ったのである。私は最も古いものがあるということで、『アヴェスタ』のみを追いかけることにする。私はできるだけ厳格にビュルヌフに、つまり彼の『ヤスナ』と『研究』に、従うつもりである。あれらの作品で著者はしばしばアンクティル(2)を修正している。

（1）**メディア＝カルデア**　メディア王国は、古代オリエントにおけるカスピ海南西にあった山岳国家。民族、言語学的にペルシア人と近かった。アルデア王国は新バビロニア王国とも呼ばれセム語系のアラム人が主体となって作られていた。前六二六年ナボポラッサルがバビロンにて独立、のちにメディアと連合してアッシリアの首都ニネヴェを陥落させたが、前五三九年ペルシアの攻撃を受けて自らの首都バビロンが陥落、滅亡した。

（2）**アンクティル**　第一章二節の訳注（1）参照。

彼との実り豊かな会話もまた私を励ましてくれた。あの精神から、いかなるときにも逸脱しなかったと信じている。——ハング[3]氏、シュピーゲル[4]氏等のドイツの最近の研究は、ミシェル・ニコラ[5]氏によって「ルヴュー・ジェルマニック」七、八巻で見事に要約されている。

（3）**ハング**　原文 Hang。不詳。

（4）**フリードリッヒ・フォン・シュピーゲル**（一八二〇〜一九〇五）　ドイツの東洋学者　『ヤスナ』等を含む『アヴェスタ』の校訂版を出版（一八五三〜五八）、さらにドイツ語訳を出す（一八五二〜六三）。

（5）**ミシェル・ニコラ**（一八一〇〜八六）　フランスのプロテスタント神学者。『哲学史研究入門』（一八四九〜五〇）ほか。

ペルシアには寺院も祭礼もなかったし、祈りと言葉以外の礼拝もなかった。神話もなかった。想像力豊かないかなる詩もなかった。すべてが真実で実際的で、謹厳かつ力強かった。聖性の中にエネルギーがあふれていた。知恵と良識が早熟にも力強くなっていたことに注意したまえ。火はもはや神ではなく、一つの象徴であった。炉の歓迎すべき精霊であった。

動物は称えられはしなかったが、愛され、家庭におけるその順位や魂の階梯におけるその位置に従い、手あつく、また寛大に扱われた。

すべてのものの中でペルシアの残した法は、単純で人間的だった——何ものもそれに勝ることがない！　つねに生きた法であり、未来への道筋に相変わらず留まっているものである。——それは〈英雄的な農業であり、「悪」に対する「善」の勇気あふれる努力であり、「労働」と「正義」における純粋な光あふれた生活〉である。

それから人間と働く者とのモラルが生じる。——怠け者のではない、バラモンや僧侶たちのではないモラルである

――行動放棄と夢想のモラルではなく、行動的で豊かなエネルギーにあふれたモラルである。それはすべからく次のことにある。強くあるために純粋であれ。創造者であるために強くあれ。

真夜中になるとすぐさま、弱まってきた「火」は不安になり、一家の主人を目覚めさせて言う。「起きなさい、服を着なさい、手を洗いなさい、私を燃えたたせてくれる汚れない薪をもってきなさい。さもなければ悪い精霊たちがしのびこんできて、私を消してしまうかもしれない。」

主人は起き上がり着物を身につけ「火」をかき立て、燃料を与える。家は輝き出す。徘徊者たち、闇の精霊たちがジャッカルやヘビに姿を変えてさまよっていても、遠ざかってゆく方が良いだろう。炉の輝く精霊が目を覚まし、そのそばで、主人が、すでに暁を予測し、朝の仕事を思い巡らしている。〈汚れない、非の打ちどころない〉「火」が彼を、彼とその家とその魂とを見守っている。賢く、力強く、雄々しい思いしか生まれえない。

どんな思いだろうか？　一言で言ってみよう。

万人に、彼らの権利であるものを返すこと。「火」に、「大地」に正当な糧を与えること。植物、雄牛、馬を正当に評価すること。犬に対し亡恩とならず、雌牛があなたに向ってうなり声をあげないよう気をつけること。

「大地」は種子を要求する権利をもっている。忘れられると大地はうらむし、豊かに種をまかれると感謝する。「左から右へ、右から左へ土を掘り起こした人に、大地は言うだろう。『お前の畑は食べるのに良いものすべてをもたらす。そしてお前の村が、人々であふれ、あらゆる良いもので富むように。』左から右へ、右から左へ土を掘り起こさない人に、大地は言う。『汚れない料理がお前から遠ざけられるように、そして悪魔がお前を苦しめるように！　お前の畑が、食べ物として、お前に恐怖しか与えないように！』」

「大地に栄光あれ、大地よ称えられよ！　大地よ、人間〔＝男〕を支える聖なる女よ！　彼女は良き成果を要求する――アルドニスールの泉よ称えられよ！　あの泉は、汚れない女たちが子を産むように妊娠させる。」

良き仕事の中でも第一のものは、大地をうるおすことである。大地に援助の手を差しのべ、たえず大地に生命と水々しさを回復させることである。それはある意味で大地を創造することだ。ペルシアにはエジプトのように〈ナイルの恵み〉*はない。ペルシアの急流は通りすぎ、大地を渇いたままにする。大地は瀕死の状態となり亀裂が入る。水を探さなければならない。水のありかを見分けなければならない。山の暗い奥地から水を呼び出し、光の方へと導き出さねばならない。それが人間の夢であり、夢想の楽園である。岩肌から水がほとばしり出るのを見ること、水が乾いて不毛の砂地からわき出て、冷たく、軽やかに、さらさらとかすかな音を立てて流れゆくのを見ること……

＊ 雨は激しく降ることもなく、その頻度も低い。航行可能の河は、ほとんどないか、あるいはまったくない。塩分を含んだ荒原のみだ。木もほとんどなく、あってもどちらかと言えば小灌木のしげみである。マルコム(6)『ペルシア史』第一巻、四五ページ。

(6) **ジョン・マルコム**（一七六九〜一八三三）イギリスの将軍、外交官、歴史家。『ペルシア史』（一八一二）のほか『インド政治史』（一八二七）等がある。

主人はまたも起き上がって言う。「あらゆる水に乞い願う。大地の奥底から泉よ、上昇しわき立ってくれ！　滋養豊かな美しい運河となってくれ！　清澄な柔らかな水よ、流れゆく甘い水よ、木の数をふやし、欲望を浄化する水よ……良きものとして、私たちのために流れておくれ！」

暁がやって来た。人は起き上がる。そして鉄（記念建造物のところで見られる短剣や強力な短刀）でもって、友である太陽を前に大地を開き掘り返し、大地に有益な傷をつける。畝溝の深みに人は良き種をまき散らす。

すべての〈汚れなきもの〉が人間とともにある。ワシとハイタカはその日の最初の叫び声で人間にあいさつする。犬は人間のあとにしたがい警護する。陽気な馬はいななく。力強い雄牛は、喜んで犂を引いて行き息を切らす。大地は湯気を立てる。生き生きとしたその息づかいは大地の肥沃さを保証する。すべては同意している。すべては人間が正しいことを、そして自分らのために働いていることを知っている。

人間は共通の意識なのである。彼は自分が高度の仕事をしているのを感じる。つまり体を養い、体を自然の力と一体化させながら、魂をも支えねばならないという仕事である。彼は偉大な面がないでもない実際的なものを相手に、また目的へと向かう荒々しく力強い良識を相手に、次のように言う。「もし食べたなら、神聖な言葉をもっとよく聞くようになるだろう。もし飢えたなら、丈夫な子供たちはいなくなり、雄々しい労働者もいなくなるだろう。この世がこうして存在しているのは、食物によってはじめてそうなるのだ。」

それから努力と粘り強い仕事によって、さらには昇り来る太陽を前に、より大きな勇気によって奮い立ちながら、彼は自分に言う。「耕して種をまけ！〈汚れない心とともに種まくものは法のすべてを成し遂げる……〉。大地に力強い穀粒を与える者は、一万の供犠をなしたのと同じくらい偉大だ。」

大地は彼に応える。「その通り！」と。——どういう言葉でか？　大地に固有の言葉によって。大地は毎年黄金の穀物によって応えるのだ。忍耐したまえ、大地に数年を与えよ。大地は新しく力強く、たくましくつねに大きくなる存在によってますます応えるだろう。それはすでに人間の背たけとなり、次の季節には人間よりもっと高くなっている。豊かで、あふれんばかりで、感謝して、それは人間に自らの枝と葉をさし出す。そしてま昼には、望まれたもの、陰の恩恵を、焼けるような空からひとを保護してくれるもの、避難所を、おそらくは生命を提供してくれる。だが太陽はちょっぴり傾いてゆく。人は仕事を再開する前、自分の庇護者の方をふりむいて言う。「こんにちは、生命の木よ！」

「それは大地からやって来た……しかし私は、どこからやって来たのか？　私の父から。しかし最初の父は？……」夕暮れの時、黙した畝溝の上で彼の夢想をみたすこの深遠な質問に対し、彼は自らの知っている二つの力によって答えるだろう。つねに新たにされる木の中にある若さの力と——自らのともづれである雄牛の中にある行動と労力の力によって。もし力強い人間が雄牛から来ているのでないとしたら、おそらく彼は木から生まれたのだ。あんなにも長く生きる木は、昔の生命であり、そして未来の生命ではないだろうか？　要するに生命、不死の生命では？……木、それは不死なのである。
その聖なる名称はホーマ(7)〔＝ハオマ〕である。――いな、天から落ちてきた植物、インドの軽やかなソーマである。これが火の中でぱちぱちはぜ、陽気に天へと再上昇し、神々を養いに行く。こちら頑健なホーマの方は、大地にしっかりと根づき、不滅の生命の木、力強きものとなる。強くあるためにも、人はその金のリンゴを食べなければならない。あるいはその実をかみくだきながら、そこから強烈な果汁を、「魂を順調に歩ませる」リキュールを取り出す。これを純粋な寓意とは思わないでほしい。「法」の中では、ホーマが食べられること、食べられたいと願っていること、そしてその金の果実が人に食べられるようにと自ら枝を傾けることが繰り返し言われている。*

(7) **ホーマ** 古代ペルシアの祭式で尊ばれた植物で、そこから抽出された液は、死を遠ざけ救いをもたらすと信じられた。同じくソーマはヴェーダ時代のインドの祭式で供物とされた神酒であり、その原料の植物名であり、それを神格化した神名でもある。

＊ ウージェーヌ・ビュルヌフ『研究』二三一ページ（八折版、一八五〇年）参照。

最初に、かがやける自らの手で木を砕きホーマを発酵させた者こそ、ペルシアの英雄たちである。そのときから、泡立ちざわめきつつ、ホーマのしゃべるのが聞こえる。それは語る。そして石を語らせるかもしれない。それは「言葉」そのものなのである。

沈黙しがちで重々しい民にあって至高の奇蹟である。その民の形の定かでない、語を出し惜しむような巨大な言語は、あえて言うなら唖者の固有語となっている。* 一日中、畝溝にいて牛の後をついて歩き、夕方疲れ果てて休息する農夫は、ほとんど言葉を必要としない。滑らかな言葉をもったヒンドゥー教徒が、そのサンスクリット語を洗練していたのと同様、ペルシアは敬意と沈黙によって、その古いゼンド語を保存していた。この唖者がしゃべるのは、彼の中でホーマがしゃべっているということなのだ。

＊ ゼンド語というこの言語は、たいそう粗削りなもので、火打ち石でしゃべるような感じであり、短刀や矢じりで楔形に釘打つような形で書かれていると見えるそこから、この言語の古い文字の名称、〈楔形文字〉が生じる。

原始の聖なる言語にあって〈言葉〉と〈光〉は同一の二語である。* それは理由のないことではない。光とはいわば自然が語る言葉である。そして言葉が、今度は精神の光となる。宇宙が耳をかたむけ答えてくれる。永遠の対話が、自然から魂の方へとなされる。魂がもしも、もう一方のものの言うことを言い表わし、照らし出すことがないなら、この理解されず闇に沈んだ自然は、存在しない者のようになるであろう。

＊ ビュルヌフ『ヤスナ』、二一四参照。

言葉＝光（ホーマ）は存在の支えである。絶えずそれは存在を喚起する。そしてすべての存在物一つ一つを名づけ、それぞれに生命を確保する。すべての名称は、眠り込み虚無の中へと再び落ち込むかもしれないものを、目覚めさせ呼び起こすための呪文である。

こうした信仰は人間を非常な高みに置く。真夜中、妻や子が寝ているときに起きる一家の主人は、「火」を前にして、世界を生気づけてくれる言葉を発して欲しい。──真実、それは偉大なことである。自らを宇宙的存在にとってそれほどまでに必要だと感じる者の、厳粛で神聖な様子はいかなるものだろう！　真夜中の静寂の中、ただ一人、彼はこの時刻、同じ命の言葉を言っている汚れないあらゆる部族と、自分とが合致しているのを感じる。

カーストはなく、マギはいない。王権もまたない。それぞれの家で父は王＝マギなのだ。彼ははるかにそれ以上のものである。存在物の保管者、生命全体の救い主なのだ。インドが一人のリシ、偉大なる王ヴィシュヴァーミトラに与える異常な力は、ここではすべての者の中に、最も劣る農夫の中にもある。朝、手と犂べらで大地の中に生を生み出す者は、夜、「言葉」によって、さらに創造し世界を生み出す。世界の不確かな生命は、彼の祈りにすがるようにして維持されているのである。

二　善と悪の戦い、最終的許し

農業に従事する者は不安な人間である。精神に休息はなく魂は苦悩にみちている。牧畜に従事する者には、雲に向ってインドラの移り気な勝利を歌う時間がある。カルデアの空で、星々の長い旅路をたどってゆく時間がある。だが夜であろうと昼であろうと、農業に従事するペルシアは、気を配り、仕事をし、戦わねばならない。

大地に対する戦いである。大地は堅く、頑固で、一挙に屈服することなどない。大地は与えてくれると思われるものを、労働に売り渡す。

水に対する戦いである。あんなにも欲しがられる穏やかな水は、しばしば怒り狂って山を下り、すべてを荒らし運び去る。時おり水は突如日光に飲みほされて、涸れてしまう。大地から呼び出されたあの夜の娘は、この風土にあって、自らのために夜を維持しておかなくてはならない。秘密の水路によって、農民が鉱夫と建設工事者となって果てしなく働いて作った地下の循環によって、水は守られ保たれねばならない。

そうしたことすべてがなされても、何一つなされてはいない。傷つきやすい子供が現われ出てくる。優しい緑色の弱々しい麦である。それは庇護する大地の内ぶところから逃げだし、表に出、自分が敵たちに取り囲まれているのを見る。たくましい多くの雑草が、麦を窒息させてしまおうと待ちかまえている。父のような手が雑草への戦いをいどまなければならない。貪欲な多くの獣が、押し返すこともできない怪獣たちがやって来る。どんなものか？　ライオンでもトラでもない——大人しいヒツジの群れである。

とりわけ羊飼いが、農夫にとっては〈呪われた人〉である。羊飼いに対して畑を守らなければならない。陰気な働き手は、短刀で守るべき境界の回りに線をつける。そこを掘って溝を作る。木を植えて垣根とする。そこを境界とするため、杭や石を打ち込む。いやそれどころか、言葉を、呪いの言葉を打ち込む。境界線を越えるものに不幸あれ！

と。

至る所で見出されるいつ終るとも知れない戦いである。ヴェーダ時代のヒンドゥー教徒とペルシア人を、そして牧者のアーリア人と耕作者のアーリア人を離別させたのは、この戦いである。羊飼いは土地の私物化を醜悪で不当なことだと思う。彼は境界や溝を一笑に付す。かれの獣たちは、いたずら半分遊び半分に、それを飛びこえてしまう。ヤギは垣根を傷つけ、ウシは軽率にもそこを越える。おとなしい雌ヒツジはただ無邪気に、自分が生きていくために、生えてきた麦、あの聖なる麦、農夫が自分の魂をそこにこめたあの大切な希望を、なめるように食べてしまう。それを、麦を、守らなくてはならない。ますます夢みがちになり暗く沈みこむ農夫は、食べるというよりも破壊してしまうあれら有害な獣たちの中に、悪霊の手先を、「無意味な気まぐれの」悪意の軍隊を、マギの邪悪ないたずらを見るように思って呪う。*

＊ 牧者たちの神、動きまわるインドラは、かの高みにあって雷雨をものともしない戦いの神であり、その微笑みは稲妻となり、草原をよみがえらせようと、雨をふりそそぎ熟れた麦をなぎたおす。こうしたインドラは農民にとって、残酷な魔法使いのように見える。そこから彼らは悪魔アンドラを作る。このアンドラのために、ほどなく地獄をも創り出すだろう。デーヴァつまりヒンドゥーの神々はこうしてすべて悪魔となる。ペルシア人たちは自らをヴィ＝デーヴァ（デーヴァの敵）と呼ぶ。いたずらずきの精霊たちであるこれらデーヴァの幻想に対し、次のような嘲笑（民衆の歌のように思える）が答えている。「デーヴァは、畑が生み出すとき口笛を吹く（そして笑うふりをする）。植物が生えてくるとき咳をする。畑が成長してくるとき泣く。穂の森がひしめくとき逃げ出す……麦の穂でいっぱいの家々で、デーヴァは厳しくむち打たれる（〈麦を打つ穀竿によってか？〉……）」

ヒンドゥー教徒は東方へと出発した。だが北方からまったく別の隣人が現れる。恐るべきタタール人の遊牧者である。モンゴル族の、定かな形をもたない混沌であり、その小さな馬たちが悪魔的本能によって、至る所畑を牧草地にしてしまう人馬一体の悪魔たちである。これはイランあるいはペルシアの永遠の敵、トゥーラーン(1)人の呪われた帝国である。あれら黒い魔法使いたちは（『シャー・ナーメ』を見ること）コウモリのように、あるいは損ない破壊し消え去ってゆく夜の昆虫のように、行ったり来たりする。逆に重く定まったユーフラテス河の泥水は、イランの上に何度も何度もアッシリアの不浄な竜を横たえにくる。それはバビロン（「ダニエル書」[2]）が崇拝し、そしてペルシア人が言うには人肉によってのみ生きていたという、おぞましいヘビである。

（1）**トゥーラーン人**　インド・ヨーロッパ語族、セム族以外のアジア人種のこと。代表はモンゴル人やトルコ人。
（2）**「ダニエル書」**　『旧約聖書』中の一書。

こうした残酷な戦いの中で長い世紀が過ぎ、数千年という年が、大変実利的な精神をした働きものの民に、一つの奇妙な詩を与えた。

二つの世界の絶え間ない戦いは、至高の観念にまで達する。一方には聖なるイラン王国が、「善」の世界が、生命の木の庭が、パラダイス（庭を意味する語である）がある。そして、「悪」と不正な気まぐれの漠とした野蛮な世界がある。すべてが逆の精霊によってみたされていると思われた。北方の悪魔たちがぜいぜいと息を切らしている荒れたステップ地帯と、南方の悪魔たちを焼いている砂の砂漠のあいだにあって、ペルシアは自らのことを労働と秩序と「正義」によって祝福された大地であると判断したが、それももっともなことだ。

これは空虚な話ではないし、空想力のたわむれでもない。しっかりとした発言であり〈正当であろう〉という決意である。こうした瞬間を人は時おりもつ。一人の著名な作家（モンテスキュー[3]）が、一度良心の活発な高まりがやってきて、力強くも断固として〈正直な人間であろう〉と欲したということを言った。まさしくその時ペルシアは、人類の中で〈正しくあろうという決意〉となったのである。

（3）**モンテスキュー**（一六八九～一七五五）　フランスの思想家。『ペルシア人の手紙』（一七二一）、『法の精神』（一七四八）等がある。

ちょうど最初に自分自身に反対し、耕作者に固有の悪徳、つまりあさましい倹約に反対して正しくあろうというのである。それはちょうど家の中で自らを守ることのできない、たとえば動物のようなとるに足りない奉仕者のために、正しくあろうということだ。〈三つの汚れなきもの〉は、それらを大事にしない不正な人間を非難する。植物は人間を呪う、「私を喜ばせる良きもの（水）を与えてくれないお前は、子のないままでいたまえ。」馬は言う、「私がお前を愛することを、お前の友であることを期待しないでくれ。お前が一族の集まりに堂々と現われるために、食べ物と力を与えないまま私に乗馬するときには。」牛は言う、「私を幸せにできず、お前の妻と子のために私を太らせようとしないお前は呪われてあれ。*」

＊　アンクティル『アヴェスタ』第一巻、第二部。ウージェーヌ・ビュルヌフ『研究』一〇六ページ（八折版、一八五〇年）の修正をへて。

これらの三つの奉仕者は家そのものに属している。家の外にあって正当であることは、さらに何と難しいか！　自分の回りで、境界線その他に関して言い争いしている隣人たちに対し、正しくあるということは！　ペルシアの生活は地下を流れる水の、目に見えない境界線に執着していたことに注目したまえ。何と多くの利害を、その点で重んじなければならないことか！　きわめてまれな水を万人が節約し、その保持に汲々とする。激しい誘惑が至る所にあり、流れの方向を変えることも容易である。水の供給が規則正しくあること、それは大いなる誠実のあかしとなる。ヘロドトス[4]の中で、彼の時代に、大地の下、至る所を流れる四万本の水路による巨大システムがあったと読むとき、称讃の思いで捉えられる。労働、称讃に値する生、倫理性、公正さ、それらによるすばらしくも尊敬すべき仕事である。

（4）**ヘロドトス**（前四八四頃～前四二五頃）　古代ギリシアの歴史家。ペルシア戦争を題材に『歴史』を著し、歴史の父と称される。

「正義」は本質的に何と善きもの、豊かなものであろうか！　あふれんばかりの泉のように、それは人類の中に氾濫する。「法」から「恩恵」が生み出される。排他的であり、親戚関係、血のまじりけなさ、家族や部族の誇りといったものが極めて強いように思われるあのペルシアにあって、未知なる者は、ローマが外国人を呼んでいたような〈ホスティス〉〔敵〕ではないのである。人に連れられさまよい歩く見知らぬ娘は、保護され権利を保証される。「お前は彼女の出自を、その父を探すだろう。もしそれを発見できなければ郡の長のところに行くだろう。お前たちは家を守ってくれる雌犬をも養い神聖なものと見なすのだから、お前たちのところにゆだねられたこの娘を、どうして養わないことがあろうか*？」

＊　アンクティル、『アヴェスタ』二巻、三九四。

そうである、これこそ間違いなく生命の木が花咲く正義の園であった。ひとはこの聖なる世界を守ろうと、この楽園を防御する大いなる「善」の戦いに、心をこめて参加する。ペルシア人に似せて作られた「善」の軍隊は、部族に別れ、七つの「精霊」、七人のリーダー、輝けるアムシャ・スプンタ[5]たちのもとに歩んでゆく。その名前自体が七つの美徳の名称である。「知識」あるいは大学者（オフルマズド*）「善意」、「純潔」、「勇気」、寛大な「優しさ」、「生命」の「天分」、つまり生気を与える生産者。

（5）**アムシャ・スプンタ**　聖なる不死者の意。

＊　ウージェーヌ・ビュルヌフによると、オフルマズドつまりアフラ・マズダー[6]は、アンクティルが信じたような〈賢明なる王〉でもなく、ボップ[7]氏が信じたような〈生きた知恵〉でもなく、〈賢明な主〉を意味する。彼が言うにはサンスクリットで今でも使われている〈アスラ[8]〉から、アヴェスタ語の〈アフラ〉（『ヤスナ』、七七、八一）に移行することは文法的にはありえないという。七つの精霊のうちの、この最初のものについて作られていた観念を、完全に変えてしまう重大な指摘である。

（6）**アフラ・マズダー**　アヴェスタ語でこう呼ばれていたものが、のちにオフルマズドに変形した。
（7）**フランツ・ボップ**（一七九一〜一八六七）　ドイツの言語学者。代表作『サンスクリット、アヴェスタ、ギリシア、ラテン、リトアニア、古スラブ、ゴート、ドイツ各言語の比較文法』（一八三三〜五二）はミシェル・ブレアルによって仏訳された（六一）。
（8）**アスラ**　インドで神々の敵、魔族を指す。日本では阿修羅として知られる。

下位の精霊であるヤザタたち、正義のフラワシ〔聖なる自我〕たち（翼をもった魂、つまり天使たちと言うことが出来よう）、そして汚れない良き動物たちの精霊そのものが、「善」の巨大な軍を形成している。対決するのは、ヘビ、オオカミ、ジャッカル、サソリの世界である。

（9）**ヤザタ**　アフラ・マズダーとアムシャ・スプンタについで、三番目に重要視される精霊で、数多くいる。

エドガール・キネ(10)が、原文そのものに基いて忠実に作った壮大な景観の中で、戦いを見てみよう。*

（10）**エドガール・キネ**（一八〇三〜七五）　フランスの歴史家。コレージュ・ド・フランスにおいてミシュレの同僚として自由主義、反強権主義の主張で、ミッキェーヴィチを含めた共同戦線をはり、のちに三人ともナポレオン三世によって追放された。『諸宗教の精髄』は一八四二年の作品。

＊　キネ『諸宗教の精髄』。このきらめくばかりの本は、火の様相のもと、宗教と自然が深く結びついていることを明確に述べている。

あらゆる存在がそれに協力する。宇宙の果てには聖なる犬がいて諸世界の家畜の群れを見守り、呪われたジャッカルを、恐ろしいほえ声で怖じ気づかせる。鋭い目をしたハイタカは、朝の見張り番で、叫びをあげ翼でたたき、怒りにまかせて戦うためにくちばしを研ぐ。馬は立ちあがり、脚で「不純なもの」を打ちつける。空そのものにある星々も、敵対する二つの群れに分かれている。金の足をした鳥は、翼で、イランの聖なる王国を大切に庇護している。ゴビ砂漠では、怪物たち、二本足のヘビ、グリフォン、ケンタウロスが、むなしくも息をふきシュウシュウとした音を立てている。焼きつくすようなシムーン〔アラビア半島などを吹く熱風〕を放っている。戦いは諸存在の基底においてさえある。それぞれがその精霊、その天使をもっている。輝かしい魂はダイヤモンドの中できらめいている。花はその守り手をもっている。すべてが、短刀に至るまで、その守り手をもっている。その刃は生きている……こうしたすべてが戦い、追いかけあい、襲いあい、追い払いあい、呪詛と魔術的呪文とで傷つけあっている。鋼鉄の体をしたデーヴや、ヘビのようにくねったダルワンドが、一番の高みにあって、まっ白なフラワシや、金の翼のアムシャ・スプンタと戦うのである。彼らの甲冑がぶつかりあって、遠くまで鳴り響いている。すばらしい、しかし何一つ混乱のない光景である。ますますこの光景は、はっきりとし整然としてくる。「善」の軍隊は身を寄せあい統一される。

七つのアムシャ・スプンタの中で第一のものは、時々刻々優位に立ち、輝き出し、きらめいている。あらゆる光が彼の中に集中する。夜は、打ち負かされ、つねに減少しながら、さらにせまく囲いこまれてアフリマン[11]といっしょに逃げてゆく。希望にみちたしあわせな宗教！　非行動の希望、怠けものが待っている希望、まどろみがちな禁欲主義の希望ではない。そうではなく、自らが待ちのぞみ欲するものを創造する勇敢な希望の雄々しい信仰である。この信仰は労働と美徳によって、日々アフリマンを減少させオフルマズドを増大させ、〈神の統一〉をかちとり、それにふさわしいものとなるのではないか？

(11)　**アフリマン**　七つの精霊アムシャ・スプンタに敵対する悪の最高神。

神の勝利を作ること、神を勝利者とすること、唯一者とすること！……おお何とすばらしいことだ。確かにかつて人間の魂が夢みたもっとも高きことであり、聖性の中で偉大となるためにもっとも効果的なことだ。それぞれの畝溝で言うこと、「私は大いなる耕作者と結びついている！　私は善の畑を拡大し、死と悪と不毛の畑を狭めている。」植えた木に向って次のように言うこと、「百年後にはオフルマズドの栄光となれ、見知らぬ人間たちの避難所となれ。」呼び出し、あるいは導いてゆく山の泉に次のように言うこと、「さあ行け！　私の畑から下の方に、遠くの部族の方に、生命を運んでいってくれないか。あの部族の者たちは泉の創造者を知らないままで言うだろう。〈これは楽園の水だ〉と。」――ここに、偉大で素晴らしいことがあるのだ。神とともにある高度の社会が、美しい同盟が、気高い征服があるのだ……〈もう一方のものは〉後退し打ちまかされ、狼狽してゆくだろう。アフリマンはほどなく、もはや一つの黒雲、空しい煙、あわれな霧でしかなくなる。それ以下のもの、地平線の灰色の一点でしかなくなる。

労働にふさわしい代価だ！　なまけものの中世にあって、サタンはつねに大きくなっていった。最初小人で、「福音書」の時代には、豚の中に隠れているくらい小さかった。それが一〇〇〇年には大きくなり、一三〇〇年、一四〇〇年には、世界を闇に沈めるほどに、自らの影の下でまっ黒にしてしまうほどに成長した。火も剣も、そんなことはやり遂げられなかった。ゾロアスターの友にとっては、まさしく正反対であった。多くの悪、あきらめた働き手たちを越えて、ゾロアスター教徒たち、パルシー教徒〔インドのゾロアスター教徒〕たちは、ますます次のことを信じた。アフリマンは、色青ざめ、間もなく衰えるだろう、そしてオフルマズドの中に吸収されて溶けてしまうだろうと。

最初の日から、オフルマズドは自分が世界の真の王であり、未来の勝利者であり唯一の神であることを明かした。何によってか？　その果てしもない善意によってである。彼は戦いを、まず敵を救おうとすることから始めた。アフリマンに善良であること、善を愛すること、自分自身をかわいそうに思うことを懇願した。それ以来、うむことない彼の「恩恵」は、アフリマンに変るよう、回心するよう、自らの救済をなすよう、幸せであるよう絶えず促している。

中世の教会に対して間違いなく寛大な男、ジャン・レイノー[12]は、ペルシアから中世教会まで奇妙な進歩、反対方向で恐ろしい進歩があったことを堂々と認めている。永遠の地獄という観念である！　恨みを決して晴らすことのない神という観念である！　死刑執行人として、その仕事を最高に乱用するような者を選ぶ神、責め苦を楽しみ、そこにおぞましい遊びを見出してしまうような「卑劣でよこしまな者」をまさに選ぶという、うかつさをもった神という観念である！……人間を粗暴にし動転させるのに、ずばり適した驚くべき見解である。人はそれを罪に向けての教育と呼びうる。

（12）**ジャン・レイノー**（一八〇六～一八六三）　フランスの哲学者。ピエール・ルルーと編んだ『新大百科辞典』の中で、「ゾロアスター」ほかの項目を執筆している。

人間がどれほど模倣する存在であるかを考えるとき、どんなタイプの神が提示されるかに十分注意しなければならない。人はまちがいなくその神に付き従っていくだろうからだ。善き寛大な神は、優しく度量の広い人間を作るだろう。人間たちが戦うとしても、彼らはそれが、敵そのものの善のために戦うのだと知っている。この〈悪意ある者〉も、いずれは悪いものではなくなるだろうから、早くも今日からそれほどに憎まれなくなるのである。彼は明日の〈良き者〉であるだろう。戦いが続いても、それは二義的なことだ。偉大かつ本質的なことは、憎しみの除去であり、心を和らげることである。

今日の多くの偉大な精神はそのことを感じ、明らかに真実であり、不易のものとして生き、これからも生きるであろうこのような信仰に、率直にくみした。キネは言っている。「今日、この世にこれ以上生命力をもつ考えは存在しないと私は主張する」と。

人間のすべての心はここに集結するだろう。すべての者は、朝に夕に、とまどうことなく、アフリマンの回心と決定的な統一に関する『ヤスナ』の最も古い讃歌（三〇、三一、四七）をくり返すだろう。

「オフルマズドよ、私に恩恵を与えておくれ。悪をなすものが、ついに心の汚れなさを理解するに至るのを見るという喜びを与えておくれ。ダルワンドの大いなる首領が、もはや聖性しか愛さず、回心した悪魔たちにまじって、永遠に真理の言葉を言うのが見られるという機会を与えておくれ。」

三　翼をもった魂

「私は汚れなき『法』に祈り、それを守り敬う！――オルムズド山（そこから地上に水が下ってくる）を敬う！――善き精霊たちを、私の家族らの魂を、敬う！――〈私自身の魂を敬う！〉」

心の奥底で、魂をそれ自体としてそれ自体のために、敬い飾り美しくしようと誰が考えるだろうか？　誰が魂を、自ら自身が望んだものにしか従わないほどにまで、「法」の姿であり「法」と同一であるといった具合にしてしまおうと考えるだろうか？——こうした偉大かつ謹厳な考えがペルシアの基盤を作り上げている。いかなる傲慢もない。これは「自由」と「正義」との自然な関係である。

ペルシアは二十もの多様な道を通ってそこに行く。そこから一つのモラル全体を演繹する。行きあたりばったりに、いくつかの言葉を引用してみよう。

ゾロアスターは、オフルマズドと驚くほど親密になってから彼に尋ねる。「いつ〈悪魔〉の帝国は花開くのか、いつ彼らは繁栄し、増大するのか？」——「それは君が悪をなすときである。」

悪とは単に犯罪のみではない。魂の汚れない美しさを傷つけるものすべてである。慎みなさ、あるいはわがまま（許可された楽しみにおいてさえ）、乱暴な怒りっぽい言葉等である。——深みのあることだ！　恥しさを覚えずには自白できない重大な罪のあいだに、〈悲しみの罪〉が留意される。ある程度をこえて悲しむこと、自らの魂を人間としての毅然たる態度や尊厳のもとからずり落としてしまうこと、それは、この魂が最終的に、金の翼をもった汚れない姿で滑翔せねばならない至高の美の状態を、侵害してしまうことになる。（フラワシ）[*]。

＊　男性形フェルエを、われわれが大ざっぱに訳してみた女性形の単語。

魂についてのこうした考えが高まれば高まるほど、人は、自らの中にになっているこの雄々しい処女が、弱まり、下降し、病の中に、死の中に、身をゆだねてゆくのにますます驚き、ショックをうけ、ほとんど憤慨してしまう。個性がそんなにも強く現われてくるや、心をまどわす暗い嵐のような疑問がやってくる。死とは？　自分の意に反してなさねばならないこの出発とは、何であろう？　そして何を意味するのか？　旅だろうか？　過失だろうか、罪だろうか、罰なのだろうか？……

しかもどういう罪か？　人は何を苦しむのか？　あわれな魂はかの地で、この世でもっていたものを見出すだろうか、何を食べ、何を着るのか？　とりわけ寒さが人を不安にさせる。ペルシアの高原では、八月でも氷結する（それもとてもひどく）*。不安は深刻で、憐憫も悲しみも深い。年末にやってくる「死者の祭り」において、十夜のあいだ、死者たちが互いに語りあっている声が聞こえる。彼らは着る物を、食べ物を、そしてとりわけ思い出を要求する。

＊　マルコムは言っている。「八月一七日、私のテントの中に三センチほどの氷がはった。」

ヴェーダ時代のインドはそれほどは困惑していなかった。あそこの死者は、牧歌的な、のんびりとした生活から、のんびりとした永遠の生活へと移行した。死者は何を望んだか？　面倒くさくない、自由な果てしもない旅を、天でまた地上でなすことである。死者は山々を、「そして植物の多彩な変化」を知りたいと願った。大きな海の深さを知りたいと思い、雲を計り、太陽の中を一めぐりしたいと願った。生命の父である太陽そのもの（スーリヤ）が、〈生の測定値〉であるヤマ(1)つまり死をも産みだしたのである。――本当のことを言うと、死はないのである。ヤマは〈諸存在の法〉である。ここには暗いものは何もない。旅人は、ときおりはヤマの大帝国から、自分の家族に呼び出されて、我が家の方を見に行くことができる。

（1）**ヤマ**　インドで死者の王のことを言う。ペルシア（『アヴェスタ』）での名称はイマ。仏教では閻魔となる。

ペルシアではまったく反対である。死は積極的な悪である。それはまったく旅ではない。敗北であり潰走であり、アフリマンの冷酷な勝利である。死は、裏切り者に打たれ、夜に、闇に、光の支配の外へ譲り渡されようとする敗者なのである。

この裏切り者は生と労働を憎み、怠惰と眠りと冬と死を発見した。

だが人はそれに屈服しないだろう。人は自分のことを打ちのめされた者だとは思わない。人間の魂は逆に苦痛にさいなまれると、墓の彼方にある第二の光の王国の中で、大きくなり創造し拡大してゆこうとする。つまりオフルマズドの帝国を倍化しようとする……それがお前の勝利なのだ、おお悪魔よ！

瀕死の者が息を引きとるまぎわに、しばしば言うのはどんな言葉か？　「光を！　もっと光を！」である。この願いは満たされ、聞き入れられる。この言葉に応えるために、一人用の墓穴と闇の恐怖を与えるとしたら、何と厳しく、残酷で非道なことになるだろう！　それこそ死にゆく者が恐れるすべてなのだから。死は大多数の者にとって、それ自体でつらいというよりも、光の排除という点でつらいのである。

生きている者は、ここで偽善的に、次のように言ったりしてはならない。「しかし敬意によってこそ彼を埋葬するのだ。闇の中に隠してやるのだ……。」いいや違う！　本当に愛している者たちは、こんなにもつらい別れにいらだちはしないのである。愛は死を信じることができない。ずっとずっとあとでも愛はつねに疑念を抱いている。そしていつでも言うのだ、「もし思い違いだとしたら？」と。

ペルシア人は愛する者を隠したりしない。そして陽光から追放するようなこともしない。死者のもとを去るのは生者たちではない。死者の方こそ彼らのもとを去るだろう。形体が変質し変ってゆくとしても、死者をいまだ見ることさえできるならば、家族は勇敢にも、つらい必然を、やってくるだろう残酷なあらゆることを、すべてを受け入れるだろう。

人はこの死者を太陽のまん前に、野獣たちの登ってこない高い石の上に置く。おそらく死者の分かちがたい番人、犬*をも置く。犬は彼が生きていたときつねにあとを追っていたが、こんどもまた彼のかたわらにとどまり見張りをする。したがってこの勇敢なオフルマズド、光によってつねに生きたこの光の人は、光を前にして、自分の部署に留まり続けることができる。顔をかくさず、確信し、信頼したといった表情で。

＊　死んだときに人と同じような葬儀をもつ、唯一の聖なる動物である。

二日から三日のあいだ、彼の家族は涙にくれながら回りに集まり、観察し見守りつづける。すべては自然の慣例通りに進んでゆく。太陽は死者を受け入れる。大理石の鏡で二倍化された強烈な光線で、太陽は死者を吸い込み引きよせ、自分のところにまで上昇させてしまう。太陽は死者の空っぽになった外皮を、あんなにも軽い影を残すか残さないかである。そこで彼の子供たちや未亡人は、最高に心を傷つけられながら、彼がもうそこにはいないということをはっきりと確信する……。

彼はいったいどこにいったのか？　かの高みである。太陽がその肉体を飲んだのである。空の鳥がその魂をついばみ集めたのだ。

鳥は彼の友だった。いつでも畑仕事では、鳥は彼のあとをついていって畝溝を掃除した。鳥は羊の群れのあとをついていって時を知らせ雷雨を予告した。それは占い役であり予言者であり、人間への助言者だった。長時間の単調な労働において、鳥は動き回って彼の心を一人占めにした。仕事のために一カ所にずっといる労働者の回りを、鳥は軽やかな精霊のように、行ったり来たり、飛び立ったり、おしゃべりしたりして、彼のもう一つの、より自由な自我のようになっていた。鳥が葬儀の日に、死者のかたわらに戻ってきたとしても驚くことは何もない。あの瞬間、輝かしい光線が鳥を金色に照らす。すると鳥は再び飛び立つ。空の中へ、輝く姿に変わりながら。すると人々は叫ぶ、「魂が天へと昇った！」と。

死とは何か、良くお分りだろうか？　生き残った者たちにとって、それは一つの教育、強烈かつ決定的な秘儀伝授である。そこにおいて人は至高の試練を、荘厳な刻印を受けとる。その刻印を生は持ち続けるだろう。そのとき心は深く悲しみ、力なく、活気もねばり強さもなく、まるで記号を刻もうと火によって柔らかくされた受け身の金属のようになってしまう。重い打出し機が落ちてきて刻印する……死を。このあわれな心は永遠に印をつけられるのだ。

彼の中に刻印されたのが雄々しい死、自らの高貴な姿を与える死である場合と――激しい不安な死、奴隷的な恐怖の死、夜と「悪魔」への恐れ、生きながら埋葬されることへの恐怖である場合とでは、すさまじく大きな相違となる。

おお！　そういった葬儀から戻ってきた人は、何と色青ざめ弱りはてていることか！　意気地なく死ぬよう、奴隷の生を生きるよう見事に準備されている！……あらゆる支配者にとってありがたい臣下だ！　吸血鬼は、魂が武装解除されてあの世へと移行する瞬間に魂を吸い込むことができる。それは心臓を盗まれて中がからっぽになった世代を、暴君たちにゆだねるために巧みに準備した者であり、文字通りに解釈されるべき卑劣博士である。

インド人の旅する魂は、軽やかに恐れることなく出発した。家族の者に何も残さず。好奇心の強い一人ならずの者が、その魂とともに出かけようと望んだ。ペルシア人の雄々しい魂は、あとずさりせず、さらにアフリマンに立ち向っていった。それは太陽を前に心おだやかに、光（魂のためにつねに生きてきた）に頼っていった。魂は立ち去りながら家族のものに、恐怖や隷属といった嘆かわしい遺産を残しはしない。

そのあと魂には何が起きるのか知られていた。三日間良い精霊に守られ、悪霊の攻撃から救出され、不安な魂は肉体の回りを飛び回っている。三日目の夜、魂は巡礼の旅に出る。きらめく太陽に励まされ、精霊たちに導かれ、アルブルズ山の頂に行く。そして目の前に大きな通り道、チンワトのとがった橋を見る。だが天の羊の群れを見張っている恐ろしい犬は、魂の通過を妨げない。魅惑的なほほえみをたたえた姿が橋のところにいる。光の美しい娘である。「一五歳の肉体のように強く、背が高く、ひいでた姿で、翼をもち、この世にあるもっとも汚れないもののごとく汚れていない。」

「美しき人よ！　君は誰？……このようなものをかつて見たことがなかった。——友よ、私はあなたの生命そのもの、あなたの汚れない思い、あなたの汚れない話し方、あなたの汚れない聖なる活動なのです。私は美しかった。あなたは私を大変美しくした。それによって私はこんなにも光を放ち、オフルマズドの前でたたえられています。」彼は感動して見とれる。そしてよろめく……だがその美しい娘は彼の首に腕を投げてから、やさしく彼を抱き上げ、黄金の玉座の上に彼を置く。

それ以降彼女と彼は一つである。彼は彼自身と出会い、彼の真の〈自我〉を、彼の魂を再発見したのだ。——束の間の、あわれな、幻想の魂ではない……不易の真実の美しい魂を、である。——とりわけ自由で、翼をもち、光を浴びて泳ぐ魂、ワシの飛翔で空を舞い、ハイタカのスピード豊かな飛び方で三つの世界を貫く魂である。

ペルシアに対して公正であるには、この翼ある魂、天使という偉大な観念が、かの地で維持されてきた崇高な飾りけなさを特記しておかなくてはならない。この天使には軟弱なところは何一つない。時代が下って文化的な混合がおきたときに混入した気まぐれ勝手なところは何一つない。天使はここでは「恩寵」の金髪の息子、ガブリエル(2)ではない。よく理解しあい心なごむのを期待できる控え目な打ち明け相手であり、その特別な寛大さがあなたに正しくあることをも免除してくれる、そういった存在ではない。ペルシアの天使は翼をもった処女であり、正義そのものにほかならない。彼女は〈法、君が自分のために作り出した法〉、君のなしたことどもの正確な表現なのである。

(2) **ガブリエル**　聖書に出てくる天使。神意の伝達者の役割を負う。マリアにイエスの受胎を告知したのもガブリエルである。

大いなる詩だ！　だが深いわけのある詩だ！　それが厳しく賢くなればなるほど、本当らしくなってくる。* それはこの世の生にとって最も気高い解放だった。前もって誇り高く高められ持ち上げられ、そして翼が生えてくるのが感じられた。下の方から世界全体が始まるように見えた。無限の世界が開いてきて、果てしない空の中に、深い開口部ができた。ときおり、疑いもなくそれらが見えるのだが、あまりに強烈なため、まぶたが下ってしまう……光ゆえに闇が出来る。人は黙したまま留まっている。喜んでか？　悲しんでか？

＊ このテーマに関して、力強く、感動的で衝動的な本はデュメニルの(3)『不死』である。死と生にみちみちた一つの状況から生まれた本だ。それは豊かに滔々と流れている。一冊の本以上のものである。それは〈霊ノスクイノタメニ〉書かれた個人的事柄である。

(3) **デュメニル**　原文 Dumesnil。この名前の人は多数おり、誰か特定できない。フランスの作家、ルイ＝アレクシス・デュメニル（一七八三〜一八五六）か？

四　ワシとヘビ

もし何か、どんな地方であれ、耕作者をその畝溝で不動にさせ、犂を止めさせるものがあるとしたら、それは空高く、鳥とヘビとが気高くも奇妙な象形文字を描きつつ、動き回って戦っているのを見るためである。しばしば両者とも傷つく野生の戦いである。鳥が、ワシ、ツル、コウノトリであれ、危険なヘビをつかまえるとき、かまれて毒をあびることもある。人間は心から彼らといっしょに戦う。戦いはどうなるか分からない。ときおり鳥は、敵が体をひきつらせ激しくゆするものだから、放してしまいそうに、戦う気力を失ってしまいそうになる。身をねじった黒いヘビは鋭角の激しいジグザグを、稲妻が雲に描くように青空の中に描き出す。しかし鳥は放したりはしない。ヘビをつかまえた鳥が上昇してゆく。ほとんど見分けられないほどになる。ワシは獲物を空のはるか深みに運んでゆく。そして光の中に消える。

鳥はまさしく人間に、そしてペルシアに属している。彼は日光が戻ってくるとあいさつする。彼は日光を探し求める。ヘビがそれから逃げるのと同じくらいに。ペルシアは鳥に感心し、そしてうらやむ。自由で気高い鳥の生にあこがれる。地上の生からすぐに、アジアの土地で、ペルシアはワシの中に自らの姿を認める――そしてトゥーラーンの、アッシリアの敵たちの中に竜をみて、ペルシアは呪う。

神話はしばしば、歴史とは無関係に魂から自発的に生み出されるものだとはいえ、ギリシア人やヒンドゥー教徒よりも空想的であることの少なかった実際的なペルシア人にあって、神話は、歴史的基盤を覆い隠していると信じたくなるのである。それが語るに、西の方（おそらくアッシリア）から災禍がやってきた。つまり人肉にうえたヘビを両肩にもつ怪物ザッハーク[1]の侵入である。あんなにも誇り高いペルシア、あのワシがヘビの奴隷となったのである。ペルシアはユダヤのように〈隷属〉を、ユダヤのよりさらに残酷なそれを体験した。アッシリアはダニエル[2]によると、寺院の奥に生きた竜を隠してあがめていた。

(1) **ザッハーク** 『シャー・ナーメ』に出てくる王で、悪魔の言葉に従って王座を奪い、そこに一〇〇〇年座したという。その両肩からは黒蛇がはえており、この蛇はいくら切り取っても次々と生え変わり、毎日人間の脳を食べたという。この王の治下、正義はかくれ悪徳が白日の下にあらわれ、悪魔らが公然と悪を行なったという。

(2) **ダニエル** 『旧約聖書』「ダニエル書」に登場する預言者。バビロン捕囚の身であったが、知恵と預言により、バビロンのネブカドネツアル王(前六〇五〜前五六二)に重用された。

ユーフラテス河、ガンジス河、ナイル河のふちで、さらにはむし暑く煮え立っているギニアで、時に昆虫のせいで人も住めなくなる国々で、人間の友はヘビである。昆虫は非常に恐るべきもので、それを前にするとラクダもゾウもアフリカの端から端へと逃げてゆく。昆虫のハンターは感謝される。それは平和と豊穣をもたらす。それは鋭敏で思慮深く賢い。だがそれが語るのを聞くには、女の繊細な耳が必要である。ギニアのニグロはアフリカ自体と同じくらい変らず(多分一万年かそれ以前昔から)、女とヘビを毎年結婚させている。ヘビに与えられた娘は、そのことで常軌を逸してしまい、預言するようになる。そこからギリシアやユダヤや至る所で、ヘビの誘惑という寓話の世界が生じる。そのおぞましい愛が至る所未来を明かし、もろもろの神秘をうがち、時に神の息子を与える。*

* シュヴァルツ(3)によってまとめられたテクスト『神話の起源』参照のこと。

(3) **シュヴァルツ** 原文 Schwarz。不詳。

乾燥した高地の国々、昆虫がまれとなるペルシアの高原のようなところでは、見方は完全に逆転する。そこではヘビは敵となる。おびえ、ひっそりと家畜小屋のすみに、冬、身を守るものもなくちぢこまっているときでさえ、ヘビは恐れられ怖がられる。その波打ちくねる体、奇妙な脱皮、冷たいうろこ、すべては嫌悪を起こさせ不安にする。動物の中でヘビは〈裏切り者〉と思われるだろう。今日は眠ったようになっていても、あすになればヒューヒューと音を立て怒り狂うヘビは、現実の力以上に恐れられる。恐れさせるすべてのものの中に、人はヘビの形を見出す。雲の中で、火のヘビは、天上から矢を射て破壊し殺す。思いがけず雷雨によって激流へと投じられた泡立つ竜は、山をも溶かし、麦畑を、果樹園を、羊の群れを突如巻き上げていってしまう。

　這ってくる神の汚れた帝国を耐え忍ぶとき、ペルシア人が抱いた恐怖感は判断できる。暗黒な世界の、アッシリアの汚らわしい民の、みだらな寓話に対し、また不純な力、ヘビの魅惑に関して、彼らが抱いた死ぬほどの嫌悪感も判断できる。絶望は子供たちを貢ぎ物にすることによって絶頂に達する。その子供たちを卑劣なバビロニアの飽くことのない深淵の中へと、怪物がのみ込んでいったのである。この素朴な農耕民族にあって、たくましい男は鍛冶屋だった。その皮製のごつごつした前掛けは、解放の輝かしい旗であった。彼の力強い鉄のハンマーによって竜は、鉄床の上で破壊され、身を何度もよじったのだが、とがった尾、醜悪な頭部、バラバラになった体節*、それらはもはや決して再結合はしない。

＊ペルシアは自らの鍛冶屋を三千年も四千年も、詩歌で称揚してきた。ペルシアは労働を尊重した。労働を恥じなかった。国民的伝説となっている偉大な話の中で、ペルシアの英雄ゴシュタースプ[4]は、ローマ帝国を見に行き、自らどうしてよいか分からなくなったと感じる。この西のバビロンで、ロラン[5]だったら何をしただろうか？　アキレウス[6]だったら、アイアス[7]だったら？　だがゴシュタースプは困惑しない。自ら申し出て鍛冶屋になろうとする。だが彼の力は大きすぎた。最初の一撃で鉄床をまっ二つに割ってしまう。

（4）**ゴシュタースプ**　『シャー・ナーメ』に登場するカヤーニー朝第五代王で若き英雄イスファンディヤールの父。ただし『アヴェスタ』に登場する英雄に古代ペルシアのヘラクレスといわれるクルサースパがおり、『シャー・ナーメ』においてはカルシャースプという名になっているので、ミシュレがそれと混同している面もあるかもしれない。

（5）**ロラン**　中世フランスの武勲詩『ロランの歌』（十一世紀末）の主人公。

（6）**アキレウス**　ホメロス『イリアス』に登場する英雄の一人。トロイア戦争でトロイアの英雄エクトルを倒すが、のちにパリスの矢で、唯一の弱点だった踵（ここからアキレス腱という呼称が生じた）を射られて死ぬ。

（7）**アイアス**　やはりトロイア戦争時のギリシアの英雄で、テラモンの息子で勇猛なサラミス王の大アイアスと、オイレウスの息子でロクリス人の王だった小アイアスの二人がいた。

アッシリアでは締めつけがゆるむ。それは二つの頭を、ニネヴェとバビロンをもつことになる。ペルシアは逆に締めつけがきつくなる。その諸部族は一つの国民となる。それは火の民であり、前進してゆく火事であり、全てを純化し光のもとに征服しようと望むものである。ホーマへの祈りの中に、この新しい精神が十分に感じられる。それは宗教的征服を告げるファンファーレの高らかな響きであり、潔癖な浄化のための宣伝であり、偶像破壊となるものであった。そうしたところにこの民はほどなく投げ込まれるのである。

「黄金のホーマよ、私にエネルギーと勝利を与えてくれ。〈強く陽気に行動し、世界の上を進む〉機会を私に与えてくれ。憎しみに勝って〈残酷なものを打ち倒しながら〉……万人の憎しみを打ち破ること。人間たちの、デーヴェたち(8)の、耳のきこえぬ悪魔たちの、二足動物の殺人者たちの、四つ足の狼たちの、走り回り飛び回る大集団である軍の、その憎しみを打ち破ること。*」

（8）**デーヴェ**　原文 Devres。アフラ・マズダの創造に対抗して、悪の権化アングラ・マインユが創ったという闇の勢力のことである。

＊　ウージェーヌ・ビュルヌフ『アジア日誌』一八四五年八月、第四巻、一四八、『研究』二四一。

世界が変ったということが感じられる。このペルシアはあまりにも強い。それはあふれ出てゆくだろう。純粋なもの、平和なものは、守るために剣をとった。彼らは一貫して戦争という道を選んだ。最初のアムシャ・スプンタは天の王オフルマズドとなった。そして闇の王アフリマンに対抗する。大地に王もつくられたが、それは諸部族を結び、ペルシアの輝く魂、偉大なフラワシのように見える。この翼をもった魂は戦いへと飛んでゆく。それは〈世界の上を進む〉。アジアをその火の剣で純化するために。

冒涜的なるものバビロンには、そこの竜＝神には、押しとどめられないだろう。それはエジプトの方に行き、光の生まれながらの敵、アフリカの黒い民のところで埋没するだろう。それは色青ざめた西洋をおびやかす。そのたけだけしい怒りを、この炎の精を押しとどめるためには、やはりサラミス島が必要となるだろう。

「歴史が歩み始めた」とキネは言う。勝利者ペルシア人の長い行列が現わされているペルセポリスの浅浮彫に、それが感じられる。彼らの歩足がきこえる。しかしこの軍事パレードに文字は付記されていない。彼らは通りすぎ何一つ語らない。この光の民はその歴史において、今一つ分からないまま留まっている。

『アヴェスタ』というその記念碑的作品は、祈りの言葉を単に集めたもの、一つの典礼定式書、大きな難船の破片や残骸のようなものである。

われわれの祈祷書、ミサや晩課のそれが、じっさいとは逆に、宗教および様々の社会（ユダヤ的、ギリシア的、ローマ的、キリスト教的）の混合とともに、キリスト教が消滅したあとも生き残っていると仮定してみたまえ。こうした混合は、ああしたつぎはぎがもたらすのだ。――そうすればかなり『アヴェスタ』と似通ったものとなるだろう。そこではメディアとカルデアの魔力が、たえず原始イランの真実の精神を混濁させている。

しかしながらそれこそが主要な源泉である。残りは付随的なものだ。ペルシアの弟子であるユダヤ人や、敵であるギリシア人は、補助的な情報しか提供しない。ギリシア人はペルシアをカルデアの雑然とした混合においてしか見ていないし、ペルシアの敵バビロニアの、栄光、恥辱、学問、腐敗を、しばしばペルシアの方にかぶせてしまっている。

このバビロニアをペルシアは呑み込んでしまったのか？　ペルシアは自らの広大な征服の中に、沈み込み見失われてしまったのか？　今度は自分の方が、ギリシアの強力な天才、アレクサンドロス大王によって征服され屈服させられ、ペルシアは自らの信ずるものを棄て、自己放棄してしまったのではないか？　そう信じられかねなかったが、しかしササン朝[9]のとき、ペルシアは信仰において、確固たる自己を、かつてなかったくらいゾロアスター教にそまった自己を再発見する。ササン朝の崩壊とそれに続く征服は何もなさなかったし、何も出来なかった。ペルシアはいかなる帝国のもとでも、聖なる魂として、アジアのアイデンティティとしてとどまった。そして自らの直系の子孫、貧しく正直なゾロアスター教徒やパルシー教徒の中で生き続けた。とりわけ彼らを征服したイスラム教徒や数多くの部族への、かの地を通過したあらゆる種族の王朝やサルタンへの、間接的影響力の中にはるかに多く生き続けた。ほんのわずかの間に、野蛮人たちがこの優れた魂に敬意を表わし、その伝統を称え、それに染まり、それをわがものとするだけの十分な時間があったのである。北方から来たトルクメン族と南方から来たアラブ人が、彼らの物語と伝説をペルシアの門口に残す。まるで巡礼が、うやうやしく自分の履物をモスクの入口に置くように。彼らは入ってきて古代の偉大な魂と、その歌と詩を受けとめる。彼らは『シャー・ナーメ』しか歌わない。

(9) **ササン朝**　ペルシア史上の「中世」ともいわれる二二六年から六五一年まで続いた王朝。宗教的には国教のゾロアスター教のほか、ユダヤ教、キリスト教、マニ教などが混在。キリスト教の中では異端とされたネストリウス派が盛んであった。

五　『シャー・ナーメ』――強い女

ペルシアの聖なる魂は、これら野蛮な洪水すべての下で、守り続けられ大地の中に保存された。まるで忘れ去られた水路の暗い底に、清流が新鮮なまま汚されることなく流れ続けているように。千年(紀元後)ごろ、古い聖なる泉への感覚と敬愛をもった天才がやって来た。すべての泉は彼のために再び開かれ、かつてと同じように豊かにサラサラと流れ、失われたと思われていた古いものごとを雄弁に語り出した。

私のこの水の比較を気まぐれや偶然で言っているわけではない。あの国を作り、詩人たちをも作ったあれらの水は、まったく現実のものだったのである。水はフェルドゥーシー(1)の最初のインスピレーションとなった。

(1) **フェルドゥーシー**　序文の訳注(15)参照。

姿を隠しまた現わす水、見失われまた見出される水、夜しばらく暗くなって見えなくなるが、光のもとに戻ってきてざわめきながら「私はここよ！」と言う水。これは多分人間ではない、しかしまるで魂をもっているような様子をしている――かつてあり、これからもあるだろう魂を、有機組織を待ちながら、それを準備している魂を。水にすっかり占領された地方、水を思い出し、その方向づけ、出発、帰還に心を占められた地方は、ただそのことのみによって、魂を夢み、魂の誕生と再生と不死とを夢みる途上に置かれたのである。

フェルドゥーシーはイスラム教徒として生まれた。彼の父は水涸れした河と水路の近くに畑をもっていた。子供はいつも古い水路のそばに一人で夢みるために出かけていった。古いペルシアのこの遺跡は、沈黙の中で十分に語っていた。それはかつて国の生命を作っていたのだ。今や予測のつかない状態にゆだねられた水は、あるときは涸れ、あるときは氾濫し、しばしば災禍となる。アジアの古い〈楽園〉、生命の「木」の園、かつてそこから天の河が流れだし、健康的で、新鮮で、豊かであったこのペルシアは、どうなってしまったのか？　対比ははなはだしい、大変小さな唯一の州では、一万二千もの水道*がほったらかされて破損し、古代を称え、現在を告発するような状態となっている。無気力と思い上がりが征服者たちに、ゾロアスター教時代の聖なる技術を軽視させてしまったのである。すべては砂漠に、塩分を含んだ砂に、不健全な沼地になってしまった。この大地にしてこの人間あり。家庭の状態も田野のそれのようになった。イスラムのハーレムでの悲惨な生活の中で、家庭は衰弱し、荒涼とした不毛なものとなった。

＊　マルコム。六ページ参照。

〈トチノテンサイ〉が、その地方の魂が、子供のところで目覚める。ゾロアスター教徒的な真実の感情の中で、まことにゾロアスター的な心の高揚の中で、彼は自分の水路に言う。「私が大きくなったら、お前のために川に堰と堤防を作ってやろう。そのときからお前はもう渇くことがないだろう。」

この大地とますます一体化し、彼は古いすべての伝承に耳かたむけ、それを拾い集め、編纂する。ムハンマド〔マホメット〕が火の崇拝に対して投げかけた呪いに気を奪われることなく。一六歳のときから早くも彼は歌いはじめる。

リズムによってそれらの伝承を歌い、神聖なものにし始める。だが詩人たちがほとんど抱かない奇妙な敬意から、彼は何世紀も前の時代から自分のところに下りてくる古い物語に、忠実でいた。彼の翻訳者モル氏は[2]『シャー・ナーメ』へのりっぱな序文を書いているが、その中で、フェルドゥーシーが気まぐれにまかせて漂よったりはしないと指摘している。モル氏は言っている。「彼の間違い自体、描かれた道を逸れようとは思わずに、たどっていることを証している。」そしてこのことが詩人の役に立つ。彼の詩が描き出す人物は透明な影ではない。それらは独特の現実的性格をもっている。たとえば彼の描く（ゴシュタースプや）ロスタム[3]を読んだ者は、彼らをまっ正面から見たのであり、彼らの肖像画を描くことができるだろう。

（2）**モル**　原文Mohl。不詳。
（3）**ロスタム**　『シャー・ナーメ』に出てくるペルシア最大の伝説的英雄。ライオンから生まれ、身のたけは男八人分に相当したという。至る所で竜を退治し、悪魔を殺し、最終的な勝利を手にする。

　この広大で、あんなにも力強い作品が、もっとあとの不幸な時代に、野蛮の波が動きまわり荒々しく通過していった時代に生じえたのだと、誰に信じられよう？　あの混濁した基盤の上に、昔の日々によって更新された流れは、どんなふうに展開されるのだろう？　それは泥だらけで、変わりやすい様々の要素、大ざっぱだったり巧緻だったりする（野蛮のもう一つのしるし）要素を過度に、になうほかありえないのではないか？　そんなことはどうでもよい！　なんとこの大河は高貴なことか！　それは何と高いところから、何と急な勾配を下ってくるのか！　何という壮大さの中を流れ、しかも何と崇高な意思をもって流れてゆくのか！

　説明されなかった一つの神秘が隠されている。このイスラム教徒、この征服者側の人種の男が、どうやってペルシアの中心部でペルシアの人々から、彼らの心と祖国の伝統とを委ねられるまでの驚異的ともいえる信頼感をえられたのか？　人が何もこばめなくなる大人＝子供の、詩人の、魅惑的な心が、そのとてつもなく大きな魅力が必要だった。古いペルシアにとりつかれて六十年間にわたり、彼は古代ペルシアの魂を称え上げた。ペルシアの魂は、感動して彼のところにやってきた。

大変幸いなことに、至る所征服者の下、もともとのペルシアの家長たちは家父長的精神をもって、遠い過去の貴重な委託を保存していたのである。歴史に関する聖職者でもあるような、一つの特別な名称さえ彼らのために使用された。彼らは〈農民歴史家〉と名付けられていた。彼らの家庭では夕方戸がしめられると、ペルシアが、その年老いた亡霊が、オフルマズドとゾロアスターの無邪気で崇高な対話がやってきた。ジャムシード(4)とゴシュタースプ、そしてイスファンディヤール(5)の快挙が、かつて国を救った鍛冶屋の前掛けが、やってきたのである。

(4) **ジャムシード**　インドのヤマ（本章三節の訳注（1）参照）のペルシア名イマの別称。イマ王は最初大地の支配者であったが、罪を犯したため地上に冬と死が到来することとなったという。晩年、ザッハークに王座を奪われ、最終的に殺されたという。

(5) **イスファンディヤール**　本章四節の注（4）参照。この王子は善き宗教のために戦い、その結果不死身となり、ゾロアスター教の勝利がなされたといわれる。

伝承を保存し教えたのは、とりわけ母親たちであったと信じねばならない。女自らが伝承なのである。他のどこよりもペルシアでは、彼女たちは教養があったから、かの国では大いに影響力があった。彼女は家庭における女王であり、主人であった。子供にとっては生きた神であった。息子は母親の前ではすわることができなかった。母親だった女王たち（アメストリス、パリサティスのような）は、自分たちの息子の下で支配していたように見える。すでに見たように『アヴェスタ』の中では、「法」の天使は女である。正義の魂は、女性の〈フラワシ〉によって表明されている。純潔の理想とは単に娘＝子供の処女のみではなく、慎ましく貞節な妻でもあるのだ。*

＊　これは反ユダヤ的で反イスラム教的な類型である。ユダヤ人における女は、堕落をなしたものであり、そこから立ち直れない。アラブの女は（ブルクハルト(6)等を見ること）奔放で夢見がちで、離婚から離婚へと経めぐってゆく。彼女の夫たちは各人、一頭のラクダを贈って結婚を解除する——ペルシアの娘や女は、逆に宗教的尊敬の対象である。「私は結婚できる娘の聖なる魂にたいして、祈り、敬意を表する。慎重な娘の、欲望の娘の（彼女は純潔の中で望む）、善をなす聖なる女の、光の娘の魂にたいして」——婚約した娘（少なくとも、もう子供ではなくなった娘）は、相談を受けたうえで結婚に同

意しなくてはならないだろう。もしも結婚しても子供が出来ないなら、彼女は夫に対し第二の妻を家に入れるのをゆるすだろう――妻は毎朝夫に従順かつ進んでつかえ、九回にわたって尋ねねばならない。「何を望まれますか？」と（アンクティル、『アヴェスタ』二巻、五六二）。夫は妻をなおざりにしてはならず、すくなくとも九日ごとに彼女に敬意を表わすだろう。――ペルシアは結婚に関して、とまどいも矛盾ももっていない。結婚は神聖なものなら、それが課してくるすべてのものも神聖だと、はっきり感じとっている。愛の務めを好んで守る慎ましく貞節な妻は、それゆえに何といっても魂の最高の純潔を保ちつづけるのだ。「七万人の男といっしょにやってきた魔術師が、もし自分の質問にだれひとり答えられなければ、町を破壊するだろうと言った。一人のペルシア人が現われ出た。〈女が愛するものを言ってくれ〉。――女が喜ぶのは愛です。結婚の務めです。――お前はうそをついている。女が一番愛するのは家の主人となり、美しい着物をもつことだろう。――私はうそは言ってません。もし疑うなら、あなたの妻に尋ねてごらんなさい。」――ペルシアの女と結婚していたこの不信心者は、妻が真実を言わないだろうと推測した。妻をよびよせ尋ねた。彼女はずっと黙っていた。だがついにしゃべるよう強いられ、町を壊されるのを恐れ、そして彼女自身地獄に行くのを恐れ、彼女は一枚のベールを求め、そのベールをかぶってから次のように語った。〈女が着物や家の主人としての権威を愛するのは本当です。でも、夫とのあいだに愛の結びつきがなければ、それらの善きものすべては、もはや悪でしかありません〉。魔術師はその自由で気丈な率直さに怒り、彼女を殺した。彼女の魂は叫びながら天に昇っていった。〈私は汚されていない！　まこと汚されていない！〉と。」

（6）**ヨハン・ブルクハルト**（一七八四～一八一七）　スイスの探検家だったこのブルクハルトのことであろう。アラビアの聖地に初めて入ったヨーロッパ人として知られる。

フェルドウーシーは、売られ買われ囚われの身となったイスラムの女について、全く記憶していない。彼はペルシアの女しか描かなかった。真の伝統に忠実な彼の書物にあって、女の主人公たちは、古代ふうの矜持と偉大さを身につけている。もし彼女たちが過ちを犯すとしたら、それは弱さによってではない。彼女たちは有無をいわせぬほど強く勇ましく、大胆なまでに率先して行動し、雄々しいまでに貞節である。彼女たちの一人は、自分が連れ去られる代りに、眠っていた自分の恋人の方を連れさったりする。彼女たちは夫と共に戦い、あらゆる危険に立ち向かう。彼女たちの中には力強い処女の理想、『ニーベルンゲンの歌』(7)の、婚礼の夜、夫を縛り鎖につなぎ、男を服従させたあのブリュンヒルトがすでに見られる。しかしそうしたことすべて高邁で純粋である。悪しき曖昧さなど少しもない。ミンネゼンガー(8)たちが、あのくだんの夜に見せたようなばかげた、わいざつな混乱はない。

(7)**『ニーベルンゲンの歌』**　中世ドイツ英雄叙事詩の代表的傑作。一二世紀末から一三世紀初頭に書かれたものと思われる。伝説的英雄ジークフリートが結婚したクリームヒルトの、父グンター王の妃がブリュンヒルトである。
(8)**ミンネゼンガー**　一二〜一四世紀、ドイツの宮廷を中心に、自ら作詩、作曲、演奏して歌った恋愛叙情詩人たちのこと。

力に関するひどく荒々しい理想よりもはるかにずっと美しいのは、フェルドゥーシーが数多くその見本を集めて悦に入っていた夫婦間でのヒロイズムである。ルーム(9)の皇帝の娘は英雄ゴシュタースプと結婚したことで、父から迫害されたが、夫にとっては感嘆すべきものとなる。彼女は彼の苦しみと、その栄えある貧しさとを分かちもつ。ペルシアの大敵、トゥーラーンの王、アフラースィヤーブ(10)の娘は、夫としてペルシアの若い英雄を選び、彼を守り、養い、救う。残忍なアフラースィヤーブが、長いあいだ彼を苦しめようと石の下に生きたまま閉じこめたとき、彼女は彼のために喜捨を求めにゆく。どんな物語もどんな詩も凌駕できなかったような、気高い献身の姿である。ついには、彼は解放される。彼の輝かしい妻は、彼のあとをついてペルシアにやってくる。彼女は勝利し、讃美され、民衆の心に忘れがたいものとなる。

(9)**ルーム**　昔イスラム教徒によってヨーロッパ人を、とりわけ小アジアのビザンティウムの人々を指すのに使われていた言葉。ローマ人をなまったものである。
(10)**アフラースィヤーブ**　このトゥーラーン王がペルシアに進入し、ノウザル王を殺害したためペルシアは窮地にたたされるが、ロスタムがトゥーラーンへの反撃を行なって救った。

政治的偶然もフェルドゥーシーに有利に働いた。知性豊かな指導者ガズニ朝のマフムード(11)がペルシアの支配者となり、バグダッドのカリフから解放されるには、かの地の愛国主義に訴えねばならないと信じた。彼は一風変ったクーデターを行なった。イスラム教徒であったにもかかわらず、ムハンマドの特有語を追放し、アラビア語を話すのを禁じ、古い単語をいっぱいちりばめていた美しいペルシア語の方を採用した。こうしたルネサンス的観念の上に新しい帝国を築いた。そしてそのペルシア語に、英雄たちの思い出を受入れて新たにしようとした。だがそれに民衆的なリズムと魅力を与えるには、霊感豊かな叙事詩人が必要だった。彼はちょうどよいときにフェルドゥーシーを見出したのである。

（11）**マフムード**（九六七頃～一〇三〇） アフガニスタン、ガズニ朝第三代のサルタン。インドに侵入、またペルシアの文化をとりいれた。詩人フェルドゥシーはこの王の宮廷に仕えた。

フェルドゥーシーに対する彼の熱狂ぶりは際限がなかった。フェルドゥーシーのことを〈パラダイスの詩人〉（これがフェルドゥーシーという語の意味である）と名付けた。そして詩人を金の中に埋めて窒息させかねなかった。フェルドゥーシーはそれをこばみ、最後にだけ金を払ってくれるようにと願った。自分の堤防をつくり、自分の水路のところに引きこもり、自分の生まれた土地が新しい水で若がえるのを見るためにである。

マフムードは彼を自分の宮殿に住まわせ、庭園にはサルタンお気に入りのアヤーズ[12]しか入らせないあずま屋を、彼のために作らせた。このあずま屋の壁のうえには、詩人がほめたたえた戦闘と英雄たちの姿が描かれていた。フェルドゥーシーは孤独の中で、サヨナキドリのほかに教養ある若い、小さな音楽家を友としてもっていた。この楽士の優雅さと、そのリュートの音色がフェルドゥーシーの才能を目覚めさせたのである。

（12）**アヤーズ** 原文 *Ayaz*。不詳。インドで女中や乳母のことを *Ajah* というので、そのことか？

一生をついやさせるに違いないあの長い作品を書いているうち、情勢は驚くほど変ってしまった。マフムードは西方に対し恐れることはもう何もなくなったため、インドに侵入し、寺院を略奪、そこにある聖なる宝物を根こそぎ取ってきた。彼の欲望がらみの狂信は、ダイヤモンドでいっぱいの神々を、神殿の奥底から出してきて打ち砕いたのである。このイスラム教徒的反応の中で、彼をねたむ者たちが彼に対し有利な立場となった。数多くの中傷が流れた。あるときは彼は離教者とされたし、あるときはゾロアスター教徒とされ、ついには無神論者とされた。宮殿の君主だったのに、人々は彼を忘れて飢えさせるまでになった。彼に食べ物をもっていくのをなおざりにしたのである。フェルドゥーシーは六〇歳になっていた。自分の生来の支えであった三七歳の息子を失っていた。仕事と生活が重くのしかかっていた。自分の詩を完成するまでには、まだほど遠かった。落ちこんでいたこのとき、彼は祖国の困難かつ微妙なところにやって来ていた。英雄ゴシュタースプがゾロアスターから、古い宗教を受けとり採用して、国土全体にそれを押しつけた時代にやって来ていたのだ。詩人は何をなすべきだったろうか？　この宗教に対する敬意を告白するべきだろうか？　彼の主人、恐れられたマフムードが熱心なイスラム教徒に戻ったというその時に、ゴシュタースプと古代ペルシアに賛同すべきだろうか？　精神的につらい闘いだった！　彼は自分の捕らわれ状態を感じていた。この宮殿、あずま屋、二つの美しい庭園、それらはライオンのかたわらに置かれたあわれな犬のための鉄の檻でないとしたら、いったい何だろう？

「夜は黒玉のように黒かった。夜は更けていった、星もなく、錆を思わせる空気の中で、私は至る所にアフリマンを感じていた。やつが放つ吐息ごとに、おぞましい黒人のように、やつが黒い炭の上を吹きわたってゆくのが見えた。庭も小川も黒かった。空は不動だった。鳥一羽、獣一匹いなかった。好意的な言葉も悪意にみちた言葉もなかった。高いところも低いところも、何一つ見分けられなかった。私の心は少しずつ締めつけられていった。

私は起き上がり、庭に下りた。と友人が会いにやってきた。私は彼にランプを頼んだ。彼はそれをもってきた。ろうそく、オレンジ、ザクロ、ブドウ酒、そして輝くばかりの杯ももってきた。彼は酒を飲みリュートをかなでた。一人の天使が私を魅惑し心を静めた。夜から昼を作ってくれた。――天使は私に言う。〈飲め！　私は歴史を読むだろう。――ええ、と私は答える。私のほっつそりとしたイトスギよ！　私の月の優しいおもざしよ！　矛盾にみちた天が作る善と悪とを語っておくれ……――じゃあ聞きたまえ！　この歴史を、君は韻文で作るだろう。パフラヴィー語(13)の古い文献にならって〉。」

（13）**パフラヴィー語**　ササン朝時代の中期ペルシア語。ゾロアスター教の経典などに用いられた。

預言者によって憎まれ、ペルシアによって祝福された酒、ブドウ酒は、彼の心を強固にした。この歌は『シャー・ナーメ』の中で最良のものだと私は思う。これをフェルドゥーシーが、自分の先駆者、ゾロアスター教徒の詩人、年老いたダキーキー(14)から取ってきたのだと断言しても無駄である。この歌が何の価値もないものだと信じさせようとしても無駄である。彼の言うことなど、この点では信じられない。彼自身、書き終えたあと、重く深い次のような喜びの言葉をもらしているのだ。「ここに世界とその大変革がある。帝国は誰にも属していない。それは漂う。それを保持する者は、そのことにうんざりしてしまう……できうる限り悪をばらまくな。唯一の神である主人に祈れ。お前の美しい言葉でこの本を完成するまで、お前が十分地上にいられるようにと。そのあと、死すべき体は塵に戻るように！そして雄弁な魂は聖なる楽園へと赴くように！」

（14）**ダキーキー**（？～九七八頃）　ペルシアのサーマン朝期の詩人。『シャー・ナーメ』に着手、執筆なかばに奴隷に殺された。

熱狂的なイスラム教徒たちはフェルドゥーシーを拒絶した。パルシーたちは率直に彼を自分たちの仲間の一人と思った。マフムードは気分を害し、信心深くけちだったから、金《きん》で払うと約束していたものを銀で払うというみっともない勧告を実行してしまった。フェルドゥーシーはそのとき風呂に入っていたが、王にお気に入りのアヤーズが六万枚の銀貨をもってきたのを見た。不満を言うこともなく彼はその三分の一を使者に与え、次の三分の一を自分の世話をしていた浴場の従業員に、残り全部を飲み物をもってきてくれた奴隷に与えてしまった。マフムードはひどく怒り、彼を象たちに踏み殺させたいとまで思った。フェルドゥーシーは相手をちょっぴりなだめ、自分の心をかためた。あんなにも多くの年月、無益な仕事をして、貧しいままに、彼は旅行用の杖と、托鉢修道僧用のみすぼらしい衣服だけで、たった一人出発した。誰一人彼を送って行かなかったし、別れのあいさつを言いにくる者もいなかった。彼はアヤーズに封印した紙を渡し、二〇日後に、つまりフェルドゥーシーが王国外に出たときに開くようにと言い残した。

それを開いてみると、マフムードにあてた大胆不敵な風刺詩があって、人々は恐怖にとらえられた。「奴隷の息子よ、お前は忘れたのか、私もまた、つきささる剣を、傷つけることも血を流させることもできる剣をもっているということを？　お前に残すこれらの詩句は、来るべきすべての世紀においてお前の運命となるだろう。その中で私はお前より、もっと価値ある百人もの男を保護し救うだろう。」

自分のあとをつけ、呼びもとめ、第三者に向って自分を引き渡すよう強要する、このような敵をもつというのは恐るべきことである。この恐怖のもと、不幸な男は変装してさまよい歩いて生きた。彼はもう八三歳になっていた。と、そのときマフムード自身も、死と最後の審判に近づきつつあって、罪を贖い埋めあわそうと望んだ。マフムードは彼に約束の黄金を送った。この金はフェルドゥーシーが死んだばかりのとき、葬列が村の出入り口から出ようとしていたまさにそのとき、村のもう一方の出入り口から入ってきた。それは彼の娘にさし出されたが、彼女は気高くも拒否した。彼の妹がそれを受け取ったが、もっぱら彼の幼い日々の願いをはたすため、彼の意思を実現するためにそうしたのである。つまりその黄金で、彼が古い水路に約束していた堤防を、その地方に生命と豊かさをとり戻させてくれるに違いない堤防を、作るためである。

この話は余談ということになるだろうか？　そそっかしい読者ならそう言いたくなるだろう。ところが、全く逆なのである。これは主題の核心となるもの、魂となるものなのだ。ペルシアのこの魂は、もともとは国を作った水の神秘によって呼びさまされ、ゾロアスターの三千年もあとに執拗にまい戻ってきて、意外も意外、イスラム教の精神を活気づけ、その実り多い善意と豊かな霊感でもって、イスラム教の精神を一杯に満たした。

伝説の、英雄的物語の奔流が、民衆の声を通してつねに流れていた。だがそれはマギの教義によっておおわれ、曇らされている。典礼や清めの儀式が前面に出てくる。英雄たちの物語は後方に引っこむ。イスラム教徒自身、自らの不毛の中、英雄的生命の消え去った十万もの水路を廃墟のもとに探しに行くために、征服することが、そしてマギの教義の消滅が必要だった。さらには一人の天才が、永遠へと運んでゆく巨大な大河の中に、それらをまとめあげるためにも。

3　ギリシア

一　インド、ペルシア、ギリシアの緊密な関係

光の三つの源、インド、ペルシア、ギリシアはお互いに照らしあうことも混じりあうこともなく、ほとんどお互いを知りあわないまま、離れ離れで輝いている。それぞれが自らの生き方全体を生き抜き、自らの中にあったものすべてを与えるには、そうすることが必要だったのだ。

それらの本質的な関係のすばらしい秘密は、教義の秘密の中で『ヴェーダ』によって開示されたが、それは単純なものである。それがもっている本質的な点は、次のような形で初めて明確に表わされた。

『ヴェーダ』の中のヴェーダ、インド的秘密とは、「人間は神々の長兄である。讃歌がすべてを始めた。言葉が世界を作った」というものだ。

「そして言葉が世界を支える」とペルシアは言う。「人間は夜も寝ずに見守る。その言葉はたえず生の炎を喚起し永続させる。」

「天そのものに狂喜する火、それもユピテル〔ローマの最高神、ギリシアのゼウスに相当〕の意に反して」と大胆なギリシアが付け加える。「生命のたいまつは、走りながらお互いに伝えあってゆくのだが、一つの天才がそれに点火し、そこから技芸をほとばしり出させるために、つまり創造者、英雄、神を創るために、それを人間に手渡す。きつい仕事だ！……しかし大したことではない。プロメテウスとして囚われた彼は、ヘラクレスとして天に昇ってゆく。」

以上がこれら三兄弟の真の同一性である。彼らの共通の魂は、最初の二者ではヴェールにおおわれていたが、最後のものでまばゆく輝き出る。

内面の一体性がいかなるものであれ、人類の自由にとっては、一体性が遅くなってからしか気づかれなかったということが肝心だった。すでに年老いていたアジア（イエス＝キリストより五〇〇年も前）がギリシアを息づまらせなかったということ、カルデアとの混合で変質させられていたペルシアが、ギリシアにその混沌を押しつけなかったということ、それが肝心だった。それはバビロン、フェニキアのモロク[1]、泥まみれのアナーヒタ[2]の不純な一団となって、ギリシアにやってきたのである。アルタクセルクセス[3]は、至る所「火」の祭壇のかたわらに、アナーヒタのひどくみすぼらしい祭壇を建てた。

（1）**モロク**　カナンの地で崇拝されていた神。セム語で「王」の意。礼拝の際に親がいけにえとしてさしだした子供を焼き殺していた。ソロモン時代にはユダヤ人から崇拝されていたが、のちに真の神ヤハウェに対立する悪魔的存在とみなされるようになった。

（2）**アナーヒタ**　ペルシアの古代宗教における愛と多産の女神。時に汚れない処女のような、時に大いなる娼婦のような姿をとる。古代オリエントの至る所で見られた大地女神の一人で、彼女への崇拝は、いっときミトラ崇拝と結びついた。ギリシアではキュベレやアフロディテと同一視された。

（3）**アルタクセルクセス**　ペルシアのアカイメネス王朝の王。一世は在位前四六五～前四二四、二世は在位前四〇四～前三五八、三世は前三五八～前三三六。ここで問題となっているのは、メディア伝統文化の復興に努め、教養高く、記憶力に優れたことで名高かった二世のことであろう。

この地球上での比類ない大事件は、アジアに対するヨーロッパの永遠の勝利、あのサラミス[4]の勝利であった。果てしもない影響力をもつ事実であり、それを前にするとすべてが消える。われわれは決して飽きることなくくりかえしプラタイアイ、(5)マラトン、(6)サラミスの話を読む。つねにうっとりとして、いつも同じ心からの喜びを感じながら。それもそのはずである。それがわれわれの誕生となるからだ。

(4) **サラミス** ギリシア中部、テルマイコス湾にある島。前四八〇年、アテナイ軍がクセルクセスに率いられたペルシアの大海軍を、この狭いサラミスの湾に誘い込み、壊滅した。
(5) **プラタイアイ** ギリシア中東部の村。第二回ペルシア戦争で、ギリシア軍が大勝した所(前四七九)。
(6) **マラトン** 古代ギリシア中東部、アッティカ地方の村。前四九〇年アテナイ軍がここでペルシア軍を破り、一兵士がそのことを知らせにアテナイまで走り続けたことから、のちのマラソン競技が生まれた。

ル・シッド(7)が言うように「われわれはその時起き上がる。」それは、そこからヨーロッパ精神が出発した時代なのである。というより人間精神が、その至高の自由の中で、その創意と批評の精神の中で出発した時代だ、と言おう。つまり、世界を救う精神の出発した時代なのだ。アジアに対するヨーロッパの勝利は、アジア自身も照らし出されることになる光を保証するだろう。

(7) **ル・シッド**(一〇四三頃~一〇九九) スペインの国民的英雄エル・シッドのこと。スペイン戦士の模範として、また当時スペインを支配していたアラビア人に対する勝利者として、早くから叙事詩に詠われ、のち歌劇や多くの小説の題材となった。

あんなにも小さなギリシアがあらゆる帝国以上のことをなした。その不朽の作品でもって、ギリシアは帝国をも作る術を与えた。とりわけ創造と教育の術を。そしてそれが人間を作る。ギリシアは(そしてその偉大なる名称は)、〈教育する民〉である。

こうしたものが、そこにおける生命の力だったから、二千年あと、鉛のように暗い長い年月のあとルネサンスを創り出すのに、ギリシアのかすかな影とはるかな反映で十分だったのだ。何が残っていたのだろう? ほんのわずかのものである。このわずかなものが、影の中に人知れずすべてを置き、すべてに優先し、すべてを凌駕した。

ほんのわずかなものも必要なかった。散在していたいくつかの断片が、虫の喰った紙きれが、いくつかの彫像のトルソーが、土の中から引き出された……人類はおののいた……両手で人類は、手足のもぎとられた大理石像を抱いた！……そして自分自身を再発見した。

それはいかなる作品よりも、はるかに大きいことだった。戻ってきたのは心であり、力であり、たくましさであり、大胆さであった。自由な創意にとんだエネルギーであった。

〈改造〉、〈教育〉これがギリシアの真の天分である。それは変身における魔術師であり、巨匠である。世界がそのまわりに輪になって集まり、笑う。「それは遊戯だ。空虚な夢幻劇だ、目の楽しみだ」と彼らはいう。それから少しずつ、人々や神々がその中を通ってゆく多彩な形態の楽しい輪が、じつは奥深い教育であることを知る。隠されたものは何もない。すべては明るみにある。奥舞台や暗い地下礼拝堂はまったくない。すべては野外で太陽の前で、格闘技場の陽光の中でなされる。このすばらしい天分は、けちではないし嫉妬深くもない。門は両扉とも開け放たれる。近づいて見てみたまえ。人類は、どんなふうにして人類〔＝人間性〕が形成されたかを知るだろう。ホメロスが要約した千年にわたる詩の中で、どんなふうに神々の産出はなされ、その教育はなされたのか？　それはイオニア(8)の大いなる仕事だった。その包み隠しのない骨組みがたどれるだろう。

（8）**イオニア**　小アジア西岸中央部と近海の諸島からなる歴史的地域。ギリシア人が初期から植民し、東方文明の影響を受け、本土より早く前六〇〇年頃から文化が栄えた。

何世紀にもわたるドーリア人(9)の体育の中で、どんなふうに遊戯や祭りが生きた神々を作ったのか？　力と美にあふれた典型を、ヘラクレスやアポロンの種族を作ったのか？　人はそれを見、それを知り、今もそれを目撃する。

（9）**ドーリア人**　古代ギリシアのインド・ヨーロッパ語族の一つで、前一三～前一四世紀頃西北方からギリシア中部に移住してきてペロポネス半島などに定着した。

時間にさからい、ねたみ深い死にさからい、美を永久化しようとするあの愛の芸術、彫像を創造しようという巨大な努力は、どんなふうに戦ったのか？　人はそれを学ことができる。われわれの喪失の大きさにもかかわらず。最後に悲劇と哲学との二重の分析から、教義からとき放たれ、世界の花とその真の果実〈正義〉とが出現する至高の瞬間まで、道徳的人間のなした戦いが、どんなふうにして明らかにされるのか？　この正義から、ローマは自らの出発点を得た。……これは、人間の天分が自ら自身に関して残した最高にかがやかしい歴史である。

二　母ナル大地、デメテル(1)あるいはケレス(2)

ホメロスはあまりに輝かしいので、すでに背後に行ってしまったはるかな過去を見えなくしてしまう。多くの光のせいで過去を闇に沈めてしまうのだ。まるでパロス島(3)の大理石でできた眩いばかりの柱廊が、太陽のもとできらめき、巨大な寺院を、あの古代の聖所を見えなくしてその玄関ホールを隠しているのと同様に。

（1）**デメテル**　ギリシア神話における大地と豊穣の女神。クロノスとレアの娘。冥界の王ハデスに自分の娘ペルセフォネをさらわれ冥界の女王とされたため、各地を探し回ったという。
（2）**ケレス**　ローマ神話における豊穣の女神。ギリシア神話のデメテルと同一視される。
（3）**パロス島**　ギリシア南東部の島。エーゲ海のキクラデス諸島中央部にある。アテネ北方のペンテリコン山とならぶ大理石の産地として知られる。

もし人が原始ギリシアとしてホメロスから出発したら、ギリシアは説明不可能の奇蹟として留まってしまうだろう。ギリシアはパラス(4)のように槍を手に、完全武装して出現したことだろう。生まれたときから、すでに大きく成人しており、すっかり戦闘体勢をととのえ、冒険精神にそまったものとなっていただろう。ところがものごとが始まったのは決してそんなふうではなかった。アイスキュロス、あの深遠なアイスキュロスは、まことに正当にもホメロスの神々を「若い神々」と呼んでいる。あれら若者の一人、ギリシア陣営に死をまきちらす黄金の矢をもったドーリアの神アポロンは、『イリアス』の山場全体を作り上げている。

（4）**パラス**　ギガスとオリンポス神族との戦いでアテナに殺された巨人。女神は彼の皮をはぎ取って、戦闘の際の鎧とし、その翼を足につけた。そこでアテナはパラスという名を採ったという説もある。序文の訳注（4）参照。

誕生にはやさしい揺りかごが必要だ。戦いからは何一つやって来ない。平和と耕作、農民の家族、それが豊かなものなのである。すべては「大地」から、家族から生まれる。そうやってギリシアは古代の神ケレスの乳房から生まれた。ケレスは詩人たちの歌の中にはほとんど現われないが、伝承の中に大いに出てくる、民衆そのものの生命だったのである。

ギリシアはもともと「大地」以外の何ものでもない。〈母ナル大地〉、デ＝メテル、良き養い手の母は、感謝する人類からごく自然にあがめられた。寺院を洞窟の中に作って、その代用にしていた以前に、ギリシアの地に最初に住んだ人々ペラスゴイ人[5]たちは、デメテルに敬意を払っていた。この崇拝は、まったく荒けずりで原始的な形ではあったが、自らを月そのものよりも古い（セレネ以前[6]）と信じていた古代アルカディア[7]において維持された。かの地は山々や森によって閉ざされ、古い宗教の、洗練されない聖域として留まっていたのである。何世紀もが、ホメロスやフェイディアス[8]たちが、通過していってもむだだった。あらゆることが芸術から輝き出したときにも、ギリシアの終焉まで、忠実なアルカディアは最初の神々を保ちもった。パウサニアス[9]が言っているが、蛮族の天分が大胆にも初めて、「大地」のあんなにも複雑な人格を不格好な神像によって表現しようと試みたのだが、人々はいつもそうした神像を見に行っていたのである。その像は豊かな土のように黒く、あらゆる野性動物をになっていた。水と空気の支援者として、片手に白い鳩を、もう一方の手にイルカをもっていた。冠をいただいた頭全体は、それが生み出した最も高貴な動物、馬であった。

（5）**ペラスゴイ人**　ギリシアの先住民族。その起源は不明だが、北エーゲ海系統という説が有力。
（6）**セレネ**　ギリシア神話の月の女神、ティタン族のヒュペリオーンとテイアの娘とも、またパラスあるいはヘリオスの娘とも言われる。月神はアルテミス（ローマのディアナ）あるいはヘカテと同一視され、とくに動植物の繁殖と性生活に大きな影響力をもつと信じられた。
（7）**アルカディア**　ペロポネソス半島中部にある古代ギリシアの一地方。古来、牧人の理想郷として多くの美術作品の主題となる。
（8）**フェイディアス**（前四九〇頃〜前四三一頃）　古代ギリシアの代表的彫刻家。パルテノン神殿の本尊や、オリンピアのゼウス神殿のゼウス像などを作った。

（9）**パウサニアス**（二世紀）　古代ギリシアの旅行家。近東地方を旅行し『ギリシア記』（全十巻）を著す。

その外面しか見えない不調和な粗野な姿である。ギリシアの天分は、そんなことでは満足しないだろう。それは「大地」の内面を、その神秘と母性を表現したいと望んだ。そして大地に一人の娘を与えた。この娘は、様々な外観のもとにその姿が見られるが、彼女自体その暗い深みにおける「大地」、豊かで、泉と火山に満ちた大地なのである。あらゆる生命が下ってゆく黙した深淵、万物が到達せねばならぬ宿命の王国である。それが真実の黒いケレス、絶対的なる女、デスポイナ(10)〈貴婦人〉あるいは〈われらが貴婦人＝ノートル・ダム〉(11)、ペルセフォネ(12)つまりプロセルピナ(13)である。

（10）**デスポイナ**　古代ギリシア語で本来「女主人」を意味した。ポセイドンとデメテルとがアルカディアで交わって生まれた娘。アルカディア地方で崇拝された。
（11）**ノートル・ダム**　聖母マリアを指すこの言葉は、フランス語では本来「われらが貴婦人」という意味である。
（12）**ペルセフォネ**　本節訳注（1）参照。
（13）**プロセルピナ**　ローマ神話における冥界の女王。ギリシア神話のペルセフォネと同一視される。

ギリシアは自らの母の年齢に達しているといった様子をしている。アルカディアにおいてもまた、のちに寺院が建てられる聖なる囲い地がデスポイナの神像を提供しており、そのそばに、「大地」の未知なる力を表わしている精霊たちの一人ティタンがいた。それはデスポイナの父親だったのか？　まことにありそうなことである。さらに後にユピテルが生まれ、デスポイナがその娘だとされたとき、このティタンは従属的位置に下げられ、もはや女神の養育者でしかないとされた。

ケレスとプロセルピナ、上方の大地と下方の大地はひどく恐れられた。一方がなくては人々は生きられなかった。そしてもう一方は、われわれを遅かれ早かれ暗い王国に受け入れてくれる。戦争とか侵入とかは、何一つものを尊重しないが、それらの祭壇の前に来ると止ってしまった。彼女らの祭壇は平和の守り手として作られた。ペラスゴイ人のドドナ(14)において、また彼女らが火の精霊に加っていた神秘なサモトラケ島において、至る所彼女らの聖なる場所があった。火山の多いシチリア島や、また特にギリシアへの出入口を閉じたり開けたりする大いなる通路テルモピュライ[15]の隘路にもあった。エレウシス[16]から、彼女たちはアッティカ[17]を保護していた。アルカディアはプロセルピナをソティラ〈救済の処女〉と名づけた。

(14) **ドドナ**　エペイロス山中にあるギリシア最古のゼウスの神託所。カシの神木の葉ずれの音で神意が示された。
(15) **テルモピュライ**　ギリシア中東部。フティオーテス州中部の峠。かつては狭い峠であった。紀元前四八〇年、ペルシア戦争でスパルタ王レオニダスが死守した古戦場。
(16) **エレウシス**　ギリシア、アテネ西方の都市。古代にはデメテル信仰の中心地であった。
(17) **アッティカ**　ギリシア南東の半島部地方。アテナイを取り囲む平野部。

極めて単純な組み立ての心打つ信仰である。ギリシアがそこに見出したものすべてを見るのはすばらしいことだ。いかなる詩も、いかなる彫像も、いかなる記念建造物も、ギリシアがあの〈大地の魂〉の聖なる秘密を、巧みにねばり強く、神話から神話へ、神々や精霊を漸進的に創造しながら、一連の寓話（大変賢明で深く真実な）によってその魂に入り込みつつ、探り求め掘り下げて考えようとしたことほどには、ギリシアの名誉とはならない。イオニアの魅惑的な天分が、もっと古い種族、あの古いイタリアの先祖ペラスゴイス人の重々しさと、そこでは組み合わさっていた。一つの宗教がそこから生じた。ヘスティア[18]、つまりかまどの汚れなき精霊ウェスタと結びつき、ケレスにほかならないように見える賢いテミス[19]に結びついた、すべからく平和と人間性にみちた宗教である。ケレスはテーバイやアテナイで人間たちを和解させ、法を作った。秩序を欠いた耕作はない。正義は畝溝から生まれた。

(18) **ヘスティア**　ギリシア語で「炉」のことで、炉の女神とされ、語源的にもローマのウェスタと同じで、両者は同一視される。炉は家の中心であったため、この女神は家庭生活の女神とされて崇められた。
(19) **テミス**　ギリシア神話の正義と掟の女神。ウラノスとガイアの娘で、ゼウスの第二妃である。

この原始ギリシアについて知られているわずかのことからも、大変おだやかな習俗が、『イリアス』がわれわれに描いてみせる好戦的時代よりも、『ヴェーダ』の人間的天分にもっと近い習俗が、示されている。それに関して残っている最も古い伝承は、血を見ることが呼び起こす恐怖感、とりわけ人間の犠牲がもたらす深い恐怖感に関連する。そうした犠牲は〈野蛮人〉に固有のものとして嫌悪され、恐るべき罰を課せられた。人間たちを犠牲にしたかどでリュカオン[20]は狼に変えられた。タンタロス[21]は地獄で残酷な刑、何ものもいやすことのないすさまじい渇きよって罰せられる。

(20) **リュカオン**　ギリシア神話に出てくるアルカディアの王。一説では子供の肉を客人に供してゼウスの怒りに触れ、雷に打たれて死んだという。別の説では狼にされたという。

(21) **タンタロス**　ギリシア神話に出てくるリディアの王。クロノス（あるいはアトラス）の娘プルトとゼウスの子。地獄に落ちて永劫の飢餓と渇きの罰を受けた。

完全にインド的なもの、バラモン教的にさえ見えるもの、それは、動物を殺すことについて感じる良心のとがめである。はるかな古代の祭礼は、血を嫌いながらも、気候や労働条件からやむをえず血にまみれた食べ物をとらねばならない素朴な人々の心を、かき乱すような戦いをつねに証言するものとして残されている。いけにえを殺すときにも、人々はそのいけにえが罪あるものだと信じようと努めた。祭壇の上の聖なる菓子が雄牛によって食べられてしまった。この冒涜は天の復讐を国にもたらすかもしれない。雄牛を罰しなければならない。しかしこの昔からの奉仕者、耕作の仲間を、自ら殺そうという考えは誰の心にも浮かばなかった。そこで他国の者を呼んできた。彼は牛を刺すと逃げていった。血を流したことについて厳粛な聴問がなされた。ほんの少しでもこの供犠に加わっていた者すべてが、召還され裁かれた。犠牲をささげる祭司に剣をさし出した男、その刃を研いだ男、それを研ぐために水をもってきた女たち、全員が喚問された。彼らは自分たちを責め、互いに責任を押しつけあった。最終的にすべての責任は短刀の上に降りかかった。それだけが自分を擁護できず、断罪され、そして海に投げ込まれた。人々は傷つけられた雄牛を可能な限り回復させた。その牛は再び立ちあがらされた。剥製にされ、犂をつけられ、いまだ生きているように、そして再び農耕作業にりっぱにとりかかったように見えた。

この平和な民は、不幸なことに海と島によって悩まされていた。子供や女を盗もうとそこからアジアやフェニキアの海賊がひっきりなしに上陸してきたからである。何という誘拐だったろう！　一瞬にして運び去られアジアで売られたあの哀れな人々は、もう二度と見出されなかったのだ。最も古い時代から近代のバーバリ人[22]に至るまで、同じ不幸が、苦しみが、叫びがあった。詩人たちや歴史家たちは誘拐のことしか語らない。それはイオ[23]であり、エウロペ[24]であり、ヘシオネ[25]であり、ヘレネ[26]である。さらに残酷なこともある。ミノタウロス[27]に支払われた、いたましい子供たちの貢ぎ物である。ホメロスは娘を失った父親の黙した苦しみを描いた。この父親はふさぎこんで浜辺をたどってゆく。そこには苦い波が、さげすむようにはね上り彼の不幸をあざ笑うのだ。悲運をもたらす船が自分たちの宝をもちさったときの、悲嘆にくれた娘が両腕を空しく差し出しながら遠ざかり、波間に消えてしまうあのときの、あの母親たちの絶望を何と言えばよいのか？

(22) **バーバリ人**　アフリカ北西部の海岸地方から山岳地帯にかけて住む民のこと。
(23) **イオ**　アルゴスのヘラの女神官。ゼウスに愛されたが、ゼウスの妻ヘラの嫉妬を避けるため雌牛に変えられた。
(24) **エウロペ**　テュロス王アゲノールの娘。ゼウスが雄牛に化身して彼女と交わり、ミノス、ラダマンテュスが生まれる。
(25) **ヘシオネ**　トロイア王ラオメドンの娘、王がアポロンとポセイドンの怒りにふれたとき、怪物に一人の乙女を捧げて怒りをしずめるようにとの神託により、ヘシオネが海岸の岩にくくりつけられたが、ヘラクレスによって救われた。
(26) **ヘレネ**　ゼウスとレダの娘。絶世の美女でスパルタ王メネラオスの妻だったが、トロイアの王子パリスに略奪され、これがトロイア戦争の原因となったとされる。
(27) **ミノタウロス**　クレタ王ミノスの妃パシフォエが雄牛と交わって生んだ牛頭人身の怪物。ミノスはダイダロスに一度入れば二度と出口の分からなくなる迷宮ラビュリントスを作らせ、その中にミノタウロスを閉じこめ、アテナイから毎年（あるいは三年、ないし九年ごとともいう）おのおの七人の少年少女を貢ぎ物として取り、これをミノタウロスに供していた。やがてテセウスがミノスの娘アリアドネーの援助をえてこの怪物を殺す。

他のいかなるもの以上に、まちがいなくこれらの悲劇が、とりわけあんなにも大きな不幸を予期して不安にさいなまれたことが、あの種族を洗練させ、ごくごく早い時期から、力強い感受性を付与するのに役立ったのである。その感受性から、その大いなる宗教的創造が、ケレスとプロセルピナの伝説が、〈母の受難〉という悲愴な物語が出てきた。そこにはフィクションは必要なかった。すべては自然で真実だった。それがこうしたものを、こんなにも永続的で力強い永遠のものとしたのである。人類はいまもその痕跡を持ち続けているし、つねに持ち続けることだろう。

毎年植物から花が離れて飛び立ってゆき、その母にとって永久に失われてしまうのを見ると、心は同じような痛ましさに差し貫かれた。行ってしまったあの花は、種子は、いったいどうなってしまったか？　どこに行ったのか、あのかわいそうな子は？　風が吹いてきて冷酷にも引き離す。鳥がやってきては、ついばみ、持ち去ってしまう、たいていの場合、あの子は死んだように見える。のみ込まれて、黒くて暗い土の中に落ちる。そしてそこで無視されてしまう。まるで墓の中の忘却のように。またしばしば人は、自分の用にたすために、とにかくあの子をさいなむ。おぼれさせたり砕いたりつぶしたり、一〇〇もの拷問を押しつける。あらゆる国民がそのことを歌った。全人類が、インドからアイルランドまで、小話やバラードの形で、あの若い被造物の冒険と悲惨を語った。たいていはひょうきんな物語である。ただ、あんなにも軽薄と思われているあのギリシアだけが笑わなかった。——反対に涙したのだ。

ドラマは前もって見出されていた。真に天才的だったこと、それはケレスの創造だった。ケレスとは崇拝すべき母の観念であり、その無限の善意は冒険の残忍さをさらに感じ取らせてくれる。ついで、苦悩によって大きくなる女の素晴らしい心という観念でもある。彼女は普遍的な乳母となり、われわれ全員をわが子だと思う。人類全体は彼女のプロセルピナとなるだろう。

果てしもなく純粋な、かつて存在した中で最も純粋な観念である。諸感覚はそれにには全く関係ない。自分のオシリス(28)を哀惜する極めて感動的なイシス(29)は、そのアフリカの熱意から、その焼けるような願望から、いかなる神秘も作らない。彼女は泣き、探し、一人の夫を呼ぶ。ケレスにとっても、崇拝され涙される対象は、一人の娘である。したがって彼女の伝説は、時代が下ってからの崇拝にあるようなあいまいさを決してになわないだろう。時代が下ると、母親が息子を哀惜するし、あるいは芸術によって若がえらされたり息子よりも若くされたりして、彼女はしばしば母というよりも妻となるのである。

（28）**オシリス**　古代エジプトの神。イシスの兄にして夫。ホルスの父。弟のセトに殺されたが、復活して冥界の支配者となった。
（29）**イシス**　古代エジプトの女神。ばらばらにされた夫オシリスの遺骸を集めミイラにして復活させた。死者の守護神。

ケレスは農耕民のまじめな思考である。労働が大変重要なものを生む。生活の重みをになっている人々にあっては、愛の洗練、あるいは霊的な洗練といったものはほとんどない。きめこまやかなものも偽りのものも何一つない。この思考がもっている最も心打つ真実は、のちのソフィストの時代に分離されてしまったものごとの深い調和、心、愛、そして自然の完璧な調和、無限の善意の花咲く美であり、それこそが単純な人々が考え、ギリシア芸術がその最初の高揚においてまさしく表現したものであった。戦闘の不吉な姿を描いたアイギナ島[30]の大理石のはるか以前、平和なケレスはその拝められた頭部で、シチリアのすばらしいメダルを飾っていた。*素朴で、ひなびていて、しかも豪華な美の、気高い落ち着きである。彼女の豊かな髪がメダルの金に、麦の穂の金をまぜていた。

(30) **アイギナ島**　エーゲ海にあるギリシアの小島。前一〇〇〇年ドーリア人が侵入、通商によって有力な国となる。ギリシア最初の銀貨もここで作られたし、様々な彫刻も作られた。

＊ メダル資料室のメダルと、またド・リュイヌ氏[31]によって公けにされたメダル類および、『古銭学と宝石彫刻技法の宝』をも見ること。カンパナ・コレクション[32]には、フェイディアス時代のものと思われる大変美しいケレスがあったが、残念ながらそれはロシアにつれ去られてしまった！　ロシアに、あのギリシアとシチリアの娘が、あの芸術と人間性の母が！

(31) **オノレ・ド・リュイヌ**（一八〇二～六七）　フランスの考古学者。『ギリシアの古銭選』（一八四〇）がある。

(32) **カンパナ・コレクション**　イタリアの収集家ジィアンペトロ・カンパナ（一八〇七～八〇）の集めた膨大な考古学上のコレクションで、特にギリシア、エトルリア、ローマの美術品を多数含んでいた。それらは一八六一年にパリの「カンパナ美術館」に移され、その後、かなりのものが「ルーヴル」に収められた。

喜び、涙、善と悪、太陽と嵐との入れ代りのあいだに、彼女は変らざるものとして善意をもち続けている。彼女は、植物と同程度に無邪気な群れを、やさしい牝羊を、とりわけ子供たちを愛する（メヒツジソダテ、コドモソダテ）。彼女はあらゆるものにとって母であり、乳母である。彼女の美しい乳房は、いかなるときも（彼女が涙にくれているときも）乳を授けようとしている。彼女は愛であり、蜂蜜であり、自然の乳なのである。

運命の厳しい対照とも言えよう、ケレス、この平和の守護神は、対立する列強間の戦いのさ中に生まれた。彼女は諸要素のドラマがいっそう恐ろしくなっている場所、火山の島々、なかんずくシチリア島で輝き出た。いかに純潔で汚れなかったにせよ、彼女は二つの運命的引力が働きかける対象となった。豊穣の女神である彼女は、自らの働きを、天の露を受けてでなければ実現できない。一方地下の熱から、大地の風である力強い息吹きから、漠とした影響を受けている。ゼウスは彼女をうらんでいる。プルトン[33]もそうである。彼女は女だ。暗い深みがこわい。愛と生でしかない彼女は、どうして死の王と結婚することを決心するだろうか？　彼女は躊躇する。しかし、さしあたり「天」が、彼女の内懐に雨を降らせるのをさまたげることはできない。彼女、この無垢な女が知っているすべては、彼女のもとに小さなケレスがやってきて、彼女から開花するということである。まるで花咲く植物が、自分自身である娘を持つかのように。

（33）**プルトン**　ギリシア神話の冥界の神で、ハデスの別名。

この話はよく知られている。* 若い娘が春、海からほど遠からぬところで、伴づれのニンフたちと草原の花をつんでいた。最初の水仙が花開こうとしていた。彼女は、人も知るように男の子だったというこの伝説の花を、望み〈欲求〉した。両の手で、それを引き抜こうとした。だが大地が口を開けた。まっ黒なプルトンが、火の軍馬にひかれた二輪馬車で出現した。彼女は、あの小さな娘は泣き叫んだが、かどわかされてしまった。彼女はまだ小さな子供だったから、自分の花々を放すまいとした。だが、むだだった。花々は大地にあふれ、至る所緑となって花咲いている。

＊　この話は、至る所で聖なる劇として演じられている伝説である。これはホメロス作とされる『ケレス讃歌』とは無関係の、最も古代風の性格をもっている。エレウシスの神秘劇とも無関係である。そこにあってはケレスは、最近のバッコス崇拝[34]に侵食され、自らの伝説の中にあまりにも悲しい改竄を受けてしまった。

（34）**バッコス崇拝**　バッコスは酒神ディオニュソスの別名で、元来トラキアやマケドニアで宗教的な狂乱を伴う儀式を有する神であったが、それがのちにギリシアに輸入され、とくに女たちから熱狂的な崇拝を受けた。この熱狂的騒ぎを時の為政者たちは何度も阻止しようとしたといわれる。

彼女はこの飛翔の中で、大地も海も空も、すべてが逃げてゆくのを見る。インドの詩において、悪い精霊ラーヴァナ(35)に運び去られたシーター(36)（畝溝の娘）のことが思われる。だがギリシアは、ここでは何とすぐれたもの、心打つものとなっているか！　シーターは自分のために泣いてくれる母をもってはいない。

(35) **ラーヴァナ**　『ラーマーヤナ』に出てくるランカーの王で、主人公ラーマの妻シーターを奪う。彼はシーターを自分のものにしようとしたが、彼女は最後まで貞節を守り通した。猿の軍勢の助けをかりてランカーに侵入してきたラーマの軍によって、最後は滅ぼされる。

(36) **シーター**　前注参照。

かわいそうなケレス！　あらゆる神々が彼女に対抗する。彼らは一致して彼女の心を傷つけようとする。ユピテルがそのこと許したのだ。何ものも彼女の娘がどうなったかを彼女に言ってやろうとしない。彼女は懇願する。全自然に問い合わせる。だがいかなる予兆もない。鳥でさえ黙している。

そこで彼女は絶望して自分の細ひもをもぎ取る、と、その長い髪が飛んでゆく。彼女は喪服、青い外套を身につける。そしてどんな食べものにも手を触れない。もうその美しい身を水浴させることもない。取り乱し、いわば死んだようになって、葬儀用のたいまつをもって、丸々九日九晩、地球をすみずみまで歩きめぐる。とうとう疲労困憊して横たわってしまう。ヘカテ(37)と太陽が最後に彼女をあわれんでくれる。彼らはすべてを明かしてくれる。つぐないようのない不幸である。彼女はもはやあの不正な天へは戻らないだろう。地上をあわれな姿でさまようだろう。

(37) **ヘカテ**　ギリシア神話の、月と冥府と呪法の女神。たいまつを手にし、ほえたける地獄の犬の群れをつれた恐ろしい姿で表わされる。

苦悩によって腰が曲がり、彼女は老婆のように身を引きずってゆく。正午、井戸から遠くないオリーブの木の下に腰を下ろす。水を汲みにくる女たちや娘たちが同情をこめて語りかける。王の娘である四人の美しい処女が彼女を迎え入れ、自分たちの母親のところに連れてゆく。「あなたは誰ですか？」――「私は〈探す女〉です。海賊たちが私を誘拐しました。私は逃げました……私に養い育てるべき子供を下さい……。」このとき彼女はすばらしい善意によって輝いていたので、王妃は心かき乱され、驚かされ、ほろりとなった。そこで王妃は彼女の腕のなかに自分の子供、いつくしんでいる末っ子を置いた。その子は姉たちに二〇年もおくれて、高齢になってから生まれた子であった。しかしながら女神は、いまだ心があまりにもしめつけられていたので、話すことも食べることもできなかった。どんなに祈っても優しくしても、彼女にそういう気を起こさせられなかったろう。一つの偶然が必要だった。一人の田舎娘、大胆で若くて陽気なイアムベ*[38]が、おどけて、この大いなる服喪の中に忘却のいっときを入れ、彼女をふいにほほえませることが。彼女は食べ物をとるようになる――ブドウ酒や肉ではなく――ただミントで香りをつけた小麦粉（密儀における未来のホスチア[39]）だけであったが。善良な女神と人類との優しい共感であった。アンブロシア[40]やネクタル[41]として、彼女はパンと水をとった。さらにそれ以上に、彼女は子供を受けとった。その子はそのときから二人の母をもつこととなり、大地と天との息子となったのである。

（38）**イアムベ**　パンとエコーの娘。エレウシス王の召使となっているときに、ペルセフォネを探しているデメテルがやってきた。そのとき、彼女は女神を最初に笑わせたという。
（39）**ホスチア**　第一章四節の訳注（22）参照。
（40）**アンブロシア**　オリンポスの神々の食物で、永遠の生命を与えるとされる。
（41）**ネクタル**　オリンポスの神々の飲む不老不死の酒。

＊　そこからイアンブ、こうした苦しみを笑いとばすのに風刺劇や喜劇が使う不ぞろいな韻律の名称が生じる。インドの詩句の起源と類似の（逆ではない）起源である。インドのそれはヴァルミーキの苦悩から、涙から、ため息のリズムから生まれた。

その子が彼女の豊かな乳房によって、また彼女の神としての息吹にも恵まれて、大きく生長していくのが容易に見てとれる。彼女に浸透され彼の本性も変っていく。彼女は彼を愛し、できれば神にしようと願った。ただ火だけが、それも火の試練が、人を神のようなものにする。のちにヘラクレスが身を躍らさねばならないのは、まさに薪の山からなのだ。ケレスは熱によって過敏な植物を発芽させたが、どのくらいの温度で自分の子供を苦痛や危険なしにその試練に耐えさせうるかをよく知っていた。毎晩、彼女は息子を炉のところに置いた。不幸にも好奇心旺盛な母は見ようと近づき、おびえ叫ぶ……ああ、何ということ！すべては終っていた！　人間は不死とはならないだろう。人間は人間性〔＝人類〕の悪と悲惨に苦しむだろう。

こうしてケレスは自分の娘を失い、養子の息子を失う。かつてないほど絶望し、彼女はまた髪ふり乱してかけ巡り始める。彼女は苦悩にとりつかれているように見える。天は彼女には重苦しく、大地はおぞましい。大地は干上がり、もはや生み出すことはない。大地の女神が苦しんでいるとき、大地は陰うつな砂漠以外のものになりえようか？　ケレスは自分の無用の神性を投げ捨ててしまう。ほこりだらけの道をさまよい、道の果てるところで女乞食となってすわりこむ。人間の感じるあらゆる不如意が彼女を悩ませる。彼女は疲労と空腹に圧倒される。かわいそうに思って一人の老婆が、ちょっぴりお粥をさし出してくる。彼女はそれをむさぼるように飲みこむ。あげくのはてに彼女はからかいの的となる。一人の恥ずべき子供が笑いながら彼女を指さし、その飢えた様子をまねてばかにする。とんでもない忘恩である。人間の生を彼女だけで支えてくれている善き乳母を、人間があざ笑うとは！　だが不敬なからかいは自ずから罰せられる。子供は悪意でやつれてくる。ついにはヘビになってしまう。それからやせたもの、逃げてゆくトカゲ、古い石の間に住む干からびたものたちに。他山の石となるだろう良き教訓だ。子供よ、貧しいものを決してあざわらってはならない。それが一人の神でないと誰に分かろう？

大地は心動かされ、天を恐れさせるほどまでに苦しむ。もはや収穫はなく家畜たちもいない。神々も、いけにえを捧げてもらえず飢えてしまう。人々はかの女乞食に、イリス(42)やメルクリウス(43)や、天のすべての使者を派遣する。「いいえ、私に娘を返して下さい。」――少なくともいっときプルトンが譲歩することが是非とも必要だ。愛された娘は地獄を脱出し、火の二輪馬車のところに到着し、母を抱きしめる。母は喜びのあまり死にそうになる……しかしながらこの娘は何と変ってしまったことか！　かつてよりもいっそう美しくなったが、こんなにも暗いとは！……傷ついた美女！　ひ弱な美女！　死と花！　冬と春！　そこには二重のプロセルピナがいた。魅力的でかつ恐るべき娘は母親にさえ、ほとんど押しつけがましくなっている……「ああ！　娘よ、お前は私のものではないのか？　まだ地獄に属しているのかい？　あそこの味をお前は何一つ味わわなかったのかい？」プルトンは彼女に、豊かさをもたらす神秘の果物の種を、数知れぬ実をつけたザクロを取らせてから、やっと出発させた。言いかえると彼女は、暗黒の帝国からひそかな受精をもたらしたのであり、そこに戻らねばならないのである。永遠に分かたれ、毎年秋には、母に対し新たに失われ、彼女は闇の底におち込んでゆく。そしてケレスは春になって、彼女を再び見出すという喜びをもつが、再度娘が消えてゆくのを見るという悲しさを予期しながらでしか、それはもてないのだ。

(42) **イリス**　ギリシア神話の虹の女神。天地を結ぶ虹として神々の使者とみなされ、有翼の姿で表わされる。
(43) **メルクリウス**　ローマ神話の商売の神。ギリシア神話のヘルメスと同一視される。

これが生およびその繰り返しである。ケレスは生の重量全体をになっている。誰が彼女をなぐさめてくれるだろうか？　労働、つまり彼女が人間に対してなす良きことがである。もし彼女が望んだように一人の神を労働から作ることができないとしても、彼女はそこから大いなる働き手を作るだろう。犂で耕地を〈砕く人〉トリプトレモス(44)であり、石臼で穀粒を〈砕く人〉である。正しいトリプトレモスは、耕作の子であり、平和で、倹約家で他人の労働に対する善意にみち、秩序と法の思慮深い友である。

(44) **トリプトレモス**　エウレシスの王。ケレオスとメタネイラの子。デメテルはエレウシスで彼の両親から受けた好意に報いるため、彼に竜車を与え、麦の栽培を世界の人々に教えるべく旅立たせたという。

すばらしい物語だ！　しかも何と真実なことか！　喜びと悲しみが、とりわけ知恵が、そしてすばらしい良識が混じり合った物語だ！　それは民衆の世界では、大変素朴で、まったく自然な、それゆえ神秘なところも凝ったところもない、二つの祭りで表現されている。

春には、アンテステーリア祭(45)、花々の祭りがある。美しいプロセルピナは戻ってきて大地を花でおおう。彼女は生の魅惑を連れ戻すのだ。彼女はすべてのものを連れ戻しはしない。われわれの愛する死者を地獄に残してきている。喜びは涙なしには存在しない。彼らが戻ってくるのが見られないのだから。人々はすべての者のために、そして墓のためにも花の冠を編む。にこやかに、しかしほろりとなりながら、女は、老いた父や、小さな子供に花の冠をかぶせる。人は死ぬのだから、まさしく誕生が必要である。服喪自体が愛をうながす。この花の祭りは、人間の花の祭りでもある。つまり女の大いなる日、婚姻のまぎれもない喜びの日だった。まことに清らかなケレスがそうやってそれを望み、命じていた。

（45）**アンテステーリア祭**　アテナイで行なわれた死者の祭。

秋にはテスモポリア祭[46]、女と、法の祭りがある。女神が自らの秩序と人間性の法をゆだねたのは、女たちにだった。理由のないことではない。母親以上に誰が、子供というあのような賭金を投入した社会に、利害を感じるものがあろうか？　彼女たち以上に誰が、無秩序や戦争によって打撃を受けるだろうか？

（46）**テスモポリア祭**　トリプトレモスによって創始されたデメテルの祭で、豊穣を祈り、秋に女だけで行なわれた。

秋は二重の性格をもっている。休息をとり気分さわやかとなった男、もうほとんど種まきと新しいブドウ酒を味わうことさえすればよい男にとって、それは陽気な、時おり楽しすぎる季節である。だが女たちは、それがケレスにとって、自分の娘が大地に下ってゆくのを見る悲しい時であることを覚えていた。彼女たちは自分の夫たちの熱意にそれを対立させ、数日のあいだ彼らのもとから逃げる。自分たちの厳しさに、この楽しみの剥奪が引き出してくるうめき声に、自ら笑いながら、彼女たちはあるときは海に、女神たちが崇拝されていた暗い岬に、またあるときは、建てられたときには有名だったエレウシスの寺院に行く。彼女たちはそこにケレスの掟、あの平和の掟を華やかにもってゆく。そして帰ってきてからその掟を、望まれた子供の未来の幸福のために、貪欲な愛に対して、苦もなく誓わせることができた。

社会を創るあんなにも強力な法とは、いったいどんなものなのか？　失われなかったものによって判断すると、きわめて単純なものである。〈家族を愛し、血を嫌悪する〉、それがそれらの法の強く勧めることだ。それ以上のものは何もない。しかしそれは巨大な広がりをもつのだ。ケレスの精神にあって、家族は拡大して生まれた土地や部族になり、それらが結びついて村となるだろう。――村が結びつくと都市となろう。血は流れない。誰一人、動物でさえ殺すことなどない。果物以外に神々へのいかなる捧げ物もない。動物が免除されるとすれば、ましてや人間は、である！　戦争はない、永遠の平和である。戦争の必要があっても、少なくとも戦争自体の中に、平和の精神がある。私にはここからも、アテナイに建てられた〈憐憫の祭壇〉が見える。神格化された〈平和〉が見える。諸部族を結びつけ、それをオリンピアやデルフォイ(47)において、たった一つの民を作った大いなる祭りで、神格化された平和が。

(47)　**デルフォイ**　ギリシア中部、パルナッソス山南麓にある。紀元前一五世紀頃より聖地であり、アポロン、デュオニュソス信仰の中心となった。ここの神託が有名。

神々にとって貴重なもの、神聖かつ聖なるもの、すばらしいものと考えられた人間の生を尊重することは、たしかに、他のこと以上に、人間の生を不死のものと判断させるのに寄与した。花は再生するためにしか死なないとしたら、どうして魂が、この世界の花が再生しないことがあろう？　麦は、永遠の誕生と再生の中で、いかなる教義以上に、はるかに復活を教えてくれた。何世紀ものち、聖パウロは（その「使徒書簡」の中で）、ケレスの古い教え以外のいかなる論拠も示さなかった。

その点で、そしてすべてにおいて彼女は偉大な先生だった。ケレス崇拝は民衆に広まり、堂々たる演出で豊かに劇化され、（ずっとあとに）「密儀」へと到達する。この密儀は、キリスト教徒から攻撃されたものだが、しかし彼らによって模倣されることになった。

彼女の恩恵は絶大だった。彼女は、ひたすら変化ばかりしていた軽薄なイオニア精神に、熱意にみちた愛の基盤を与えた。彼女はアテナイのために社会を創った。都市の、特に〈人間的な〉あの都市の下絵を創った。

それは変わりやすい思いつきとか、生を創造したかもしれない想像力といったものではない。一つの世界を作るためには、まったく別のものが、多くの愛や多くの真実が必要である。ケレスの母性、その純粋な愛は、善意の内にあふれ出し、ギリシアの聖なる揺りかごとなった。ホメロスのオリンポスの神々よりはるか前に、彼女は未来を秘かに準備する長い沈黙の数百年間をもった。力強く、豊かな母胎！　一人の母親の伝説から、彼女は炎を胚胎した。その炎もまた彼女を母とした。彼女が大地を照らした時代を理解するためには、まず大地を、ケレスによって養子とされた子として見なければならない。彼女が自らの手で炎をうけとったときの大地を、あるいは彼女が授乳しながら、エレウシスやエンナ[48]の花々をつんでいたときの大地を見なければならない。

（48）**エンナ**　シチシア島中央部に古代からある都市。

三　イオニアの神々の軽やかさ、人間の家族の力

学問は歩み続け知識の光は前進する。新しい信仰は大地の下に、深遠な古代の中に、しっかりと根づいている根を発見して強固になってゆく。私がまだ若いころに見た、自由と神権政治とのあいだの、真実と偽りの学識のあいだの、ギリシアの起源についての記憶されるべき決闘は終了した。重要な、生きた、永遠に関心事となる問題である。人々の中で最も輝かしく最も豊かなのは、かのプロメテウス[1]自身だったろうか、それともそれは聖職者によって教育され形作られたものなのか？　彼は聖なる場所で作られたものか、それとも自由な人間的天分によって作られたものか？*

（1）**プロメテウス**　ティタン族の一人。神々から火を盗んで人間に与えたため、ゼウスの怒りをかい、カフカス山に鎖でつながれ、日々再生する肝臓をワシに食われつづけたが、ヘラクレスによって救出された。プロメテウスは火とともに金銀細工のような他の多くの技術を人間に伝えたといわれ、アッティカでは職人の神として崇められた。

＊　真の学者であるギニョー氏[2]は、クロイツァーの[3]『象徴体系』を翻訳し、補充し、修正することで人生をついやしてしまったが、今世紀のわが国にあって宗教研究の真の創設者であった。この敬愛された巨匠はわれわれすべての案内人だった。ルナンやモーリー[4]や、この時代のすべての卓越した批評家たちは、彼から生まれたのである。彼は私のように、〈反＝象徴体系〉の方に、シュトラウス[5]やローベック[6]の方に傾く者たちにさえ、そしてローベックとともに、ケレスが大変古いものであれば、エレウシスの密儀とディオニュソス信仰の神話は、もっと下った時代の製作であると信じる者たちにさえ、道を開いてくれた。ローベック『アグラオファヌス』（一八二九、ケーニスベルク）参照。

（2）**ジョセフ・ギニョー**（一七九四〜一八七六）　フランスのギリシア学者で考古学者。クロイツァーの『象徴体系』の校訂版を出す（全十巻。一八二五〜五一）。

（3）**フリードリッヒ・クロイツァー**（一七七一〜一八五八）　ドイツの古代史研究家。『古代の特にギリシアの人々の象徴体系と神話』（全四巻。一八一〇〜一二）、『プロティノス』（一八三五）ほか。

（4）**アルフレッド・モーリー**（一八一七〜九二）　フランスの古代史研究家。『古代ギリシア宗教史』（一八五七〜六〇）、『古代の信仰と伝説、ペルシアとインドの宗教』（一八六三）ほか。

（5）**シュトラウス**　近代的合理論に大きな影響を与えたドイツの宗教哲学者で、『イエス伝』（一八三五）等があるフリードリッヒ・シュトラウス（一八〇八〜七四）のことであろう。

（6）**クリスティアン・ローベック**（一七八一〜一八六〇）　ドイツの古典学者。『アグラオファヌス』（一八二九）のほか『ギリシア文法年代記』（一八三七）等がある。

三十年にわたる仕事が問題を決定し、難点を永遠に解決してしまった。解答はきわめて明解かつ力強いものだったから、論敵はもはやあえてものを言わなかった。下の方から、あらゆる細部において、一点一点敵は打ち倒される。上の方から、太陽の大きな働きが、若い言語学が、彼をさらにいっそう打ちひしぐ。あれらはるかに遠い起源にあっては、聖職者の知恵のいかなる方策も、複雑ないかなる象徴体系もなく、良識と自然の良き活動があったということを白日のもとに示しながら。

「大地」、ケレス、プロセルピナの魂への尊ぶべき崇拝は、感動的ではあるが恐怖感を伴いつつ、二十もの様々な場所において塞がれた深淵を、プルトンの入口を示していた。それはギリシア以外ならどこでも、強力な聖職者集団を創りあげただろう。二度にわたりギリシアでは、聖職は失敗したのだ。最も古い時代に聖職は、イオニアの変容の喜ばしい発展に従属してしまった。そのとき各地をめぐり歩く叙事詩人の空想力が、寓話や神々を変化させてしまった。もっとあと、「密儀」が、あらゆる芸術に、また巧みな演出に助けられ、大変強力な影響力をもちえたとき、都市は神を信じないで、よく笑うものとして存在していた。アイスキュロスを追放することもソクラテスを殺すこともできたし、何ものも根拠づけられずに侮蔑の中におちこんだのだ。

近代の批評の最近の成果は以下のようなものである。

［1］〈ケレスは外国の聖職者集団からは何も受けとらなかった〉、あるいはほとんど何も受けとらなかった。彼女自身がエジプトやフェニキアのものと信じたことも、深くギリシアのものであった。彼女が力と天分にあふれていた時代、彼女は自分自身しか愛さず、あれらの古くさい考えを軽蔑していた。そのことが彼女に若さと完璧な調和を保たせ、その調和が彼女の豊饒さを作り上げていた。最後に、アジアの不可解な神々が彼女の内ぶところに忍び込んできたとき、彼女は仕事をなしとげてしまっており、死の中に入っていたのである。

［2］〈ギリシアは、いかなる時代にも、現実的かつ正規の聖職者集団をもたなかった〉*。〈知られている時代より前に〉、ギリシアにそういったものがあったという仮定は根拠ないものであり、証拠もそれらしきものも持たない。ギリシアは指導されていなかった。だからこそ、すばらしい均衡の中をまっすぐに歩んだのである。

＊　バンジャマン・コンスタン(7)のしばしば浅薄な本は、ここでは力強く、大いなる注目に値する。彼の主要な主張は、アルフレッド・モーリーがドイツの最近の研究すべてを要約している博学な書物の中で、裏付けられている。モーリーはそこに大いなる光を投ずる優れて新しい秩序を打ち立てた。『ギリシア宗教史』三巻（一八五七年）。

（7）**バンジャマン・コンスタン**（一七六七～一八三〇）　フランスの作家、政治家。ナポレオンに敵対し共和主義を主張。心理分析小説の傑作『アドルフ』（一八〇六）が名高いが、ほかに『宗教の起源、形態、発展についての考察』（全五巻、一八二四～三一）等がある。

聖職者の圧力の極めて大きな効果の一つは、すべてのものをある形体の中に吸収し、あらゆる生を唯一の器官、唯一の感覚にのみ込んでしまうということである。この感覚、この部分は、果てしもなく進行する。たとえば怪物のような手をもち、腕はひからび、体はやせこけている。これはエジプトにおいてひどく恐ろしく思えたことであり、中世ヨーロッパにおいてさらにいっそう恐ろしく思えたものである。中世は、あのような優れた感覚をもち、あのような巨大な器官をもっていたが、全体は弱く、貧しく不毛であった。自由な才能にゆだねられたギリシアにおいては、人間のすべての機能は——魂と肉体——才能と仕事——詩、批評、判断——すべては、全体として拡大し花開いた。

［3］〈神話の母〉ギリシアは、ひどく好んで言われるように、神話を作りながら、それをほとんど信じないという、同時に二つの才能をもっていた。外観は想像力豊かで、内的には思慮深かったギリシアは、自ら自身の想像力にほとんどだまされることがなかった。いかなる民もあれほどには大げさではない。ギリシアはたえず発明できたし驚異の世界を語ることができた。それらの物語はギリシアの頭脳に、ほんのわずかしかもたらさなかった。奇蹟には、ギリシアはほとんど捉われなかった。天はたえず詩人たちによって、巡回する叙事詩人たち（その唯一の神学者）によって作り直されていたが、天への信頼をギリシアにさほど吹き込まなかったので、ギリシアは腕組みをし、天上からやってくるものを待ちかまえるというふうだった。ギリシアは、人間は神々の兄弟であり、神々と同様、ティタンたちから生まれたという考えから出発した。労働、芸術、闘い、魂と肉体の永遠の訓練、それが人間の真の生であり、神々自体の意に反し、〈彼らのそねみにさからい〉、人間を〈英雄〉とし、半神にするものだったのである。

さて偶然に作られたこのオリンポスの神々、盲目の人々、四つ辻や寺院あるいは宴の叙事詩人によって、ペミオス[8]やデモドコス[9]たちによって即興的に作られたこの神々が、どういうふうにして少しは全体性と統一性をもてるようになっていったのか？　まことに多様な聴衆にとって、詩人に霊感を与える女性は別のものとなったろう。彼女の神話は、神聖な荘厳さの中で寺院の回りで歌われ、逆に、王たちのところでは、好戦的な、あるいはおどけた（『オデュッセイア』のいくつかの歌のように）ものとなったのではないか？　巨大なごちゃまぜが、そうしたことすべてから生じてくるだろう。

（8）**ペミオス**　ホメロスの『オデュッセイア』に出てくる、イタケ在住の叙事詩を歌う吟遊詩人。

（9）**デモドコス**　同じく『オデュッセイア』に登場する盲目の吟遊詩人で、パイエケス人の国の王宮に仕えていた。

そうした見方は誤りだ。すべては少しずつ整えられる。言っておきたいが、あれらの叙事詩人は、実のところ一つの心をしており、一つの同じ民であり、その生活、風俗、社会環境はほとんど異なっていなかった。さらには、彼らの芸術も同一であり、彼らの技法も同一だった。彼らは同じものに向って語っていた。そしてそのものの声が答えてくれていた。そのものとは「自然」である。

真の語源学によって今日では分かっているが、ギリシアにおいては（ヴェーダ時代のインドにおいてと同様）、神話的創造は、まず単純に四つの基本要素（大地、水、空気、火）の力からできたものだった。ただすべてを擬人化し明確化するギリシア世界にあっては、詩人の想起は至る所で、生きて動く精霊を自らのイメージにあわせて出現させた。それは物体と思われたかもしれない数多くの存在を、活動する方向へと導いた。ナラの木には口があき、ずい分長いあいだ自らの中にとどめていたニンフたちを、解放するよう強いられた。道べに立っている石自体、スフィンクスの謎を出したりする。

数知れない声が、だがてんでんバラバラではない声がきこえる。大いなる合唱が、各パート、各グループ、調和にみちた各等級に分かたれて存在した。

大地のパートも見られた。敬われ同時に恐れられた無垢な女神ケレスから、神々の愛すべき一つの世界全体が引き出せたのである。熱の友であり、火（つまりヘスティア）の縁者である彼女は下の方をあこがれる。彼女に地底旅行をさせないために、彼女の娘、もう一人のケレスが創り出される。彼女を耕作のつらい労働から救うために、田舎びた男っぽいケレスとして、〈砕く人〉トリプトレモス[10]といったような下位の神が生まれた。彼女の王国を、つまり畑や収穫や境界線を守るために、法と刑罰が必要だった。だが善良なケレスには罰したりできるだろうか？　その任務はテミスに、法のつめたいケレスにゆだねられる。テミスが用いる剣はアテナイの立法者テセウス(11)であり、イオニアの勇者ヘラクレスである。

(10) **トリプトレモス**　本章二節の注(44)参照。
(11) **テセウス**　アテナイの最も偉大な英雄。国王アイゲウスの子。クレタ島の怪物ミノタウロスを退治、アマゾン族を征服、冥界への遠征を行うなど、数々の冒険をなしアテナイを隆盛に導いたという。

やはり豊かである。〈火の全等級〉があるのだ――醜いカベイロスたち(12)からキュクロプス(13)や、労働者ウルカヌス(14)や腕利きのプロメテウスに至るまで発展しながらゆくだろう――一方、夜(ラトナ)(15)からフォイボス(16)の輝きがさく裂し、ユピテルの重苦しく暗い額から霊気がわき出し、ミネルバ(17)の、知恵の、至高の稲妻がほとばしり出る。

(12) **カベイロス**　フリュギアの豊穣神。前五世紀以降航海者の保護神とも考えられ、ディオスクロイと同一視されたりした。サモトラケ島が崇拝の中心地だった。
(13) **キュクロプス**　元来「丸い目」の意味で、通常は額にただ一つの目をもつと考えられた巨人である。『オデュッセイア』では、のちにシチリア島と同一視された島に住んでいて、オデュッセウス一行が島に着いたとき、彼の六人の部下を食べてしまう野蛮な巨人として登場する。
(14) **ウルカヌス**　ローマ神話の火と鍛冶の神。ギリシア神話のヘファイストスに相当する。
(15) **ラトナ**　ゼウスに求愛されてアポロンとアルテミスの母となったレトのラテン名。レトが身重になったとき、ゼウスの正妻ヘラが嫉妬して、太陽の光が照らすいかなる場所でもレトが子を生めないようにと呪ったが、ゼウスのはからいで、デロス島ないしその近くの浮島でどうにか出産できたという。
(16) **フォイボス**　「輝ける者」の意で、太陽神アポロンへの献称。
(17) **ミネルバ**　ローマ神話の技術職人の守護女神。ギリシア神話のアテナと同一視される。

しかしこれらの神々すべては、あえて言えば、堅固さがおどろくほど異っている。彼らの気質に関し、オリンポスの神々の生理学に関し、一冊の本が書けるくらいであろう。いくつかのものは、認めておきたいが、ぼんやりとした霧、あるいはそれ以下の何かであるような状態に留まっている。ほとんど形容詞でしかなく、インドが神の名称としたアグニと同義語のようなものである。いくつかのものはもう少し堅固で、マックス・ミュラー氏が見事に言っているように、すでにある程度粘性で〈固定化して〉いるが、しかし透明で、ほんのり光を通すままに留まっている。貫通してすべてが見える。彼らの父であるイオニアの神が、少しは〈人〉として行動することを彼らに許したのは、〈要素〉として留まっているという条件でだけであり、また、そうしたものとして、つねにイオニアの神の変身に忠実であるという条件でだった。そういうわけで、その神はつねに彼らを意のままにしえた。彼らを多彩にし、新しい冒険で豊かにし、結婚させ、そこから英雄たちを生み出させることが出来た。

こうした神話上の取り扱いは〈空の神々の全等級〉において容易にたどれる。生まれつきこの神々は大いに漂い、変身を招くこととなったにちがいない。

上方の空、「天」、父なるゼウス、ユピテルは、必然的に最も高い位置を、自然の中の王座をわがものとしている。雨をふらせ、あらゆるものを産出する。年老いた神々ティタンの後継者として、ギリシアの神々の一族を生み出す。彼は君臨し雷を手中に収め、世界を震えあがらせる。大音響とともに雷をとどろかせ、『ヴェーダ』の中でインドラが果たしていた働きを遂行する。風に関しては、自らの力を、小ユピテルであるアイオロス(18)に委譲する。アイオロスは、奥深い洞窟にかくし置いてある革袋の中に風をとじこめている。

(18) **アイオロス**　ポセイドンの子、またはヒッポテスの子とされる風の神。

ユピテルがこの地上で大いに受胎させる力をもつのは、天上にあっても天の生殖能力をもつからである。アジアでだったら、彼は両性具有の神となることだろう。ギリシアでは二つに分けられ、彼にはまだ「空気」でしかない女、女性の空気、つまりヘラすなわちユノー(19)が与えられる。混濁し、動揺し、怒りっぽい空気である。それでも十分ではない。雲をはるかに越えたその卓越した高みで、純粋な霊気の中に、まったく違うものが見える。ユピテルは三つに分けられてしまう。彼のために娘パラスが作られる。彼女は彼から、彼一人から生まれたのであって、ユノーからではない。さらにあとにはドーリア人たちがやって来るだろう。彼らはユピテルに対し、雷雨の支配権を、若き神アポロンと分かたざるをえなくさせる。アポロンは（ヴェーダにおけるインドラのように）雲の竜をつらぬくために矢をもっている。こうしてゼウスあるいは「天」の父から、一連の神々全体が作り上げられる。偶然でも無秩序でもなく、しっかりと関連づけられた、漸進的で、調和にみちた、美しい詩のつらなりのような神々である。ゼウスは二つに分けられ、三つに分けられ、四つに分けられるが、しかしそれでも上位の地位を保ち、高貴なイメージを喪失しない。* 彼はすべての若いオリンポスの神々の父親である。つまりおしまい頃になって、すべてのものが彼において自らを認め、彼らが彼一人でしかないことを知るだろうように。彼の優位性が、哲学者たちに、未来における神の統一を用意させる。

(19) **ヘラ**　ゼウスの正妻である女神。結婚、子供、女性の性生活の守護神。本来はギリシアの先住民族の神であったらしい。ギリシア人がギリシアに侵入したとき、自分たちの主神と彼女とを夫婦にしたものと言われる。

* ギリシア人たちはそれについて、敬意とはまったく違う仰々しい壮大さをこめてつねに見事に語る。それは豪華に飾り立てられた神である。それは儀式によって報いられる。まじめさや現実性という点では、彼は下位にいると思われる多くの神々の線上にはいない。彼は簡単にだまされてしまう。このオリンポスの神々の王は、面白いことに妻につかまったりする。彼女は彼をイデ[20]の上でねむらせる（『イリアス』）。あるいは自らのいけにえの部分として、ゼウスに皮膚と骨を取られるあのプロメテウスにだまされたりする（ヘシオドス[21]）。ゼウスはちょっぴり『エモンの四人の息子』[22]におけるシャルルマーニュ[23]を、自分の玉座のうえに眠り込んで、その眠りの中で皆にばかにされるあのシャルルマーニュを思いおこさせるのである。

(20) **イデ**　フリュギアの山塊で、ここでパリスの審判が行なわれるなど、ギリシア神話の舞台として有名。トロイア戦争のときも、ゼウスはじめ神々がこの山頂から戦況を見ていた。

(21) **ヘシオドス**（前七〇〇頃）　ギリシアの叙事詩人。『労働と日々』、『神統記』等がある。

(22) **『エモンの四人の息子』**　一二世紀後半に作られたフランスの武勲詩『ルノー・ド・モントーバン』の別称。エモン・ド・ドルドーニュの四人の息子たちとシャルルマーニュとの戦いを描く。

(23) **シャルルマーニュ**（七四二〜八一四）　カール大帝のフランス名。フランク王、西ローマ皇帝として西方キリスト教世界を統一、近代ヨーロッパ形成の基礎を築いた。

ギリシアは道徳的進歩という独特な本能において、自らの神々を休ませたり眠らせたりしない。ギリシアは彼らをたえず働かせ、伝説から伝説へと彼らを人間化し彼らを教育する。そのあとを一歩一歩、各時代を通してたどることができる。〈自然＝神〉はいくら擬人化されてもむだなのである。彼らは色青ざめる。〈人間＝神〉が出現し、〈道徳＝神〉が成長する。裁きを行ない誤りを正す英雄的な神々の勝利が、神の歴史を閉じ、彼らの衣装を最終的には投げ捨て、真の英雄〈賢者〉を示す。ヘラクレスからはストア学派の哲人が残り、それをスコラ哲学は〈第二のヘラクレス〉とまことに見事に言った。それは生きた石であり、堅固な「法」の岩である。ローマはほどなく、その中に法律学を据えるだろう。

〈英雄を作らねばならない〉。それこそが、盲目的に、しかもまことに着実に、人々が向っていったはるかなる至高の目的である。

神々が下っていって、インドにおいてなされるように肉体化するということ、それは人間的活動を眠りこませるためでなければ、ほとんど役立たないだろう。重要なのは、それを通って上ったり下ったりできる規則正しい良い梯子を、設立するということだろう。その梯子を通っていけば、力もあり、よく働く人間は、神が自らの内に置いたものを発展させ、飛び立ち神になることもあろう。ギリシアの言葉も精神も、神の愛によるのではない神の誕生を、詩人たちに述べるのをゆるさなかった。神々の中で、最もとらえがたい軽やかな空気のようなユピテルは、大いに愛するものという役割をもっていた。民間の叙事詩人たちは彼に手心を加えたりはしない。神々の父の威厳ある顔だち、黒いまゆ、恐るべきひげといった姿を彼に与えながら、彼らはユピテルを数知れぬ若さゆえのアヴァンテュールに投げ入れてしまう。そうしたことすべてが、おどけた軽妙なおしゃべりで語られる。情熱的な表現はただの一つもない。

それに、あの言語にはあれ以上包み隠しのないものは何一つない。だまされる方法などほとんどない。性的意味がつねに印され続ける。翻訳だけが分かりにくくする。翻訳するとあれら基本的存在の個性が誇張されてしまう。〈ゼウスは力の中に雨を降らした（これが文字通りアルクメネ[24]の名前となる）、そして彼女は「強き者」（アルキデス[25]）を宿した。〉——〈ゼウスは雷雨によって大地（セメレ[26]）の中に雨を降らした〉。と、大地は、雷に打たれてバッコスつまり熱のこもった酒を〈宿した〉。あれら完全に農耕的生活をしていた原始的部族にとって、これ以上明白な何があろうか。*

(24) **アルクメネ**　ティリンスの王アンフィトリュオンの妻。彼女に恋し、夫に変装して訪れたゼウスとの間にヘラクレスが生まれた。

(25) **アルキデス**　ヘラクレスの幼名。彼はアンフィトリュオンの父アルカイオスの名からアルキデスと呼ばれていたが、のちデルフォイの巫女によって、ヘラの怒りを鎮めるために、「ヘラからの栄えある贈り物」を意味するらしいヘラクレスと名づけられることとなった。

(26) **セメレ**　カドモスとハルモニアの娘で、ディオニュソス〔＝バッコス〕の母。この言葉はトラキア人の使っていたゼロメ〔＝大地〕が転化したものと思われる。ギリシア神話では、ゼウスはセメレの愛を得るために人間の姿になってそのもとに現れ、ディオニュソスを身ごもらせたという。

* 小さいながらも力強くかつ良識にあふれたすばらしい本の中で、ルイ・メナール(27)氏は、まだごく自然のま近にいたあの農耕時代について、まことに見事に語っている。あの時代は、あれらの象徴を作り上げたばかりであり、完璧に、貫き通すまでに見ていたと。「人々はゼウスやアフロディテの数知れぬ結婚にも腹を立てなかった。今日酸素が、過度にまであらゆる物体に結びつくのが見出せると考えられているのと同様である。」L・メナール『哲学者以前のモラルについて』（一八六〇）、一〇四ページ。

(27) **ルイ・メナール**（一八二二～一九〇一）　フランスの詩人、歴史家、化学者。『鎖を解かれたプロメテウス』（一八四四）、『ギリシアの多神教について』（六三）ほかがある。

神々の愛と生殖に関するこれらの神話は、エウヘメロス(28)とその仲間が、いわゆる過去の王たちの歴史によってそれらを説明し、オウィディウス(29)や他の物語作者が気やすい放埒の遊びでそれらを陽気にし、最後にデカダンスで衰弱した精神、たとえばプルタルコス(30)のようなものが、元々の意味を完全に忘れて認知できなくなったとき、本当にスキャンダラスなものと思えてきたのだった。ストア学派の哲人たちは、今日の言語学が完全に確認している正当な解釈によって、物質的要素がそこにまじっていることを示したが、空しかった。キリスト教徒たちは、そこでは何一つ理解しないようにした。そしてこの貴重なテクストを誘惑と美辞麗句をもったものとして捉えた。

(28) **エウヘメロス**（前三〇〇頃）　古代ギリシアの神話学者。今日の神々は、もとは人類に大きな恩恵を与えた偉大な王や英雄であるとした。

(29) **オウィディウス**（前四三～後一七頃）　ローマの詩人。『恋の歌』、『転身物語』など。
(30) **プルタルコス**（五〇頃～一二五頃）　ローマ帝政期のギリシア系歴史家、伝記作家。『対比列伝』（＝『英雄伝』）が特に有名。

あらゆる高尚な意味が衰え、内容空疎な議論にふけるような時代となると、誰一人あれらの古代神話のもっていた二重の性格、教義と物語との間でかもし出される明暗を、感知できるほど繊細ではもうなくなっていた。鈍重にかつ尊大に、彼らはギリシアに問う。「お前は信じているのか？　信じていないのか？」と。天才的な子供をしかる先生を見ているような感じだ。その子は、その年齢では当然の、想像し、そして自分が想像することすべてを半ば信じてしまうという才能をもっている。年老いた愚か者は、人はそんなふうにして始めるのだということを知らない。彼は、信ずると信じないとのあいだには、無限の段階が、無数の中間状態があるということを知らない。

滑らかで軽やかな言語をもったこの創造力豊かな民にあって、神々が自分たちの真の生命をもち、神話的成長を容易になしえた限り、彼らは余りに変りやすかったから、精神に重くのしかかってはこなかった。伝説によって神々の冒険がなされたとされている場所、神託所や神殿の周囲では、多分、もう少し余計に信じられていただろう。民間の歌い手たちは、恍惚とした旅人に向って、寺院の驚嘆すべきことについて雄弁に語っていた。よりよく覚えておくために、旅人はそれを詩句の形で学んだ。詩的変形を加えてしまうこともあった。こうしてものごとはつねに変化し、流動的に進んでいった。新しい歌い手それぞれが、詩の女神と霊感との中で、正しく振るまっていると感じたのである。

他で言ったことであるが、インドの内的魂は、聖職者の束縛が表面的にはひどく強かったにもかかわらず、教義に対する自由をいかに保持しつづけたことか。だがこの自由は、さらにどれだけ多くギリシアにとって存在したか。ギリシアにはそういった束縛は何一つなかった。ギリシアは自分自身をたえず形成し形成しなおしたのである！　宗教的神話のもつ軽薄で奇抜な精神的意味を擁護するために、ギリシアは厳格な批判も厳しい皮肉も全く必要としなかった。神々の暴君から最高に身を守ってくれるもの、つまりほほえみをもつだけで十分だったのである。

ギリシアは、いくつかの国民にあって強い印象を与える厳しい態度とか、厳粛な重々しさとかを持たなかった。だがギリシアにあって、動きの天分や創意の力は疲れを知らぬものだったから、ある種の生き生きとした軽やかさが、つねにギリシアを低俗で卑俗なものを越えた高みに持ち上げていた。とても清らかな、まったくいらだたせるところのない大気が、青空の崇高な霊気が、自由にそこを循環し、生を大変な高みに保っていた。そこにあって支配的だったのは、良心のとがめ、罪への恐れ、こういったもの、ああいったものを避けようと注意すること、といったことではない。ギリシアを英雄的な状態に維持したのは、その固有の性質、行動、芸術、戦いへの厳しくも汚れない活力、パラスの生まれながらの情熱であった。

それはギリシアの美しい伝説の中で見事に表現された。アガメムノン[31]があれほど長期の留守をして戦いに、トロイアの攻囲戦に出かけたとき、彼はクリュタイムネストラ[32]のかたわらに何を残していったろうか？　食事や、休息の時に彼女のそばの座を占めていた誰の姿が見られただろうか？　祭司だろうか？　いいや違う、叙事詩人なのである。彼の高貴な物語が彼女の心を支えるのだ。汚れなき詩神のこのしもべ、うやうやしい守り手は、女の中で夢想や軟弱な気だるさと戦うだろう。彼は彼女に過去の力強く崇高な物語を語るだろう。アンティゴネ[33]は、愛と生命とを兄弟への哀れみのために犠牲にし、アルケスティス[34]は自分の夫のために死に、オルフェウス[35]は地獄にまで自分のエウリュディケ[36]を追い求めてゆく。彼が歌う限り、妻は不在のアガメムノンの思い出にすっかりふけっていられる。その結果不実なアイギストス[37]は、男から竪琴を奪いとらないでは彼女をたらしこむことができない。彼は男を無人島に投げ入れる。そのときから王妃は詩神から見捨てられ、美徳からもまた見捨てられてしまう。

(31)　**アガメムノン**　アルゴスとミュケナイの王。トロイア戦争時のギリシアの総大将。女神アルテミスの怒りに触れ、それを鎮めるために娘イフィゲネイアを犠牲に供したことから、妻クリュタイムネストラの恨みをかい、戦争に勝利し帰国した直後、妻とその情夫アイギストスによって殺された。

(32)　**クリュタイムネストラ**　前注参照。

(33)　**アンティゴネ**　自ら王位を去ったテーバイ王オイディプスの娘。その後のテーバイの支配者クレオンの命に反して兄ポリュネイケスを葬ったため、地下牢に入れられ自殺。

(34) **アルケスティス** ペライ王アドメトスの妻。夫の身代わりに死ぬが、ヘラクレスによって地獄から救い出される。

(35) **オルフェウス** ホメロス以前の最大の伝説的詩人。オルフェウス教の開祖。亡き妻エウリュディケを連れ戻しに冥界に赴くが、地上に至るまで後ろを振り向くなという禁止命令を破ったため、彼女を永遠に失ったといわれる。

(36) **エウリュディケ** 前注参照。

(37) **アイギストス** テュエステスとその娘ペロピアとの近親相姦で生まれた。長じてクリュタイムネストラと謀ってアガメムノンを殺害(注31参照)、ミュケナイ王となるが、やがてアガメムノンの子オレステスによって殺される。

驚くことに、いくつかの物事は、南方の風土の中で、北方の冷たさ清らかさを想起させる。ネストル[38]の娘たちの中で一番年下の娘がテレマコス[39]を水浴させる。オデュッセウスの父ラエルテスは自分の娘を、若い奴隷エウマイオスとともに育てさせた。賢きケンタウロス、ケイロン[40]の娘は、何ごとにおいても父に譲歩しなかったが、若い一人の神の教育をなして彼に自然の秘密をすべておしえた。人はスカンジナビアにいるような気がする。気高い処女が家庭教師として戦士をもっている物語『ニャールのサガ[41]』を読んでいるような感じだ。

(38) **ネストル** ピュロス王。老人ながらトロイア戦争に参加。ホメロスにより誰からも尊敬される長老として描かれている。

(39) **テレマコス** オデュセウスとペネロペイアの子。生まれて間もなく遠征に出てしまった父を、長じてから探しに行き、イタケー島に戻ってから父と再会、母への求婚者たちを父を助けて殺した。

(40) **ケイロン** ケンタウロス族の一人。他のケンタウロスとは異なり賢明で温和、医術、音楽、狩りなどに通じ、アキレウス、イアソンら多くの英雄を教育した。

(41) **『ニャールのサガ』** 古代北欧語でサガとは「語ること、語られたこと」の意で、文学的ジャンルとしては、アイスランド植民を背景に一二世紀末から一三世紀にかけて成立した史的散文作品をさす。『ニャールのサガ』は、その中でも最も長くまた最も名高いもので、海の勇士グンナルとその親友ニャールの生きざまを、彼らの子孫の運命とともに物語っている。

ギリシアはまさしく中世の正反対を提示している。中世にあってはすべての(あるいはほとんどすべての)文学は姦通を讃美している。詩、ファブリオ[42]、クリスマスキャロル、すべてが不倫をたたえている。ギリシアの二つの偉大な詩のうち、一つはトロイアの崩壊によって姦通を罰する。もう一つは夫の英雄的帰還を、貞節の勝利を歌う。求婚者たちがペネロペイア[43]に付きまとっても無駄である。カリュプソ[44]も、キルケ[45]らもオデュッセウスに自らをささげ、愛をこめて彼に不死を受け入れさせようとするが無駄である。彼は自らのイタケー(46)の方を、ペネロペイアの方を、死の方を好む。

(42) **ファブリオ** フランスで一三、一四世紀に書かれた韻文の笑い話、小話。風刺的なものもあるが、一般に卑俗な内容で作者不詳のものが多い。
(43) **ペネロペイア** イカリオスの娘でオデュッセウスの妻。夫がトロイア遠征中、多くの求婚者に言い寄られたが、布を織り終えるまではとの口実を設け、夫の帰るまでの二十年間、ひたすら貞節を守った。注39参照。
(44) **カリュプソ** オギュギア島に住むニンフ。アトラスの娘。漂着したオデュッセウスらを歓待し、二十年間その島に留めた。
(45) **キルケ** 第一章四節、訳注(10)参照。
(46) **イタケー** オデュッセウスの故郷の島。注(39)参照。

初期教会の教父の一人を戦慄させた恐るべきことは、「サトゥルヌス(47)が自分の子供を食べた!……家族にとって何というお手本だろう!」だった。が、人のいい人よ、安心したまえ。サトゥルヌスはかわりに石を飲みこんでいたのだ。

(47) **サトゥルヌス** ローマ神話の農耕の神。ギリシアのクロノスと同一視される。

現実には、ギリシアの家庭は大変強固なものだった。そして清純なものでもあった。オイディプス(48)の話や他の話は、いかにギリシア人たちが〈野蛮人〉に固有のものと思い込んでいたある種の結合を嫌悪していたかを示す。

(48) **オイディプス** テーバイ王ライオスの子。知らずして父を殺し母と結ばれる。真相を知って、自らの手で自らの両眼をつぶし、娘アンティゴネに伴われて流浪の旅に出た。注(33)参照。

ドーリア方言特有の言い回しが入ってくる前には、またギリシアをこわばらせ古代人類を変質させたあれら残酷な戦争が入ってくる前には、家族は完全に『ヴェーダ』や『アヴァスタ』の中で見られるような自然で神聖な家族だった。それは正常で正当な家族の調和をもっていた。後になって哲学が、クセノフォン*(49)のやさしいソクラテス的知恵が、論理的に女の真の役割とは何であるかを探究したとき、家族は『オデュッセイア』が描いているものにごく単純に戻ってゆく以外、なすべきことは何もなかったのである。

(49) **クセノフォン**（前四三〇頃〜前三五五頃）　古代ギリシアの軍人、著作家。ソクラテスの弟子。遠征軍に加わり敗走した体験を『アナバシス』に描く。その他『ソクラテスの弁明』、『家政』等がある。

＊　大変残念ながら、クセノフォンの『家政』のすばらしい章を引用するのは、差し控えておく。戦争、公的生活、持続的危機がギリシア人たちを女から遠ざけ、家族をばらばらにしてしまったにせよ、結婚の理想は完全に同じものとしてあったということが完璧に分かる。心は心のままであった。言われているほどには変らなかった。クセノフォンの中で若い主婦が、賢明にも家で絶対的力をもっているのを見ることほど魅力的なものはない。彼女は自分の召使いや下女を監督しているだけでなく、彼らから愛されるすべを知っているし、彼らが病気のときには看病してやったりもする（第七章）。夫はためらわず次のように言う。「最高に甘美な魅力は、私よりも完璧になって、お前が私をお前の召使いにしてしまう時に生じるだろう。時間はそこでは何もなさないだろう。美は徳によって増大するのだ。」そうしたことすべてに関してわれわれをあざむき、女は（ホメロス時代においてさえ）自分の息子にさえ従属していたと信じさせようとして、人は決まってペネロペイアに対するテレマコスの言葉を引用する。だがあの特別な瞬間、彼は自分の中に、異例の権威をもって自分に語らせる一人の神をもっていた。彼は〔母への〕求婚者たちを、ああした重々しい言葉その他で畏怖させる必要があった。バンジャマン・コンスタンはこのことを、巧妙かつ大変適切に説明した。

家の主婦はホメロスにおいて、家の管理の半分を、家の中のあらゆる心づかいを、客人をもてなす心づかいさえも、になっていた。彼女は家庭では夫と同等のものとして夫のま向いに座を占める。哀願しにやってきた者がまず話しかけねばならないのも、彼女に対してだった。難破したオデュッセウスを浜辺で出迎えた親切なナウシカア(50)は、彼にまず自分の母親に話をするよう勧めた。母親である賢いアレテは、万人にとって、そして夫アルキノオス自身にとっても、優しい救いの神のように見えた。アルキノオスはすでに少々年とっており、楽しい時を過ごしており、そして（彼の娘が言うには）「神のように飲んでいた。」アレテは彼の代理を努めていた。用心深く、また平和の精神によって、彼女は手はずを整え、訴訟を防ぎ、人々の調停者のような存在となっていた。

(50) **ナウシカア**　スケリア島の王アルキノオスとアレテの娘。漂着したオデュッセウスにひそかな恋心をいだく。

女は、夫や息子によって重視されていた。ホメロスが言うには、ラエルテスは美しくも賢い自分の奴隷女エウリュクレイア(51)をひどく愛したであろう。だが彼は「妻の怒りを恐れて」、彼女に指一本ふれなかった。オデュッセウスの母である女は心をこめて愛されたのである。あの英雄が自分の母〔アンティクレイア〕の魂と出会うところ以上に、素直な感動にみちた場面は何一つない。彼は彼女に涙ながらに、何が彼女に死をもたらしたのかと尋ねる。それは運命だったのだろうか？　病気によってわれわれの生命を奪ってゆくというディアナ(52)の矢だったのだろうか？　「いいえわが子よ、ディアナではありません。運命ではありません……私の命を奪ったのは、わが子よお前の思い出、お前の善意だったのです。」息子への哀惜こそ、自我にとってあんなにも良きものだった。

(51) **エウリュクレイア**　オデュッセウスの老乳母で女中頭。
(52) **ディアナ**　ローマ神話の狩猟の女神。ギリシア神話のアルテミスと同一視される。

四　都市の創出

最初の作品がオリンポスの神々であり、第二のそれは「都市」であった。

都市はギリシアの天分が作り出した驚くべき作品であり、その当時では斬新かつ未曾有、他に模範となるものも先例となるものもないものだった。それまでの人類の努力すべては、自分たちの安全のために部族を近づけ、村々を一つに集め、町を作ることにだけそそがれていた。もろもろの民が丸ごとアジアの巨大な町に殺到した。数多くの城門をもった驚嘆すべきバビロン、ニネヴェ、テーベは、すばらしい輝きと富を誇示していたが、なんといっても怪物的だった。「都市」の創造はギリシアだけのものである。都市は人間の手によって作り上げた至上の調和であり、それはいっそう自然で純粋で均整のとれた美で、何ものもそれを越えられないものとなった。同じようにギリシアによって示された推論方式や幾何学図形とならんで、いつまでも存続するものとなった。

オリンポスの神々の都市は地上の都市を準備したのだろうか？　その通りである。神々の住むオリンポス山はつとに共和国を目差している。神々はかなり自由で、討議したり弁護したりする。そして自分たちのアゴラ(1)をもっている。プルトンやネプトゥヌス(2)は彼らの王国において、従属的な形ではあるが一種の独立をもっている。しかしながら君主制的要素は、神々のアガメムノンであるユピテルの中に存続する。地上の都市はまったく別種のものとなるだろう。一貫性を欠く天上の統治を、ほとんど思い起こさせないものとなろう。天上の都市は人間の共和国を前にすると未熟な作品である。あの貧弱な理想から、現実の奇蹟であるアテナイへと、かつて存在した中で最も豊かで絶大な力にみちた宇宙、あの生きた有機体へと最終的に到達するには、ある程度の道のりが必要だ。

(1)　**アゴラ**　古代ギリシア各都市の中心部にあった広場。回りに神殿、裁判所、商店等が立ち並び、民衆の集会が行なわれた。
(2)　**ネプトゥヌス**　ローマ神話の海の神。ギリシア神話のポセイドンと同一視される。

作品は完全に人間的でもなかったし、自然に計算されたものでもなかった。恐るべき必要事が働きかけ、手助けし、強制したのである。危機によって天分は倍加される。他のところでだったら天分を息づまらせてしまったであろう激しい危機を通りぬけて、天分は自らを形成し鍛え上げた。そして自分自身のウルカヌスに、腕の立つプロメテウスに、要するにパラス・アテナに、アテナイになった。

私は長々と物語ったりはしない。指し示せば十分だろう。

すでに言ったことがあるが、ギリシア世界全体が、想像力と批判力の見事な均衡の中で、ほほえみから生まれたのである――一方では、ギリシアにその神々を作らせた魅力あふれる天分があり、他方では軽やかな皮肉（まったく本能的で自らをほとんど意識しない）があった。しかしこの皮肉が魂を驚くほど晴朗に、神々からも運命からも自由なものに保ったのだ。

こうした微笑みがアイギナ(3)の大理石の上に現われている。人々は笑いながら殺しあった。「たまたまなのか？　表現技術が不器用で力がなかったからなのか？」と言いうるかもしれない。同様の表現は、しかし『イリアス』の多くの箇所に書き込まれている。血は滝のように流れるが、英雄たちは、しゃべるために進んで立ち止まる。大いなる怒りはあるが、憎しみといえば何もない。アキレウスは命乞いするリュカオン(4)に、親切にもなぜ殺すのかを説明する。アキレウスはリュカオンをすでに捕らえていた。が、リュカオンは逃げ出した。とはいえやはり見つけ出される。パトロクロス(5)は死んでしまった。アキレウスは言うだろう。「私自身も若くして死なねばならないのではないか？……だから友よ、死ね！……」と。*

(3) **アイギナ**　本章二節、訳注(30)参照。神話によれば、ゼウスによってさらわれたアイギナが、この島でアイアコスを生んだとされており、それに因んで命名されている。

(4) **リュカオン**　トロイア王プリアモスとラオトエの息子。あるときアキレウスに捕らえられ奴隷として売られてしまうが、やっとの思いでトロイアに戻るものの、その一二日後、再びアキレウスに捕らえられて殺された。本章二節、訳注(20)のリュカオンとは別人。

(5) **パトロクロス**　アキレウスの無二の親友。アキレウスの武具を借りてトロイア戦争に出陣するが、ヘクトルに討たれる。

＊『イリアス』二一巻。

ここには極めて原始的な表現がある。余計に付け加わった多くの近代的なものごとにまじって、『イリアス』には、概して荒々しい青春の様相が保存されている。それはギリシアの黎明期ではないが、いまだ午前なのだ。空気は生き生きとしており、力強い活気が至る所に感じられる。大地は緑で空は青い。春の風が英雄たちの髪をなびかせる。人々は闘い、死に、殺す。憎むことはなく、ほとんど泣きもしない。いまだ誇り高い時代の高度の晴朗が、死と生をはるか見下ろしている。

しかし彼らは、死とは何かを知っているのか？　疑わしいくらいである。死は輝かしく、ほとんど勝ち誇っているように見える。死のまったき美しさにつつまれ、緋色の布と黄金の甲冑につつまれ、火葬用の薪の山に上るということは、栄光の中に消え去ってゆくことである。太陽のもとを去るのは、ただ英雄たちとたわむれるエリュシオンの野[6]のやさしい光を求めてなのだ。それは大いなる不幸ではない。与えられ受け入れられた死は、魂をさほど変質させない。ヘブライ人たちが神の子供たちに年老いて死ぬことを約束していた間、ギリシアは言った、「神々の息子たちは若くして死ぬ」と。若さそのものであるギリシアは、こうした代価でのみ生を欲する。ギリシアは〔曙の女神〕エオスの年とった夫、いやしがたく老いながら死ぬことのできないティトノス[7]のみを哀れむ。

(6) **エリュシオンの野**　冥界の一部にある甘美な野。英雄や高徳な人々の魂が死後赴く所と考えられた。エリュシオンの野のことを、フランス語ではシャンゼリゼという。

(7) **ティトノス**　トロイア王ラオメドとニンフのストリュモンの息子。暁の女神エオスはこの美青年に一目惚れし、エチオピアのオケアノス川岸にある自らの宮殿に連れ去った。そしてゼウスにたのんでティトノスを不死身にしてもらったが、永遠の若さを与えてもらうことを忘れたため、彼は決して死ぬことなく、ただひたすら老い続けていく。

ギリシア人たちは自分たちのあいだで、つねに争いあって戦っていた。しかし戦争は、大きな比重を占めるものではなかった。彼らは思い入れ強く、耕作と種まきの時期を遵守していた。彼らは、闘い、奇襲、待ち伏せ攻撃において、巧妙なやり方をして喝采を浴びようとし、また他のいかなること以上に、敵を嘲笑しようとしていたように見える。すばらしいことといえば、敵をかっさらい、身代金を奪うことだった。しかし彼らは奴隷を保持することはなかった。奴隷を作ることしかできなかったみたいだ。かれらの生活の大いなる素朴さ、ごく単純なその耕作（しばしば、少々の牧畜をまじえたオリーブ栽培に限られていた）は、奴隷をほとんど必要としなかった。自分の世話係として使う家庭内の奴隷は、彼らにとって自慢できないと思われたらしい。家の中でつねに敵をもつこと、陰うつで黙した顔を、恒常的な不幸をもつこと、それは彼らには責め苦だったかもしれない。彼らは自分たちの子供に身の回りの世話をさせた。

ロクリス人[8]やフォカイア人[9]は、最後まで奴隷をもたなかった。海岸部のギリシア人がたまたま海賊たちから子供を買い取ったとしても、子供は家族の一員となったのである。エウマイオス[10]は『オデュッセイア』の中でラエルテス王に売られるが、王の娘と共に育てられ、オデュッセウスにとって弟のようなものとなる。そしてオデュッセウスの帰りを二十年間も待ちつつ、彼のことを悲しみ、その不在ゆえに心慰められることがない。

(8) **ロクリス人**　ギリシア中東部の一地方にいた人々で、イタリア南部に最初のギリシア植民都市ロクリを建設したことでも知られる。

(9) **フォカイア人**　古代ギリシア、イオニア地方の港町の住民。

(10) **エウマイオス**　シュリエ島の王クテシオスの子。幼児のときフェニキア人の乳母によってフェニキアの海賊に売られ、オデュッセウスの父ラエルテスに買われた。オデュッセウスの留守中、彼の豚飼いとして忠実に主人の財産を守った。

かなり奇妙ではあるが、証言の中で最も確かなもの、言葉自体により、またよく知られた単語により明らかにされることは、戦争が友情を創り上げたということである。捕虜は勝利者の家に連れていかれ、そこに入るのを許され、自分を打ち破った相手や、その妻や子供たちに囲まれて、ともに食べたり飲んだりして一家の一員となった。彼は勝者の、〈ドリクセノス〉、つまりその槍によって作り出された客人と呼ばれるものとなった。身代金を払って故郷に送り返されたあとも、そこの賓客のままであった。その地の市場や祭りに行こうとしてその家にやって来て、何の警戒心ももたず泊まったり食べたりしていた。

「奴隷というのは醜悪な人間だ」とアリストテレスは言った。物事の中で最も醜悪なのが奴隷制である。この醜悪なるものは、美の国ギリシアでは長いこと知られていなかった。それは、あのような社会の原則そのものと、習俗や信仰と一八〇度対照的なものだった。「死の一形態である」と法律家たちが見事に言ってのけている奴隷制は、あらゆる力の中に神の生命を見る生の宗教と、じっさい、どうやって一致しえただろうか？　あの喜々としたギリシアの宗教は、生命をもたないものの中にさえも、一つの魂と神を感じとったし、まさしく基盤としてすべての存在の自由をもっているのだ。*　奴隷制は、万物の中で最高に生き生きとしているものから〈一つの死〉を作り出すのであり、ああした教義の逆であり、正反対、否認となるのである。ギリシア人はその神話により、諸要素を解放していたし、石までも自由な存在にしていた。それは、人間を石に変えるためだったのか？　ギリシアは動物を人間化していた。ホメロスの中でユピテルは、アキレウスの馬を哀れみ、そしてなぐさめる。ソロン(11)は、農耕牛の殺害を禁じる宗教上の古い禁止条項を一つの法とする。アテナイは主人とともに死ぬ忠犬のために、記念碑を建てる。アテナイの奴隷は、ほとんど自由人のようなもので、自由人に対し道を譲ることもしなかったとクセノフォンは言っている。喜劇がそのことを証言している。しばしば奴隷が自由人を愚弄したりしていた。

(11) **ソロン**（前六四〇頃〜前五五八頃）　アテナイの詩人、政治家。ギリシア七賢人の一人。

＊「奴隷制は、すべての存在の自立を前提とする多神教を原理として否定するものとなる。」新しく、正当かつ深遠なL・メナール氏の指摘である。『ギリシア多神教』二〇五ページ。

ギリシアは、もしもドーリア人の侵入が荒々しい矛盾をもたらさなかったら、多分ある種の生来的無気力のなかに留まっていただろう。スパルタは、テッサリア(12)地方の人々が〈ペネステス〉〔＝奴隷と自由人とのあいだの階級〕に押しつけたようには、悲惨を敗者にのみ押しつけたりはしなかった。それは、クレタ島での〈クレロテ〉〔＝裁判にたずさわる者〕を選ぶときのようには、誰が敗者かを決めるためにくじ引きをしたりはしなかった。スパルタは敗者たちを一かたまりに、人々の集団として保持した。しかしこの集団はたえまなく品位を落とし、極めて低俗なものとなってゆくというのである。＊そのことは勝者自身を努力と緊張状態に、平和のさ中の戦争といった奇妙な状態に、つまり武装し、あらゆることに注意を払い、恐ろしい形相で夜通し見張り、人間らしいところがほとんどもてなくなるといった状態に、必然的におちいらせることであった。

(12) **テッサリア**　ギリシア中東部の一地方。古代エオリア族の中心地。紀元前四〜前二世紀マケドニアが支配。

＊プリニウス(13)は言っている。「ラケダイモン〔＝スパルタ〕人は奴隷制を発明した」と。かれは、その時までギリシア人のあいだでは知られていなかった隷属を、と言いたいのである。そのうえこの言葉は、ギリシアの古い歴史家テオポンポス(14)によって取り上げられ、アテナイオス(15)がそのテオポンポスの言葉を引用しながら、次のように付け加えた。「神々はキオス島(16)の人々を罰した、それは他の者たちが自分自身で自らのことをしていたときに、最初にスパルタ人の実例を模倣して、

自分のために奉仕させる目的で人間たちを買ったからである。」

（13）**プリニウス**（二三頃～七九）　古代ローマの博物学者。『博物誌』（全三七巻）がある。
（14）**テオポンポス**（前三七八頃～前三二三頃）　古代ギリシアの雄弁家、歴史家。
（15）**アテナイオス**　二〇〇年頃のギリシアの文法学者、修辞学者。『食通大全』（全一五巻）がある。
（16）**キオス島**　エーゲ海中東部にある島。

ラコニア[17]は手仕事に従事する多くの奴隷がいる大工場であった。かの地は毛織物、履物、家具をギリシア全土に売りさばいていた。そこはまた農業にたずさわる奴隷たちの大農場で、そうした奴隷たちは軽蔑的に（破壊されたほんのちっぽけな町の名をとって）ヘロテまたはヒロテと呼ばれていた。わずかな年貢しか取り立てられず、その結果、労働者や耕作者はひどくゆとりをもつようになり、たっぷりと太ってしまい、やせた人々の侮辱やあなどりを受けた。やせた人々は特殊な教育によって、独自の種族として留まっていた。ヘロテはやりたいことをやっていた。ほぼ自由なように見えた。とはいえ、つり下げられた剣の下での自由であり、魂を除いての自由であった。あれら不幸な者たちにとって一番つらいことは、自分たちが武装させられても〔反乱の〕恐れを感じられないほどに、自分たちがみくびられていたということである。プラタイアイ〔の戦い〕にスパルタの各市民は、五人ずつのヒロテを連れていった。子供たちでさえヒロテをおもちゃにした。毎年、学校から数日間解放されると、子供たちはヒロテ狩りをし、彼らをつけねらい、離ればっちになったヒロテを見つけると、ひどく侮辱し、殺したりしたものである。

（17）**ラコニア**　ペロポネソス半島南東部の一地方。中心地はスパルタ。

スパルタはその点において、いやすべての点で、自然への戦いだった。その本当のリュクルゴス[18]は、危機なのである。その有名な諸制度は、ギリシア人にほとんど理解されなかったが（ほんの少しあかぬけした点を除けば）、それは北アメリカの野生人のヒーローたちの、あるいは多くの未開人たちの生活習慣しか示していない。離れた所から見て、スパルタのすさまじく残忍なヒロイズムは、幻想を抱かせるものとなった。スパルタは崇高な怪物のように見えた。

（18）**リュクルゴス**（前九世紀頃）　スパルタの伝説的立法者。いわゆるスパルタ式の厳しい法規を定めたとされる。

最もショックを与えることは、こんなにも緊張し、しかも見かけたところ粗野な生活をしていながら、なんといってもスパルタがギリシアの諸都市を弱体化するために、恐怖と致命的無気力を起こす術として、重苦しいマキアベリズムを身につけていたということである。その術は実のところ単純なもので、それぞれの都市において貴族階級の党派を支援することにあった。スパルタの友という名をかさにきた〈最良のものたち〉（アリストイ）、〈行ない正しき人々〉が、少しずつ各地の自由な精神を圧殺していった。それぞれの町で、多かれ少なかれ、こうした論争が存在した。限界にまで押しやられて民衆は、自らのために一人の僭主を作ったが、その僭主に反対して金持ちたちは、権利とラケダイモンの支援とを乞うた。と、ラケダイモンは寛大にも介入してきて〈自由を回復させていった〉。これが、スパルタが徐々にどうやって勝利を収めていったかのいきさつである。ペロポネソス半島のほぼ五分の二あまりしか支配していなかったのに、スパルタはその半島を支配し、リードし、やがて少しずつ全ギリシア世界をそうしていった。

ギリシアが自らの運命を遂行してしまった今日、ギリシア自身がなしえたよりも、はるかに良く、そうしたことすべてが判断できる。ラケダイモンという称号はスパルタについて敬服されていた点だが、それはスパルタがもろもろの技法から身を守ることができたということである。スパルタは自らの技法すべてを、それを持たないために費した。スパルタは戦う術は知っていたが、話す術は知らなかった。数少ない神託を、あえて下させようともほとんどしなかった。至る所で、無気力で何もしない人々に、古い家系の金持ちながら黙して怠惰な一派に影響力を与えていた。スパルタは活動的な大衆、ギリシアの真の民衆、騒々しく動き回り、落ち着きなく、そう言ってよければ耐えがたい民衆、しかしすばらしく創造的で多産な民衆を、押しつぶしていた。

要約しよう。決闘は戦争と技法のあいだで存在したのである。

二つの点から、ギリシアの天分である技法は、不可避的に押し殺されるだろうと信じられた。一方には落胆が、世論の疲労があった。分派のあいだで前進できないまま、危機につぐ危機に終始していたときにである。

他方には戦争の、前代未聞の隷属のああした新しい形態への恐怖があった。メッセニア[19]やヘロス[20]の運命が、また他の多くの都市の吸収が示すものへの恐怖である。

(19) **メッセニア**　ペロポネソス半島南西部にある町。丘の上の古代遺跡にはアクロポリス、アゴラ、劇場等の跡がある。
(20) **ヘロス**　ペロポネソス半島にあった古代都市。スパルタにより紀元前八世紀に破壊され、住民は奴隷にされた。

それらのことは神々に打撃を与えた。モイラ[21]は、一つの町を略奪したあと捕虜たちを分配するように、人間たちの共有する厳しい運命を分配するのであり、大いなる神であった。別名パルカ[22]とネメシス[23]であり、彼女たちは人間の幸福に憤慨する。彼女たちは青銅の空を——鉄の固い鋼を、広げたように見えたが、そこには最も正しい者、賢い者、巧みな者がひっかかる。一瞬一瞬が人間を破滅させうる。自由で幸せな市民が、あすは家族全員、女たちや子供たちと共に槍の下に縛られ、シチリア島かアジアのどこかの市場で売り出されることもありうる。恐ろしい信仰が広まったが、それは神々が人間への天佑となるどころか〈人間をねたむ者〉、人間の敵となるというのであった。神々は人間をつけねらい、ふいを襲い、打ちのめそうとするというのである。*

(21) **モイラ**　ギリシア神話における運命の女神。
(22) **パルカ**　ローマ神話での運命の女神。
(23) **ネメシス**　ギリシア神話で、人の思い上がりに対する神の怒りと懲罰を擬人化した女神。
＊　ネーゲルスバッハ[24]の中に集められたすべてのテキスト、およびトゥルニエ氏[25]の『ネメシスと神々の嫉妬』（一八六三）を見ること。
(24) **ネーゲルスバッハ**　原文 Naegelsbach。不詳。
(25) **エドゥワール・トゥルニエ**（一八三一〜九八）　フランスの文献学者、ギリシア学者。

そこからギリシアでは不自然な思いもかけないこと、大変奇妙なこと、メランコリーが生じた。それは数少ない例外的なことだ。しかしながらテオグニスやヘシオドス[26]の中に、それがかいま見られる。彼らはほとんど期待をもたず、大いに恐れる。彼らの知恵はおびえがちだ。家事そのもの、家の切り盛りにおいても、ヘシオドスは、こまごまと用心するようにとの忠告に従っている。

(26) **テオグニス**(前六世紀後半) ギリシアの叙情詩人。

すでに『オデュッセイア』の中に、大いなる謹厳があった。それは『イリアス』の若々しいほほえみとは数世紀もへだたっているのだ。だがオデュッセウスの試練、つまり彼の出会った危険、船の遭難、ネプトゥヌスの不当な憎しみを越えて、救いの手をのべる高貴なミネルバが、遭難した人々を支えようとつねに見下しているのが見える。ミネルバはヘシオドスの中では姿を消してしまった。ヘシオドスがはっきりと言うのは、神々は人間をねたみ、人間を貶めよう、ほんの少しでもまさる点があれば人間を罰しようと努めているということである。そして人間が労働とか技術によって征服しえたものを、人間から奪い返そうとしているというのである。

正直で、平均的な知性で、あらゆる点で凡庸なままでいようとしたこの詩人の中に、人々が見出し、驚き、またほとんどたじろいてしまうのは、神々に対する大いなる訴訟の恐るべき伝説、プロメテウスのそれが書きとめられていることだ。

救い主プロメテウスとは「都市」であった。人間がユピテルから見捨てられれば見捨てられるほど、人間は自分自身にとってのたくましい天佑となった。隷属ではなく自由なエネルギーである人間にとってのカフカス[27]は、アテナイのアクロポリスだった。そこでは海の民全員が、イオニア族やアカイア[28]の古い部族が、少しずつ集結していった。

(27) **カフカス** プロメテウスが岩に縛りつけられた場所である。
(28) **アカイア** ペロポネソス半島北部の地方。

他のすべての都市よりもおびやかされていたアテナイは、（島の中にある）自らの港そのものの前に敵をかかえており、知恵とは何であるかをはっきりと示して見せた。——ほほえみながら、しかし必要があれば強く恐るべきものとなる知恵、すべての天分を、平和、戦争——自由、法——を与えながら、パラスのように平和のあらゆる術を織りなす知恵である。一方、雄々しい閃光が、その力強いまなざしからあふれ出る。

都市が都市を導き、自ら自身の法となってゆく。すべての者がすべてを作り、各人が順ぐりに、行政官、裁判官、兵士、神官、水夫となる（というのも彼ら自身、自分たちのガレー船に乗船したからである。）——「いったい特別な力というものはないのか？」いいや、そうは思わないでくれ。あれらの兵士がアイスキュロス、ソクラテス、クセノフォン、トゥキュディデス(29)であり、数知れぬ天才たちだったのだ。

(29) **トゥキュディデス**（前四六〇頃〜四〇〇頃）　ギリシアの歴史家。世界最初の科学的歴史叙述をなしたとされる。『歴史』（全八巻、未完）がある。

「だが、それなりの代価があった。一方の奴隷制が他方の自由を作っていた」とルソーは言った。ギリシアに関してルソーは、ほとんどプルタルコスしか読んでいなかった。古代世界のウォルター・スコット(30)ともいえるあのプルタルコスしか。ルソーはアテナイの活力について、その生の強烈な輝やかしさについて、何一つ思いみることがなかった。ルソーが想像したのは、主人は何一つせず、わがクレオール(31)たちのように暮らしていたということだった。しかしそれはまったく正反対である。アテナイでは市民たちは、力を要するものごとを自分たちのために取っておいた。重い甲冑、激しい運動、そしてトゥキュティデスによって知ることができるのだが、驚くべきことに漕ぎ手という非常につらい仕事もである！　市民はまれにしか、それも何がなんでも必要という時にしか、奴隷たちに共和国の船を託そうとは、つまり敵に相対してオールを漕ぐという危険にみちた名誉を託そうとは、決意しなかったのだ。

(30) **ウォルター・スコット**（一七七一〜一八三二）　イギリスの詩人、小説家。『湖上の美人』（一八一〇）等の叙事詩を発表したあと、歴史小説に転じ、華麗で雄大な大ロマンを書いた。『アイヴァンホー』（一八一九）ほか。

（31）**クレオール**　西インド諸島、ギアナなどの旧植民地で生まれた白人のこと。原住民およびアフリカから連れてこられた黒人と区別して、こう言われた。

これがギリシアの救いだった。アテナイはその船によって、至る所で不意打ちをくわせ、重装備のドーリア人を悩ませた。パラスはアクロポリスの高みから、マルス(32)の激昂を見守り、『イリアス』におけるように、その激昂をうまく静めることができた。パラスはスパルタのごく近に、同盟都市を、つまりアルカディア人、アカイア人、そしてアルゴリス(33)地方に小さな町々をもっていた。それらの同盟都市が、アテナイのもと、隣接した島に一つの艦隊を、アンフィクチオニア〔＝隣保同盟〕を形成した。そこには島々に住むギリシア人のために、ネプトゥヌスの祭壇が建てられた。そしてアテナイが、それらの島々に共通する救済のリーダーと、しだいになったのである。

（32）**マルス**　ローマ神話の軍神。農耕と春の神でもある。レアとのあいだにロムルスとレムスの双子をもうけたとされる。
（33）**アルゴリス**　ペロポネソス半島北東部の地方。ミケーネなどの古代都市があった。

このことがスパルタ自身をも救った。アジアに押しよせられたスパルタは、テミストクレス(34)とサラミス〔の海戦〕がなかったなら、一体どうしただろうか？

（34）**テミストクレス**〔前五二八頃〜前四六二頃〕　アテナイの政治家、軍人。民主派の指導者。前四八〇年、サラミスの海戦でペルシアを破るが、保守派の台頭により追放された。

五　教育――子供――ヘルメス

ギリシアの人間味あふれた天分、魅力的な気さくさ、そしてアテナイの雅量は、とりわけ二つのことで輝き出る。彼らが好意的にドーリア人の神々を受け入れたこと、および自らの敵ラケダイモン〔＝スパルタ〕に対しすばらしい好意を示したことの二つである。最初は粗野で半ば野蛮だったそれらの神々（必ず相手を殺す弓を手にした赤毛のフォイボス[1]、棍棒をもった重々しい英雄）に敬意を表して、アテナイは巧妙な神話を案出した。ヘラクレスが生まれたとき、ユノー〔＝ヘラ〕から彼を救い出して引きとったのはミネルバ自身だった。その後ミネルバは、アテナイの内ぶところに避難してきたヘラクレダイ〔＝ヘラクレスの子孫の一族〕を世話し保護した。ヘラクレスの友人テセウスはアポロンに守られていた。太陽の神はテセウスのためにクレタ島の迷宮の暗い回廊を照らし出した。そしてミノタウロスがむさぼり食おうとした子供たちを救った。それらの子供たちは毎年、デロス島でアポロンへの感謝をささげる。

（1）**フォイボス**　本章三節、訳注（16）参照。

お返しにドーリア人たちは、多少は人間的になり、古い宗教を、アテナイの大切な神々を受け入れ迎え入れた。スパルタは、そのたけだけしい誇りにもかかわらず、アッティカからケレスを受け取った。ヘラクレスは女神によってエレウシスに伝えられ、スパルタにその密儀をもたらしたが、その平和の精神はもたらさなかった。

タキトゥス[2]がゲルマニアに対してもった無分別な思い込みや、前世紀フランスのイギリスかぶれのようなものが、アテナイの大理想家たちが粗野なラケダイモンに対して抱いた奇妙な心酔の中に再発見されるように思われる。ラケダイモンについて話すとき、彼らは本当に子供っぽくなる。厳格な外見が彼らを魅了する。大きなヒゲを生やしたあれら寡黙なスパルタ人は、粗悪な外套を着、ブルーエ〔＝スパルタ人が常食していた細かい肉と脂肪の粗末なスープ〕を食べて無骨に身を養い、自らは貧しさを守って奴隷たちを豊かにしていたのであり、アテナイの理想家たちには意思強固な哲学者たちのように思えたのである。それらは手本として示された。プラトンは『国家篇』と呼んだあの長い知的ゲームの中で、それらの哲学者たちを模倣し、その姿を非常識と見えるまでに誇張している。クセノフォンは現実ばなれした教育のためにできることを、彼らから取ってくる。そしてその教育を自らのキュロス[3]〔小キュロス〕に与える。偉大なアリストファネス[4]はスパルタを称え、アテナイを軽んじる。時おりひどく謹厳になるアリストテレスは彼らを模倣したが、より賢明になったわけではない。

（2） **タキトゥス**（五五頃〜一二〇頃）　古代ローマの歴史家。ライン川東部、ゲルマン人の居住地域のことをしるした『ゲルマニア』や『年代記』などがある。

（3） **キュロス**（前四二四頃〜前四〇一）　ペルシアの王子。ダレイオス二世の末子。小アジアの王となり多数のペルシア兵とギリシア傭兵をひきいて兄と戦うが破れて殺された。彼の運命および敗残のギリシア兵一万の帰国の光景は、クセノフォンの『アナバシス』に語られている。

（4） **アリストファネス**（前四四五頃〜前三八六頃）　古代ギリシアの喜劇作家。『女の平和』（前四一一）、『蛙』（前四〇五）ほか。

都市に関する決定的で真実な高度の公式を立てるとなると、アリストテレスの公式はまさに「反スパルタ的」だというのは本当である。彼が言うには、都市はその統一そのものの中でやはり〈多様〉でなければならず、（スパルタがそうだったように）似通った人間たちによって構成されるのではなく、（アテナイがそうだったように）〈それぞれが特徴をもって異なる個々人〉によって構成されねばならないのである。* 多様な力の働きを可能とする相違のあることが、また互いに奉仕し恩恵を交換しあうことが、万人の万人に対する相互的な喜ばしい行ないのあることが必要である。都市はそうあることで、自らにとって、また個人にとって、最高に力強い教育となる。

* アリストテレス『政治』第二巻九〇ページ、バルテルミー＝サン＝ティレール版。

運動の中心部にいると運動は見えないし、ほとんど疲労だけを感じるものだ。あれらの理論家たちは、彼らの長々とした推論の巧妙な糸をきめ細かに織り上げるために、アテナイの騒がしい生活からは、ろくに与えられなかった静寂と沈黙を欲しただろう。彼らは平和な保養地のような、スパルタの見かけ上の調和をうらやんでいた。死ぬほど辛い努力の中に釘づけされた、あの緊張したぞっとするようなスパルタの生活を。そこでだったら、彼らの天分は麻痺し、不毛化されてしまったであろうに。

厳格に一色で、変化がない誤てる都市にあっては、全ての者がすべての者に似通い、市民は人間としては消滅し、ただ都市によってのみ生きることになるであろう。人間性の拡大である豊かで自由な英雄は、もし万が一生み出されることがあろうと、そこでは怪物に見えてしまうだろう。

スパルタでは、すべてが市民だった。固有の意味での英雄はいなかった。

アテナイの素晴らしい天分！　その最高の市民は、英雄たちだったのだ。

この見事な独自性はアテナイの外でさえ目につく。ほんのかすかな程度では、他の町々でもそれが見出される。それはギリシア世界の栄光であり、それこそが喜びとなっていたのだ。

アゴラと法と市民活動によって力強くなった魂は、都市よりももっとすぐれてさえいる調和、〈ギリシア的生〉の中で、自らを偉大で高尚なものと感じていた。ホメロスによって、ゲームと祭りによって、教育する神々（ヘルメス[5]、アポロン、ヘラクレス）のイニシアティヴによって、ギリシア的生は、地域的祖国よりももっと高く自由の天空をただよったのだ。

（5）**ヘルメス**　オリンポス十二神の一つ。ゼウスの末子。神々の使者。商人、盗人、旅人などの守護神。ローマ神話のメルクリウスと同一視される。

そこからギリシアが（騒乱のごくわずかな時を除けば）、あの人間的エネルギーのすばらしい特性、――強者の偉大なしるし、〈喜び〉をもつという結果が生じた。そうしたものをオリエント世界はもつことがなかったし、泣き虫の中世世界はさらにいっそうもたなかった。

ギリシアは踵に翼をもっていた。軽やかで、自らに確信をもち、闘いを通し前代未聞の仕事を通し、明らかに陽気で、不滅の笑みを浮かべている。

何ものも持続しない。「都市」は、あの崇高な芸術作品は去ってしまうだろう。そして神々も去ってゆくだろう。だから永遠の人間を作ろう。

人間が万物の基礎である。「都市」の前に人間がいた。都市のあとに人間がいるだろう。ラケダイモンにはもはやイバラのみが、アテナイにはいくつかの破壊された大理石だけが、見出されるような日がやって来るだろう。だがギリシアの魂は、アポロンの光は、ヘラクレスの堅牢さは、とどまるだろう。

この魂は自らが至高のものだということを感じ、また知ってもいた。

この魂は生まれたときに祝福され、ニンフたちにはぐくまれ、女神たちから才能を授けられた。子供はかすかに口を開きながら、乳をもらうとき、そこに神の蜜蜂が託した蜂蜜を見出した。彼は汚れなく生まれた。母の胸もまた汚れない。*ギリシアは女を軽蔑していたとくり返し言われる。私はそうは思わない。女は聖なる職能に結びついていた。彼女はデルフォイのシビラ(6)だった。大いなる秘教における女祭司だった。イフィゲネイア(7)の姿をした神官だった。

(6) **シビラ**　神託を告げる巫女のこと。
(7) **イフィゲネイア**　アガメムノンの娘。女神アルテミスの怒りを鎮めるために父の命で人身御供になる。本章三節、訳注（31）参照。

＊ 聖職に参加しえたギリシアの女は、あの信用できないエバではなかった。エバ、蛇をあんなにも信じ、子供たちの血の中に罪を伝え、全員を（ごく〈わずかの〉者、〈あるかないかの〉エリートを除いて）劫罰に処してしまうという破滅的打撃をもたらした、あの女とは違っていた。パンドラ(8)の寓話は、同様のスケールをまったくもたない。パンドラは子孫そのものを損なわない。子供は生まれる前から汚れてはいない。前もって断罪された小さな者ではない。教育は中世のような〈叱責〉、罰と鞭と涙による規律、この世であらかじめ味わう地獄といったものではなくなるだろう。

(8) **パンドラ**　ギリシア神話における人類最初の女。神々からあらゆる贈り物（能力）を受け、箱を与えられて人界に遣わされるが、好奇心からその箱を開けたところ、あらゆる災いが地上に飛び散り、ただ希望だけが箱の中に残ったという。

それがあらゆることを変える。母は汚れなく、自然は善良である。したがって教育は可能となる。子供にとって自由そのものである自然な教育が。子供には飛躍がもたらされる。進むべき路が開かれる。子供は自信を与えられ、前進させられる。「走れ……光の中を行け。神々がお前を呼んでいる。神々がお前にほほえみかける。」

東洋は、教育に関しては聖なる規律しかもっていない。西洋は教育に対し記憶による粉砕をもつ。先行する重い世界、互いに調和しない諸世界をになっている。

ギリシアには教育があった。

活動的で自由な、因習的でない生きた教育があった。その独創的な教育は、ギリシアの天分から出てきたもので、その天分に合ったものだった。とりわけ軽やかで喜びあふれた（その点を私は限りなく評価する）教育だった。生命そのものであり、自らを感じることなく、自らの重みを知ることなく行なわれる教育だった。健全な人は自らの重みなど何も知らない。頭を上げて歩む。晴朗の中を行く。

東洋の聖職者教育にとって乗り越えがたい障害は、奇跡である。奇跡と教育は、不倶戴天の敵である。天から生きた奇跡が、既成の神がやって来うるとしたら、神を作ろうとする術は無用となる。術そのものが向こうみずで冒涜的なものとなる。だが教育とは、祈りだけが天上から手に入れるに違いないものを、人間的手段によって創り出そうという大胆きわまる試みでないとしたら、いったい何であろう？　神がある朝降りてきて、この世の全ての結びつきを絶ち切りうるという考えは、インドの魂を唖然とさせた。インドの魂が活力として保ちもっていたものは、フィクションの中で消えてゆくだろう。ますます子供っぽくなりながら、〈幼な児〉クリシュナ(9)について、たわごとを繰り返すクリスマスキャロルで弱まりながら。子供＝神は子供＝人間を消し去ってしまう。

（9）**クリシュナ**　ヒンドゥー教における重要な神格の一つ。想像を絶した怪力の牧童で、悪人や悪魔を退治した。

まったく逆に、ギリシアは奇跡をほとんど信じず、神々にも頼らなかった。想像力の中に良識を保ち持っていた。ユピテルに、降りてくること、そしてヘラクレスを作ることを許したのも、この英雄がはるかに多くを自分自身で自己形成するだろうという条件でだった。この父親はヘラクレスに役立つどころか、反対に彼にとって厳しくかつ不当な障害となったのである。ユピテルは彼を、暴君エウリュステウス(10)に服従させた。

（10）**エウリュステウス**　ペルセウスの孫。ゼウスの言葉に適うよう、ヘラが策謀してヘラクレスより前に生まれたため、ミュケナイ王となる。ヘラクレスに十二の功業をなすようにと強いた。

古い時代からギリシアは子供に関心を抱いてきた。だがその男性的な理想においてギリシアは母親の弱さを恐れる。そこで師ないし指導者として英雄には英雄を与えることにする。アキレウスは師としてケイロン[11]とフェニックス[12]を持つ。アポロンとヘラクレスはリノス[13]の弟子である。これらの神々自身ヘルメスに対しては、ギリシアの師であり彼の教育者である。彼らは三つの年代に対応し、子供、青年、成人を作り上げる。調和のとれた優しく喜ばしい枠組みであり、あれほど多様な資質を全き飛躍にゆだねるものである。若い魂は、だが描かれた道筋をヘルメスからアポロンへ、アポロンからヘラクレスへと自由な歩調でたどりつつ、ミネルバ経由で知恵の高い頂へと到達するだろう。

(11) **ケイロン**　本章三節、訳注（40）参照。
(12) **フェニックス**　エジプト神話に出てくる不死鳥。
(13) **リノス**　一説ではアンフィマロスとウラニスの子で歌唱に巧みなことを語ったためアポロンに殺された。別の説では、ヘラクレスの音楽教師で、ヘラクレスに弦楽器キタラで討たれて殺された。

ギリシアは古い種族の神ヘルメスを、すでに教師、教育者としてもっていた。まさしく巧みな天分にみちたやり方で新しい神々を変化させ、ギリシアは彼らをヘルメスと和解させ、彼らに若さを与えた。ヘルメスは子供を守った。*

＊　ギリシアの教育に関しては、高い権威をもつプラトン、クセノフォン、アリストテレス（『政治』）のほかにも、非常に多くのテキストが、クラメール[14]『教育史』の中に、とりわけＦ・ヘルマン[15]の『便覧』第三巻二部、一六六ページ（ハイド、一八五二）の中に集められている。

(14) **クラメール**　原文 Cramer。不詳。
(15) **ヘルマン**　原文 Hermann。不詳。

ヘルメスは重々しさの点では負けていた。彼はもはやかつてアルカディアにいたときのようには恐ろしいものではなかった。公けの場所での、つまりコミュニケーションと教育との愛想よい神であった。彼はひどく若返る。ほとんど子供になってしまう。一六歳か一八歳となり、軽やかな、翼をつけた足をしている。ほっそりした走者で、もの憂げな優美さなどではなく、バティルス〔アナクレオン[16]に愛されたサモス島生まれの美少年〕のような美しい手をしている。翼のついた帽子をかぶり、翼のついた杖をもっている。死んでゆくそれぞれの魂のために、翼の一撃で地獄にまで飛んでゆく。その魂をプルトンにもっとやさしく受け入れてもらえるようにするために。また彼は旅行者を導くために、やはりあらゆる道筋に、とりわけ体育場の戸口にいる。

（16）**アナクレオン**（前五七〇頃〜前四八五頃）　ギリシアの叙情詩人。宮廷生活を背景に酒と恋を歌った。

母や乳母のもとを離れ、おどおどしながら子供たちがやってくる（かわいそうな子供たち）。人生への最大の一歩である。そうなのである。人間にとっての〈堕落〉とは女のもとを離れることであり、初めて他人に近づくということなのだ。魅惑的な若い神は、人間を元気づけるすべを良く知っている。彼は、運動であり、走り回ることであり、言葉であり、最高度における優美である。神に子供はすっかり心をとらえられ、単調な家庭を、弱々しい母を、軟弱な乳母をすっかり忘れてしまう。彼は体育場しか知らなくなる。そこを夢み、そしてヘルメスを夢みる。それが彼の母、彼の神となる。

この神は彼の年齢が求め、愛し、なすだろうものを、まさしく彼に要求する。何であろう？　単純に二つのこと、体育と音楽である。〈リズムと動き〉である。

自由に遊び、走り回り、太陽をあびること、それが子供の生活となる。子供は日に焼け、花開く。まず最初すらりとしたふくよかさを身につける。やせているのではなく軽やかなのだ。神々さえも喜んでその姿を注視するだろう。オリンポスの神々も、大地と同様そこに喜びを見出す。それは天に美を差し示す聖なる作品だった。アテナイはマラトンの勝利に感謝するために、ギリシア人の中で最も美しいもの、一五歳のソフォクレス[17]が、子供たちのコロスを引きつれ、神々の前で踊るよう望んだのである。

（17）**ソフォクレス**（前四九五頃〜前四〇六）　古代ギリシアの三大悲劇詩人の一人。『アンティゴネ』、『オイディプス王』ほか。

この年齢で最も美しいこと、それは走り回ることだ。男性的美の真の瞬間である。女の美はこの点では軟弱でぎこちなく、重いとさえ言えよう。娘たちがためらいながらスタートにそなえている時、男の子はすでに勝利者となり、ゴールにまで行って笑っている。

しあわせな子供よ！　ヘルメスは彼のためにさらに多くを望む。ヘルメスはカストル[18]に助けを求める。この勝利者への賞として与えられるのは……いったい何か、当ててみたまえ。金の三脚台か？　彼に対して？　彼に、それをどうせよというのか？　彼が受けとるだろうものは……彼は前もってほほを赤らめ、身をふるわせて、動揺している。……いいや、ヒュメン〔結婚〕の日でさえ、処女がヴェールをかぶってやってくるだろうときでも、彼の心臓はそんなにも高ならないだろう。ネプトゥヌスが三つまたの矛の一撃で、泡立つ海から引き出したすばらしい存在、活発でしかし従順な、恐ろしくそして優しく情熱的な嵐、鼻孔からは火を放ち、四足からは閃光を放つもの……それが彼に与えられるものだ。

(18) **カストル**　ゼウスとレダのあいだに生まれた双生神の一人。もう一人はポリュデウケス。

彼には自分の目が信じられない……彼がそれに乗っているとき、おどろくべき結合だ！、彼らは同一の魂で行くだろう。あの雄々しい馬は、はがねをも物ともせずに行くだろう。しかし本当のところ、それは賢いのだ。最高に強烈な跳躍においても、節度をこころえ止まることを知っている。パンアテナイア祭[19]では、若い処女たちと共に華麗な行列をつらねてゆくことができる。娘や子供のことでは何一つ恐れないでくれ。彼自身知っているのだ、自分が子供を、まだ少しゆれ動く友を乗せていることを。あらゆるものの中で最も激しいあの熱っぽい頭の中に、しかし、地味で賢明なアテナイ*の一条の光が存在する。

(19) **パンアテナイア祭**　アテナイの守護神アテナの祭のこと。

＊　クセノフォンを見ること。そしてヴィクトル・シェルビュリエ氏[20]の優れて魅力的な書『馬について』(ジュネーヴ、一八六〇）を見ること。彼はどんなふうにして馬が、アテナイの愛情こもった教育に参加していたか見事に説明している（一

二七ページ)。厳格な中世にあっては、馬術というものは全く存在しなかった（一二八ページ)。当時馬は人間のように扱われ、調教されるのではなく、へとへとになるまでこき使われた。

(20) **ヴィクトル・シェルビュリエ**（一八二九〜九九） フランスの作家。元々はスイスのプロテスタントの家に生まれ、帰化した。

しかしながらしっかりと腰を下ろさねばならない。いまや正午である。澄んだ水と、いくつかのオリーヴの実を食事として取りながら、騎手は『イリアス』の一部をも昼の糧にする。各人それについては少ししか知らない。多分千行詩のうちの一つの歌なのだろう。* 各人が自分の歌を、自分好みの英雄をもっている。気性激しい者にはアイアス(21)が、穏和な者にはヘクトルが、心優しい者にはアキレウスとパトロクロスの友情が、好ましいものとなる。これほど多彩なタイプの中で、選び、比較し、こちらないしあちらを擁護するのである（それが真のギリシア的精神だ)。すでに演説が始まっている。ヘルメスはほほえむ。ここに弁士たちがいる。体育場はアゴラとなる。

(21) **アイアス**　第二章四節、訳注（7）参照。

* これが記憶力の弱い者の共通の尺度である。今日でもまだセルビアではそういったことが見られる。書くことができるようになったとたん、つまりエジプトとの慣れ親しんだ関係がパピルスをもたらしたとき（紀元前六〇〇年と五〇〇年の間)、あれらの詩は書きとめられたのである。ギリシアの教育のようなエネルギーにみちた教育にとって、かつてあれ以上〈教育的に役立つ〉詩はなかった。あの詩全体が人間の栄光に捧げられている。そこではオリンピアの神々はほんのわずかな存在でしかない。だからアキレウスが戦場から遠ざかったとき、ユピテルはすべての神々をいっしょに放って、やっと、英雄とのつり合いをとるのである。ギリシアの極めて古い時代は、決してそうではなかった。そこで、古い魂をもっているアイスキュロスはホメロスよりひどく先輩めいて見える。とはいえ多くのことが古いものだが、大いなる価値がある。すばらしい繊細さをもつ近代的なものもいくつもある。たとえばヘレネ(22)の冷淡さ。美しい無関心。十年来の恋人パリスが殺されるだろうと信じたときのそれだ。彼女を詮索好きにし、ほとんどメネラオスのベッドに戻りたいと願わせるような軽薄さもある。——まったく別の性格の混入もある。非常にぎこちなく、嘆かわしい混入であり、暴君たちの宮廷を笑わせ、ペイシストラティダイ(23)を面白がらせるためにそこに押し込まれたものであることは一目瞭然だ。『イリアス』の二一番目の詩篇で、神々はあさましく取り澄ましている。そしてアリストファネスにおけるのと同じくらい、すでに愚弄

されこきおろされている。だがアリストファネスのようなはつらつさや天分や、深い感覚はない。——それらの欠点があっても、やはり次のように言える。若々しく力強い『イリアス』、とりわけ『オデュッセイア』は、忍耐の詩であり、島々の讃嘆すべき叙事詩であり、心を養い活気づけ新しくするのに最高に健全な糧であったと——つまり永遠の若さの枯れることない泉だったと。

(22) **ヘレネ** 本章二節、訳注(26)参照。パリス、メネラオスについても同様。
(23) **ペイシストラティダイ** アテナイの僭主ペイシストラトス(前六〇〇頃〜前五二七頃)の子孫のこと。

こうして極めて早い時期から、あれらの若々しい唇の間で、言葉が柔軟に形成されていった。オデュッセウスの真の子孫は、鋭敏で好奇心豊かで、繊細で微妙な耳をし、巧みに言うことに心をくだき、ものごとをよく勘案する者として生まれる。ライバル意識や怒りそのものの中でも、彼らは良く話そうとする。まるで言葉が都市の女王であり、彼らが明日開始せねばならないだろう、いっそう重大な戦闘の道具でもあるかのように。

この言葉は真に人間的な言語であり、それを前にするとすべての言語は野蛮なものとなるような、本来非常にうまく出来たもので、それを使って直接見習う者は、ただそのことだけで十分成功するのである。その旋律的で文学的な美しさ、竪琴のすべての弦にあったその多彩さは言うに及ばず、次のような本質的なことにも注意しておこう。この言葉は全体を構成したり要素に分解したりする力を、推論のあらゆる形式を提示し容易にする演繹的な力をもっていると。

この言葉は、師なき師のように、論理であり行動原理であった。体育場から早くも、洗練され自由にあやつれるものとなって、この言葉は討論を引き起こすようになる。しかし他方、その大いなる明晰さは論争を単純化し明解なものにした。

この地に特有な極めて完璧な言語は、精神を晴朗かつ調和が取れた平和なものとし、無知にもとづく数多くの偏見を吹き払ってくれる。それらの偏見が憎しみを作り出し、争いを永続させるのだ。そこから大いなる優しさ、魅惑的なすなおさが生まれ、そうしたものが、プラトンやクセノフォンの描く若者たちの中で、人々が素晴らしいと感じる点だ。この美しい言葉は彼らのヘルメスであった。人々を近づけ平和を作る愛想よい調停者であった。*

＊　シュタインタール[24]とボードリーの『言語の科学』（一八六四）を見ること。この大きなテーマについては、ほどなく、またこれからもしばしば言及することになろう。

(24)　**ハイマン・シュタインタール**（一八二三〜九九）　ドイツの言語学者、哲学者。一八五二から五五にかけパリで中国語、中国文学を学ぶ。『ギリシア、ローマ人における言語学の歴史』（一八六二〜六二）ほか。

六　アポロン――光――調和

偉大なものごとがすこぶる強く記憶に刻みこまれている時代に、ギリシア人にとって最もすばらしい日は、デルフォイに派遣される聖なる使節団の行列に加わり、群衆にまじることのできた日である。この群衆自体が世界最大の見せ物となるものだった。一度に十二もの民族が、ギリシアの四方八方から、敵同士の町々からさえやってきて、平和の内に歩んでいった。アポロンの木である月桂樹の冠を頭にのせ、讃歌を歌いながら、調和と光と平和の神の住まう聖なる山の方へと登っていった。

デルフォイは周知のごとく世界の中心であり中心点だった。ユピテルはそれを確かめるために、二つの極地からある日二羽のワシを放った。と、それらのワシはパルナッソス山の頂でちょうど出くわしたのである。ごつごつした岩、断崖、大地の知られざる精霊の住まう暗い洞窟のこの地方全体が、テッサリア(1)やボイオティア(2)といった人間味あふれた地方の間で、一味違う世界、神々のために取っておかれた野性味あふれた聖域となっていた。入口に、テルモピュライ(3)の隘路の中に、古いケレスとその陰気な娘の、皆から恐れられた神殿があった。彼女らがギリシアの出入口を守っていたのである。しばしば暗く深く狭い谷あいの上に、大きくつらなった岩が岬のように突き出て、ワシの巣を明るみに示していた。ワシの巣とは、町であり、彫像で頂を飾られたきらめく神殿であった。

(1) **テッサリア**　本章四節、訳注(12)参照。
(2) **ボイオティア**　中部ギリシア、アッティカの北に位置する地方。古代から交通、文化の中心として栄え、前四世紀には中心地テーバイがギリシアの覇権を握る。
(3) **テレモピュライ**　本章二節、訳注(15)参照。

陽光と黎明とのこの闘いは、通行人に、いまいるのが、銀の弓をもった陽光の美しい神が闇の大蛇ピュトン(4)に勝利した、記念すべき場所だということを思い出させる。ピュトンのおぞましい息が、夜と死をまき散らしていたのである。アポロンは彼が勝利した場所、あの岩の上に、まだ身を置いている。あの岩は彼の勝利の証人であり、それを見るだけで、精神を高め、輝かせ、純化してくれる運命的な峻厳な場所である。

(4) **ピュトン**　デルフォイの大蛇。ガイアの子で、アポロンに矢で射殺された。

大きいというよりも威厳にみちた場所である。ギリシアではすべてのものが、節度をもった人間的な尺度をしている。パルナッソス山は巨大ではないが堂々としていて、二つの頂から海の方にまで広がってゆく美しい平野を見下ろしている。そしてはるか高みから、カスタリア(5)の清らかで冷たい泉を注いでいる。ああいった神殿にそなえるのがふさわしい、汚れなく澄み切った水、ムーサ(6)たちのように、そして彼女たちの神のように純潔な水だ。フォイボス〔アポロン〕は孤独な神だ。ダフネ(7)(月桂樹)を愛しても、むくわれることはなかった。それ以来、彼は二つのもの、旋律と光しか愛さない。

(5) **カスタリア**　デルフォイにあった有名な泉。
(6) **ムーサ**　ゼウスとティタン族のムネモシュネ(「記憶」の意)との娘たちで、はじめ、美術、音楽、文学の、のちに歴史、哲学、天文学をも司る女神として考えられた。
(7) **ダフネ**　ニンフ。アポロンの求愛を逃れるために、父のペネイオス河神によって月桂樹に変えられたという。

中腹に、デルフォイの町の上に、壮麗な姿で彼の神殿が置かれている。周りには、ギリシアや外国のあらゆる民族が、感謝にみちた信仰心からてんでばらばらに建てた記念碑が、わんさと取り巻いている。そこには百もの小さな神殿がある。多くの都市が自分たちの金《きん》を神の保護のもとに置いた宝である。まちまちの集団をなして、多数の大理石、金、銀、銅、青銅（二十もの、あらゆる色合いの種々の青銅）*の像が、何千という栄えある死者が、すわっていたり立っていたりする姿で、放射する光のように広がっている。光の神〔アポロン〕の真の臣下たちである。昼は、目が耐えられないまばゆい反射の火山である。夜は、気高い亡霊となって彼らは夢みる。

＊ カトルメール[8]『オリンポスのユピテル』六〇ページ等。――この彫像群について、またデルフォイ一般について、私はパウサニアス[9]の記述に従っている。

（8） **アントワーヌ・カトルメール**（一七五五～一八四九） フランスの政治家で考古学者。『オリンポスのユピテル』（一八一四）のほか、『ミケランジェロ』（一八三九）等がある。

（9） **パウサニアス** 本章二節、訳注（9）参照。

ここでは不死がはっきりと感じとれるし、栄光が手にとるように分かる。若い心は美の感覚と永久に無縁でないかぎり、感動しないではいられないだろう。最初に感じとれるのは神々の善意である。あれらギリシアの神々は、歴史的あるいは神話的英雄たちと対等の立場で、慢心もせず良き友情をもってそこにいる。彼らのあいだでは全員が同族であるという感動的な様子をしている。オデュッセウスはテミストクレス[10]と、そしてミルティアデス[11]はヘラクレスとおしゃべりしている。盲目のホメロスは、立ったままの神々を前に堂々と腰を下ろしている。ピンダロス[12]は聖なる竪琴をもち、華やかな寛衣を身にまとい、祭司然として相変らず歌っている。その周りには彼がほめたたえた者たち、オリンピアやデルフォイの勝利者が取りまいている。ギリシアは彼らがこの世で示した美を、彼らに感謝するのだ。彼らが生きた彫刻をたえまなく作り、すばらしい形によってヘルメス、アポロン、ヘラクレスを実現したことを感謝するのだ。そしてもしかするとパラスやユピテルを実現したことをも？ 彫像製作術がそうしたことを永続させる。そして永遠のイメージでそれを受け渡す。ほんの一瞬に神々を見る、余りにもすばやい閃光を永久に留めるために。

（10）**テミストクレス**　本章四節、訳注（34）参照。
（11）**ミルティアディス**（前五五〇頃～前四八九）　アテナイの政治家、将軍。マラトンでペルシア軍を破る。
（12）**ピンダロス**（前五一八頃～前四三八頃）　ギリシアの叙情詩人。讃歌、頌詩、挽歌など多くの分野で詩を作ったが、全ギリシア的な四大祭典の競技祝勝歌がことに有名である。

目が少しずつこの輝きになれてきて、澄み切った空の深い青をバックに、堂々と描き出されたあれら神々の顔一つ一つを眺めるようになると、デルフォイの坂の、あの〈セイナルミチ〉の印象はどんなものとなることだろう！　心は何と多くの偉大な言葉を、あれら黙した口から聞いたにちがいない！　何と優しく力あふれた教訓を、そして何という励ましを！　オリンピアの勝利者から、その歌い手ピンダロスまで、マラトンの偉大な兵士アイスキュロスから、アリスティデス(13)やエパメイノンダス(14)の一族まで、そしてプラタイアイ(15)の勇者たちから、賢明な七賢人(16)まで！　心が大きくふくらんでゆく力強く崇高なつらなりである。心には、はっきりと聞こえる。「近寄りたまえ、何もこわがることはない。われわれが何なのか、どこからやって来たか、どこにいるのか……を見たまえ。われわれと同じようにやりたまえ。行ないにおいても意思においても偉大でありたまえ。美しくありたまえ。自らを英雄的な形体で、喜びでもって世界を満たす豊かな作品で……みがき上げたまえ。働きたまえ、思い切ってやりたまえ、企てたまえ！　闘うことでも奏でることでもよい、歌い手よ、闘技者よ、あるいは戦士よ、始めたまえ。演技から闘いへと上ってゆきたまえ、子供たちよ！」

（13）**アリスティデス**（前五四〇頃～前四六七頃）　廉直の士として有名なアテナイの政治家、将軍。
（14）**エパメイノンダス**（？～前三六二）　テーバイの将軍、政治家。スパルタ軍を破り、一時中部ギリシアに覇権を確立したが、前三六二、アテナイ・スパルタ軍と戦って戦傷死。以後テーバイの覇権は崩れた。
（15）**プラタイアイ**　本章一節、訳注（5）参照。
（16）**七賢人**　ギリシアにおける新文化興隆期（前七～前六世紀）に、思想、道徳界の理想的人物としてあげられた七人の賢者。そのうちタレス、ビアス、ピッタコス、ソロンの四人はほぼ確立しているが、他の三人は所伝により様々である。プラトンの『プロタゴラス』によると、残り三人は、クレオブロス、ペリアンドロス、ケイロンとなる。

ギリシアは、最高に強烈かつ真実なその宗教において、多くの理性を保ち続け、不条理や理解不能なことからは極めて離れていたから、未知の恐怖を与える代りに、そこを通って神が作り出される道筋を、そして神がかくも高く位置づけられた発展のあとを、またいかなる一連の努力、仕事、恩恵によってその神性がかちえられたかを、印すのである。軟弱ではなく厳格な形での段階的上昇は、すべてのものに対し開かれ続けていた。その上昇は険しく困難なものでありえた。だが一～二段よじのぼるのを禁じるような断崖も、滝も、切り立つ岩もなかった。

新参者は神殿に入り、高貴な像を前にして、神の現前自体に接するときにも、子供のときから聞かされてきた民間物語を少しも忘れることがない。フォイボスは怒りっぽく生まれた厳しい神、復讐する者であると。彼の生まれた未開のテッサリアで、彼の弓はしばしば残酷にも、もたらされても当然といえるような災禍を投じていた。アドメトス(17)のところでは厳しい牧者であり、トロイアではつつましい労働者としてその城壁を築いていた彼は、まだムーサの神とはなっていなかった。最初彼は半ば野蛮なドーリア人だったが、イオニアの天分とギリシアの優雅さが彼を捉えて、磨きをかけ、たえず神にふさわしいものとしてゆくだろう。アテナイは彼をデロス島(18)でほめ称えていた。毎年、救出された子供たちを母たちのところへつれていった船は、彼らを救い主フォイボスの所へと運び、ダンスをしてフォイボスを楽しませた。迷宮と導き手の糸をダンスで表わし、その糸をもつれさせ、またほぐしたのである。彼らはアポロンの幼年時代を、ラトナ(19)の分娩を、また波のまにまにあってアポロンをゆする最愛の島デロス島を、踊りで表現した。

(17) **アドメトス** テッサリアのフェライの王。アポロンの助けを得て、ペリアスの娘アルケスティスを妻にする。
(18) **デロス島** エーゲ海中部、キクラデス諸島に位置する島。アポロン、アルテミスの生地とも伝えられ、アポロン信仰の中心地となった。
(19) **ラトナ** 本章三節、訳注(15)参照。

こうして諸芸術の神自身が芸術の作り出すものとなる。この神は少しずつ伝説から伝説へと作り上げられていく。それゆえ人間にとってかえって貴重で神聖なものとなる。彼はますます人間的な大いなる心を、鷹揚で優しい正義をもつようになる。その正義はあらゆるものを見、理解し、弁護し、罪を晴らし、許すのである。彼のところには哀願する者、知らずに罪人とされた者、運命の犠牲者、そして本物の罪人自身が駆けつけてくる。オレステス[20]もやって来る。母の血（彼の父が彼に流させたもの）を全身にあび、われを忘れ絶望したオレステスも。彼はま近くエウメニデス[21]たちにつきまとわれ追い詰められていた。彼のおびえた耳には、彼女たちのマムシの鞭がヒューヒューうなっているのを感じる。親切な神自ら、祭壇から降りてきて不幸な者を町へと、「憐憫」の祭壇を唯一所有している寛大なアテナイへと導いていく。神は彼をミネルバのところに連れて行く。力強い女神は（思いもかけない奇蹟だったが）エウメニデスたちを鎮め、あの恐ろしい処女たちを初めてすわらせたのである。それまでさまよって歩き回り、大地をおびえさせていたあの処女たちを。

(20) **オレステス**　アガメムノンの子。父を殺した母クリュタイムネストラとその情夫アイギストスを。姉エレクトラと協力して殺す。

(21) **エウメニデス**　本来「善意、好意の女」の意。しばしば復習の女神エリニュスたちと混同される。ミシュレも後者の意味で使っているようである。

アポロン崇拝は偶然に生まれたものでも、漠とした民衆の本能から生まれたものでもない。その最古の形体において、それは秩序と人間性と平和とを定着させるという性格をもっていた。デロス島では、アポロンには果物しか捧げられなかった。アテナイ人はアポロンの祭りのあいだ、いかなる処刑も行なわなかった。デルフォイの諸演技は、原則として、他のものといかなる点においても似ていなかった。彼らはムーサの優しい精神を呼吸していた。祭りは一人の子供によって開会された。父と母に守られた美しく賢く汚れない子供が、神を表現するのにふさわしかったのである。その子は飾り立てられ、竪琴とキタラ[22]の音に合わせて、近辺に生えていた月桂樹の森につれてこられた。この若いアポロンは、その汚れない手によって、聖なる木の枝を神殿の飾りのために切ったのである。

(22) **キタラ**　古代ギリシアの撥弦楽器。

競技はもっぱら竪琴と歌のコンテストだった。特に歌われたのは、夜の黒い竜に対する光の神の勝利だった。女たちは、ギリシア初期の習俗がもっていた聖なる自由の中で、そのコンテストに参加した。神殿の宝物庫には、詩人に霊感を与えた若い女性の優雅な奉納があって、彼女はピンダロスやその他多くの偉大な詩人たちをしりめに、神を喜ばせ賞を獲得したのである。

唯一の体操演技は起源的には若者のそれであり、彼らの年齢と典雅さがデルフォイの神を表していた。真に演技であり競技ではなかった。もっとあとになって行なわれた闘技者が戦って勝ち取る勝利とは無縁のものであった。アポロンが自らの祭りの中に、戦車のけたたましい競争を、その喧騒を受けいれ、それらが元でしばしば血まみれの悲劇が生み出されるのを容認したのも、もっとあとになってからであり、しかも意に反してだった。

そもそも、こうしたものすべては、陶酔や乱痴気騒ぎと同様、別の礼拝から持ち込まれたものであった。フリュギア[23]の楽器である七つの管をもつ笛と同様である。この笛の野蛮な響きは、竪琴に沈黙を強いてしまった。竪琴の方は、弱々しく澄んだ音をしていて、歌唱の声を消し去らないという優越性をもっていた。逆に歌声を支え、一層美しくきかせ、その律動を際立たせた。それは、ギリシアが人間の優れたしるしと見ていたあの高貴な言葉、〈分節化され、はっきりと聞き分けられる〉(ホメロス)言語の友であり仲間だった。野蛮人とその神々は話さないで、あれらの楽器の中でわめいたりあえいだりするのだ。そしてあれらの楽器は、思考を混乱させ魂を野蛮にする。複雑で耳障りで、不吉で、騒がしく熱っぽい効果を出すあの笛の音があってこそ、人々は虐殺へと導かれていったのである。戦争と呼ばれる血まみれの乱痴気騒ぎの醜悪さは、調和の神に嫌悪感を抱かせた。

(23) **フリュギア** 小アジア〔トルコ〕中西部の古代地域名。リュディアの東部にあたる。フリュギア人はトラキア人と近縁のインド・ヨーロッパ語族。前一二〇〇年頃ヨーロッパからこの地に侵入して建国、前七世紀頃に最盛期を迎えたが、やがてリュディアに征服された。王としてはミダスが有名。また古代世界への奴隷の供給源としても知られた。

デルフォイの聖なる土地に足を踏み入れたとたん、心の中に調和がしのび込んできた。それは静寂そのものの中にあった。平野や丘で、聖なる森で、至る所で調和が感じ取れた。神殿で、神の足許で、その黙した竪琴の前で、人は自らの中に天上の音楽を聞いた。夜、扉が閉じられてから、壁の外で、心地よいかすかな和音が聞こえてきた。まるでひと気のないその時刻、あるかなきかに竪琴が震え、天上の思いを揺らめき出すかのように。

アポロンの前にあった大きな竪琴は、アポロンによって和解させられたギリシア自身であった。ギリシアのすべての民は彼の足許にやって来て、一緒になって犠牲をささげ、言葉と魂をまじりあわせた。特殊な方言、軽やかなイオニア方言や重々しく力強いドーリア方言や、そしてアッティカ方言が、互いによって互いを和らげあい、近づきあい、ともに光の言語（私はギリシア語をこう呼ぼう）の中で一体となっていった。光は、不幸をもたらす誤解を遠ざけ、平和の力強い手段となる。光は魂を落ち着かせ晴れやかにする。人々はほとんど憎むこともなく、人を殺すこともなくなる。そして人と理解しあい、万人に共通の考えや感情によって、人の中に自分自身の心を見つけ出す。

何か人々と諸々の都市を近づけ、敵も味方もひとつにしえるものがあるとしたら、それはこの平和の祭壇を前に、友愛の月桂樹に飾られて彼らの子供らが、共に歌っているのを見ることである。喜びと興味にみたされ、彼らはいまだ憎しみをもつこともなく、昔の不和を知ることさえなく、この若い世界を見つめている。彼ら自身そうだったことを、ほとんど覚えていないのである。彼らは未来のギリシアのこの魅力あふれる光景に、すっかり心捉えられている。この未来のギリシアは力、優美、気品、美によって早くも試しあい、競いあっていた。それはすべての上に立って、他のどんな思いをも遠ざけ、讃嘆と、芸術と好意しか残さなかった。ある者は自らの息子そのものよりも、敵の息子を称讃した。

その効果はすばらしいものだった。それぞれの町が若い戦闘員とともに、数多くの成人の、重々しい人々を代表団として送り出した。彼ら成人が若い人々を支え、一緒になって競技を判定することになっていた。これらの代議員（アンフィクチオニア会議[24]）は一つになって、はからずもギリシアそのもののように見える重要な集合体を形成した。しばしば人間の間であれ都市の間であれ争いごとが起きると、彼らは審判者にされた。弱い者、抑圧されている者は、進んで彼らのところへ訴えにいった。そして介入を頼んだ。そういうつもりもなく彼らは、少しずつギリシアの最高権限をもつ判事となっていった。彼らは神に支えられていた。その祭壇にいて、まるで神の代りとなるようにしゃべった。彼らはまた二人の女神、ケレスとプロセルピナの恐るべき権威によっても支えられていた。彼らはテルモピュライで彼女たちを称えていた。プロセルピナをあなどる者は、そのことによって死ぬ。この好ましい迷信は、最初大変な力をもっていて、ギリシアを無人の地としてしまったかもしれない暴力的な都市を押しとどめ、武器を捨てさせた。アンフィクチオニア会議の代議員による誓いは、つい直前におきた皆殺しや、町々の死（ヘロスとメッセニアの）[25]によって吹き込まれた恐怖から、書き取られたように見える。彼らは「決してギリシアの町を破壊しないことを――そして流水をその町からそらさないことを」誓った。乾燥し、あんなにも分断されているギリシアにあっては、水はあっという間に姿を消してしまうが、それでも生命そのものであり、ペルシアにおけるように、神々の聖なる保護のもとに置かれていた。

（24）**アンフィクチオニア**　神殿とその祭儀を守り維持するために、いくつかの都市国家が結んだ同盟。重要なものとしてはデルフォイのアポロン神殿を中心にした同盟がある。

（25）**ヘロス**　本章四節、訳注（20）参照。メッセニアは同（19）参照。

友愛あふれた連盟の、社会的な大きな竪琴の――また弱々しいが、しかし豊かな――最初の型であり最初の例である。この竪琴の各弦に、その自由と魅力を残しながら、それらを友情で一つにして、不協和音を消し去っていたのだ。そして不協和音がふいにやってきたとしても、この大いなる社会的竪琴は、優しい影響力によっては、それらを和音の中へと再び入りこませてしまう。

アポロンはそれだけで満足しない。最高に残酷な戦場そのもので、ペロポネソス半島の都市のまだ煙の立っている広場で、彼は平和を築こうと努める――少なくとも祭りと競技が行なわれる間の一時の平和を。彼が姿を表わした夢の中で、エリス[26]の人々に、自分たちの敵の神、スパルタの守護者ヘラクレスのために祭壇を立てるようアポロンは勧めた。人々はそれに従った。憎しみや恨みを見事にほふって、四年ごとにエリスの祭壇はギリシアをオリンピアに結びつけた。ギリシアがデルフォイに結びつけられていたように。勝者も敗者も、山地のギリシア人も島々のギリシア人も、スパルタもアテナイも。そこにやってきて、相互の神々に敬意を表した。少なくとも数日間、戦争はやんだ。それは大変心なごむように思われたので、〈休戦〉そのものの神が作り出されたほどだ。精神を変える神、しばしば自らの娘、魅力的で熱愛された〈平和〉を引き連れた感じのいい神である。

(26) **エリス**　ペロポネソス半島の北西地方。古代オリンピック競技が行なわれたオリンピアの聖域があった。

これらの全国的な祭りと、これもほとんど全国的となった特定地域の祭りとがある。アテナイのパンアテナイア祭[27]のようなもので、これは大群衆を引きつけ、街道を人々で埋めた。物見高い旅行者たち、巡礼たち、競技者たち、遍歴の詩人たちである。そこでは、時おり旅をしている神々そのものにも出会うことがあった。[*] ある町がもう一つの町をたたえようとして、あるいは何らかの災禍、疫病、内戦から身を守ろうとして呼びよせた神々である。大移動、ごたまぜ、相互の歓待、祭り、典礼、歌、友愛の相互的やりとりであった。

(27) **パンアテナイア祭**　本章五節、訳注(19)参照。

＊　旅と歓待は神々を近づけ、混ぜあわせ、ギリシアがオリエントからのいかなる助けも必要とせずに、自発的に近づいていった大いなる〈神の統一〉を少しずつ準備したものである。神々に食事を供する祭りについては、A・モーリ、第二巻、二八ページを見ること。

人間たちや神々の上に、あれらの群衆や祭りの上に、何一つ調和を欠くところのなかったああした動き全体の上に、三つの光が交差し、統一を作り上げていた。オリンピアの埃にまみれた燃え上がる輝きに対し、無垢なアッティカの微妙な紺碧の霊気が応えていた。そしてあらゆるものの上に、神々しい魅力につつまれて、アポロンの温かい金色の光がただよっていた。

七　ヘラクレス

デルフォイのあの美しい光の中で、一つの影が私から離れない。できれば遠ざけたいのだが、私のあとをついて来るのだ。陽光の神がピュトンの大蛇のなかで、古くからある闇の力を永久に打ち破ったというのは確かなのか？

フォキス(1)の狭い谷間の暗い隘路、断崖沿いの、奇妙なこだまを響かせる洞窟の前に、パン(2)たちの幻想的な姿が私の目につねに見える。もっと向こう、ケンタウロス族の国〔テッサリア地方〕では、あれらの怪物じみた形が、いまだ朝な夕な低地の草原に大胆にも姿を現わす。デルフォイそのものの神殿に、神の竪琴への敬意を示すこともなく、奇妙な騒音がやってくる。野蛮人の長太鼓、フリュギアの笛、陶酔のつらい涙、そしてあの場にふさわしくないすすり泣きといったものである。

（1）**フォキス**　ギリシア中部、コリントス湾北岸に位置する地方。
（2）**パン**　アルカディアの牧人と家畜の神。ヘルメスの子。笛を好み、上半身は人間でヤギの角と耳をもち、下半身はヤギの姿をしている。

最も重大な証人の一人がそのことを言っている。ギリシアがアジアに対する大勝利で安堵したとき、そのときまで抑えられていたもう一つの戦争が、大爆発した。笛と竪琴の戦いであると*。大きな音を立てる笛は、至る所に吹き荒れ、それとともに角をもったオリエントの神、雄ヤギや雄ウシの姿をした神が、そして女の神が荒れまわった。この新参者バッコスは、その子の無邪気なイアッコス(3)と同様、すでにケレスの「秘教」の中にしのび込んでいた。彼は涙をさそう寓話（死んでからよみがえった子）の力によって成長した。そこからほどなく彼は「秘教」の主人、あわれなケレス自身の主人となった。頽廃的な靄がただよい、たなびいているように見えた。自然がもっている秘かな嵐のすべて、病んだ心がもっている熱や夢のすべて、アポロンの光やパラスの槍が脅かしていたもの、それらが放たれ、もはや恥じなかった。戦争によって家に一人残され寡婦にされていた女が、逃げ出してきてバッコスのあとを追いかける。長い衣服が下に垂れる。彼女は走る、風に髪をなびかせ、胸をはだけ。奇妙な錯乱だ！　何だって、バッコスを泣かせるために、偽りのブドウの木の下に、あの鋭い剣が必要だというのか？　闇と砂漠が必要だというのか？　それにしても、森に向けてのあの疾走は？　不吉な音楽が見せかけの喪によって彼女らの激昂をおおっているときの、あの叫び、あのため息は？

（3）　**イアッコス**　エレウシスの秘教会において、その行列を導いた神。エレウシスの密儀の神デメテル＝ケレスと関係があるとされる。

＊　アリストテレス『政治』第一巻、一五九ページ（B・サン＝ティレール版）

同じ証人が次のように語る。ペルシア戦役後の笛の（つまりバッコスの）猛威がラケダイモンを攻撃したと。[*] そこの力強い娘たちは、ほったらかしにされ、愛の仕返しをした。彼女たちは厳しいタイエトス山地[4]に、乱痴気騒ぎを広め歩いた。だがアテナイも狂気の点では敗けていなかった。至る所笛と熱狂があった。至る所荒れ狂ったバッコスの巫女たちがいた。アテナイのそれは、一団となってデルフォイそのものへと赴いた。アポロンの目の前で、純粋な詩の女神たちである彼女らは、デルフォイの女たちを連れ去り、自分たちといっしょにその女たちを熱狂させ、夜を追い求めさせ、昼になってしか女たちを帰さなかったのである。

（4）　**タイエトス山地**　ペロポネソス半島南部、ラコニアとメッセニアの境目にある山地。

＊　アリストテレス『政治』第一巻、一五九ページ（B・サン＝ティレール版）

周囲の空気はもはや同一ではない。ヒッポリュテ[5]の野性的な美徳は、そこに競技の勝利者たちが至高のエネルギーを求めたものだが、ぐらつき軟弱化する。あの男たちはあまりに誇り高いので、女を追い求めようとはしない。彼らはバッコスの巫女たちに、やりきれないような軽蔑感をもっている。だがしかし（バッコスの痛ましい奇蹟だ）、あの騒ぎが混乱させ、いらだたせ、憔悴させる。息苦しくさせるような切迫した嵐のようなものだ。精霊は森をさまよう。「彼女たちはどこに行くのか？　何を望んでいるのか？　私は追ってはいかないが、しかし知りたい……子鹿が彼女たちの爪で引き裂かれ、彼女たちの歯でかみつかれ、そして温かな血がさっとほとばしり出て、彼女たちを酔わせ、その胸を、あの神＝女に対する愛でふくらませるというのは本当か？　あの神＝女が、男を憎むようにさせ、彼女たちにオルフェウスを殺すようにさせたというのは本当か？」

（5）**ヒッポリュテ**　アマゾンの女王。ヘラクレスのたてた九番目の功業は、この女王の帯を取ってくることだった。

若者よ、いったい何が重要だというのか？　むしろ私といっしょに来たまえ。デルフォイから昇る太陽が赤く染めている、あれら青銅のように強い英雄たちの足許に腰を下ろそう。あらゆる山々が、生き生きとした汚れない光で頂を飾っている。青を背にくっきりと浮かび上った鋼鉄のように、こまかいのこぎり状になって、山々の頂は空の中につき出ている。静かに力強く、高みからテッサリアの近隣すべてを見下ろしているあの山は、栄光につつまれて勝ち誇っている。あれはヘラクレスの火葬台となったオイテ山地(6)だ。

（6）**オイテ山地**　ギリシア中東部にある。

英雄の伝説がバッコスに対し戦わんことを！　良き偉大なるヘラクレスが、このふらつく若者を安定させ支えんことを、そして竪琴の聖なる部分に、高くしっかりと彼を保たんことを！　粗野と思われているヘラクレスは、竪琴しか知らない。時おりアポロンの競争相手となったとしても、それ以上にアポロンの友人なのである。ヘラクレスは、オリエント生まれのバッコスから、女性的なるものから、たけり狂ったものから、迫害される西洋の英雄である。*

＊　あとになって、はるかあとになって、ただディオドロス(7)によってのみ、われわれはバッコスのあの憎しみを、実のところバッコスはユノー以上にヘラクレスに対し悪意を抱いているのだということを教えられた。真実かつ深遠な啓示である

が、素朴な良識がわれわれに見抜かせてくれたでもあろう。とはいえ、誰一人あえて示さなかったような危険な秘密だった。バッコスが支配者であり、密儀に通じた人々を指令下に置いていた限り、そうだったのである。たった一つの言葉をもらしただけで、アイスキュロスは危険にさらされた。

（7）**シチリアのディオドロス**（前九〇頃～前二〇頃） ローマ時代のギリシアの歴史家。古代エジプトからカエサルによるガリア征服までを扱う史書『歴史文庫』（全四十巻）の著者。

あの大いなる戦いを支援するために気高い陽光の神に欠けていたものは何だったのか、知りたいか？　ねえ君、それは苦労であり、苦痛であり、死であり、火葬用の薪の山だったのだ！　光でしかないアポロンは、闇の王国に降りてゆくことができなかった。彼は死や愛にあい対して闘うこと、骨折ることがなかった。彼は不幸とか、思わず知らず犯す罪とか、あのヘラクレスの贖罪とかをもっていなかった。つまり体を貫く炎、汚れない勝利者としてヘラクレスを天に位置づけたあの炎を、である。

だがアポロンに一番欠けていたもの、それは労働だった。彼はやろうとしたことがある。彼は石工にさえなった。が、あまりに繊細なその手は竪琴を落としかねなかったし、そのデリケートな弦に、もはや無感覚になりかねなかった。そこで彼は、他の者に労苦を、汚れをまかせたのだ。ヘルメスの翼をつけた足に競走を、ヘラクレスの腕に闘争を、大地に対し、ものともしない大いなる闘争をなすことを、まかせたのである。彼はヘラクレスに多分最良のものをまかせた。つまり厳しい労働を、生命を晴朗かつ力強いものとして保つ生命の大いなる支えをである。精妙な芸術や詩で十分なのだろうか？　どうも疑わしい。そうしたものが自然からの攻撃に対し、われわれを支えるのに十分なのだろうか？　いいや、そうではあるまい、疲労が、四六時中の労働が必要なのだ。私は労働に感謝する。労働は私に役立ち、私を導いてくれた。おそらくどんなものよりもより良く。結果が出なくても、少なくとも大いなる意志をもった仕事をふんだんにして、私は死ぬだろう。私はそれらの仕事をヘラクレスの足許にささげよう。

ギリシアには百人の英雄がいる……だがその偉業が〈労働〉であるのはただ一人しかいない。

奇妙であり、唖然とさせることだ！　ギリシアは非常にたくましい良識を、まことにすばらしい分別ある理性をもっていたので——自らの偏見そのものに抗し、奴隷のと名づけた労働への軽蔑に反し——神化されたその偉大な英雄は、まさしく〈働く者〉となった。

考えてみたまえ、それは優雅で高貴な、まことに英雄的な労働のことではなかった。粗野で、卑しく、汚らしい労働のことだった。だがこの英雄の度量の大きい善意にとって、人類に役立つことで低劣なことなど何一つなかった。沼沢地と、悪臭を放つヒュドラと取っ組みあいの戦いをした。河を無理やりに自分の手助けをするようにさせた。ここでは河を分け、あそこではそれをまた一緒にしてアウゲイアス(8)の牛舎に投げこみ、水びたしにし、掃除し、きれいにした。そういうことでは、アポロンの弓は何ができたろう？　永久にピュトンを破滅させるには、矢以上のものがはるかに必要だったのである。ヘラクレスのつつましい英雄的精神と根気とが必要だったのである。

(8)　**アウゲイアス**　エリス王。太陽神ヘリオスの子。ヘラクレスに命じて一日で牛舎を掃除させたが、約束した報酬を与えなかったのでヘラクレスにより殺された。

ペルシア人の大いなる解放者は、すでに見たが、鍛冶屋である。ゴシュタースプ(9)も彼らの偉大な英雄の一人で、仕事を選ぶのに炉と鉄床《かなとこ》を取った（『シャー・ナーメ』）。だが鉄は人を気高くし、ハンマーは道具であると同様武器ともなる。ペルシアはしかし、あえて自らの英雄をそんなに低くは置かなかったろう。ギリシアの天分は大胆かつ自由（自分自身からも自由）だったから、自らのヘラクレスを貶めることも恐れなかったが、ヘラクレスは実際のところ、それによって、さらにいっそう偉大になっただけである。彼はペルシア自体がなせた以上に、ペルシアの理想を達成した。大地の恩人であるヘラクレスは、大地を浄化し高貴にした。大地から病的な無気力を追放し、大地に仕事を強《し》い、実り豊かな畑を作った。テッサリアの山々を貫き、眠っていた水を流れるようにした。そこにはパラダイスが、テンピ谷(10)があった。至る所澄み渡った水が勢いよく流れていた。広々とした安全な道があった。ヘラクレスは大地の労働者だった。その職人ぶりは、人類の用に供するよう大地を作り上げることだった。

（9）**ゴシュタースプ**　第二章四節、訳注（4）参照。
（10）**テンピ谷**　ギリシア中東部、テッサリア地方東部にある渓谷。紀元前三三六年アレクサンドロス大王が通った。

こうしたヘラクレス観はあらゆる意味で驚かせるものだ。それは『イリアス』や『オデュッセイア』を計り知れないほど凌駕している。ヘラクレスはアキレウスの激情をもっているが、さらに多くの善意をもっている。何か悪いことをすると後悔して償いをする。彼の雄々しい素朴さは、彼をオデュッセウスからもひどく遠いものにする。あの島出身の完璧なギリシア人は、大変抜け目なく、ヘラクレスの広大な心からはるか隔たったところにいる。陸で海で、オデュッセウスは自分の小さな故郷を探し求めるが、ヘラクレスの方は大いなる故郷を探す。彼は大地の救いを、この世での秩序と正義を欲する。

ヘラクレスは大いなる犠牲者である。世界の秩序および神々の勝手気ままさに対しての、生きた告発である。彼の母、貞淑かつ貞節なアルクメネは、彼を嫡男として望んだ。しかし彼は結局〈庶子〉のままであり、年上として受胎されたのに、ユピテルの不正によって〈年下〉として生まれた。最後に彼は〈奴隷〉だった！

彼の年上で出来が悪く卑劣なエウリュステウス[11]の奴隷だった。家事労働用の売られた奴隷だった。自らの力の、また血の陶酔の奴隷だった。愛の奴隷だった。というのも彼はこの世で他のものは何一つ持たなかったからだ。

（11）**エウリュステウス**　本章五節、訳注（10）参照

彼の驚くべき力が、その宿命だった。世界の弱さとは無関係だった。しばしば彼は触っただけと思ったのに、相手を殺してしまった。抑圧された者や弱者たちの寛大な擁護者であるこの人間の恩人が、意図せざる罪、悔恨、贖罪であんなにも打ちひしがれて生きたのである。

彼は小さくがっちりして、たいへん色黒な姿で示されている。そしてその力と同じくらい、黒人の善意に通じる性質をもっている。アラブのヘラクレス、アンタラ[12]は黒人だった。『ラーマーヤナ』の中で、あんなにも善良で力強く山

をも運んでしまうヘラクレス、ハヌマーン[13]は人間でさえない。

(12) **アンタラ** (?〜六一五頃) ジャーヒリーヤ時代のアラブの武人、詩人。母は黒人奴隷。青年期に父によって認知されるまで彼自身奴隷の身分だった。しかし戦闘における勇気と優れた詩才により、後世「アラブのヘラクレス」と讃えられるまでになった。

(13) **ハヌマーン** 『ラーマーヤナ』に出てくる猿の勇士で、ラーマを助けランカーの羅刹王ラーヴァナからシーターを救出する。

こうして至る所民衆の本能は、最低のもの、もっともつつましいもの、運命の犠牲者を、英雄として選んだ。抑圧された大衆は、悲惨な者や奴隷の偉大さを神々の厳しさに対し、ヘラクレスのようなものをユピテルのようなものに対し、対立させることで慰められたのである。

下位の種族の伝説は、心打つものであるが、気高く滑稽なものでもある。彼らはヘラクレスを自分たちに似せて作った。ヘラクレスはすさまじい食欲をしていて、牛一頭を食べてしまう。しかし彼は善良で、自分が笑われても平気だ。自分自身でも笑うのが好きだ。エウリュステウスに要求されてエリュマントス[14]の恐るべき猪を生けどった時にも、猪を結え、毛をさか立てた猪を運んでいった。黒い頭部の猪は白い歯をむき出しにしていた。王はこうした贈り物にびっくり仰天し、玉座から全速力で逃げ出し、青銅の樽の中にかくれてしまった。ドイツの『ニーベルンゲンの歌[15]』の中で、ジークフリートが面白がって放った熊の場面を読んでいるような気がする。

(14) **エリュマントス** ギリシア南部、アカイア県中南部の山。ヘレクレスが猪を狩ったとされる。

(15) **『ニーベルンゲンの歌』** 第二章五節、訳注(7)参照。

ヘラクレスは力そのものであり、最強の者ドーリア人たちは、彼を勝手に自分たちの仲間とし、スパルタの王たちの先祖にしてしまった。しかしヘラクレスはスパルタ的精神のまさしく正反対のものである。彼は人類〔=人間性〕そのものといえる人であり、都市のエゴイズムの圏外にいた。都市は自らの中にあれほど集中していたからである。

彼はアテナイ人たちのところにやって来た。アテナイ人たちは、彼が生まれたときミネルバが、両腕に彼を受け取ったのは間違いないと愛想よく保証した。彼はマラトンで名声を確立した。またテセウスの友人にされた。しかしながら彼の伝説は、アテナイのものとなるにはほど遠い。テセウスを地獄から救出することでアテナイを辱めたからだ。彼は闘技者たちの国、善良で勇敢なボイオティア（あんなにもあやまってアテナイから軽蔑されていた）に固有の英雄である。ボイオティアは田舎であり、詩人と英雄の、ヘシオドス、ピンダロス、エパメイノンダスの国である。彼は強力なアルゴス(16)からそこにやって来るのでなければ、テーバイの出身なのだ。彼はエレア(17)やオリンピアの周辺で、その豊かな平原で成長した。若いころ、アルカディアの深い森で戦った。彼はあまりにも語られることの少ない人々の、都市のために影が薄くなった下位の種族の、輝きを欠くがしかし力強く寛大で、さほどの技芸はないが、しかし多分もっと多くの心をもったそうしたギリシアの、養子なのだ。暗く声なき世界はヘラクレスの中に生き続けた。

（16）**アルゴス**　ペロポネソス半島北東部の町。ミュケナイ文明の中心地。

（17）**エレア**　紀元前五三〇年にフェニキア人が建設したイタリア南部にあった古代都市。哲学者パルメニデスによってエレア学派が創始された。

古代の種族の三ないし四つの沖積層がいわば重なりあって、この若々しい神の中に存在する。彼は神話の中に、かなり遅くやってきたのである。ペラスゴイ人(18)たちは全員亡んだわけではなかった。トロイアを奪った栄光あふれたアカイヤ人もそうである。テッサリアを耕していた被支配者の大群は、ヘラクレスの名で名づけられた労働をしていたのであり、まちがいなく生存を続けていた。すべての者が偉大な伝承に寄与できたのである。

（18）**ペラスゴイ人**　本章二節、訳注（5）参照。

ヘラクレスの姿は彫像として、筋骨たくましい闘技者として彫られている。並外れて厚い〈ムナイタ〉と、極めて小さな頭部とが驚くほど不釣り合いである。精神のあり方でも不均衡そのものだ。彼には野獣の面と神の面がある。ユピテルの野蛮な裁きが、強者の中の強者である彼は卑怯者の奴隷となるだろうと通告してきたとき、彼は恐ろしい錯乱状態におちいり、苦しみで狂ってしまい、もはや自分の子供たちをも見分けられず、子供を怪物と思い込んで殺してしまう。ところが彼は人間の中でも最も優しいものだし、神々に対して最も素直である。われに返り、家庭もなく、家族もいなくなっている自分に気づいたら、とたんにこの偉大な孤独者は、人類を救うことになる厳しい長期にわたる仕事を始める。

最初は平和である。彼はギリシア中至る所に、自分の腕力によって平和を打ち立てるだろう。古い世界の先達、怪物たち、ヒュドラ(19)とライオンは窒息死させられる。新しい暴君、山賊たちは彼の重い棍棒をくらう。評判の悪い森や不吉な隘路は安全になる。荒れ狂う河は、打ち敗られ抑制され、無理やりにまっすぐ歩まされる。河岸は道路となる。ギリシアは自由に交通でき、お互い意志を疎通し、ヘラクレスがユピテルの祭壇の前に、血まみれでない平和の戦いを作り上げたあのオリンピアに集うだろう。そこでは彼自身、体操を教え、何人ものヘラクレスが作られるだろう。そこから穏やかな雄々しさが創り上げられるだろう。そして正義につくすために、鉄から作った不滅の人間が基礎づけられるだろう。だがいかなる暴力的競走も敵意もない。競技に勝った者に与えられる唯一の王冠は、オリーブの枝である。

(19) **ヒュドラ**　ヘラクレスが立てた十二の功業のうち、二番目になされたのがレルネの怪物ヒュドラを退治することだった。ヒュドラはエキドナとテュポンの子で、五つから一〇〇個の頭をもち、胴は犬の体をした水蛇である。なおヘラクレスはまず最初ネメアの谷に住むライオンを退治することから功業をはじめている。

ギリシアはあまりに小さすぎた。彼は旅に出る。かの地に作った平和を世界に広げ、至る所に新しい法を築こうと望んだのだ。古い人々は、あらゆる沿岸で異邦人を殺していた。タウリス(20)では、一人の処女が祭壇で異邦人ののどをかっ切って殺した。トラキア(21)では野蛮な王が、たけり狂った馬に人々を投げ、人肉で酔わせていた。北方では残忍なアマゾン(22)が男たちの血をあざけっていた。アフリカでも同様の残忍さがあった。そこではブシリス(23)が難破した者たちに、死のもてなしを与えていた。世界の果て、イベリアではゲリュオン(24)が人間たちをむさぼり食っていた。それらがヘラクレスの戦う相手だった。彼は海をこえて、それらを追い求め、見いだし、つかまえ、それらが自分たちの客を扱っていたのと同じ扱いをくらわせてやった。客をもてなす法というものが、カフカスからピレネーまで打ち立てられたのである。

(20) **タウリス**　クリミア半島を含む黒海沿岸地方。
(21) **トラキア**　ギリシア北東端、ブルガリア南部、トルコのヨーロッパ部分にまたがる地域。
(22) **アマゾン**　カフカスまたは小アジアに住んでいたという好戦的な女人族。
(23) **ブリシス**　エジプト王。ポセイドンの子。暴君として知られ、ヘレクレスによって殺された。
(24) **ゲリュオン**　三頭三身の怪物。ヘレクレスによって殺された。

ヘラクレスは、野蛮人の力を作り上げていた密儀を打ち破った。嵐の聖域となっていた北方の海の暗さを物ともしなかった。そこ、たけだけしく、〈もてなしの悪い〉海には、誰一人あえて入らなかったのだ。彼は笑って、その海をエウクシン（〈もてなしの良い〉）海〔＝黒海〕と名づけた。あの恐ろしい海岸の女王アマゾンは、彼の母そのもののように手なずけられてしまった。彼は彼女からその帯を取り去り、そのことによって彼女の傲慢をも取り去った。至る所彼の前で自然は、野生の無垢性を失った。ガデス[25]では古い障壁を打ち破った。肩の一撃で二つの世界を引き離し、その割れ目を海峡にした。彼によって小さな地中海は、大洋の妻となった。そしてギリシアに背を向け、遠いはるかなアトランティス[26]を見やったのだ。その紺碧の塩からい波は解き放たれ、ホメロスの空が見ることのなかったあの果てしもない世界に跳び込んでいった。オリンポスの神々は凌駕された。神々はどうなってゆくのか？

(25) **ガデス**　ジブラルタル海峡の古称。
(26) **アトランティス**　プラトンの対話篇『クリティアス』に登場する伝説上の島。ジブラルタル海峡の西にあり、地上の楽園であったが、一昼夜の内に海底に没したという。

大胆なる者は止まることがなかった。ケルトの森の果てしない暗がりも彼をひるませない。森の深みにまでかき分けて入ってゆく。アルプスの氷河、あの永遠に荒涼とした世界をも突っ切ってゆく。黒々とした樅の木も、雪崩も、ものともしない。ああいった恐るべき場所に、彼は無造作に道を作ってしまう。人類の大いなる道を。それ以降あらゆる者が、弱い者も、貧しい者も、女たちも、老人たちも、杖にすがりながら、安心してヘラクレスの道をたどってゆく。

彼は多くのことをなした。歩んだあとには後の世まで続く記念碑的なものが残った。彼はエトナ山のふもと、永遠に煙を上げている大いなる祭壇の足許に、腰を下ろせると思った。そこで一息つき、あの聖なる野原を静かに見渡した。その野原はいつでも花々で飾られ祝福されていたが、その花を、プロセルピナが摘みとる。彼は女神たちに感謝を捧げた。心は喜びでふるえた。その雄々しい素朴さ（傲慢なところの少しもない）で、彼は次のように述べた。「私は自分が神々になるような気がする。*」

＊　これらの崇高なものごとは、ディオドロスや、さらには比較的近い時代の他の著作家の中でだけ見いだされるが、古代の伝承に属していることはたしかである。

神々が彼を待っていた。ネメシスが彼の話を聞いた。この粗野な女神と、その不吉な精霊アテ[27]は、たえず地上の至る所を飛び回り、順調な時に生じる不用意な言葉や、不幸にもわれわれの口唇にのぼる尊大で大胆な叫びを収集する。そうした叫びは、われわれを罰する口実を、かの高みにいる羨望者にあたえてしまうのである。ネメシスあるいはモイラは、〈分配〉〈分割〉を意味する。彼女たちは死すべき者たちに運命の巡り合わせを作るが、だが欲深い留保をつけてだ。*ほんのわずかを与えるか与えないかで、多くを自分のもとにとっておく。ある種の好意のあかしを手放しはするが、制限をつけ、余分なもの、〈過剰〉や〈過度〉は拒みながらである。この過剰なもの、それが人間の栄光であり、天分であり偉大である。それによって人間が自らを神ともするものであり、したがって神々がたたきつぶすものとなる。ダイダロス[28]、イカロス[29]、ベレロフォン[30]は翼を持とうとして罰せられた。ホメロスの作品の中では、大胆すぎ幸福すぎた船はネプトゥヌスによって岩に変えられる。善良で敬虔なアイスクラピウス[31]は、人間をいやし救ったことで雷に打たれはしなかったろうか？

（27）**アテ**　ゼウスの長女。盲目的な愚行の神。
（28）**ダイダロス**　クレタ島に迷宮を作った建築家。テセウスを逃がしたかどでミノス王に責められ、息子イカロスとともに自作の翼でクレタを脱出する。だがイカロスはあまりに高く飛び、太陽の熱で翼の蠟が溶け海に落ちて死んだ。
(29) **イカロス**　前注参照。
(30) **ベレロフォン**　ポセイドンの子。天馬ペガソスにのって飛翔し、怪物キマイラを退治した。
(31) **アイスクラピウス**　アポロンとコロニスの息子でギリシアの医神であるアスクレピオスのローマ名。死者を蘇生させる医術を行なったためゼウスに罰せられ、雷に撃たれて死んだという。

＊　このテーマに関して、トゥルニエ氏の『ネメシスと神々の嫉妬』（一八六三）という博士論文以上に教えてくれるものはない。

はるかに犯罪的なのはヘラクレスである！　人間たちと神々の母、魅惑的で尊敬に値する〈ハハナルダイチ〉を、彼は無理やりに従わせたのだ。それは愛であり、彼は彼女の山を貫き、沼地をかわかし、しめった森の黒髪をひき抜くことで、ケレスを解き放ったのだと言っても無駄である。母ナル大地は困惑したままでいるだろう。もしかって（神話を信じるなら）ネプトゥヌスの攻撃に大地が泣いたとしたら、死すべきものでしかないヘラクレスに対して、大地はどれほど深く憤らねばならないだろうか？

彼は犯罪者なのか？　犯罪者ではないのか？　超人的な仕事をしたあの向こう見ずが？　それこそ知らなくてはならないことだ。大地の侮辱された古い神と若いオリンポス神のそねみの間で、奇妙な契約が作られる。ヘラクレスの見せかけの兄弟、末っ子のバッコスは彼を破滅させようとする。だがユピテルは何と言うだろう？　彼は勝手にやらせておく——自分の息子に試練を課すためか？　それとも大胆すぎる人類に対する悪意からか。ユピテルはお気に入りのバッコスに譲歩する。神々に譲歩する。〈ヘラクレスは死ぬだろう〉。彼は人間であることを納得させられる。

女性的なものバッコスは、なよなよした女のまどろみ状態の中で、長い衣服を身にまとって生活するだろう。そしてヘラクレスに出あわないよう気をつける。ヘラクレスはケンタウロスたちを見つけに出かける。あの奇妙な一族は、熱情こめ制御できない力をもって、風変わりな母、「雲」からやって来たのだ。あの変化しやすいもの、ときには軽やかな煙や消えやすい霧となり、ときには雷に満ち稲光で荒れ狂い、雹や雷よりももっと恐ろしい弾力性を、山々から天へと投ずるおどろくべき拡張を見せる、あの雲から生まれたのである。「雲」の息子であるケンタウロス一族は、下からやってくる並外れて怒りっぽい凶暴な発情期の駿馬であり、母と同様に激昂しやすい狂気と気まぐれの人間である。それに加えて、その魔術により、彼らは中世の粗雑な亡霊を、怪物的な幽霊を、恐ろしい幻影を、不快な夢を、ぞっとするような悪夢をもっている。そうした悪夢が精神を錯乱させ狂わせる。

非常に多様で、矛盾した精神をもっているだけにいっそう危険な連中である。ケイロンは賢者であった。もう一人のポロス(32)は良いケンタウロスで、ヘラクレスを迎え、その友となった。バッコスがつけこんだのは素朴で、人を信じやすいこのポロスだった。バッコスは彼のところに恐るべき飲み物（野生の〈火の水〉か？）をもってきて言う、かれのところにヘラクレスを迎える日にしか樽を開かないようにと、この器に穴があけられると、すぐにその蒸気が広がってゆく。あらゆるケンタウロスたちが錯乱状態に入る。傲慢か？ 憎しみか？ 羨望か？ 空虚で薄情な狂気か？ 彼らの思いがどんなものであれ、彼らは怒り出し、平和の英雄に襲いかかる。岩が飛び、森が空中に投げ上げられ、樹齢千年の柏の木々が振り回される。恐るべき霰のようだ。しっかりとした英雄は、おだやかで堅固な心をしていて、そのことに驚きなどしない。彼は悠然と対応する。彼らに柏や岩を投げ返す。しかもいっそう確かな腕でもって。大地はそれらの怪物で埋め尽くされる。夕方にはすべてが終る。もはや二度とケンタウロスたちは現れないだろう。

（32）**ポロス**　エリュマントス山中で猪を追いかけていたヘラクレスを歓待したケンタウロス族の一人である。ミシュレはここでは、ポロスの住んでいた地名ポロエーと誤って記しているので訂正しておいた。

彼を不意打ちし殺すことができなかったので、彼の断罪がはじまる。彼はあらゆることに耐えるだろうとみんな知っている。ユピテルは彼をつかまえるよう命令をだす。エウリュステウスがそのことを言い渡す。ヘラクレスは服従することで死ぬだろう。暴君は彼に、その気まぐれな欲望をむき出しに示す。ヘラクレスに地獄に行って、三つの頭をもつ犬をつれて来いと言うのだ。死すべき者に対する厳しい嘲弄である。もはや何一つ出来なくなり、服従することさえなくなるという運命の中に、つまり死の中に入ることによってしかそれには従えないからだ。

死はなんと辛いことか！　とりわけ強者にとって、自らのうちに生命の全エネルギーを感じている者にとって！　弱い者や病んだ者にとっては、死は解放である。生者の中の生者、ヘラクレスには！　死へと至るには巨大な努力が必要だったのだ。心の中で彼が「その盃よ退け！」と言いたいのが分かる。だが彼は言わないだろう。善良な忘却の女神ケレスを見つけに行くだろう。彼女の密儀の手ほどきを受け、彼女に彼を鍛えてくれるようつつましく頼む。

彼は自分の青春を記念する場所、最初の偉業をなした、あのテンピ谷を作ったテッサリア地方にまた腰を据えに行くだろう。アドメトス王[33]は喪に服したまま、彼を迎え受け入れる。ヘレクレスは王妃アルケスティスが、夫を病から救うために、息子には自分よりも役立つ父親の方を残そうとして、自ら死を抱擁し、おおしくも暗黒の王国の方へと降りていったことを知る。ヘラクレスはほろりとしてしまう。ひと気のないこの大宮殿で、夫は絶望し、子供は涙にかきくれ、あらゆる人々が墓の周りに集まっていた。ヘラクレスの偉大な魂はその情景に打ちひしがれてしまう。彼は自分が死ぬべきものであることを、もはや忘れる。彼は地獄へと赴くだろう。プルトンと相対し、死を打ち破り、王のもとに最愛の王妃をつれもどすだろう。憐憫の心から生じた讃嘆すべき狂気だ！……だが最も強い者たちは、最も心優しい者たちなのだ！

（33）**アドメトス**　本章六節、訳注（17）参照。

この伝説全体の中で、ミネルバのことはほとんど語られなかった。だが幸運にも彼女は彼のあとを追ってくる。彼が生まれたとき、彼女が彼の母の胸から彼を受け取ってくれたのは、むだではなかったのである。ミネルバは厳粛な決定的瞬間に、また姿を現わす。ほっとさせられることだ。この常軌を逸した崇高な者の背後に、永遠の知恵を私は見る。

彼は降りて行き、闇の中へと入り込んでゆく……地獄の方こそヘラクレスを恐れるのだ。ケルベロス[34]が彼の足をなめにやってくる。プルトンは仰天する。プロセルピナは取りなす……ところがである！　彼は進んでいって勝つのだ！……しかも一人では退出しない。ヴェールをかぶった女が彼のあとを追う。そうやって彼女は自分の家に戻る。アドメトスには見抜けない。彼女が分からず彼女を拒む。ヴェールが取り払われた！……もういい！　何者も涙なしでは読めないこのまたとない情景には、言及しないでおこう。

（34）　**ケルベロス**　冥界の入口を守っている犬。頭が三つあり蛇の尾をもつ。

地獄はそれ以降どうなるだろうか？　大したものではなくなるのだ。鼻であしらわれるようなものとなる。フリアイ(35)は恐れてしまった。カロン(36)は言うことをきいた。一人の生者が舟を渡し、帰途に再度渡した。ケルベロスは脚のあいだに尾をはさんで、こわごわと頭をたれ、勝利者のあとを従い、ついで日ざしをあびて消えていった。ユピテルの兄弟タルタロス(37)の王自体、辱められても誰も罰せられず、今日では空虚な深みの中に、かの地のあやしげな霧の中に、退いているように見える。神々に対する恐るべき大きな一撃だった。神々はまちがいなく復讐するだろう。この最後の勝利がヘラクレスに不幸をもたらすに違いない。

（35）　**フリアイ**　ローマ神話における復習を司る三姉妹の女神、蛇の髪をしている。ギリシア神話のエウメニュデスに相当する。
（36）　**カロン**　エレボス（暗闇）とニュクソス（夜）との息子。ステュクス川を横切って死者をハデスの国に渡す渡し守。
（37）　**タルタロス**　地獄の底。主神ゼウスの怒りを受けた神々がここに落とされた。

奇妙な運命である！　彼の唯一の涜神といえば、オリンポスの神々よりも優秀だったということだ。彼の魂の優しさ、寛大さは、自分の生涯をきびしく迫害した残虐な暴君エウリュステウスの妻が、ひどい侮辱を受けたのに対し、あだを打つために戦ったくらいなのである。

ホメロスに出てくる神々では聞いたこともない、けたはずれの新たな美徳である。ホメロスの神々は、ここでは顔色を失ってしまう。

「悪を報いるに善をもってする」、これが東洋の修道者に求められていたことだった。おそらく弱者にあっては、あまりに当たり前のことだったろう。だが強者の中の強者ヘラクレスが、この過度の善意を示したというのは、新しく独創的なことだった。それはギリシア的天分の天国そのものであった。心情の天国が空想と想像の天国を解体したのである。

地獄とオリンポス、両者とも崩壊した。一つのことが残った。人間の偉大さである。

よろしい、もしもお前が人間なら、まさにそのことによって攻撃されることになるだろう。お前の勇気は傷つけられることがない。が、お前の愛は、また友情は傷つけられるだろう。

まず彼は愛していた兄弟を失う。仕事の仲間を、どこにでも付いてきて彼の武器を運んできてくれた勇敢な友を失う。それ以降、この地上をただ一人、彼は行き、戦うだろう。

強者たちは悲しみに大変弱い。彼らは悲しみに狼狽させられてしまう。ヘラクレスはかつて熱狂していた。だが地獄に降りて「死」そのものを見て以来、彼の頭は動揺してしまう。困惑と、喪の悲しみにみたされた彼の心は、人間の不幸を問題にもしない危険な医者「愛」に助けを求める。彼は愛に自らを委ね、そのあとを追いかける。死の攻撃がまちかまえているところに突進する、幻惑にみたされた牛のように。彼はデイアネイラ(38)を愛する。あの危険な女、嫉妬する女を。彼はイオレ(39)を愛する。そしてこの愛の中にひどい侮辱しか見出さない。イオレの兄は、私生児を、エウリュステウスの奴隷〔ヘラクレスのこと〕をはねつける。ヘラクレスはいらだって、その兄を殺してしまう。恐ろしい不幸である。彼はなぐさめを見出せなくなる。心はひからび、疲れ病気になり、アポロンに相談にゆく。

アポロンの厳しい神託は次のようなものだ。「彼らに血の代価を払え。私はこの世に何ももっていない。お前には体があるではないか。それを売れ。お前自身をアジアの奴隷として売れ。」

ヘラクレスは文字通りに従ってしまう。あの軟弱なアジア、男も女のようになっている女性化したリュディア(40)では、

(38) **デイアネイラ**　カリュドン王オイネウスとアルタイアの娘。ヘラクレスの第二の妻。
(39) **イオレ**　オイカリア王エウリュトスの娘。ヘラクレスに捕えられ、愛され、彼の死後ヘラクレスの子ヒュロスの妻となった。

一人の主人さえ持てない。彼は一人の女主人、女王オンファレ(41)を持つだろう。それで十分だったのか？　いやちがう。神話がさらに語るのは、二重の隷属によって、奴隷は魂の中まで奴隷となり、彼を笑いものにするあの残酷な女に、哀れにもほれこんでしまったというのだ。彼女は、嘆かわしい光景を、変装したヘラクレス、ひどく道化て女となったヘラクレスを生み出した……人はそれに身震いしてしまう……しかし冷やかしずきで無慈悲な彼女は、おまけに、この奴隷は自由に仕事しているのだ、糸を織っているのだと見えるようにと要求し、そして運命によってやむをえずではなく、女々しい愛により、自らの心弱さにより奴隷となっているのだと示すようにと要求した。

（40）**リュディア**　小アジアにあった古代王朝。メルムナダイ朝（前七〜前六世紀）時代に栄えるが、前六世紀ペルシアに滅ぼされた。
（41）**オンファレ**　リュディアの女王。ヘルメスによって奴隷として売られてきたヘラクレスを愛したことで知られる。

世間はそれを笑い、オリンピアの神々はそれを歌った。彼は解放されたが、それもさらにいっそう苦しむためでしかなかった。彼はギリシアに戻り、デイアネイラと再び一緒になった。ああした不幸のあと、辱められた心は愛と孤独の中に進んで身を隠す。彼は彼女を砂漠に導いて行く。だがその途中、奇妙な出来事が起きる。一つの流れが彼らの行く手をさえぎっていた。デイアネイラを満足させようと、若いケンタウロスの青年が、仲間たちから逃げて姿を見せる。彼らに復讐したかったのか、それとも自らの種族の盲目的本能に従ってデイアネイラに夢中になってしまったのか？　それは分からない。彼女を連れて岸辺にやってきて、そのケンタウロスの青年は彼女相手に快感を味わっている。ヘラクレスはまだ川の反対側にいた。彼は恐るべき矢をもっていた。レルネ(42)のヒュドラの血をぬった毒矢だった。だが最初彼は躊躇する。デイアネイラを傷つけないかと恐れたのだ。だがついにその矢を放ち、怪物を射抜く。怪物は快楽と死との二重の発作の中で、生命と愛と地獄の毒がまじった憤怒とをしたたらせながら、自分の上着を脱ぎ、デイアネイラに言う。「これを取って……これはネッソス(43)の魂だ……愛がここにある、そして永遠の欲望が。」

（42）**レルネ**　ペロポネソス半島北東部にある沼沢地。本節訳注（19）参照。
（43）**ネッソス**　ケンタウロス族の一人。ヘラクレスの妻デイアネイラを犯そうとして殺される。

これがヘラクレスの死となった。彼はこの死をもたらす上着を少しあとで身に着けたのだ。単純すぎた彼の妻が、もっと愛してもらえるものと思ってそれを手渡したのである。恐ろしい毒が彼を焼いた。絶望した彼は、死がぐずぐずしているのを許さない。死に先回りをしてしまう。彼は解放された。あんなにも行動し、苦しみ、人間性のもつ屈辱的な不幸をつっ切ってきたこの不幸な肉体を、死に投げ出したのだ。オイテ山の上に、木々を山と積んで巨大な火葬台を創り、友人が、最後の友人が、それに点火するようにと望んだ。炎の渦につつまれて、彼は上昇した……天に昇ったと言われている。だがどんな天になのか？　オリンポスのいかなる神の所になのか？　彼のあまりにも強烈な伝説は、オリンポスの神々を殺してしまっていた。

付言されていることで確かなのは、ヘラクレスが永遠の「若さ」と結婚したということだ。じっさい彼は若々しく生きたし、若々しいままで留まっている。二〜三千年という年も、それに対しどうもできない。他の神話がやって来ることもありえたし、他の救い主たちが、「受難」の大いなる永遠のテーマに変化をつけ加えることもありえた。インドの化身たちは、「受難」として人間の生を送り、その悲惨を味わうということがあった。エジプト、シリア、フリュギアのそれら、オシリス(44)、アドナイ(45)、バッコス、アッティス(46)たち、手足を切断され、体をばらばらに切りきざまれたあれらの神々は、苦しみ耐えた。しかし彼らの〈受動的受難〉は、われわれに力を与えるどころではなく、落胆させてしまう。そして彼らの悲運の伝説は不毛の無気力を作り出す。〈ヘラクレス的な〈能動的受難〉にこそ、人間の高度の調和がこの世において人間を豊かにする、均衡と力とがある。

(44)　**オシリス**　本章二節、訳注（28）参照。
(45)　**アドナイ**　神名を直接唱えることを恐れたユダヤ教徒が用いた神の呼称。ヘブライ語で「わが主」の意。序文の訳注（12）参照。
(46)　**アッティス**　フリュギアの大地の女神キュベレに愛された若者。紀元前二〇四年キュベレがローマにもたらされたとき、アッティスもローマに来て、二神そろってバチカン丘の神殿に六〇〇年間も祀られることになった。アッティスはキュベレのこの世の化身である処女神ナナが生んだ子で、「父親のいない神」であった。やがて成人後、人類を救済するために殺され、供犠のための生贄となり、救世主となった。しかしその後「宇宙を統一する最高神」として復活したとされる。

ペルシアはこうした直観を持っていたが、しかしまだ漠然として初歩的なものであった。ギリシアのヘラクレスは明確な姿をとり、まことに確かな人格をもって、くっきりと描き出された。だから彼の肖像は、歴史的英雄たちの肖像よりも、はるかによく作り出されることになろう。その濃密な確かさは、すべての神々から離れたところに彼を置いている。逆に彼こそ、他の神々の透明性を感じさせる。彼と土地を争った熱狂的なバッコスはと言えば、夜と乱痴気騒ぎとの混濁した蒸気の中に、あのオリエントの靄の中に、自分自身を見失うだろう。

ヘラクレスの影、遺骸、その思い出、オリンピアの教訓、これが実際に偉大な現実を作り出したものだ。プラタイアイ、マラトン、サラミスといった現実を。

だがギリシアそのもので彼を生き延びさせたもの、彼を永遠の「若さ」の夫とし、若く生き生きとしたものとし、未来の英雄としたもの、それは労働者としての、英雄的働き手としての、彼のつつましくも崇高な役割である。

彼は何一つ恐れなかったし動じなかった。というのも彼は、人間と人間とのあいだに平和の権利を打ち立て、自然を平らかにし、文明化し、山を貫き、河を解放し、天地を制御し、清め創ったからである。

彼は勇気あふれた職人であり、弾力な働き手であり、忍耐づよい大きな心をもって、大地を準備していたのである。名工であり、第二の創造者であるプロメテウスのために。

八　プロメテウス

詩人たちのあいだでただ一人アイスキュロスが、同時に詩人であり英雄であるという幸運をもてた。行動と作品とをもち、何一つ欠けることない人間としての偉大さをもてた。ただ彼だけが悲劇の栄冠を五〇回も得た。ただ彼だけがホメロスと同様、道々自分のことを歌ってくれるラプソードス〔吟遊詩人〕をもてた。ただ彼だけが死ぬことなく、(生者の役しか演じない)舞台にずっと残り続けた。まるで監察官か神官か預言者でもあるように、彼はアテナイの広場に青銅の彫像として残った。民衆と未来とをずっと見守るために、である。神々を大いにからかったアリストファネスは、アイスキュロスしか尊敬しなかった。彼はアイスキュロスが地獄で青銅の王座にいる姿を見た。

アイスキュロスは自分自身のために作った気高い墓碑銘で、自分がマラトンで戦ったことのみを記しており、一〇〇もの悲劇のことは言及していない。かつてこれ以上勇敢な一族はなかった。マラトンで彼は傷ついた。またサラミスで最高の栄光を浴びた兵士たちの、彼は兄弟である。兵士たちの一人アミュンタス[1]は、クセルクセス[2]の艦隊に最初に衝突し、武勇のほまれを高くした大胆不敵な操舵手である。もう一人クナイゲイロス[3]は、自分の体を切り取らせた男である。まず敵の舟を両手でつかみ、片方ずつ手を切り落とされると、さらには歯でかみついて舟から離れなかった。アイスキュロスの息子たち、甥たち、親族たちも、そうした大いなる日を持てたなら、同じような行動をなしたであろう。彼らは、大いなる古老の好戦的激情と妥協した良い悪いとりまぜた悲劇を、奔流のように生み出してもらうことで、その埋め合わせをしてもらった。息子たちの一人は、ソフォクレスの傑作『オイディプス王』に勝って、賞を得るというまたとない出来事を体験した。

（1）**アミュンタス**　古代マケドニアに三人のアミュンタスという王がいる。一世は前四九八年没。二世は前三七〇年頃没、三世は前三三六年没。いずれもペルシア王のクセルクセス一世（在位、前四八六～前四六五）がギリシアに遠征（前四八〇）、サラミスの海戦で破れた時期とはずれている。王たちとは違うアミュンタスのことであろう。

（2）**クセルクセス**　前注参照。

（3）**クナイゲイロス**　詩人アイスキュロスの兄弟。ミシュレがここで述べている話は、古代ローマの歴史家ユスティヌスの『フィリッポス時代史』の中に出ているもので、古代史における有名なエピソードである。

アテナイの高官たちは、アイスキュロスの作品の正確かつ欠けることない版を、一部ずつ注意深く保管していた。向こう見ずな俳優が神聖な言葉に、何らかの変化をもたらすのを恐れてである。こうした心づかいにもかかわらず、全体の内七つの劇しかわれわれのもとには残されなかった。そのうち唯一『オレステイア三部作』のみが完全な形で残されている。そして『プロメテウス』三部のうち一部のみが今日に伝わっている。並はずれて巨大な断片である。

エジプトの砂漠に、スフィンクスの足あるいはその花崗岩の指を見いだした旅人が、計算してみると怪物がどれほどの高さか分かるように、われわれもこの断片をもとに、巨人アイスキュロスがどのようなものだったかを見抜こうとする。

アリストファネスはすばらしい言い方をしている。アイスキュロスの語句は「船のびっしりとつめられた板のように」、またアジアの艦隊を破ったあれらの勝利船の、打ちくだかれない骨組みのように、たくましいものだった、と。彼はアイスキュロスをソフォクレスの上に置き、弱々しいエウリピデス(4)よりも、はるか上位に置く。だがアイスキュロスの真の位置はそんなところにはない。むしろはるかにイザヤ(5)とミケランジェロのあいだに位置づけられるようなものだろう。

(4) **エウリピデス**（前四八五頃〜前四〇六頃）　古代ギリシア三大悲劇詩人の一人。『トロイアの女たち』ほか。
(5) **イザヤ**（前八世紀）　イスラエルの四大預言者の一人。『旧約聖書』中に「イザヤ書」がある。

あんなにも暗い彼の作品の中には、芸術とはまったく異なるものがある。苦悩の真の天分があるのだ。ソフォクレスにおけるように、心を和らげたり慰めてくれるものは何一つない。過去の英雄たちに関するあれらの悲劇的調子は、現在に対する恐るべき警告であり、陰鬱な予感のように見える。彼はとりわけミケランジェロを思わせる。ユリウス二世(6)の征服とその栄光のさ中に生きたイタリアの預言者は、システィナ(7)の天井に激しい恐怖のみを描いた。預言者アイスキュロスは、アテナイの繁栄の中で服喪の悲しみに満ちているように見える。

(6) **ユリウス二世**　ローマ教皇（一四四三〜一五一三、在位一五〇三〜一三）。フランス王ルイ三世とカンブレ同盟を結びベネチアと対抗するが、のちベネチア、イギリスなどと神聖同盟を結び、フランスに対する教皇権の強化をはかった。ラファエロやミケランジェロを保護したことでも知られる。
(7) **システィナ**　バチカン内礼拝堂。一四七三年に建てられた。ミケランジェロの「最後の審判」がある。

両者とも恐るべき試練を、運命の残酷な打撃を、その果ての〈審判〉を、正義の高度の勝利をあらかじめ見ていたのだ。それがアイスキュロスの偉大さであり、それをアリストファネスはいまだ感じることができなかったのである。当時の神話の（そして未来の神話の）気まぐれな自由裁量に抗して、アイスキュロスは〈正義〉を援用し、含みもち、生み出したのである。彼のプロメテウスは、権利の内に基礎づけられない来るべきすべての神話の死と無力を、ユピテルの死とともにわれわれにもたらす。プロメテウスのカフカスは、ほどなくストア学派の人々が、天と地の専制に抗して、法解釈を据えつけるであろう岩となる。

覆い隠された未知の未来である。預言者の厳しさ、その喪の悲しみは、驚きで人々の心を満たす。アイスキュロスは四〇歳のときに、すごみを感じさせるその一連の悲劇を書き始めた。解放をもたらす都市が、その勝利を追い求め完遂し、ギリシアの女王としての姿を現わした晴れやかな瞬間にである。アテナイは輝き豊かだった。あらゆる方向に光を放っていた。若々しく、開花する二人の青年、その二人の素晴らしい天才において二〇歳だった。美しいソフォクレスと力強いフェイディアスの二人である。フェイディアスは最初画家だったが、鑿の小手調べでアテナイの魂を、そのミネルバ・ポリアス[8]を彫り上げた。誇らかな至高の巨像である。それは輝く兜越しに、アクロポリスと神殿群に君臨し、はるか遠く、海や島々を統率していた。

大いなる希望の時であった。テミストクレスとアリスティデス[9]のあいだ、高潔なキモン[10]と巧みで透徹したペリクレス[11]のあいだで、闘いは均衡しているように見えた。そして彼らの戦い自体によって、自由の調和が作られるように見えた。

（8）**ポリアス**　ポリスの守護神。女神アテネの呼称。

（9）**アリスティデス**　本章六節、訳注（13）参照。

（10）**キモン**（前五一二頃～前四四九頃）　アテナイの将軍、政治家。エウリュメドンの海戦でペルシア軍を撃破する（前四六八頃）。

（11）**ペリクレス**（前四九五頃～前四二九）　アテナイの政治家。アテナイをギリシア随一の強国にするとともに、学芸を振興、「ペリクレス時代」と呼ばれる黄金期を築いた。

アイスキュロスはそういうことについて何も見ていなかった。彼の魂はまだ前世紀に、災禍や危難に属しているように見える。彼はヘロドトスと同様、われわれの頭上を滑翔し、われわれの繁栄をうかがい見ているあのネメシスを気づかっていた。あの驚くべきバビロンはまさしく失墜した。重々しくがっちりとし、あんなにもゆるぎなかったエジプトも、やはり崩壊した。善良なクロイソスも[12]、ずる賢いポリュクラテスも[13]、あの甘美なイオニアも、あれらすべてが亡んだ！　アテナイは野蛮の奔流を押しとどめる堤防として残っている。だがアテナイそのものにおいて、何と多くの急激な変化があることか！　子供のときアイスキュロスはペイシストラトス[14]の一族を、自由の復讐を、ハルモディオス[15]の勇敢な一撃を見たのだ。成人してからは、あの幸福を、マラトンのすばらしい負傷を知った。ギリシアはいっとき、サラミスの大海原によってたまたま天にまで運び上げられてしまった。まさに再び降りてこなければならなかった。ここに新しい時代が始まる。ヒロイズムの時代は終った。調和の時代が始まった。芸術と美の支配が、創造的天分と実り豊かな理性の広大な輝きが、来るべきあらゆる時代を驚かすような優雅さと光の世界が始まる。たった一世紀で、二千年もの活動に匹敵したのだ！……それこそ見た通りのことではないか？　だがどうして疲弊の日々を予測しないでいられよう？　野蛮人たちを、アジアからではなくマケドニアから、カイロネイア[16]の暗い日に連れ戻すために、どんな見事なわざをネメシスは持つだろうか？

(12)　**クロイソス**　古代リュディア最後の王（在位前五六一頃～前五四七）。莫大な富で有名。

(13)　**ポリュクラテス**　サモス島の僭主（在位前五三二～前五二二）。文芸を庇護し領国の繁栄に努めたが、ペルシアによって磔刑に処せられた。

(14)　**ペイシストラトス**（前六〇〇頃～前五二七頃）　アテナイの僭主。ソロンの政策を踏襲し、アテナイに繁栄をもたらし、後世にその善政をうたわれた。本章五節、訳注（23）参照。

(15)　**ハルモディオス**（?～前五一四）　アテナイ人。友人アリストゲイトンと共に個人的屈辱をはらすために、ペイシストラトスの息子ヒッピアスとその弟ピッパルコスを殺そうとしたが、後者のみ殺したところで、自らが護衛兵に殺された。その後ヒッピアスが暴君化し、追放されるや、二人は自由のための殉教者のごとくたたえられることとなった。

（16）　**カイロネイア**　ギリシアのボイオティアにあった古代都市。マケドニア王フィリポス二世がギリシア連合軍を（前三三八）、ローマの将軍スラがポントス王ミトリダテス六世を（前八六）破った地として有名。

確かに強靭な弓はゆるみ、竪琴は新しい弦で豊かにさせられたので、英雄たちの時代にもったような厳しく強烈な調子を捨てることで、はじめてその調和を手に入れることとなった。ソフォクレスが教えてくれるには、ヘラクレスは文明にそまって、棍棒を捨て、星々の合唱とその合奏曲を学び教えたということである。第二のミネルバは、すでに以前ほど巨大ではなくなり、もはや海上にもその威嚇的なまなざしを投じなかった。フェイディアスは、今度は彼女を深く鋭い天分をもった瞑想的なものとしたし、テミストクレスの人物像にごくごく似通ったものにした。「唯一〈生き〉そして〈予測〉したもの」と、トゥキュディデスはテミストレクスのことを言っている。

彼女は何を見つめているのだろうか？　分からない。だが、たしかに巨大で無限で崇高なものをだ。アテナイ自身以上にである。むしろ諸世紀の長い流れこそ、アテナイは照らし出すだろう。彼女は永遠の芸術を見つめている。

ギリシアが、自らのすばらしい美の中で自らに感服し、自らを称えたということで誰が驚こうか？　ギリシアは自らを永遠のものにしようと望んだのではないか？　あらゆる彫刻の前に生きた彫刻が存在したこと、そして体育による調和のとれた力強い創造が、真に完璧な夢みられた理想を作り上げていたことに注意しよう。芸術はまず最初模倣したのであり、肖像画からはじまったのである。* 神々を行きあたりばったりに彫刻して楽しんでいたのではない。見ていたものたちの肖像を作ったのである。美はそれ自体において神的に見えたし、内部からのひらめきとして、さらにいっそう神的に見えた。オリンピアの競走で、フェイディアスは、一人のすばらしい子供が走り勝利するのを見て、彫刻家となった。もう一人は、かぐわかしいほど美しく、一五歳で、マラトンの戦いのあと、神々に感謝する合唱隊を指揮することになっていて、アテナイによって見抜かれ感じとられ喝采された……そして彼の魂はあふれ出す……ソフォクレスである。

＊　紀元前五五八年に、オリンピアの勝利者の彫像を立てるというしきたりが導入された。ド・ロンショー[17]氏の『フェイ

ディアス』という書での重要な観察である（五九ページ）。そこから真に芸術の発展がはじまったのである。

（17）**ド・ロンショー氏**　原文M. de Ronchaud。不詳。

そうしたことすべては偉大で純粋で、かつきわめて高貴であり、しかも大変生き生きとして豊かだった！　人間化された神々、と言うか、いわばフェイディアスが彼らの中に置いた魂によって神化された神々が神殿から出てきて、柱廊の下や広場そのものの中に席を占めたのである。都市には二つの民が隣りあって、いっしょに生きていくことになった。人間たちとオリンピアの神々の二者である。ヴィンケルマン(18)の奇妙な考え、体の美しさも、いかなる表現もすべては不動であるという考えは、日々、顕著な否認をうけた。*　脈打つ生命が、あれらの大理石の中、至る所に存在したのである。

（18）**ヨハン・ヴィンケルマン**（一七一七〜六八）　ドイツの美術史家。古代美術史研究の創始者。『古代美術史』（一七六四）、『未公刊の古代美術作品』（一七六七）等。

＊　ルネサンスのまばゆいほどの天分と比較してみたまえ。ジャン・グージョン(19)の天分は、これこれの大河やニンフにおいて（クリュニー美術館(20)）崇高であるが、彼は幻想的に波打つ流れるような肉体を作った。そこでは生命が逃げだし、われわれを最も深い夢の中に沈みこませる……死か生か、あなたは何なのだ？　それを眺めるのに沈潜し続けていればいるだけ、そのことが分からなくなる。――まったく逆にギリシア人は、生命の強く現前する強烈な感情、激しく燃え立つような感情を与える！　神殿の上部切り妻壁から、ミノタウロスにゆだねられた子供が戻ってくるかどうかを見つめ、よく分からないで気絶した女たちの姿は、最高度に心をとらえる悲劇的なものである。

（19）**ジャン・グージョン**（一五一〇頃〜六六頃）　フランスの彫刻家。建築装飾の浅浮彫りで活躍。「フランスのフェイディアス」と呼ばれた。

（20）**クリュニー美術館**　パリ五区にある国立美術館。中世美術の収蔵、展示にあてられている。

まさにエウリピデス以前、すでにソフォクレスの中で、彫刻というこの芸術は冷たいものであるどころか、大理石の障害ゆえに感動的となりうることが感じられる。私はソフォクレスをすばらしいと思うが、彼が肉体的不都合の方へ、フィロクテテス(21)の傷跡の方へ、長々と悲しげに私の関心を向けさせるとき、反抗したくなる気持がないわけではない。また彼がヘラクレスのことで私をいらだたせるとき、つまり強者の中の強者を弱いものとして示すときなども、そうである。私は有益な伝説は丸ごと残してほしいし、まもなくそれを必要ともするだろう。ほどなくアレクサンドロス大王の圧倒的な栄光に、ゼノン(22)が〈ヘラクレスの哲学〉のみを対抗させるだろうということを思いみたまえ。

（21）**フィロクテテス**　トロイア戦争のギリシア方の英雄。出征の途中テネドス島で毒蛇にかまれ置き去りにされる。十年後、かつて彼がヘラクレスからさずかった弓が、トロイア陥落に不可欠であると知ったオデュッセウスらの努力で戦いに参加し、トロイアの王子パリスを射ることになる。

（22）**ゼノン**（エレアの）（前四九〇頃〜前四四〇頃）　古代ギリシアの哲学者。論敵の主張を真と仮定し、論理的帰結として生じる矛盾、不合理を示して、前提の誤謬を説明する論証法を行なった。

ソフォクレスの『コロノスのオイディプス』もまた、あまりにも感動的だ。テーマは「死の必要」であり、誤ちの回復、生の回復である。アテナイの高潔な保護のもと、望まれた長い眠りの中で、宿命の犠牲者を待ちうけている甘美な贖罪である。エウメニデスたちの森における深い安心である。二人の素晴らしい娘が、かどわかされ連れ戻され、感動は絶頂へと高められる……見たまえ！……あの偉大な民全体が涙するのだ。

私には痛いほどよく分かる。英雄アイスキュロスが、ああいった感動の時代が、すばらしい同情や別種のこまやかさや卓越した分析が始まるのを見て、不安を感じおびえたということが。アテナイに驚くべき推論家エレアのゼノンがやってきたのを見たとき、彼はどう思ったろうか？　ゼノンといえば論理の秘密すべてを、初めて明確に言い表わし、教えた男である。恐るべき巧妙さで、ゼノンは（その時まであんなにも誇り高かったイオニアのソフィストたちも打ちひしぎ）、アテナイのどまん中で、ああした運動の中心地で証明したのだ、運動は存在しないということを。ペリクレスが、そして万人が彼に耳かたむけた。人々はこの知的フェンシングに夢中になった。

思想家たちの中心は、ほどなく若い女性の家、ミレトス(23)の廃墟がアテナイに送り込んできたあれらイオニア女たちの一人の家となった。あれらミレトスの女性たちは、むごい挫折ゆえに皆が魅力的、感動的で、何人もの者は売られ、奴隷となり、それゆえにますます王妃のようになったのである。官能的なタルゲリア[24]や繊細で明敏なアスパシア[25]は、宮廷を、また何という宮廷人を持ったことか！　イオニアの移り気な天分は、その捉えどころのない美につつまれて、かつてオリンピアの神々とその変身を作ったのだが、いまやアスパシア自身となっていた。フェイディアスとその年若い流派は、そこに見出される高貴なアイロニーから着想を得ていたが、このアイロニーが神々を演じ表現したのだった。思慮深く計算した上で語る雄弁家ペリクレスは、彼女のそばで、身振りと堂々たる演劇とを学び、それが民衆を魅惑したのである。ソフィストたちは、一筋なわではいかない彼の言葉を、最も繊細なものも捉えてしまう目の細かい女の網を、もつれさせ、ほぐし、再びもつれさせる術を研究した。プロタゴラス[26]はそこで普遍的疑いを受けとり、さらにあとでソクラテスは、疑問を疑う術を受けとった。

(23) **ミレトス**　小アジア西岸、イオニア地方の古代都市。
(24) **タルゲリア**　アテナイで行なわれたアポロンとアルテミスを称える祭をタルゲリアと言ったが、そのことであろうか？
(25) **アスパシア**（前五世紀）　古代ギリシアの才色兼備の女性。アテナイでソクラテスなどの芸術家、哲学者、政治家と交わり、ペリクレスの愛人となった。
(26) **プロタゴラス**（前四八六頃～前四一〇頃）　古代ギリシアのソフィスト。「万物の尺度は人間である」と述べ、認識の相対性を説いた。

奇妙な洗練のされ方だ。しかもあんなにも急速な？　二十年ないし二五年の間に、何と多くの世紀が経過したのか！　昨日はマラトンの戦いの粗野が覆っていたのに、今日では、すべてが優雅で、繊細で、緻密である。ギリシアに勝利をもたらした、あのたくましい天分はどこにいったのか？　ペリクレスのところで、神々を消失させるために謎めいた恐るべき男、彼の師が泊っているのが見える。それはイオニア人アナクサゴラス[27]で、〈精神〉とあだ名されていた。というのもこの男によると精神以外に神はいないというからである。至高で純粋なイデアは神的なものを集中し、霊気の中に祖国のエネルギーを埋没させ、パラスにせよヘラクレスにせよ消え去らせ、アテナイを君主的平穏へとまっしぐらに導いてゆくのであった。

(27)　**アナクサゴラス**（前五〇〇頃～前四二八頃）　古代ギリシアの哲学者。ペリクレスの師友。宇宙万物の種子秩序が理性（ヌース）によって生じると説いた。

天上での統一、地上での統一、これがひそかに抱かれていた夢であった。多くのものは〈良き僭主〉を望んだでもあろう――つまりユピテルにかえ、アナクサゴラスの〈精神〉ではなく、彼らのお気に入りのバッコスをもってくること、つまりティアラ[28]を手にもち（ソフォクレス）、アジアの女のゆったりとした衣服を身につけた完全にオリエント風の神、あのディオニュソスをもってくることを、である。あの神はテュルソス[29]と、ブドウ収穫の神のキヅタを身につけており、古い田舎のバッコスの姿をしていた。彼は女たちを、奴隷たちを、乱痴気騒ぎの一群を引き連れていた。アテナイの奴隷たちは実のところ大変自由で、厚かましく（わが国のフロンタン[30]や、リゼット[31]たちと同じように）、見世物や密儀に入るのを許され、自らで、自分たちの神を、僭主を、〈救い主〉をもっていたのである。この神は加入者を通して、エレウシスを維持していた。またデルフォイを無理強いし、神殿の下に自分用の墓場を、地下礼拝場をうがち、そこから復活していた。無理矢理アポロンを自分の劇に出演させたりした。そうしたことすべては、まだ何ごとにもなっていなかった。この神はギリシアの小さな神々をすべて埋葬し、翳らせ、ギリシアを大いなる事柄へ、アジアとインドの征服へと導いていった。それはいつのことか？　そして誰の中にこの偉大な神は現われるだろうか？　すべての僭主に向かって叫ばれたものだ。「彼だ！」と。奇妙な宿命によって、シラクサの輝かしい僭主ゲロン[32]は、まさにサラミスの勝利の日にカルタゴへの勝利を手に入れ、もはや人間のいけにえを捧げないという法をカルタゴに課した。彼は自らを極めて強いと感じたので、帰りには剣を捨て護衛なしで歩いてきた。彼は再び僭主にされた。それは終身的地位となった。僭主たちは神であり、自由の、痴呆の自由の長であった。彼は天上の僭主の固有名詞を自らのものにした、〈ディオニュソス〉（ディオニュシオス）（ドゥニ）と。あるいは〈デメトリオス〉（ケレスの息子、夫）、あるいは漠とした希望を引きつける名称によって、〈救い主〉（ソテル[33]）と呼ばれた。あれらの救い主たちは恐るべきものので、僭主による自由を期待したおろか者たちを打ち砕いた。

(28) **ティアラ**　古代ペルシア人などが用いた権威を示す冠。
(29) **テュルソス**　生と生殖を象徴する酒神ディオニュソスの杖。ブドウの葉やツタが巻かれ、先端に松かさがつく。
(30) **フロンタン**　十八世紀のフランス喜劇に出てくる策士で厚顔の下僕。
(31) **リゼット**　十九世紀のシャンソンで歌われた厚顔で、はすっぱな下町娘。あるいは演劇では抜け目ない腰元。
(32) **ゲロン**（前五四〇頃～前四七八）　ギリシアの政治家、将軍。シチリアのゲラの僭主ヒッポクラテスの騎士隊長となり、その死後僭主の地位をうばい、前四八五シラクサの僭主となった。
(33) **ソテル**　救い主である、ということ。古代ローマの神々やヘレニズム時代の王に与えられた形容詞。なお、ミシュレはディオニュソスと書いているが、（ ）内にフランス語での呼び方ドゥニを書いているところからも、明らかにシラクサの僭主ディオニュシオス一世（前四三〇頃～前三六七）の思い違いであろう。この僭主はカルタゴに対抗しながら南方におけるギリシア人の最初の強国を作り、プラトンを招くなど文芸の振興に努めた。また、デメトリオスは、マケドニア王デメトリオス一世（前三三六～前二八三）か、あるいは哲学者、政治家として一時アテナイを支配したファレロンのデメトリオス（前三五〇頃～前二九七以降）のことであろうと思われる。

アイスキュロスの時代には、まだはっきりとは見えていなかった暗い未来である。とはいえ、ごく最近、救い主バッコスの乱痴気騒ぎの祭がスパルタで始まったところだった（アリストテレス）。スパルタ人パウサニアスは、プラタイアイの勝利者で、自らがゲロンに、ギリシアの救い主バッコスになると信じていた。

アテナイの光の中で人々はそのことを笑った。闇につつまれた陰謀は不可能のように見えた。しかしながら老人たちはペリクレスを見て、夢みたから、彼の特徴の中にペイシストラトスを再発見したと信じたのである。

芸術のことに戻ろう。バッコスの支配下、人心のいまだ抑圧された高揚状態の中で、演劇はアテナイで至高の必要事となった。演劇は影響力を広めはじめ、その基本的形態の中で、いまだ持っていたものを捨てた。すべては少しずつ変化した。舞台も、戯曲も、俳優も。

そのときまで舞台は、祭の時に一時的に骨組みだけを立てられるもので、即興的に、にわか仕立てで作られるものであった。詩人は〈筋展開〉の配慮、努力、危険を誰にも託すことはなかった。彼自らで自作の主人公を演じた。悲劇は、人間がそこに自らのすべてを没入させる勇気ある行為、献身であった。この揺れる床板の上に、勇士として自らを投げ出したのである。そして床板の下では恐るべき反響音がとどろいていた。彼の人格全体、身振り、声をもって、彼は気まぐれやあざけりに立ち向っていた。顔は少なくとも仮面で覆われ、侮辱から守られていたのではないか？　つねにそうだったわけではない。というのもソフォクレスは、この上ない美しさゆえに、自分の作品の一つでうるわしのナウシカアを演じたこともあるからだ。

だがそれはソフォクレスにはつらいことだった。人々は彼にのぼせ上がり、自分たちのお気に入りに対し、このつらい義務を免除しようとしなかった。他の役も彼はやらせられた。彼の性格にもっと合った、たとえば神職のような役を。彼はとてつもなく「神々から愛でられている」と思われたので、奇蹟も彼のせいにされた。ある日、嵐のさ中、ソフォクレスをたたえる歌が歌われていた。と、その瞬間、嵐はやんだ。ネプトゥヌスと海とが聞き耳を立てていたのだ。

彼は愛されていると感じた。二〇歳のときから早くも悲劇のコンクールに応募した。多分エレウシスを称えて、上品な牧歌『トリプトレモス』を作り、また新しい密儀を作った。ピンダロスによると、彼はそこで次のように言っていた。「幸福である。これらを見て、それから死ねるとは！」こうした話はまちがいなく、密儀に通じた人々全体を熱狂させた。若い詩人に対する讃美と熱中は度を越してしまい、彼のためにアイスキュロスの大悲劇の一つを犠牲にするまでになった。英雄的で愛国的な古い党派が闘っても無駄だった。意見が一致することはできなかった。審判は将軍たちに、あの栄光にみちたキモンにゆだねられた。キモンは新たな勝利をえて、テセウスの遺骨を、アテナイにとってまことに好ましいたまものを持ち帰ってきていた。ミルティアデス(34)の息子キモンは、マラトンの古兵に対し反対することはできなかった。民衆の前で反対することはなかった。民衆の好みがどこにあるかを見て、彼はアイスキュロスをなおざりにした。

(34) **ミルティアデス** (前五五〇頃〜前四八九) アテナイの政治家、将軍。マラトンにペルシアの遠征軍を迎えうって勝つ。

アイスキュロスには、それ以降すべてが逆風となった。年齢も、彼の長期の成功も、はっきり言えば芸術の進歩も、である。芸術は天分そのものから離れて自らの道をたどっていった。芸術は、叙情性が少なく、より劇的ないっそう複雑な山場のある悲劇を求めていた。そうしたものが心を捉え、不安な、宙吊りされたような状態に置いたのだ。これがソフォクレスの得意分野だった。アイスキュロスもそれを拒めなかった。彼は『オレステイア三部作』の中でそうしたものを追いかけた。

それはギリシア演劇が、さらに言えば演劇そのものが、最高に偉大なものを産みだしたということだ。シェイクスピアは、あんなにも多くの活力と魔術的で極めて複雑な種々の効果をもっているが、恐ろしいほど単純なあの芸術を凌駕してはいない。あのギリシア芸術は、巧妙であることもなく、精緻さも屈折もなく簡潔直截である。それだけに強くあなたをとらえ、しめつけ、抱きとってしまう。

『オレステイア』の三つの作品は、とてつもないクレシェンドの中で高まってゆく。朝から夕方まで祭りのあいだじゅう演じられていた。一日ですべてを演じることができた。朝には『アガメムノンの死』、正午には『クリュタイムネストラ』の死、夕方には『エウメニデス』を演じたのだ。劇から劇へ、恐怖から恐怖へと、聴衆はもはや息つくこともなかった。最高に毅然とした人々もふるえていた。女たちは気を失い、何人もが吐いたと言われる。夕方、すべては打ちのめされた。ただオレステス＝アイスキュロスだけが立ったままでいた。

『アガメムノン』からして、すでに人々の心を捉えた。不実な妻がやさしく彼を迎えいれ、そのヴェールで彼を包みこむとき、寒けが背骨で始まるのだ。『クリュタイムネストラ』(コエーポロイ〔＝供養する女たち〕)は、激しいいらだちを、親殺しの戦慄を、良心の呵責そのものを、あらかじめ身体中に生じさせた。オレステスは自分の運命を知っていた。神々は殺人を望んでいた。そして彼を服従のかどで罰するだろう。それが、信じがたい大胆さで『エウメニデス』

が目立たせてくる点である。神々をその矛盾の中に置きながら。エウメニデスたちは、オレステスと同じくらい殺人を追いもとめる。彼ら相互の否認によって、神々全体を圧倒してしまう。

アイスキュロスは大いに勇気を出して行なった。それは民衆の思いにかなうことだったが、しかし、その思いがこれほどまでに明らかにされたことで、人々はいらだち憤慨した。そうしたことすべてが感じとられたわけではない。なぜなら、道徳的状況がどうであるか、ギリシアのオリンポスの神々が急激に落ちてきた斜面がどんなものであるかが、決して説明されなかったからである。

イオニアの廃墟からすでに、ユピテルとアポロンがひどく信用失墜していた。かれらの神託は評判を落としていた。それらに大変高い金を払っていたクロイソスは、ペルシアを破れると信じていたが、反対に彼らに捕らえられてしまったため、デルフォイの神に対し、結えつける鎖を提供して情け容赦なく侮辱した。その神は、〈ロクシアス〉あいまいでいかがわしいものというあだ名をもらった。サラミスの戦い前にお告げを求められ、言を左右して笑われたのだ。唯一の神はテミストクレスだった。アイスキュロスは明らかにあいまいな神託を思い出させているが、その神託のおかげで、リュディアと哀れなイオニアが失われ、アテナイによってあんなにも涙された不幸なミレトスも失われたのである。彼はエウメニデスたちにあえて言わせている。「デルフォイのあの玉座を見てごらん！……何と血をしたたらせていることか！」

アポロンを侮辱し、ユピテルを侮辱すること（アイスキュロスもやったように）は、最高に危険というものではなかった。この劇における致命的な危険は、エウメニデスたちが何回と知れず軽蔑をこめてくりかえしている言葉、〈若い神々〉にあった。この言葉はフォイボスに及ぶものであるが、はるかにずっと直接的にはオリンポスの神々の末っ子バッコスをさすことになった（ヘロドトス）。恐るべき女神たちは古い世界の奥底から、この闖入者を打ちひしぐことになった。

エレウシスの出身であり、（ある断片の言うところ）実の子のようにエレウシスのケレスを愛していたアイスキュロスは、誰よりもよく秘教の深淵な変化を知っていた。つまりイアッコスが子供として連れてこられ、成長し、死んで復活するザグレウス[35]となり、最後に勝ちほこるバッコスとなって、このバッコスが哀れなケレスを服従させ、否応なく彼女の夫となったという秘教の変化である。

(35) **ザグレウス** オルフェウス教でディオニュソスと同一視されている神。ゼウスは蛇の姿でペルセポネと交わり、第一のディオニュソスが生まれたが、嫉妬深いヘラのたくらみにより、ザグレウスは捕らえられ、八つ裂きにされて食われた。アテナはザグレウスの心臓だけを救い、ゼウスはそれをセメレの体内で息子に直し、第二のディオニュソス＝ザグレウスが生まれたという。

この発展は紀元前六〇〇年から五〇〇年にかけて完成したように見える。しかし事は次々と起きる。唯一何らかの慎みを守っていたエレウシスのバッコスに、アジアの下品な小バッコス連中（サボス[36]、アッティス、アドン[37]等々）が混じりにやってくる。こうしたことすべてが紀元前四〇〇年より前に起きた。オルフェウスをひきさいた偉大なバッコス、女や奴隷たちの救い主と言われ、自由の（そして精神錯乱と陶酔の）神であるこのバッコスは、ああした大衆とともに、ギリシアにおける一人の僭主となっていた。そのことによって恐怖を吹き込んでいた。*

(36) **サボス** トラキアでデュオニソスと同一視された神の名称と思われる。
(37) **アドン** セム語で「主」の意味。アドニスの語源ともなっている。

* ヘロドトスは周知のごとく、紀元前四五二年（アイスキュロス死後四年）のオリンピック競技で自分の歴史を読み上げたが、こうした恐れの感じがあまりにあったので、エジプトのバッコスであるオシリスの名を見出すたびに、黙して、あえて話さないと宣した。

懐疑的で陽気な町、アテナイにおいてさえも、あの密儀に通じた人々の集団、女たちや奴隷たちの大変密集した固まりが、恐ろしいものに思われていた。とりわけ数をたのんで彼らが大胆になってしまう劇場において、である。奴隷たちも見物に来ていた（『ゴルギアス』）。彼らは話しはしなかったろうが、うなったり、わめいたりはできた。それは雷鳴のようであった。女たちも見物に来ていた。彼女たちは、やさしいあのバッコスへの思いやりから、しばしばたけり狂い、人殺しをしかねないところにまでいった。アイスキュロスは、あやうくそれを体験しかけたことがある。彼がどの戯曲の中でだか、密儀に関して言った一言で、舞台自体にあった祭壇にキスしなかったなら、彼女たちの爪で引き裂かれ命を落としたかもしれなかったのだ。

彼があの恐ろしくも明快な言葉〈若い神々〉を発したときにおちいった、この上ない危険がどんなものだったか判断できる。だが狂信者たちをものともしないで、彼は反対派を、懐疑家やソフィストといった強い精神の持ち主を、アナクサゴラスやその弟子ペリクレスのような〈精神〉以外の神を受け入れない人々を、わがものとしたのではないか？　まったくそんなことはない。この宗教的に自由な一派はアイスキュロスによって、政治的専制へと向かうその曲がりくねった道筋で攻撃された。彼はエウメニデスたちに言わせている。「正義をあがめなさい。法に敬意を表しなさい。〈自らに師を与えるよう心しなさい〉。」戯曲全体が、ペリクレスが用いていた策謀に対する攻撃としての効力をもっていたと言いうる。彼によって見張りに立たせられた一つの作品は、民衆をアレオパゴス会議(38)の廃止へと駆り立てた。アイスキュロスはこの大胆な芝居によって介入してきたのである。そこで彼が示したのは、ミネルバが、オレステスの裁判のために非の打ちどころない法廷を築いたということであった。そしてこの法廷が長いことアテナイを「法」の中心に、また神殿にしてきたのだ。

(38)　**アレオパゴス**　ギリシア中部、アテネのアクロポリス北西方の小岩山。この丘の上で古代アテネ人は最高裁判を行なった。

だがアレオパゴス会議は廃止されなかった。人々は尻込みしたのだ。それだけになおさらアイスキュロスの破滅は確実だった。彼はもはや放っておかれなかった。二〇もの口実のもと、そのときから迫害され中傷されることになる。人々は耳もとでささやきあった。もしも芝居の大団円で彼が皆の見ている前で殺さないようにしても、それは舞台裏で殺すということなのだと。成功への熱狂の中で、天あるいは地獄から成功を手に入れるために、彼は人間の犠牲者の喉をかっきるのだと。

これら想像力豊かな前ぶれがあって、彼にもたらされることになる大打撃、不信心という非難が準備された。細かな点はほとんど知られていない。彼は自己弁護したのだろうか？　分からない。弁明のため、単に自分の傷あとを示して、マラトンと、自らの兄弟と、サラミスを思い出させたように見える。非難する方は顔を赤らめ、黙した。

彼をやっつけられなかったので、人々は劇場の方を打ちのめした。劇場は相変わらず彼そのものだったのである。ある日、劇場は倒壊した。木でできた古い劇場で、何回となく彼が歩むたびにふるえ、その雷のような声がとどろいた劇場だった。それは倒壊した……あからさまな神々の復讐だった。神々の堪忍袋の緒が切れたのだ。神々はその不信心な激情に対し、あのアイアスやオレステスに対し、あの冒涜的な巨人に対し沈黙を強いたのである。劇場は自分自身を打ち砕き、彼の目の前で彼の劇場を破壊した。もう一つの大理石でできた、彫像たちで囲まれた、すばらしい劇場が作り直された。だがそれはアイスキュロスのものとはならないだろう。他のもののように震えおののきながら、古代の魂で浸透されることはもはやない劇場である。すばらしい芸術である神々の肖像が、それ以降興味とまなざしを分けあう。神々の先頭には、男のウェヌスであり、アテナイの恋人である新しい神バッコスの、まどろむように肉感的な夢みるような像があった。。

そうしたことすべては、彼の芝居の中で、フリアイ[39]たちのオレステスに言っていた言葉、「それはお前によって作られた……お前はもはや話すことはないだろう」を古い英雄たちに対し言っていたのだ。

（39）**フリアイ**　本章七節、訳注（35）参照。

まさにその時、[*]永遠に彼が去ったまさにその舞台の上で、古いティタンが自らのためにそのカフカスを立ち上げ、自らを結《ゆ》わかせ、釘づけにさせ、ユピテルの雷で打たれ、そこから偉大なる反抗の言葉、未来の預言を彼に向って発したのだと私は信じる。

＊　これは、オットフリート・ミュラーの意見であるが、まことに当を得ている。

コロノス[40]は、アテナイからほど遠からぬところにあった小さな町で、なかでも悲劇の場所であり、オイディプスとその死と、その墓の謎によって知られている。町には、地元にエウメニデスの森があり、また追放された者、ティタン族のプロメテウスの祭壇がある。エレウシスへの「聖ナル道」が昼も夜も人でみちあふれ騒がしかったのに対し、コロノスはひと気がなかった。その古い神々は評判が悪く、人々を引きつけなかった。その不気味な森は人を怖がらせた。通る者は脇によけ眼をそらせた。

（40）　**コロノス**　古代ギリシア、アッティカ地方の都市。ソフォクレスの生地。

プロメテウスは人も知るごとく、ユピテルの個人的な敵であり、ユピテルに呪われてカフカス山に釘づけにされたのである。神々の意にさからって彼は、われわれに火と技術とを与えた。それを忘れるわけにはいかない。彼は半ば神として崇拝されていた。この恩人に対しては、毎年ちょっとした競技をして安上がりな敬意が払われていた。が、それをした者は少なかった。そのことをアリストファネスは嘆いている、一方、あやしげな密儀「だれひとりプロメテウスのたいまつを運ぶすべを知らなかった」には、人々が押しあいへしあいしていた。このたいまつはアテナイの祭壇で点火され、コロノスの祭壇まで運ばれねばならなかった。火はさっとつけられ、風とたわむれ、輝きくすぶり、われわれ人間の運命の痛ましいイメージのように、手から手へと渡されていった。だが火が到達するのはまれであった。暗い祭壇は明かりのないままであった。

奇妙な忘却である！　罪深い忘恩である！　プロメテウスは原初の解放者である。あらゆる自由なエネルギーは彼から発していたのだ。彼を通して（まだ生まれてもいなかったウルカヌスを通してではない）、ユピテルの長女「知恵」〔＝ミネルバ〕が突然姿を現わしたのだ。雷の神は自らの黒い雲のあいだで苦しめられていて、自分の額の下をおおっていた彼女を感じていた。ティタンは一撃で（かつて打ったことのある中で、最も美しい崇高な一撃であった）その雷雨を貫いた。光かがやく精気が、晴朗で純粋で汚れないまま照り映えていた。それはかつてアテナイによって霊感を受け、いまも生き、これからも生き、すべてのユピテルのあとに永遠に生きるだろう魂、永遠なる処女である。まちがいなく、古代世界における最も気高い伝説である。天分と苦悩との高貴な生成である。

それは人間にとっての不変の教訓、努力による解放であり、唯一の効果的な正義である。この教訓は各人に、われわれが自らの中から自らのパラスを、自らのエネルギーと技〔＝芸〕術と真の救い主とを引き出してくるよう教える。それは直接的には、闇の救い主、いつわりの解放者の対極にある。ただそれのみが自由なのである。

このパラスの霊気は、プロメテウスが人間の魂を照らした火そのものであるように見える。ティタンはその火を、われわれの中に置くためにオリンポス山から引き出してきた。

そのときまで重い粘土だった人間は、神々にあざけられる動物の群れのようにうろついていた。プロメテウスは（これが彼の罪だったのだが）、人間の中に火花のような知性のひらめきを入れた。「こうして人間は天体を眺めはじめ、季節に注意しはじめた。そして時を分割しはじめた。文字を集め、記憶を固定した。高度の学問、数なるものを発見した。地を掘り、地を歩き回り、四輪車を作り船を作った。理解し予測し未来を見抜くようになった。」プロメテウスは人間に解放への道を開いた。彼は〈反＝僭主〉である。オリンポスが、その若いユピテル＝バッコスが、地上の多くの僭主をあまりにもまねた型の〈僭主〉へと、しだいになっているときにである。

あのティタンのようなアイスキュロスが、オイディプスのように、コロノスのエウメニデスに一つの座を求めにしばしばやってこなかったなら、そしてあの忘れられた偉大な恩人がひと気ない祭壇にすわらなかったなら、私はひどく誤ってしまっただろう。他でもないあの祭壇で、詩人はティタンだけが彼に明かすことのできた二つのものを見出せたのだ。アイスキュロスは彼の母の名前を知ったのである。プロメテウスは、おろかにも言われていたクリュメネ(41)とかいう女の息子ではなく、あらゆる神々が生まれるの見た古いテミスの息子、〈正義の息子〉であることを知ったのである。二つめは、ヘシオドスであれ他の誰であれ気づかなかったまことに崇高なことだが、プロメテウスが自らを破滅させた真の動機であった。ヘシオドスにおいてはティタンの善行は、いたずらから行なわれたのである。プロメテウスはユピテルの邪魔をしようと望んだのだ。アイスキュロスでは、プロメテウスは人間の悲惨に同情し、〈あわれんだ〉のである。それは彼を神格化し、彼を神々にまさる神とするものである。

(41) **クリュメネ** この名の女には、1、オイアクス、ナウシメドレの母 / 2、パエトンの母 / 3、ケバロスの第二の妻がいる。

あわれみ！　正義！　二つの全能のてこであり、古い神話に信じがたい力を与えたものだ。カフカス山のプロメテウス以上に三万人もの観客が、プロメテウスが次のように叫んだとき、心をとらえられ一つとなった。「おお正義よ！　おおわが母よ！……どんなに私が苦しめられているかお分かりでしょう！」深みのある声で彼が次のような苦い言葉を発したとき、いかなる心がさしつらぬかれなかったか。「私はあわれんだ！……だからこそ誰ひとり私のことをあわれまなかったのだ！」

もしも信じられているように『プロメテウス』が紀元前四六〇年頃出たのだとしたら、アイスキュロスはそのとき六五歳だった。しかし私は年齢にもかかわらず、今回もまた彼は舞台に登場したと思う。あんなにも危険なあした芝居の中で、著者以外の誰があえて演じようとするだろうか。アリストファネスはクレオン[42]を糾弾した芝居を演じるのに、自分しか見出せなかった。アイスキュロスは、一度にあらゆるものに、ペリクレス一派と〈若い神々〉の一派に刃向った『エウメニデスたち』のあと、不信心で、僭主たちの〈専制〉の堂々たる敵ティタンを演じることになる大胆不敵な俳優を、容易に見つけられなかったにちがいない。というのは、このドラマを開始し説明するのはまぎれもないこの語（センセイ）だからである。

(42) **クレオン** 前五世紀後半のアテナイの政治家。ペリクレスの死後、民衆指導者（デマゴゴス）となり、好戦的な極端な民主派の扇動政治家として活躍。アリストファネスによって痛烈に批判された。

『プロメテウス』は難解だと、その後言われた。だが、この作品はあまりにも明快である。一方では結わえられ釘づけにされた「法」の「子」がいた。他方には、天上における全能者、僭主、「法」の敵、「主」が、審判者が、好意ないし「恩寵」がいた。それはユピテルと名乗っている。だがユピテルは、そのときバッコスと混じりあう。ユピテルはバッコスに雷を、そして間もなくワシを貸し与えるだろう（ポリュクレイトス[43]の彫像において）。

(43) **ポリュクレイトス**　前五世紀のギリシアの彫刻家。

とりわけその点にこそ危険があった。アイスキュロスだけが演じることができたし、じっさいに演じ、自らの腕を鎖に、手を釘に、そして頭をハンマーにゆだねた。異常な光景であり、まったくもって一人の人間の処刑といった効果を生んだ。

第一場では一言のセリフもなかった。ユピテルの残酷な奴隷たち、「力」や「暴力」がウルカヌスに強いてプロメテウスを鎖で縛りつけている間は。それらは彼に、ただ明確で臆面もない命令だけを残してゆく。〈僭主を敬え〉と。プロメテウスはまだ口を開かない。

だが一人残され、彼の心は炸裂する。そして青銅の仮面の下から、恐ろしいため息がもれる……

『テーバイへ向かう七将』や『ペルシアの人々』の中では、アイスキュロスは時に大げさで仰々しくなっているように見える。『プロメテウス』では、だがそういうことは少しもない。それは自然であり、苦悩である。苦悩の真の爆発である。同時に普遍的であり個人的である感情なのだ。見分ける必要もない。それはティタンでありアイスキュロスだ。かつてそうであり、これからもそうであるように人間だ。人類は苦痛を訴え——身をおとすのか？　そんなことはない、苦悩の底から、人類はたくましくなって立ち上がる。人間においてヒロイズムは本性なのだ、ということが感じられる。

彼といっしょに泣くために来てきてくれたニンフのオケアニア[44]たちに対し、彼は自らの運命を語る。それも彼女たちをふるえさせるような、偉大でかつ誇り高い様子で。また同じことを自らの気弱な友オケアノス[45]にも語る。オケアノスは彼に臆病な忠告を与えようと思っていたらしい。プロメテウスは、「僭主」の大いなる特徴をいつまでも強調する。「〈自分の〉法によって、〈彼自身の〉法によって支配する者」だと。――特異な、個人的な、私的な意思によって、野蛮で礼節にかなわない意思、不平等な意思、一者への愛、他者への死によってであると。そして付け加える、つぎのような強烈な言葉を、「自分は自らの内に法〔=権利〕をもっている」、そしてその法〔=権利〕の所有者であると。

（44）**オケアニア**　大洋神オケアノスの娘で海のニンフ。
（45）**オケアノス**　前注参照。

僭主の姿がよく示されている気まぐれの根深い特徴とは、ひどい侮辱であり残忍な放蕩であり、愛そのものにおける野蛮である。子供だったアイスキュロス自身がペイシストラトスの子孫たちに見たもの、そして彼らの没落を作りなしたもの、そうしたものを彼はユピテルの中で示している。不幸なイオ(46)はユピテルにだまされ、ユノー(47)の逆鱗にふれ、残虐なアブに刺され、海と断崖を通って一つの世界からもう一つの世界へと、我を忘れて行くだろう。彼女は走ってゆくうち一時偶然にカフカスに近づく。二人の哀れな者たち、イオとプロメテウスはたがいを見る。永遠に運動するものと、捕らわれ永遠に不動なもの。

（46）**イオ**　アルゴスのヘラの女神官。
（47）**ユノー**　ローマ神話においてヘラに相当する女神。

哀れなイオは自らの運命を知りたいと思う。そして世界の謎を尋ねる。「誰が運命を決めているの？」――「パルカだよ、フリアイだよ。」

この世の無秩序についてなされた苦しみの叫びでしかない残酷な言葉。こういった運命論的形態は*、じつに頻繁にアイスキュロスの中に登場するだろう。苦々しい嘆きか、わめき声のように。教義というよりもむしろ武器なのである。彼は「運命」を利用する。神々を服従させ、ホメロス的なオリンポスの神々の気まぐれを打ちくだく堅固なくびきのごとく。だがその奥底を、真の思いと魂とを見てみたまえ、生きた自由が、彼の劇の至る所にある。自由がその中をかけ巡り、常ならぬ息吹きで劇を活気づけている。『テーバイに向かう七将』の中で、『ペルシアの人々』の中で、自由は息づいている。それは祖国であり、ギリシアの自由な天分である。『慈みの女神たち』では、権利であり、「法」と自然との法的論争である。『鎖につながれたプロメテウス』は、最高度に「自由」である——〈正義の娘〉であるだけにいっそう力強い自由である。それはティタンふうのすさまじさではなく、天への空しい上昇ではない。それは自由裁量（ないし恩寵）の不正な天に反対する〈正しき自由〉である。

＊ キネとルイ・メナールが大変うまく言っているが、ギリシア的運命論は無限に誇張されてしまったのだ。あらゆる者の中で最も力強く自由を行使した民が、自由を信じていなかったと考えるのは馬鹿げている。イスラム教的運命論とキリスト教的恩寵の運命論は、中世を不毛化した。ギリシアがあんなにも豊かだったのは、自由を信じていたからなのである。

プロメテウスはストア学派の哲学者や法律家たちの真の預言者である。彼は反異教であり、反キリストである。彼が依拠するのは法であり、法の成果しか援用しない、「正義」しか保証せず、種族や、予定説のいかなる特権も、神々に対しティタンたちが古くからもっている長子としての身分も、何一つ保証しない。彼が待っている救済は、遅かれ早かれ「正義」の英雄ヘラクレスから彼のもとにやってくるだろう。ヘラクレスが彼を解放し、彼をついばんでいるハゲワシを殺すだろう。ユピテルは「法」のもとに服従し、プロメテウスの帰還に、その勝利に耐えるだろう。

だがすべては償われねばならない。彼は負い目から解放されないだろう。恐るべき後継者、恐ろしい巨人が、オリンポスの神々の火とその小さな雷鳴を消すために、復讐の火で武装して彼のところにやって来るだろう。今度はユピテルが結《ゆ》わかれ、「罰を受ける者」となるだろう。

このユピテルの未来の征服者の名前を、彼がわれわれに言うだろうと思われたとき、メルクリウスがやって来て彼に尋ねるのだ。だが軽蔑以外何一つ引き出せない……雷がとどろく……空しいことだ。プロメテウスは断固として待ちのぞみ、挑む……雷が落ちる……われわれはこの深遠な神秘を知らないままでいるだろう。

アテナイの地は『プロメテウス』のあと、もうアイスキュロスを支えることができなかった。彼は亡命し、人々はほっとした。

預言者は世間の恐怖であり醜聞だった。イザヤはのこぎりで二つに切り裂かれた。不運なカッサンドラ(48)(アイスキュロスは彼女に自らの姿を描き出していたように思える)は、民衆および神々の犠牲者だったが、その宿命の月桂樹のもと、ひどい侮辱をうけながら死をもたらす小刀を探すだろう。民衆は自らを見るように強いる者たちに対し、冷酷である。彼らのことを話したということで恨み、また、もっと話させようと望むでもあろう。彼らがもし説明しなければ、ペテン師ということなのだ。「死ね！　さもなければ説明せよ！　お前は公の平和を破った！　お前は都市の敵なのだ！」

(48) **カッサンドラ**　トロイア王プリアモスの娘。トロイアの滅亡を予言するが信用されず、その陥落後アガメムノンの奴隷となる。後、クリュタイムネストラによりアガメムノンとともに殺される。

それは預言的精神の内奥にある苦しみだった。精神の飛翔によって運び上げられたあれらの恐るべき頂から、彼は広大無辺を、〈ミチナルダイチ〉を見る。だがその大地をどうやって叙述しよう？　はっきりさせることも遠ざけることも出来ない、あの混濁した光景は見る者を圧倒する。アイスキュロスはシチリアに逃れ、その後あまり生きなかった。死は天からやって来た。「カメをくわえたワシが、それを落として砕く岩を探していた。そしてアイスキュロスの頭を、その大きくはげた額を、岩だと思った。」ワシの目に間違いはなかったのだ。

アイスキュロスのあとには、いかなる預言者もいない。その百もの悲劇の中で(そこでは彼はあんなにも古くて、ホメロスよりもはるかに年長である)、彼はギリシアのバイブルを、いうなれば、その旧約を創ったのである。全ギリシア世界が、そのはるかに遠い植民地においてさえ、その世界が続いている限り、一種宗教的な義務として、祭りにおいて彼の悲劇を演じた。

彼一人に許されていたのだ。芸術とソフィストたちの偉大な世紀を越えて見ることが。ペリクレスから三〇人もの僭主に至る堅固な道を見ることが。『慈みの女神たち』から早くも、彼はそのことを語っている（気をつけたまえ！巨匠気取りをしないように）。『プロメテウス』の中では、立ち上って、天と地を抱きしめながら、彼は「若い神々の」専制的な道を示している。そして神格化ないし化身により、われわれに僭主＝神々を与えようとする神々＝僭主の、乱痴気騒ぎを示している。

アテナイはそれによって傷つき、目をそむけた。そしてソフォクレスの方に再び身を投げた。あの世紀を狂喜させていた美しく優しい調和の天才たちは、うるさくつきまとう者を、残酷なアイスキュロスを、まねないようにと気をつけていた。ソフォクレスとフェイディアスは、神々の弱点やその悲しむべき不調和を非難するどころではなく、大理石または劇の中で神々たちに、力強い生命ではないにしても、少なくとも大いなる霊魂として、エリュシオンでの尊厳を取り戻させるようにしていた。ソフォクレスは優しい敬意をこめて、神々をいたわり正当化した。類まれな巧みさにより、世界の無秩序は回避され隠された。アイスキュロスがあえて示そうとした恐ろしいスフィンクスは、安心したまえ、もう見えないだろう。ソフォクレスが、そしてソフォクレスの息子であるプラトンが、眼差しをそらしながらほどなくやって来るだろう。あの怪物はまだいるのか？　誰に分かろう？　聖なる月桂樹の森が、まわり中にうっそうと生い繁っている。あんなにも多くの木々と葉と花々なのだ！

ソフィストたちのつばぜりあい、彼らのゆかいな闘いは演劇と競いあうものだった。広場の柱廊で、体育場で人々は彼らの回りに輪を作った。よく笑い好奇心の強いあの民は、競技者のいかなる演技よりも、ソクラテス流のアイロニーを尊重した。彼らは誇り高く、繊細で、炯眼だった。誰があえて、トラキアあるいはフリュギアからやってきた粗野な新しいことどもで、この民の心を占めようとしただろうか。そうした新しいことどもとは、女たちが夜自分たちのあいだで執り行なった小さな密儀から生まれたり、涙であふれた乱痴気騒ぎから生まれたのだ。そこでは涙と喜びのために、人々は、かつて一度もいなかったザグレウスの死や、あるいはレタスの床に横たわったアドニスの死や、あるいは男でも女でもなかったアッティスの傷を嘆いていた。人々はそれについてほとんど話してみようともしない。

それだけいっそう簡単に、下の方で、アジアのあらゆる狂気が気づかれないまま氾濫し、染みこみ、勝利を収めていたのである。

アジアが、その最も純粋な天分ペルシアによっても、ギリシアに対し、あんなに少ししか影響しなかったのに、どうやって最も低いもの、フリュギアの常軌を逸した眩惑やキュベレのいかさま師やシリアの暗く不純な天分によって影響を及ぼしたのか、いぶかしがられる。ギリシアはそれほどまでに衰え弱まってしまったのか？　自らの衰退によってこうした恥辱も当然というものになってしまったのか？　そうしたことが言われたが、しかしそれは誤っている。ギリシアは衰退をもたなかった。ギリシアはアキレウスのように若いまま死んだのである。その力と豊かさは常変らぬものとしてあった。プラトンやソフォクレスは去ってしまった。だが科学の天分はギリシアに、大きくはないがさらにしっかりとした道を開いた。ヒポクラテス(49)やアリストテレスが、あれらの素晴らしい観察者たちが、大人で男らしい天分のギリシアを開いたのだ。方法と、より高度の光と、より確かな手順とをいっそう備えたこのギリシアは、二千年をひとまたぎし、ニュートンとガリレイの時代へと歩んでゆく。

(49)　**ヒポクラテス**（前四六〇頃〜前三七五頃）　ギリシアの医者。科学的医学の祖といわれる。

ギリシア内部の戦争は、ギリシアを破壊しなかっただろう。ギリシアは自分自身の中に力強い更新を見出しただろう。分派の闘いはギリシアを破壊しなかっただろう。それはギリシアの生命の一部であり、競争の刺激こそが努力を促進し、エネルギーを最高度に高めることになった。

奴隷制度は、たとえ何と言われようとギリシアを破壊しなかった。ギリシアはそれによって無為にならなかったし、自分のために力を使う活動を取っておいた。かつて民衆が奴隷に対し、これ以上寛容だったことはない。奴隷たちは劇場にも行ったし、密儀に参加することさえ許された。彼らの運命は大そう穏やかだった。なにしろ奴隷だったディオゲネス(50)も解放されたいとは望まなかったのである。アテナイのある諺は、身分がどれほど不安定なものかを言っている。「今日の奴隷は、あすは住民であり、ほどなく市民となる。」

（50） **ディオゲネス**（前四一三頃～前三二三頃） 古代ギリシアの哲学者。キニク学派の代表者でアンティステネスの弟子。樽の中に住んでいて、アレクサンドロス大王に何か望むことはないかと尋ねられ、「ちょっと横にどいてほしい。あなたがそこにいるために日光にあたれないから」と答えたので有名な、あのディオゲネスのことか？

変質し退廃した風俗習慣はギリシアの破産の原因となるか？ そんなことは全くない。フェニキアのみだらなウェヌスは、キプロス島、キュテラ島(51)、コリントス(52)で花開いたが、ギリシアの生活では、じっさいには、ほとんど位置を占めなかった。最も素朴な良識、最も基礎的な生理学が明かすのは、あらゆる種類の活動において、絶えず巨大な力を使う者は、悪徳に対しほんのわずかの力しか残していないということである。ある芸術家が日に二十時間も生産活動に従事していると保証されたら、彼がどんな品行の人か、はっきりと確信できるだろう。

（51） **キュテラ島** ギリシア南部、ペロポネソス半島とクレタ島の中間にある島。古代アフロディテ信仰の中心地。詩語では「恋の国」の意で用いる。

（52） **コリントス** ギリシア南部、ペロポネソス半島基部の都市。古代ギリシアではアテナイ、スパルタとともに栄えた。

ギリシア人たちは、よくしゃべり、よく笑い、しばしばシニカルになった。何一つ隠そうなどとはしないで、かつてほとんど存在しなかった悲惨な恥辱を浮き立たせた。大いに語られ、彼ら自身でそれをからかうという誤ちを犯してしまったギリシア的習俗は、かつてギリシア世界全体にあったという以上に、名前を言いうるこれこれのキリスト教の町の、唯一の地区にだけ存在する。

彼らのところで現実的だったわずかなものが、かなり遅れてやってきた。芸術の最初の恍惚状態で、フェイディアスが「人間の形は神にも似たものだ」と見出し証明したとき、この崇高な発見は魂を大いなる高みに置いた。極度の美は、完璧な調和により愛を与える以上に人を驚かし、ぼう然とさせることに注意したまえ。体育する者の生活は汚れがなく節度を保ったものだ。その生活は、女まがいの者たち（アジアで愛されていたような）を作るのには全く適していない。反対に強い神経と石のような筋肉を、堂々たる力あふれた雄を作りだした。

ギリシアでは女に対し敬意が払われていた。女は神職において自分の受けもち部分をつねに持っていて、そこから締め出されることは全くなかった（ユダヤや他の多くの民におけるようには）。誇り高く、要求多い女の市民は、晴れがましいすべての儀礼において、男よりもはるかに家の中を支配し、しばしば国家にも影響力をふるった（喜劇はそのことを大変見事に示している。そしてトゥキュディデスにおけるレスボスの事柄も）。女は自分だけの密儀を、きわめて強固な人間関係を、女の共和国のようなものをもっていた。アリストファネスのあの冗談は十分すぎるほどまじめなものなのだ。あそこに公共の傷口があった。女は男のあとを決してついていけなかった。暗い気持で、離れた所に留まっていた。

ギリシアはオリンピアの競技で、燃えている二輪戦車の火を放つ車輪の上に、この軟弱な伴侶を引きつれていったのか？　あんなにも緊張した生活だった！　あらゆるバランスを欠いた多くの仕事と戦いだった！……女は目くらめき、おびえ、もはや男を見ることもない。あれは何だというのか？　天からの火か？　女はセメレの運命を恐れる。

まぶし過ぎるこの光に、力のまったき過剰からやってくる奇妙な哄笑を加えてみたまえ。それは熱であり若さであり、生命の勝ち誇った矜持である。女はそれによって傷つき、辱められる。彼女は目を伏せる。夜の中に逃げ込む。——彼女をそこに残しておいてはならなかったろう。他のいかなる者よりも、彼女は結びつきえたであろう。たしかにアルケスティス[53]とアンティゴネ[54]のあの妹は、ああいった心で「自然」への献身が見事であり、その高貴な精神を「法」の高度な生へと開かせてもらえるだけの価値があったのである。女は多くのことを返してくれただろう。だがギリシアそのものは、その天分すべてをもってしても、妻のやさしく熱心な教養が、また愛の深まりが、雄々しい気づかいでもって自らに付け加えてくれただろうものを、見抜くことができなかった。

（53）**アルケスティス**　ペライ王アドメトスの妻。夫の身代りに死ぬがヘラクレスによって地獄から救出される。
（54）**アンティゴネ**　本章三節、訳注（33）参照。

女はオリエントの泣き虫の神々、バッコス＝アッティス＝アドニスの方へと投げ返されてしまった。春の祭りで、あざけるような乱痴気騒ぎの中で、軽率な子供たちが歌っていたのは、バッコスだけがそのやもめ暮らしと空虚とを満たしてくれる見捨てられた美女のことだ。

彼女はより高度の生の方へ、いかなる歩みもなさなかったと言えるのか？ とんでもない。誹謗された女に関する不滅の記憶が生き続けている。彼女は卓越した詩人であると同じくらい英雄だった。アルカイオス(55)は次のような心打つ美しい詩句で、彼女のことを思い出させる。

(55) **アルカイオス**（前七世紀） 古代ギリシアの詩人。

黒い髪よ！ やさしい笑みよ！ 罪なきサッフォーよ！

〈罪なき女！〉なのだ。* この詩人は誇り高く力強く、洞察力に富み、ここで美しい真実を言っている。〈天才は無実である〉と。偉大な芸術家の深淵なる神秘である。何が起ころうとも彼らは純粋な本質を保ちもつ。あの女性は純粋で、この上なく優しい心で生まれた。プラトンは彼女を七賢人の中に入れている。私たちには、自分の弟がエジプトからあまりにも有名な遊び女を買ってきたのを知って、彼女が驚き、悲しんでいるのが見える。専制が彼女を憤慨させる。彼女はレスボスの僭主を打ち倒すために命を危険にさらす。彼女は祖国を失う、が、追放の地で自らの天分を見出す。

＊「〈クロカミノ、ケガレナキホホエミヲシタサッフォー〉」ヴォルフ版一二七。彼女は〔紀元前〕六一二年にレスボス島で生まれ、一六歳で陰謀を企て、シチリア島に引っ込んだ。夫ある金持ちの女性だった。息子が一人いた。彼女の祖国は、彼女の姿を都市の守護霊の姿のように硬貨に打ちこむことで、その追放を償った。シチリアは彼女の彫像を建てた。彼女は一〇番目のムーサと呼ばれた。彼女の思い出は熱愛された。一～二世紀のち、レスボスのある女性歌手（多分愛と熱狂

を歌った）がサッフォーと名乗った。レウカディア島[56]で身投げをした女である（ヴィスコンティ等参照）。一八二二年頃、古銭によって二人のサッフォーが区別されることになった。

（56）**レウカディア島**　ギリシア西部、イオニア諸島の島。古代コリントス人の植民地でアポロンの神殿がある。

彼女は音楽全てを変えてしまった。涙の歌を発明した（ミクソリディア）[57]。竪琴は指の下で乾いたままだった。彼女は弓を発明し、それによって竪琴は心行くまでささやき、うめくようになった。最後に（大いなる衝撃だが）、そのときまで使われていた一様な韻律が、彼女の情熱にとっては死んだように見えたのである。彼女は思考を投じるリズムを発明した。人々はそれをサッフォー風と呼んだ。三行の叙唱の中で弓は引きしぼられる……短い一行がそれを緩める……そして矢は心臓を射抜く。

（57）**ミクソリディア**　古代ギリシア人が、古典的施法の一つをさして呼んでいた言葉。

一つのリズムを見出す以上に希有なことは何もない。ホメロスにもシェイクスピアにもそうしたことはなかった。燃えるようで、善良で、優しく、驚くほど豊かなこの天才、ギリシアを炎と光でいっぱいにしたこの天才に関しては、いくつかの名言、簡素で情熱あふれた感動的な言葉だけが、かろうじて残っている。そうしたものすべてをもってしても、彼女は愛を見出さなかったし、不幸な女だったのだなどと誰に言えよう？　そして彼女は愛しても実りなかった、世界は彼女の前から逃げていったなどと？　また彼女は、心動かされて自分の涙をぬぐってくれた弟子の女たち、そのあわれみ深い友情が〔同性愛だと〕中傷されているあの弟子の女たちの優しさ以外に、なぐさめをもたなかったなどと？

サッフォーの涙と絶望はギリシアを告発するものとなる。言っておかねばならないが、ギリシアの天分は、二つの世界のそばを素通りしたのだ。それは二つの端を、両極を、一方から他方へと開かれている大いなる眺望を無視して、ものごとに囲まれて生きたのだ。それは「愛」も「死」も究めることがなかった。

二つの学校がある。そこを通って魂が自らを学び、自らの中に、「全体」の中に、また愛する「魂」の中に、奥深く入ってゆく二つの道がある。愛する魂は、調和のとれたあの二つの形態、「死」と「愛」を通って、自らの永遠の美を作り上げる。

ギリシアは、それらの道の入口で、背を向け、素通りし、ほほえんだ。その「愛」は子供でしかなく、小さな翼をした小鳥でしかなかった。「死」は、英雄的なものでなければ、注目をいっそう引くということもなかった。死は飾られ、宴のときのように軽やかで戴冠されるものとなった。美しきプロセルピナはそこに降りてゆく、が花々を手放しはしない。

それはわれわれにとっては心残りのことだ。男性的で純粋で極めて明快だったギリシアは、もう一人のテセウスのように、われわれを二重の迷宮に導いてゆく権利と力だけをもっていたのだ。その二重の迷宮で人々はいともたやすく道に迷う。アジアの女性的な神々は、体の一部を失い、いらだち、われわれを、不明瞭な小道を通ってそこに導いてゆくが、それも大変手ぎわ悪く、である。

大変やっかいなまったく新しい一人の主人が、この世界に入ってきた。いらいらさせ落胆させる、〈泣きぬれた死〉で――調和ある「死」とは正反対のものである。調和ある死は、神の秩序に敬意をあらわし、それを取り入れ、それによって輝き出るものだ（マルクス・アウレリウス[58]の『自省録』におけるように）。泣きぬれたもの、この女性的亡霊はわれわれのもとにやってくる。そして力強い仕事、雄々しい革命、英雄的な飛躍をしているわれわれのすぐ近くで、ため息をついて言う。「一体それが何になるのだ？」と。

（58）**マルクス・アウレリウス**（一二一～一八〇）　古代ローマ皇帝（在位一六一～一八〇）。五賢帝の最後の一人。ストア哲学に傾倒し『自省録』を著す。

それの言うことを聞いてみたまえ。あいまいで漠として軟弱なこの説教する死の言うことを。夢想の波にただよいながら、苦悩の中に、人好きのする何だか分からないものをまぜあわせる。つまり優しくも神聖な涙を、服喪からか？　喜びからか？　何の涙か分かりはしない。

アテナイの処女よ！　わが誇り高いあんなにも汚れないパラスよ！　人があえてお前に、あの熱っぽい楽器、アジアの礼拝に使う嵐を告げるような陰うつなフルートを差し出そうとしたとき、お前のあの預言者的な軽蔑したような態度は何だったのだ？……お前はあれを泉の中に投げ捨てた。

ヘラクレスもさほど変らぬことをした。ある日、いらだった神＝女アドニスの涙まじりのお祭り騒ぎを聞いたとき、彼の心はむかついた。彼は来るべき恥辱を呪った。

だがこれらの二つの面をもつ神々の中で最高に糾弾されたのは、火の父、プロメテウスである。彼はわれわれに、全アジアが知らなかったもう一つの産出を教えた。いかにして（鉄、はがね、そして努力によって）技芸はあの不滅の娘、「理性」と「知恵」を湧き出させたか――明晰な思考の霊気、創造的で豊かな唯一のものを――奇蹟にみちたオリエントの夢みがちなまどろみとは正反対のものを。

だがオリエントは打ち破られることなく前進する。夢の魅力、薄明の魔法によって、光の神々にとって致命的となった前進である。

もはや晴朗はなかった。人間の魂は、あの好奇心にみちたエバは、未知の中を探し回り、楽しみ苦しむようになるだろう。彼女はそこに恐らく奇妙な掘り下げを見つけるだろう。力と平静？　決してそんなことはない。彼女は喜びをもつだろう――激しく、しばしば正気を逸した、とげとげしく暗い喜びを。彼女は涙をもつだろう（何と多くの涙か！）。そしてあれら二つ［力を平静］とは対照的なもの、自らの闘いと無力を、そしてそのあとにやって来る憂愁をもつだろう。

第二部

夕闇、夜、薄明の民

1　エジプト、死

この地球上にある死の最大の重要遺物は、まちがいなくエジプトである。いかなる民もこの地上にあって、もはや存在しない人々の記憶を守り、彼らに、名誉と思い出と崇拝にみちた不滅の生を続けさせるため、あんなにも粘り強い努力をなしたことはなかった。

国土全体がナイルの流域に沿って、大いなる死者の書、古い写本でなされるように、どこまでも広げていける書となっている。書かれていない石、図像やシンボルや謎めいた文字で飾られていない石は、一つとしてない。右にも左にも墓石がある。墓廟のように見える神殿がある。われわれにとってこの長い墓の通路以上に重要なものは何もない。

アフリカ人にとっての印象はまったく別である。ナイル河はアフリカの喜びであり、その祝祭、そのほほえみである。この生命の大河は、知られざる山々から、毎年あんなにも忠実に貢ぎ物をもたらしてきて、黒人世界の偶像となり、崇拝対象となっている。はるか遠くからこの河を見るやいなや、この世界は笑い、歌い、熱愛する。この渇きの世界にとって、水が固定観念となっている。リビアの広い砂漠の、あるいは紅海とシナイ砂漠の方向にある花崗岩の恐るべき山脈の、いったい何が願いであり祈りであり、ため息だろうか？　一滴の水である。ヤシの木の下の何だかよく分からない滲出が、大げさにオアシスと呼ばれたりする。そこにかけよって人々は祝福する。では大いなるオアシス、エジプトに対する愛は、どれほどのものとなったはずか？　君は水を求めていた。ここに海があり、果てしなく広がる水がある。そこでは大地が消え、水を飲み、おぼれ、水浸しになっている。北の方は泥土でしかない。ところでまさしくこの泥土が、あの水につかったデルタ地帯がアフリカの楽園となったのである。あらゆる人々がそこに暮らしにやって来るだろう。少なくとも死んだあと、そこを享受したいと望むだろう。人々は舟で死体を運んできた。そして墓石がつみ上げられた。この低地エジプトは生産過剰、生命の勝利、自然の大饗宴のようなものだ。

したがってこの国には正反対の二つの容貌がある。わがヨーロッパはエジプトを死の面からたたえる。アフリカと南方の国々は、その大河、水と食料供給の喜びゆえにエジプトをたたえる。エジプトはナイルに沿った巨大な女のスフィンクスとして、美しくも高貴で悲痛な面ざしを白人世界に見せる服喪の巨大な乳母として、えてして想像されがちである。一方その乳房を前に、その豊かな尻を前に、黒人世界はひざまずいている。

それが最初の一瞥である。二番目に眺めても、印象は相変わらず強烈だ。一年のドラマが、天と地の荘厳な調和のもと、これ以上目立つところはどこにもない。威厳をもってナイルは決められた日に下りてきて、岸に打ちよせ、あふれ出し、大地を冷し豊かにする。水が引くか引かないかのとき、人間が、これも同じように規則正しく、時を失せずにやって来て、測量し、すべてを復元する。土を耕し、種をまき、農業の一めぐりを果してゆく——一方、上方からは太陽が、全能の庇護者が、同じように正確に、生気を与え活気づけ祝福する。

果てしもない労働の生活である。だがさらにいっそう果てしもないのは、死に抵抗して保存しようという労働、努力であった。死に逆らい、生に関して可能なものすべてを取っておこうという感嘆すべき執着だった。家族はそこに、自らのもつ最も感動的なものによって姿を現す。他に類のないことであるが、一つの民全体が何千年間にもわたって、自分の家族に墳墓での第二の生を確保すること以外、全く考えなかったのである。最高に貧しい者たちも、いかなる耐乏生活にも耐えて墳墓を買ったかを想うと感動せざるをえない。それぞれの墓が二人のためのもの、夫と妻のためのものだった。それがかれらの共通の目的だったのである。彼は死ぬような労働を通し、彼女は死ぬような倹約を通し稼いでは、必要なこまごまとした宝を秘蔵したのだ。それによって、一緒に防腐処置を施してもらい、一緒に石の下で眠り、そして一緒によみがえることが出来るようにと願って。

コントラストは大変美しかった。エジプトは死によっても生によってもすばらしかったのだ。両者ともあの偉大さに大いに貢献した。それは本質的に調和のとれた国であり、ごく自然に一つのシステムをなしていた。周り中比較できるものは何もなかった。たとえば偉大なカルタゴ、あのとてつもない帝国は、ばらばらに四散してしまい、同様のものは何一つ持たなかった。シリアとてそれ以上ではない。それはエジプトのように二つの容貌を持っていたが、それらはまったく調和がとれていなかったのである。

エジプトは正反対で、その社会体制においても、また自然および芸術の多彩な性格においても一なるものだった。その深い平和の精神から生じる生来のやさしさにより、また時間により、その巨大な持続により、完璧に溶けあった一者となっていた。エジプトは墓の威厳に関わっていた。あらゆる者が死の偉大なる女主人を称えにエジプトにやってきた。すべての者、ギリシアさえも、それを手本にし始めた。そしてエジプトの神官たちに尋ねたものだ。彼らの謎、象徴表現、清めの儀式、大祭、死者について絶えずくり返される判断、〈泣き女たち〉の恒常的嘆き（そして〈泣き男〉のである。というのも男たちも葬儀では〈泣いた〉から）、そうしたものすべてが、敬意を引き起こし心を打った。思わずまねられてしまった——全部がではなく、これこれの細部が、しかも、しばしば稚拙な形で。生来的には正反対のフェニキアが、深い憎しみをもったユダヤが、にもかかわらずエジプトの幾つかの断片を取り入れた。そしてユダヤ人のあとにはキリスト教徒が。エジプトを呪いながら彼らはエジプトに従ったのである。そして今日でもまだ従っている。思考、典礼、祭、暦、葬儀の教義、また神の死の大いなる教義において、彼らは、他の数多くの民とともに、エジプトの死者を運ぶ舟のあとを、その永遠の航路の中をたどっている。

シャンポリオン[1]は大変見事に言った。「エジプトは完全にアフリカであって、アジアではない。」

（1）**シャンポリオン**　第一部第一章二節、訳注（8）参照。

それは公式の史料が、その重々しい単調さの中で言っていないことである。聖職者の神々もまた、その陰うつな教義において、はっきりと言っていないことである。だが民衆の宗教は指にそれを触れさせる。その宗教は完全にアフリカ的である。何の玄義もない、誰にでも分かるものである。まったき愛と、愛にみちた善意――官能的善意によってアフリカ的である。――何がそうさせているのか。自然である。万人にとっての、心打つと同様に尊敬すべき母である。それはなにをなそうと愛と尊敬なのだ。

あの哀れな民は――単調な風土に囲まれ、つねに同じ耕作の中で、教義と理解しがたい文字との重い謎につつまれたあの農耕生活の中で――アフリカの善意あふれる天分、神々しい女性、優しい母、貞淑な妻、そのイシスがいなかったなら、何回となく押しつぶされていただろう。あの民は、イシスの中で生きたのである。

善意が地上に存在するとしたら、あれらの種族の中にあるのだ。かれらの典型は黒人の重い特徴からはほど遠く、また乾いたアラブ人やユダヤ人とも異なっていて、極度におだやかである。家庭はとても優しく、外国人に対してさえ、共感あふれたすばらしいもてなしをする。エジプトは人間をいけにえにすることはほとんどなかった。毎年ナイル河に一人の娘を投げ入れていたのは事実だが、それは柳の小枝で作った娘だった。ハーレムもなく宦官もいなかった。常軌を逸した愛も、子供の身体損傷（エチオピアやシリアや、至る所であったような）もなかった。一般的に一夫一妻制だったが、それは自由に自発的に選んでそうだったのだ（何人もの妻をもつこともできたからである）。妻は大きな影響力をもち、それを保持した。ナイル上流では、妻は年をとらないというあの奇抜な特権を有していた。記念碑の中でたたえられている美しい体型を保ち、とてもふくよかな、しかしぴんとはった固く弾力のある乳房をしていた。[*] それは永遠の処女性を示して突き出ていて（聖なる絵画におけるように）、不死の盃を変ることなく描き出していた。

＊カイヨー、[2] Ⅱ、二二四。同じ著者はエチオピアの女の一人が示した魅力あふれる同情心について語っている。彼女は、ひどく疲労したわれらが旅人たちをみて、いつからナイルを離れてしまったかと尋ねたという。「四か月前から」と答える——「四か月ですって？」と彼女は言って、優しさにあふれた美しい黒い瞳で見つめながら、両腕をわれわれの方に向けて差し出した。「おお、友よ！　不幸な兄弟たちよ！」と。そして彼女は持っていたものすべてを、ナツメヤシの実や水その他をみんなくれた。同、二四二ページ。

（2）**フレデリック・カイヨー**（一七八七〜一八六九）　フランスの旅行家でエジプトとヌビア（現在のエジプト南部とスーダン北部にまたがる地方）の旅行記を著す。

アジアの王たちは、しばしば自然への深い感覚をもっていて（ヘロドトスに出てくるクセルクセスを見ること）、他のどこの女よりもエジプトの女を好み、ファラオに要求したという。彼らはエジプトの女の方を盲従的なアジアの女よりも、あるいはヨーロッパで女が呼ばれている、あの誇りたかい半＝男よりも愛したのだ。エジプトの女は情熱的で有能で、しかしすなおで、とくに何よりも善意に富み、要するに、愛と従順とで最も多く返してくれる者だと信じられたからである。

エジプトでは女が君臨していた。王座に登ることもできたし、それぞれの家庭でも女王だった。あらゆる用事をやっていた。男は彼女の才能を認め、労働から離れることなく、土を耕したり布を織ったりした（ヘロドトス）。ディオドロス[3]は、夫は妻に従うと宣誓していたとまで言うだろう。彼女の巧みな管理がなければ、彼らは貧乏人にとって難しいあの目標、死んだら共に防腐保存してもらい、一体となって永遠の休息につくことに決して到達できなかったろう。

（3）**ディオドロス**　第一部第三章七節、訳注（7）参照。

エジプトはそのイシスに酔い痴れ、彼女以外には何一つ目に入らなくなった。単に女として、喜びとして、幸せと善意として彼女を崇拝していただけではない。エジプトにあった良きもののすべてがイシスだったのである。望まれた水、川、良き液体の女（ナイルは女性だった）が、イシスと区別されなかった。水がもたらす豊かな土壌もそうである。エジプトさえもそうなのである。糧をもたらす良き雌牛は、飾りとして角をもつほどに女神から愛されていた。角だろうか半月だろうか？　イシスは白い月だった。あんなにも多くの太陽のあと、あんなにもすばらしい夕方にやってくる月、耕す者に休息と愛する女を取り戻してくれる月。月は、なすべきことを決定し、男では労働を、女では愛を評定し、愛の回帰と、時期と、聖なる危機とを示す優しい伴侶だったのである。

この心の女王、アフリカの善なる霊は、神秘なところがなく、女として王座にすわっている。美しい乳房で、多産を示すあらゆる印で、無邪気に飾られているスイレンを、愛の花のめしべを笏につけている。頭上には王冠のかわりに貪欲な鳥を、決して「十分だ」と言わない、あのハゲワシを堂々とのせている。ハゲワシは、愛を、母の更新を強要する厳格な仲介者「死」のしるしだったのである。

この奇妙な髪形の中で、ハゲワシより上に立っている母なる雌牛の記章は、愛が欲すること〈たえまなく生を作り直すこと〉を十分に告げている。恵みあふれる多産性、母の無限の善意、それがアフリカのあの激しい熱気から無垢を作り出すものなのだ。ほどなく愛と喪の悲しみが、そして永遠の哀惜が、それらの熱気をあまりにも浄化するだろう。

普遍的母（イシス＝ハトホル[4]つまり夜）の中で、あらゆる時代より前に一人の娘と一人の息子、イシス＝オシリスが宿された。彼らは二者であって一者でしかなかった。というのも彼らは母の胎内にいる時からすでに深く愛しあい、それゆえにイシスは受胎させられてしまったからだ。まさに世に存在する以前に、彼女は母になっていたのである。彼女はホルスと呼ばれる息子を持った。ホルスはほかならぬ彼の父であり、善意と美と光の、もう一人のオシリスだった。したがって彼ら三人、母、父、息子は同じ年齢、同じ心として誕生したのだ。

（4）**ハトホル**　太陽の円盤がある雌牛の角をもつ女として表わされる豊穣の女神。子供の誕生の世話をし、美、愛、結婚の守護神とみなされ、時にオシリスの妻イシスと同一視された。第一部第三章二節、訳注（28）（29）参照。

何という喜びだろう！　彼らは祭壇上に、妻、夫、子としている。あの者たちは人間であり、生きた存在であることに注意したまえ。インドが古い三つの宗教から作り上げた不調和な結婚のような、幻想的な三位一体ではない。ビザンティウム[5]が自らの形而上学を精緻に推理したような、スコラ学的な三位一体ではない。ここには生命がある。ただそれだけだ。自然の燃えるような噴出から、三重の人間的統一が生じている。

（5）**ビザンティウム**　古代トラキア地方の町。ビザンティン帝国の首都が置かれ、コンスタンティノープルと改称された。

いかなる神話も、肯定的で真実なこのような力をもっていなかった。母は処女ではない（仏陀やチンギス・ハーン[6]や他の多くの者の母と同様）。それはまさに女、愛に満ち、乳にあふれた胸をした真の女性なのだ。オシリスは真の夫であり、軽んじられることのない、現実的で行動的な不断の生殖力をもった夫である。自分のイシスを愛するゆえに、あふれんばかりのその愛は全自然を多産なものとするだろう。息子は真の息子であり、父とひどく似通っているから、両親の結合を厳かに証すものとなっている。彼は愛と結婚の生きた栄光である。

（6）**チンギス・ハーン**（一一六七頃〜一二二七）　モンゴル帝国の始祖。在位（一二〇六〜二七）。

すべてが力強く真実で、虚偽やあいまいさの外にあるから、結果もまた力強く肯定的である。人間的なオシリスは天上のオシリスに宗教的に順応し、自分のイシス、エジプトに働きかけ、女と大地を実り豊かにし、絶えず労働によって、収穫物と芸術を生じさせる。それらの神々は、ある種のアジアの宗教がもっている非人間的なところ、難解なところ、恐怖すべきところをもたない。彼らは尊敬すべき心打つ存在であり、何ものをもおびやかさない。インドのシヴァ神は眼をとじないで、その貪欲な眼差しをうっかり投げると、すべてを焼き尽くしかねないのである。

この祭壇の上にあるのは、やさしい家族の姿をとった人間的性質そのものであり、母のまなざしによって創造を祝福しているのだ。大いなる神、それは母である。なんと私は心休まるだろう！　私はあの黒い世界が、あまりにも野獣に支配され、その出産においてはライオンやワニの恐るべきイメージにとらえられた世界が、怪物しか決して生み出さないのではないかと恐ろしかった。だがここで世界は、心やわらげられ人間化される。愛にみちたアフリカは、その深い欲望によって、地上の宗教の中で最も心打つ対象をよみがえらせたのだ……一体何を？　生きた現実、善良で実り豊かな女をである。

巨大で民衆的で、まことに無垢な喜びが爆発する。渇いたアフリカの喜びである。水、大量の水、どこからやって来るのか知れぬ淡水の驚くべき海、それがこの大地をみたし、幸せでおおい尽くし、その最小の血管にまでしみ込み入り込んでゆくのだ。そして一粒の砂も渇いていると不平を言うわけにはいかなくなる。からからになった小さな運河は、水のせせらぎがやってきて渇きをいやしてくれるにつれ、ほほえむだろう。植物も、この健康的な波がひげ根の先をひたし、根元をとりかこみ、葉へと上昇してゆくとき、心からほほえむだろう。植物は柔らかくなった茎を傾けそっときしむ。魅力的な光景である。愛と汚れない悦楽との果てしもないつらなりである。そうしたことすべては、愛するものに浸された大いなるイシスだ。

しかし何ものも持続しない。どうしてそれを認めないでいられよう? すべては死ぬ。生命の父、ナイルも涸れてひからびる。太陽は、そんなとき、疲労困憊する。やつれ色青ざめる。その光を失う、善良な生きた太陽は、イシスの内部にその果実の種を、あらゆる健康的なものをまいて自らすべてを創造しえたのである、時間と持続は別として。ある朝、太陽は消え去ってしまった……残酷を兄弟テュポン(7)〔＝セト〕によって犠牲にされたのである。テュポンは剣で太陽を分割し、切りきざみ、四散させた。人間の名誉、誇り、力、雄々しさは、厳しく切りさかれた。あれらの哀れなかけらはどこにあるのか? 地の上に、海の中に、至る所に、である。さげすむような海は、それをフェニキアにまで運ぶ。

(7) **テュポン**　ギリシア神話に出てくる巨大な怪物で大地の女神ガイアの息子。一時ゼウスと戦い勝利したこともある。セトは長い脚と長くて広い耳をもつロバのような形をしたエジプトの神。オシリスを殺して一時権力を握ったとされる。ギリシア人によってテュポンと同一視された。

ここでわれわれは神話から脱却する。それは生きた現実である。オリエントのハーレムに売られる偽物の女たち、あの去勢された若い男たちを市に出すために前もってなされた（そして今もなされている）身体切断の、極めて痛ましい思い出なのだ。彼らの売却の中心地は、長いことフェニキアだった。

イシスは髪をかきむしってオシリスを探しに行く。このアフリカの苦悩は、この世で最高に純真な、見放された苦悩、プライドをすてた苦悩である。それは、やもめとなった女のむごい苦しみを、その哀惜の心を、その焼けるような欲望を、そして夫のないままに生きるという彼女の痛ましい無力を、自然全体にゆだねる。彼女は流れが運び去っていった彼の体の断片をついに見つける。それらを取り戻しにシリアにまで、ビブロス(8)にまで行くだろう。そして残骸のうち残っていたものから、体を復元することが許される。だが、たった一つが欠けている。深い絶望である！

「ああ、それは、それこそは生命なのだ！　愛の神聖な力よ、もしお前が欠けていたら、世界は一体何だろう？……今やどこにお前を発見すればよいのか？」彼女はナイルとエジプトに嘆願する。エジプトは彼女に対し、永遠の多産を保証するだろうものを返してやる気はない。

（8）**ビブロス**　フェニキアで最も名高かった港町。アルファベットはこの地で発見されたといわれる。

しかしこんなにも大きな苦悩は十分奇蹟に値した。愛と死のこの激しい闘いの中で、オシリスは、体をバラバラにされ、あんなにもむごく切断されていたが、力強い意思によってよみがえり、彼女のもとに戻ってくる。死者の愛は極めて大きかったので、力の限りの思いで、彼は最後の欲望を取り戻す。彼が墓から戻ってきたのは彼女を再び母にするためだった。おお！　いかにむさぼるように彼女はこの抱擁を受け入れたか……ああ！　しかし、それはもはや永遠の別れでしかなかった。イシスの燃えるような腹も、あの氷のような胚芽をあたためることはないだろう。かまうものか。そこから生まれる果実は、悲しくも色青ざめているが、やはり愛の至高の勝利を語るのだ。生命の前に生殖力をもち、生命のあとでもまだ生殖力をもっていた愛の勝利を。

こんなにも素朴なこの伝説に関してなされた注釈は、天文学的な象徴主義の深淵な意味を付与している。確かに早い時期から、人は、人間の運命と一年の流れ、太陽の衰え等々との一致を感じていた。だがそうしたことすべては二義的なもの、後世になって指摘され付け加えられたものである。最初の起源は人間的なもの、エジプトの哀れなやもめ女の大変激しい心の傷、なぐさめられることない痛手だったのである

他方、アフリカ的な官能の色彩に幻想を抱かないように。ここには肉体的喜びへの哀惜や満たされない欲望以外のものが、確かにある。自然は、この苦しみに対し、多分応えるべきものをもっていた。だがイシスは雄を欲しなかった。彼女は愛する人を欲するのである。〈自分の愛するひとであって、他の誰かではない〉、同じひと、つねに同じひとを欲するのだ。全く独占的な〈ごく個人的な〉感情である。なきがらを限りない心づかいで取ってきて、彼の姿がみえてくる。ただ一つの原子も欠けないように、死がそこに何の変化ももたらさないように。と、ある日、彼が、あの唯一無二の愛の対象が復元されるだろう。こんなにも優しく、善良で無垢な伝説には、決して凌駕されることのない驚くべき不滅の香りがある。深く悲しむ心よ、打ち沈んだ宴婦よ、小さな孤児よ、希望をもちたまえ。あなた方は泣いている、だがイシスも泣く、が、絶望しない。オシリスは死んだ、が、やはり生きている。彼はここにいる、そのあどけないアピス(9)の中で再生して。彼はかの地にいる、魂の牧者、亡霊たちの世界の温厚な番人として。あなた方の死者は彼のま近かにいる。何も恐れることはないのだ、彼はたしかにあそこにいるのだから。彼はいつか自分の体をまた求めに戻ってくるだろう。だからその大切な遺骸を、心をこめて包んでおこう。香水と祈りと熱い涙で、それらを防腐保存しよう。そして私たちのごく近くに保っておこう。魂たちの父が闇の王国から出て、いとしい魂をあなたに返し、魂をその体に再び結びつけてくれる日、父は言うだろう。「私はお前のためにこの魂を保存してきたのだ」と。

(9) **アピス**　古代エジプトの雄牛神。死に際してこれがオシリスになるといわれる。

ここまで、すべては自然である。民衆の美しい伝承は、そこに信じられないくらい過剰な善意を付け加えた。イシスは、夫のバラバラにされた体を探しもとめに行ったあの陰うつな行程の中で、地面に何だかしれない黒く血にまみ

れた不格好なもの、生まれたばかりの小さな怪物を見つけた。色で、それが彼女の敵、死刑執行人、残忍な殺人者である黒いテュポンの子供であると分かった。その子はアヌビス(10)だった。記念碑の上に見られるような犬ないしジャッカルの頭をした埋葬者の姿をしていた。だが愛すべき女神は、泣きわめいているか弱い生き物を前にして、哀れみの心しか覚えなかった。愛や苦しみ以上に善意が強力だったのだ。彼女はその生き物を大地からもち上げ、自分の両腕で抱いた。それを他の女に養わせ育てさせることもできたろう。だがイシスは優しさであり慈悲そのものであった。何一つ中途半端なことは出来なかった。彼女はこのみにくい乳飲み子を胸に、あんなにも深く引きさかれていた胸に抱きしめ、泣きながらほほえみかけた。そして寛大にも、とうとう自分の乳房をすわせた。真に神々しい光景である！　大地全体がここにやって来るように！……暗殺された男の寡婦が、暗殺者の息子を養っているのだ。善意の乳を飲ませてもらい、愛の涙を注がれ、怪物は神へと生成する。

（10）**アヌビス**　古代エジプトの死者やミイラの神。頭はジャッカルまたは犬、体は人間の姿で表わされる。

これはかつて人間の思考が見出した最高に優しいものである。インドやキリスト教の神話の中に、比べられるようなものは何一つ見当たらない。エジプトの神話は、中世なら地獄に落とされるもの、悪魔的と信じたであろう種族の無実を語る。それは明らかにしたのだ。罪は親から子へと受け渡されるものではないこと、罪人の子（父と同じように、まだまっ黒であるが）も、やはり天の同情に値すること、神のごとき善意は、その子を立ち上がらせ、神のもとにまで上昇させるだろうということを。

結果はすばらしい。この黒い子供、罪の息子は、その誕生によって死に属し、その乳母によって生に属していたが、移行と通過の精霊、二つの世界の橋渡しをする良き精霊となった。彼はあらゆることを理解し、あらゆる神秘を知り、あらゆる技術を創造する。通過してゆくいくつもの世代が保存され不滅にされるだろう記憶なるものを、定着させるのも彼なのである。彼は年なるものを定式化し計算する。彼は文字を発見する。この文字が、ある年のある月に思い出を書き留める。彼の技術がわれわれの遺骸をしっかりと固定させてくれるので、包帯につつまれたままわれわれは復活の日を待つことができる。だがアヌビスの至高の働き、その最高の恩恵は、哀れな魂がこの世から出てゆくとき、その魂を引き取り安心させ導いてゆくという点にある。魂は道に迷った悲しい鳥のように、このなにもかも新しい奇妙な国に入ってゆく！……魂は眠るのか？　目覚めているのか？……大変みごとな一冊の『死者の書』（ルーヴルのマントルピースの上に置かれている）の中で、それは見事に表明されている。気遣ってやらねばならない若者と同様の魂は、何をなすべきかがよく分かっていない。しかし魂は良き手に抱かれている。アヌビスがその心臓にふれ、魂のためにそれをしっかり脈打つようにさせる。「お前は何を恐れているの？　私がお前の保証人になっているのだ……最後の裁きを恐れないで……テュポンの黒い息子である私も通過したのだから、無実の君、純白の服につつまれて潔白な君が、びくつくような必要はまったくないよ、来たまえ、善意のオシリスが君を待っている。」

　これらのことを書いている間、私は偉大な記述を載せたシャンポリオン、ロゼリーニ[11]、レプシウス[12]の図版にさっと目を通していた。あれら崇高な神話に心満たされながら、それらの図版を対比しつつ、念入りに私は現実の姿を探していた。一つの図版が私の目をひき、私に考えさせた。* それは、家畜の先頭に立っている農夫が、書記のところに報告に来ている図版だった。書記は、家畜がふえたかへったかを数えて記すのである。その男はまだ若くて、ひげも生えておらず、すべてのエジプト人とおなじように、宗教的敬意を表わす姿勢として胸のところで両腕を組んでいる。この書記は威圧的なところは全然なく、王か神官の部下なのである。ヨセフ〔「創世記」に出てくるヤコブの息子〕のすばらしい話によってエジプト全土は王のものであったことが知られている。ディオドロスによると（I、四〇）神官のものだったという三分の一を除いて。エジプトにおける農地は、要するにほとんど小作地でしかなかった。ファラオからプトレマイオス[13]、サルタン、ベイ[14]へと、君主たちは自分たちの欲した者に耕させたのである。それぞれの世代に支払いをさせるのも、息子に父がもっていた小作地を再び買うよう強制するのも、君主の自由だった。こうした体制がもたらしたものは、よく知られている。世界で最も豊かな地方に恒常的悲惨が生じたのだ。家族は、一家の父が死ぬと、どんな運命が待ちかまえているか分からなくなった。メスを手に死体防腐処理の男が入ってきたとき、息子と母は涙ながらに逃げ出し、屍体と家とを引き渡してしまった。翌日、もう一つのことが執行された。今度は書記（王や神官の）がペンを手に入ってきて、家畜の数を書きとめ、一家がその数をふやしたか、そしてその家族が継続されるに値するかを査定したのである。私が思うに、このたぐいの場面を、くだんの図版は現わしているのである。書記の足許に、平身低頭した一人の人物がぬかづいている。おびえきって懇願し哀願しているように見える。それはその家の妻だろうか？　小作人の母だろうか？

(11) **イッポリート・ロゼリーニ**（一八〇〇～四三）　イタリアのエジプト学者。『エジプトとヌビアの遺跡』（全九巻、一八三二～四四）ほか。

(12) **カール・レプシウス**（一八一〇～八四）　ドイツのエジプト学者、文献学者。『エジプト人の死者の書』（一八四二）ほか。

(13) **プトレマイオス**　歴代エジプト王の名。一世（前三六〇頃～前二八三）はヘレニズム時代のエジプト王国、プトレマイオス朝の創始者。その他クレオパトラの弟だった十三世や十四世、彼女とカエサルの子十五世等が知られる。

(14) **ベイ**　トルコの高級武官、地方長官、総督の称号。

＊　ロゼリーニ、二つ折版、二巻、図版三〇。

かわいそうに家族は、同時に二つの審判を受けていたのだ。生者としての彼らは小作地を持ち続けられるだろうか？　死んだ者は聖なる墓所へ入るに値すると判断されるだろうか？　神官一人でそれを裁いていたのである。家族愛のあんなにも深い人々のところにあって、神官を無限の恐怖の所有者にしてしまった巨大な特権である。耐えがたい賦役にたえず彼らは引き出されていた。すべてが人間の数をたのんでなされた。ラムセス[15]〔＝ラメス三世〕はテーベのオベリスクの一つを建てるのに、一度に十二万もの人間を使った（ルトロンヌ[16]、「アカデミー」一七、三四）。玄武岩、花崗岩、斑岩に、当時の雑な道具で立ち向かい穴をあけるには、どれほどの人間とどれほどの長い時間が必要だったろう？　ある者は若くして結婚したかしないかのときに駆り出され、その地で人生を使い果たし、年老いて腰が曲がってしまってからやっと家に帰った。おお！　何と多くの人生が、悲しみが、涙がピラミッドの山の中に積み上げられたことか、ピラミッドは、リビア方向の低地にある巨大な大墓地の中にできた真の苦しみの山だったのだ！　そしてアラビア方向に連なる山脈の地下道路の開鑿の中、果てしもない労働が蜂の巣状の墓にかえていたあれらの固い岩の中には、何と多くの絶望があったことか！　何千という生者が、死者たちのあの住居をうがつために、ランプをたよりに、いうなれば自ら死者となって、日光も空も見ず、ランプの煙たちこめた墳墓の丸天井の下で生きていたのだ。

(15) **ラムセス三世**（在位前一一九七頃〜前一一六五頃）　エジプト第二〇王朝の王。都テーベの郊外メディスト・ハブに豪壮な神殿を作り、そこにリビア人の侵入を撃退した様子を浮彫りにした長文の銘を残した。
(16) **ジャン・アントワーヌ・ルトロンヌ**（一七八七〜一八四八）　フランスの考古学者。『ギリシアとローマの硬貨』（一八一七）ほか。一八一六から碑文・文芸アカデミー会員。

「聖なる文字は神官だけが知っていた」（ディオドロス）、そしてそれを花崗岩に刻むために、自分たちの人生をついやしてしまっていた数多くの人々、民衆には知られていなかった。エジプトの三種類の表記法の、この上ない複雑さが知られている。ここでは象徴表現である。あそこでは速記録である。他のところでは通常の字母である。そこに見えるこの形象は人間なのだろうか？　思想なのだろうか？　これは一つの単語だろうか、一つの文字だろうか？石に穴をあけていた者には、まちがいなく容易にとけない悩ましい謎であった。この恐るべき表現法を読みとることができ、難解な姿をしたその謎を見抜けたとしたら、彼は何を発見しただろうか？　聖職者たちの宗教の、それ自体よく分からない意味、それによって神々相互が生じてきた〈発出〉という難解な教義であろう。発出によって、神々は同じく容易に互いの中に入りこみ、まじりあい、混合しあっていた。それは、あれらの山の中にうがたれた多くの暗い通路が、入り組みもつれあって墓の迷路を作っているのと、まったく同様だった。

記号の方も思想の方も民衆には理解できなかった。それこそ多分、最もつらいことだったろう。エジプトは一万年間も（一万年とプラトンは言っている。『レゲス』II、三）、理解するという慰めすらもたずに、あの莫大な労働で憔悴してしまったのだ！

あんなにも感動的で明快な民衆の良き宗教は、すべてイシスに関するものだった。ああ！ 彼女はどこにいるのか！ 彼女はどうなってしまったのか？ イシスはあれらの記念碑の中で助言者ないし保護者のようにして、まだ王たちのそばにいるのが見られる。だが実際には、そうしたことすべてにおける活動的で支配的な神霊は、学者神トト(17)（アヌビスの高められ洗練された形態）なのである。トトによってこの善意の宗教は、女の心から出発して、変化し、教義と信心の行為をになった難しい体系となった。神官たちの教条主義哲学となった。

(17) **トト** 朱鷺または犬の頭をし、ヒヒの体をした神。神々の書記および時の計測者としての役割を果たしていた。

あれほどしょっちゅう引き離される女にとっても男にとっても、死はまさしく希望だった。あわれな男は、正午には太陽が石をも割ってしまうような耐えがたい猛暑の中で働きながら、太陽そのものに祈ったのだ、解放の一撃で、「彼女」のそばで「彼女」と分かつ永遠の休息を、自分に与えてくれるようにと。女の方も、息子と二人で耕作しながら同じことを考えている。断食によって、彼女は死の小さなへそくりを蓄えていった。

この目的に失敗したら！ この不幸な男が墳墓に値しないと判断されてしまったら！ 彼女は永遠にやもめであることを強制されるのである！……心を乱すつらい思いだ、自分たちの死さえも台無しにされた、という思いである！

魂は、最良の魂は、きびしい一連の変化*1を通してのみ、第二の誕生へと至ることができた。ただ一人、神もなく、この恐ろしい旅路に挑まねばならない呪われた魂とは、いったい何だろう！ それはぞっとする汚らわしい姿となって、エジプト人が、ユダヤ人と同様にひどくきらっていた動物、雌豚に変って行くことだった。その道筋をふさごうと、途方もない怪物が現われてくる。魂はそれらと闘わなくてはならない。あげくの果てに、魂は悪さをする番兵の鞭をあびる。あの番兵は悪魔＝猿だろうか？ 悪魔＝ヒョウだろうか*2？

＊1　ある碑銘で、渡し守の長アフメス(18)は言う。「私は生まれた」と。いうなれば「私は自分の変化を果たした」と。ド・ルージェ(19)、「碑文アカデミー、外人研究者メモ」一八五三、三巻、五五ページ。

（18）**アフメス**　エジプト第一八王朝の創始者アフメス（?～前一五三七）のことであろうか。

（19）**オリビエ・ド・ルージェ**（一八一一～七二）　フランスのエジプト学者。『アフメスの墓碑に関する覚え書』ほか。

＊2　このシャンポリオンの図版（二つ折判、三巻、二七二ページ）では、二者のうちのどちらなのか、私には識別出来ない。

ここにはすでに、イエスがその中に悪魔を送り込んだと「福音書」で語られている豚がいる。ここにはすでに中世が、あんなにも残酷に精神を偏狭にし、ゆがめてしまった恐怖の伝統の始まりが、まだその初歩段階ではあるが、存在している。断末魔の苦しみは恐ろしいものだった。キリスト教の闇黒の世紀（一〇世紀、一一世紀等）におけると同様、死にゆく者は自らを悪魔によって運ばれていくと思い、聖人たちを呼びよせ、自分を聖遺物で被わせた。エジプト人は、唯一の保護者トト、アヌビスだけでは安心させてもらえないと思うほど恐れたのだ。手足一つ一つのために恐れ、それぞれの手と足に特別な神の助力を求めた。四人ではなく十五ないし二十人もの神を引きとめさせた。一つの神は鼻を保証し、それをしっかりと保ってくれる。もう一つの神は歯を、あるものは眼を、ある者は首を請け合ってくれた。恐怖はあまりにも極端だったから、腕を保持するのに、さらに肘をも保持させるようになった。脚を守るのに、膝を救うためのもう一人の神を望んだりした。＊

＊　すでにシャンポリオンは、カイヨーの『旅行記』の四巻に、死者たちのこうしたしきたりの一例を提供していた。レプシウスは一八四二年に（四つ折版で）そうしたものの一つを完全に出版した。ド・ルージェ氏はもう一つ別の例を与えている（一八六四年、二つ折版）。そこには最高に興味深いことどもが見られる。魂は幻想的な動物たちと戦わねばならないだろう。魂はケルネテル(20)で働くことを禁じられていた。日の出ている間は地獄（アメンティ(21)）を離れることが禁じられていた。魂が復活するとき、魂にはその心が返されるだろう、等々。

（20）**ケルネテル**　原文 Ker-neter。不詳。

（21）**アメンティ**　通常は西方にある死者の行く冥界と考えられていた。

魂は昼間は〈戻って〉こなかった。生者たちに行動させるためである。だが夜、魂は地上をさまよう。悪い魂たちでさえも、だ。そこから数知れぬ恐怖が、幻覚が生じる。家庭でも全く安全ではない。動物たちの無邪気さ、平和な様子は、時おり十分に安心させてくれるものだ。そこからきっと（他のことよりもはるかに）この善良な仲間への彼らの過度の執着が生じた。そこからまた聖なる動物への崇拝、生においても死においても人間を守ってくれる優しい友という、心打つお決まりの話も生じた。

どこで動物が終るのか？　どこで植物が始まるのか？　誰に言えよう？　あの強烈な風土のもと、オジギソウ類は（アンペール[22]が指摘しているのが）動物の特性に近づく。それらは自らの恐怖を、嫌悪感をもっている。まるで運命の中に固定されて、逃げる手段も抜け出す手だてももてない傷つきやすい女のように。ヤシ科の木は明らかに愛する。いつの時代でもエジプトでは、人々はヤシの愛に奉仕してきた。愛するものから離されたヤシは、人間の手に助けられ、愛する相手に近づけてもらった。

（22）**アンペール**　電磁気の研究をし「アンペールの法則」を発見したフランスの物理学者、アンドレ・アンペール（一七七五～一八三六）のことであろう。

木はうめき泣く。それもまったく人間のような声で。一八四〇年ごろアルジェリアにいたわがフランス人たちが、何本もの木を切っていてど肝を抜いた。ほとんどたじろいでしまった。一人の有名な学者がそこにいたが、彼も他の者と同じく困惑し感動してしまった。あわれな小自作農の精神に及ぼした木の出すあの悲痛なうめき声、ため息の印象はいかなるものであったろう！　自分たちと同じような不幸な魂が樹皮の下に存在することを、どうして疑ったりしえたろう？　木はエジプトでは数少なかった。それだけに愛され慈しまれた。門口かその近くに一本の木をもっている幸せな人は、その木と共に同じ生命を生きたのである。彼は木に向ってありとあらゆることを語った。そして自分の恐れや苦しみを、書記あるいは監視人の冷酷さを打ち明けていた。あるいは慰めもない過度の労働を、ああ！時には愛する者の手でつけられた他の残酷な傷をも打ち明けていた。要するに〈彼は木に自分の心をゆだねていた〉、委託していた。そして木の中に心を隠したのだ。あらゆることを感じてふるえるミモザは、時おり、彼を、その心を受け取っていた。時おり、あのすばらしい木、イシスの木、クスノキもそうだった（その葉は舌であり、その実は心臓の形をしている。――プルタルコス）。

だが木のどの部分が、このような繊細な寄託を受けとれるほど口が堅いか？　幹だろうか？　たぶんそうだ。切られると、そこがうめくからだ。あるいはもしかすると枝かもしれない。枝は自分と幹のあいだに、しっかりと締めて隠し、母のようにのみ込むことができるだろうか？　それとも、ごく単純に花だろうか？　ミイラの棺には花が描かれていて、かすかに開いている。女の小さな頭が、美しい魂が通過できるのである。あのアカシアが夕方花を閉じるのは、男の心を保ち持つためなのだ。

偉大かつ深遠な秘密である。このエジプトの木は、ペルシアの木のような誇り高い生命の「木」ではない。それは不安な木である。船や宮殿を作るために、あすには意地悪く切られてしまうかもしれないのだ。それでは、心はどうなってしまうのか？　そこで唯一のもの、愛されたまたとない妻に、心の秘密はゆだねられる。彼の生命は彼女の手の中に置かれる。男の死後、女にとってこの木が残っているということが、どんなことなのか判断してほしい！　見られていないことが確かな時刻に、この木はどんなに神聖な、相談し聞いてもらえる打ち明け相手になってくれることか。木はあとを継いでくれた。それは以降、夫であり、恋人であり、祭壇である。死にかつ生きている神であり、しばしば涙でぬらされることになる。

こういったことは、貞節な愛、エジプトにあったような神聖でまじめで優しい一夫一婦制の結婚においてしか生じない。木はまちがいなく心を動かされて答える。しばしば女は見る、涙にくもった目で、木が泣いているのを。木なりの涙、多分植物の（松や他の多くの木々の）涙なのだ。それは友人としての同情だったろうか？　樹皮の下に捉えられ閉じこめられて苦しんでいる死者の魂自体が、自分を現わそうと、あのさえない言葉で彼女に言っていたのだ、「まだ愛しているよ」と。

この心打つ信仰は世界中をかけめぐることになったが、その最初のもの、最も純粋な形は、エジプトにあったのである。

死の影をにおわせるイシスの舟は、オシリスを探してシリアに、ビブロスに到着する。何だか分からないものが、心の奥底で彼女にささやいた。オシリスがそこに立ち止って王宮の中にいると。王宮に入れてもらうため、彼女、この王妃は身分をおとし、奴隷として自らをささげる。そして観察し、すべてを見る。壮麗な宮殿は円柱で支えられているが、その一つが(奇蹟だ!)泣いていたのだ。円柱は一本の木、松であった。[*1] イシスは疑わなかった。それが彼だったのだ。彼女は変身を見抜いた。彼は海岸まで、シリアの松林まで漂ってきて砂の中に身を埋め、自ら松の木になったのだ。宮殿の中に置かれても、いつも思い出しては泣いていたのだ。イシスは彼をそこから引き出し、抱擁し、涙でびしょびしょにする。そして彼を手厚く葬ってやった。[*2]

*1　テネリフェ島[(23)]では、一四〇〇年から家を支えている松の木が、今もまだ涙を出している。

(23) **テネリフェ島**　スペイン領、カナリア諸島中の最大の島。

*2　この生きた木という伝説は、大変痛ましく、時に慰めを与えてくれるものだが、上エジプト地方にある砂漠のアカシア、ミモザから始まったように思われる。それがクスノキへ、そしてシリアの松へ、フリュギアのザクロやアーモンドの木等へと継承されていったのだろう——この伝説は今日までエジプトに関して持たれている唯一の文学的記念碑で、極めて古い表記のもの、それどころかまちがいなく創意発明されたものであるが、アカシアから出発したのだ。この一般に広がる民衆的な考えに骨組みを与える働きをしたのは、ささやかな一個人の物語だろう。

大変正直で勤勉な少年サトウ[(24)]は兄の所で働いて家畜をふやしていた。この兄の妻は美人だったが、サトウがたくましかったので、彼のことを好んでいた。ある日、燃えるような時刻に休みたいと思い、彼を自分といっしょに来させようとした。ところが無視されてしまい、彼女は彼を告発する。もし彼のことを愛している雄牛や雌牛が彼に警戒をうながさなかったら、彼は死んでいるだろう。彼は自分の無実をちかう。そして残酷な身体切断によって永久にそのことを保証する。——ひどく嘆き悲しみ孤独になって、彼は砂漠に引きこもる。〈彼は自分の心を一本のアカシアの中に置く〉。神々はそのことをあわれみ、彼にはるかにずっと美しく、すばらしい妻をもたらす。彼は彼女に、自分がどの木に心ゆだねたかを教えるほどまで彼女を愛する。その美しい女は熱愛されたが、欲望がつよく、もっと満足させてくれる愛をもとめて退屈し、誘拐されてしまう。ナイルが彼女をファラオのところに連れてゆく。悔恨の思いも一緒に連れだってゆく。彼女は残酷なやり方で、つまりサトゥの木を切ってしまうことでこの思いを終らせられると考える。だが駄目だった。あわれな心は、すばらしく美しい雄牛となって彼女のためにうめきうなった。そこでその牛は殺される。その血の二滴が地面に落ちた。するとそこから二本の木が生じた。切りたおしたあの貧相なアカシアではなく、見事な二本の木、二本の巨大なクスノキだった。このクスノキは愛についておしゃべりし、ため息をつくのだった。仰天した王妃はそれを鋸で切らせた。だが一つの破片が飛び出し、見事に彼女にふりそそぎ、その結果彼女は妊娠した。彼女の思いに反し、サトゥが彼女を征服してしまったのだ。彼自身、輝かしい人間の姿をとりもどした。そしてプラーつまりファラオ、太陽（同じものである）となった。そこで彼は、つれないあの女の支配者ともなったのだが、なんの復讐もしなかった。ただ彼女が彼を苦しめさせたことどもすべてを語っただけである。——ド・ルージェ氏が紀元前一五世紀の文書に与えた翻訳と、大変興味深い解題とを参照のこと。「フランス文芸協会誌」一八五二、一巻、二八一ページ。

(24)　**サトゥ**　原文 Satou。

2　シリア、フリュギア、無気力

エジプトの死を想わせる単調さの中で、楽しみを奪われ偏狭になったその魂は（無数の世紀のあいだ）、苦悩の木の中で息詰ったことが感じられる。かの地を出てから、それを取り囲む混濁した世界の中に落ちこんでゆくと、不思議な対照がある。リビア砂漠におけるように、スエズ砂漠でも砂の海、砂の嵐が、眼の前を飛んでゆくように見える。ナイル上流の黒人たちのところ、アラビア人の野営地、シリアの分割された世界で、また頽廃したバビロンや野蛮なカルタゴといった大帝国においてさえ、精神は錯乱したように見える。あなたは混沌の中にいるように感じるだろう。

神話は、ギリシアにおいては光り輝き、エジプトにおいては調和にみち、十全の想像力につつまれた知恵そのものといった大いなる様子を保っていた。が、ここでは、砂漠の風によるかのように渦巻いて見える。アフリカとアジアにはさまれたこの南西の地にあって、すべては断片化し、分裂し、無機的で、その奇妙な信仰において、どれほど本物の夢のような様子をしているか、いくら言っても言いたりない。*

＊　丹念に描き上げられ、真実ゆえにはっとさせられるようなエジプトの絵の中で、紀元前一七世紀に、シリア人、アッシリア人、アラビア人またはユダヤ人、そしてニグロ、ヨーロッパ人（ギリシア人のように見える）だったものを見てとることが出来る。真の傑作である。今日のギリシア人と思われる者は、島々の船乗りであり、きびしく繊細な横顔をし、鋭い

目をしている。ニグロたちは生き生きとしている。彼らの度を越したぎこちない身ぶりから、彼らが愚かでないこと、あまりにも豊かな血をもち、あまりにも生き生きとしていること、そして精神を風に運び去られて半ば常軌を逸していることとが十二分に示された。それは、ベドウィン的そっけなさや、高貴さがないわけでもないやせたアラビア人や、ユダヤ人の荒々しい無味乾燥さとは、正反対のものである。アラビア人やユダヤ人は鋭いかみそりで切り整えられたシナイ〔半島〕の小石であり、これからも生き続けるだろうと私は確信している。だがバベルとフェニキアの雑種的姿は、生活力があるようには見えない。それらはカゲロウであり、種としては昆虫と同様、世代の絶えまない更新によって持続する。——ユーフラテス川の人は魚である。——ティール[1]の人は両生類である。——バベルの人にあっては、額は引っ込み、頭はうしろに突き出ていて、水生界に属している。彼らは水生界の神（魔術師＝魚）を思い出させる。とはいえ、人間は少しも不快なものではなく、動きの中に美しさがないわけでもない。人間は物分かりがよく気さくに見える。あなたに向って「よく来ましたね」と言っているように見える。人々と神々は、バビロンにやって来て溶けあい、ごちゃまぜになって姿が見えなくなったということが、見事に分かる。——他の者たちは、フェニキア人だと私は思うのだが、このバビロン人とは違って、体にぴったりの美しい服を着ている。彼らは船乗りのように、腕まくりをして動きまわろうとしている。たけの短い小さなスカート（エスパルト工芸品[2]か？）をつけているが、行動のさまたげになってはいない。彼らのまなざしは、いつも大海原をはるか遠く見ている者のそれだ。顔は美しく重々しく、とはいえ卦体《けったい》で、ひどく驚かせるものである。彼らには首がないのだ。奇妙に発育不全で、早熟な悪習の効果で、成長がとまってしまったのである。彼らは顔に冷酷さをきざんでいる。あの恐るべき商売を、はるか遠い世界にまで広げ、人の肉体を略奪をするまでになったはずの冷酷さを。

（1）**ティール**　序文、訳注（11）参照。
（2）**エスパルト工芸品**　バスケット、マット、ロープなどエスパルト（＝ハネガヤ属の草の総称）繊維で編んだ製品。

魚でいっぱいのねばねばとした水が、発酵し沸き立って生き生きとあわだっている中に、生命体が群れなしている海の中に、シリアはその神を感じた。ユーフラテス川*のように、シリアは理想として魚を、「魚＝女」をもった。

＊　ローリンソン[3]（一八六二）一巻、一六七ページや、ボッタ[4]、オースティン・レヤード[5]等の記念碑的作品を見ること。

（3）**ヘンリー・ローリンソン**（一八一〇〜九五）　イギリスの軍人、外交官、オリエント学者。古代メソポタミア史研究に新時代を画した。『西アジアの楔形文字碑文』（全五巻、一八六一〜八四）がある。

（4）**ポール・ボッタ**（一八〇二～七〇）　フランスの考古学者。メソポタミアでアッシリアのサルゴン二世のコルサバド宮殿跡を発掘、アッシリア学を飛躍的に発展させた。『ニネヴェの記念碑』（一八四七～五〇）がある。

（5）**オースティン・レヤード**（一八一七～九四）　イギリスの考古学者、外交官。一八四五年イラクのニムルドでアッシリアの遺跡を発掘した。『ニネヴェとバビロン』（一八五三）がある。

たしかに無尽蔵のような下等の愛、受胎の愛がどこかに現われているとしたら、それはまちがいなく魚の中になのだ。魚は海を埋めつくしてしまうだろう。海を文字通り、しばらくは見えなくしてしまう。まっ白にし、もう一つの乳の海、脂ぎった濃い海、燐光を放つ海で明るく照らし出す。

そこにシリアのウェヌスがいる。それはデルケト(6)でありアスタルテ(7)ないしアスタロトである。男性的であって女性的であり、生殖の夢となるものだ。砂漠との境界地域にいて貧弱な生活をしていたヘブライ人は、渦巻く砂のように数多い民を夢みていた。あまりよくない臭いのする豊かな港町にいたフェニキア人は、無限の海の幸を、シドン(8)からカルタゴまで、そして大洋まで、うごめきあふれるおびただしい両生動物を、夢みていた。

（6）**デルケト**　デル（バビロニアの神殿）のクジラの意味。バビロニアの魚女神（下半身が魚となっている）の添え名。『聖書』に出てくるヨナのクジラの原型ともいわれる。シリアではアタルガティスとして崇められた。

（7）**アスタルテ**　ビブロスの女神。エジプトのハトミ、ミケーネのデメテル、キプロスのアフロディテらと同一視される。のちにキリスト教により、この女神は悪魔としてアジュトレト、またはアスタロトと呼ばれ、地獄の「君主」とみなされるようになった。

（8）**シドン**　レバノン南部、地中海に臨む古代フェニキアの都市。

陸の内部では、恋多きシリア女にとって、愛らしくクークー鳴く官能的な無数のシラコバト、汚れているのに魅惑的なあの連中が詩であった。それらの執拗な愛撫、愛（何と言われようとひどく不定期な）が、見ものであり教訓であった。彼らの聖なる巣は、つねに数をましながら、アスタルテの暗いイトスギを気ままに白くしてしまうこともありえた。

フェニキア人たちは安全な旅をするために、アスタルテを自分たちの船の上に連れていった（それがヴィーナス・エウプラエア(9)である）。彼らは彼女のために働いた。彼らの大きな商売は、白バトたち（女、娘、あるいはかわいい子供たち）をアジアの後宮用に奪ってくることだった。彼らの信仰心は、彼らが築いたあらゆる海外拠点で、アスタルテのために祭壇を建てることであった。つまり、異邦人から金品をおどしとる汚いコキジバトの修道院をである。キプロスやキュテラ島[10]はこの信仰によって汚されてしまい、その地の娘たちは全員、結婚前に聖なる辱めを受けてしまうほどであった。

(9) **エウプラエア** ナポリ近くの小島の名前。ここからヴィーナス像が発見されたのであろう。
(10) **キュテラ島** 第一部第三章八節、訳注 (51) 参照。

彼女たちはこうした代価を払うことで解放されて幸せだった。というのもこのアスタロト＝アスタルテ、海賊たちのウェヌスは、王（モロク）[11]と呼ばれていたフェニキア人の他の神と必ずしも区別されていなかったからである。モロクは多くの子供を愛し、至る所で子供たちを盗んでいた。この王は血の神であり、火の神、戦いの神、死の神でもあったが、自分の胸（白熱するまで赤く焼けた鉄でできていた）に生きた肉を押しつけることに、おぞましい快楽を感じていた。子供はもし焼けなければ体の一部を切り落として去勢される。そして女にされてしまう。

(11) **モロク** 第一部第三章一節、訳注 (1) 参照。

これらのモロク、あれら残酷な商人たちは、至る所で主人でありサルタンだったが、彼らはあわれな人間商品をいっぱい積んだ船や、人間商品を長蛇の列にして家畜のように連れてゆくキャラバンをもっていたから、シリアの女たちをまったく必要としなくなっていた。シリアの女たちは未亡人だった。夜、家の高いテラス、つまり何ピエかの高さのブドウの木をもちこたえている乾燥した壁の上で、彼女たちは泣きながら夢みたものだ。そして月に、うろんなアスタルテに自分たちの苦しみを語るのだった。南方から、死海の方から、のみ込まれて眠る町々の、硫黄を含んだ息が吹いてきていた。

彼女たちは夢みていた。かつてこれほど力強く夢見た女たちはいなかった。「処女生殖」、雄なしで受胎するという欲望の力が、シリアの女の中で、彼女だけで作った二人の子供の形で爆発する。

一人は「救世主＝女」で、それまでニネヴェの農奴だったバビロンを解放した偉大なるセミラミス[12]である。この女神は魚として生まれ、白ハトとなり、大地全体と結婚し、ついには自らの息子と結婚する。

(12) **セミラミス**　バビロニアの伝説上の女王。生後棄てられたが鳩に育てられたという。その名はアッシリア語で「鳩から来た者」の意である。ニネヴェの伝説的建設者ニヌス王の妻。王の死後自ら王位を継ぎ、バビロンを建設。全アジアを征服したとされる。

もう一人は、喪の神、「主」（アドナイ[13]またはアドニス[14]）である。彼は近親相姦から生まれたのであり、彼への礼拝には涙と愛がまじり、いまだ近親相姦を思わせるところがある。

(13) **アドナイ**　第一部第三章七節、訳注（45）参照。
(14) **アドニス**　ギリシア語で、セム語のアドナイ（「主」）に相当する。アドニスは聖処女ミュラの息子としてベツレヘムで生まれたとされる。のちアフロディテに愛される美少年と成った。去勢され、死に、その血からアネモネが生まれたという。神を去勢するとは穀物の刈り入れに擬することであり、アドニスは春の新しい生命の復活を象徴する存在となる。つまり周期的に死んでは再生する神として、特にビブロスやキプロス島では春ごとに彼の蘇りを祝うアドニア祭が行なわれ、女たちは壷に植物を植え、湯を注いで芽生えをはやめ、これを「アドニスの園」と呼んだ。

シリアの偉大な伝説、近親相姦はセミラミス、ロト[15]、ミュラ[16]という三つの形態において、あの極めて重要な女性的創造〈アドニス、死、復活した者〉へと至る。官能的で涙にあふれ、極めて宿命的な信仰、それによって世界が無気力の坂をみじめな姿で降りてゆく信仰である。*

(15) **ロト**　『聖書』に出てくるイスラエルの族長アブラハムの甥。自分の娘たちとの近親相姦により、モアブとベニアンミの父となった。
(16) **ミュラ**　キュプロス王キニュラスの娘で、父を愛し、アドニスを生んだ。

* そのことを十分に理解するためには、さかのぼって極めて古い昔のことを一言、言っておかなければならない。――それぞれが自らを神に選ばれたもの、神の民であると信じ、異邦人は汚れたもの憎むべきものだとしていた小さな部族の、憎しみにみちたモラルの中にまでさかのぼらねばならない。異邦の女と結婚すること、その女ゆえに自らの縁者の女を捨てること、それは犯罪であり近親相姦のようなものであった。汚れない唯一の結婚は、彼らの感覚では、近い親類と結ばれるものである。――それゆえロトの娘たちは、自分たちの部族が亡んでいくのを見て言う。「もう男がいない」と。異

邦の男と結婚することは恐るべきことだったのである。だが他方、シリアの考えでは、処女のまま子供もなく、不毛の果実のように死ぬことは、最高の不名誉でもあった。彼女たちはまだ残っていたただ一人の男の方に向かう。つまり自分たちの父親の方に。そして彼をあざむいて二人の息子、モアブとベニアンミをもうける。「創世記」ではこの点についてのいかなる非難もなされていない。反対にモアブからユダヤ人たちは、魅力あふれるモアブ人の女ルツ[17]をやって来させる。そのルツから彼らの王ダビデとソロモンが生まれてくる。――ロトの物語はセミラミスの、そして現実の王妃たちアミティス[18]やパリザティス[19]らの物語と全く変らない。彼女たちは後宮生活のごちゃまぜに対抗して、自分たちの種族の統一を維持しようと望んだ。そのために彼女たちはカルデアのマギ[20]たちの慣例にしたがって、自分たちの息子と結婚したり結婚しようとした。この異様な結婚は、女たちが急速にふけてゆく国にあっては、現実には一種の独身生活であった。多分それは象徴的な意味をもっていたのであり、母は妻という肩書をもって（あらゆる異邦人の妻を排斥するため）、自らの身代わりに自分の奴隷女を使っていたのである（「創世記」の中でサラ[21]がしたように）。この結婚は家族の中にマギの術の神秘な伝統、つまり占星術の知識や、産業や医術のやり方や方式を集中させた。マギたちはそうしたものにひどく執着していたのである。大変古い時代の歴史家、コノン[22]（フォティオス[23]によって引用されている）とリュディアのクサントス[24]（クレメンス[25]『ストロマティオス』三巻、一八五）が、こうした結婚について語っている。エウリピデス、カトゥルス[26]、ストラボン[27]、フィロン[28]、セクトゥヌ・エンピリクス[29]、アガティアス[30]、オリゲネス[31]、聖ヒエロニムス[32]等も同様である。

(17) **ルツ**　『聖書』「ルツ記」に出てくる女主人公。ボアズの妻、ダビデ、イエスの祖先ということにされている。
(18) **アミティス**　原文 Amitis。不詳。
(19) **パリザティス**（？～前三九五）　ペルシア・アケネメス朝第五代の王アルタクセルクセス一世の娘で、ダリウス二世の妻。アルタクセルクセス二世の母。
(20) **マギ**　第一部第一章二節、訳注（11）参照。
(21) **サラ**　アブラハムの妻。九〇歳で最初の子イサクを生んだという。
(22) **コノン**　アテナイの海将でペルシア艦隊を助けてクニドス沖海戦でスパルタ軍を破った（前三九四）コノン（前四四四頃～前三九〇）や、天文学者で数学者だったサモス島のコノン（前三世紀）らがいるが、誰のことであろうか？
(23) **フォティオス**（八二〇頃～八九五頃）　コンスタンチノープルの総司教。
(24) **リュディアのクサントス**　前五世紀のヘロドトスと同時代のギリシアの歴史家。
(25) **クレメンス**（アレクサンドリアの）（一五〇頃～二一五頃）　古代キリスト教会の教父。オリゲネスの師。『ギリシア人への勧告』、『ストロマティオス』等がある。

(26) **カトゥルス**（前八四頃〜前五四頃）　ローマ共和政末期の叙情詩人。十歳年長の人妻クロディアに思いをよせたが失恋。「われは憎み、かつ恋す」という恋愛詩など一一三の作品を残す。

(27) **ストラボン**（前六四頃〜後二一頃）　ローマ時代のギリシア系地理学者、歴史家。

(28) **フィロン**（アレクサンドリアの）（前三〇頃〜後四五頃）。ヘレニズム時代のユダヤ教徒の哲学者。

(29) **セクトゥス・エンピリクス**（二〜三世紀）　ローマ帝政期のギリシアの哲学者、医師。懐疑派の代表者の一人。

(30) **アガティアス**（五三六〜八二）　東ローマ帝国の詩人、歴史家。

(31) **オリゲネス**（一八五頃〜二五二頃）　初期キリスト教神学者。ギリシア教父。節制と禁欲の生活を実践、東方教会に大きな影響を与えた。

(32) **ヒエロニムス**（三四七頃〜四一九頃）　初期キリスト教の教父。聖書の標準ラテン語訳「ウルガタ」を完成する。

いつの時代にも葬式は最も悲しい狂気を生みだす契機だった（「レビ記」と「申命記」）。そして〈泣き男や泣き女〉が絶望を演じ、酒と叫びで判断を誤り、まさしく本当に錯乱し、ついには彼ら自身が死んでしまったかのようなふるまいをした。自分たちの肉を切り抜いて、その肉をひどく汚した。世界が炎の中に沈み込んでゆくのを見、自分の町と妻を失ったロトは、すべては終った、すべての法も終ったと信じた。彼は死んだのであり、何一つ彼にとって重要なことはなかった。人々は好きなだけ彼をあざむくことができた。

ビブロスのロトは服喪の色をしている。ギングラスまたはキニュラス[33]は、あの悪夢における葬儀の竪琴で、娘からあまりにも愛された王であった。この娘はミュラである（ミルラ[34]は葬儀のときに燃やされる）。竪琴とミルラは死を思わせるもので、十二夜のあいだ混じりあうほどの親近性をもっている。ついにギングラスは腹を立てる。娘の方は違う。癒えることない愛によって彼女は泣き、ミルラ〔没薬《もつやく》〕の木の姿となって泣き続けるだろう。

(33) **キニュラス**　キプロス島の王。ビブロス出身とされ、音楽家で予言者だった。なお注（16）参照。

(34) **ミルラ**　東アフリカ、アラビア産カンラン科植物の樹脂で、香料や薬用になる。没薬ともいう。

「罰せられ呪われた木か?。」そんなことはまったくない。シリアの女はその木から甘美なかぐわしい物を作り出した。それが死を魅了するだろう。そこから出た芳しくも美しい涙の一つが、あんなにも美しい子供アドニスなのだ！

……あんなにも美しかったから、その時以来、彼女にとってもう他の神はいなくなった。彼女は彼を私の主（アドナイ）、私のバアール（所有者、夫）と呼んだ。彼女自身、自分が彼のバアールティス[35]であると夢みた。そして彼を所有するに違いない彼のアスタルテだと。両性具有のアスタルテであり、アドニスの妻となったアドニスである。最高の狂気として、彼女の愛の名はサランボー[36]、狂った不吉なたけり立つ笛となる。人々は埋葬のとき、その笛を吹いた。

彼を自分のバアールとしたので、彼女はバアール＝モロクを、つまり〈王〉を、「火」と戦いと「死」の王（マルス[37]＝モルス[38]）を、ひどくいらだたせてしまった。この魔神は悪魔的野獣の姿をとる。〈それは豚の中に入りこむ〉というより、むしろ野生の猪の姿をとる。それがかの美しい子供の、性器そのものを傷つけ殺す、あるいは彼の中の愛を殺す。

（35）**バァールティス**　原文 Baaltis。不詳。
（36）**サランボー**　アドニスの死を嘆く時のアフロディテ（＝アスタルテ）のバビロニア名。
（37）**マルス**　ローマ神話の軍神、農耕と春の神。ギリシア神話のアレスと同一視される。さらにはロムルスとレムスの父ともされる。元来地下神で、死者との関係から軍神となったという説もある。
（38）**モルス**　ローマの、死が擬人化された女神。

彼の血がまだ流れ出しているとき、誰がそうしたことすべてを疑えるか？　ビブロスで雨期が終ったとき（「雅歌」によって叙述されている）、そしてシリアの春のざわめきの中で熱狂の血が駆け巡るとき、奇妙な偶然によって、ビブロスの急流が混濁し赤くなった。「これは血だ、アドニスの血だ！」

涙は救いである。あれら泣き女たちは飽くことを知らずに泣く。すべてがその反響となる。ビブロスでは人々が、海を前に、春の陶酔の中、アフリカの暑い息吹を感じながら泣いていた。シリアでは九月の終り、ブドウが一年に涙するとき（それは最後の月なのだ）、一〇月一日までの七日のあいだ、水蒸気を上げる醸造桶の上で、人は錯乱し、涙で何がなんだか分からなくなる。いくつかの場所では、秋を待つことができない。収穫のあいだ、太陽アドニスの鋭い炎をあびながら、気違いじみて彼に恋する女たちが、彼の至高の勝利の中で、涙にまかせて彼を祝った。

それは葬儀への熱狂だった。彼女たちは（自分たちの中ですべてがごちゃまぜになることで）、自分たちの恋人も子供も失ってしまったと思い込んだ。とても女性的な男の子を象った人形が、どうにかこうにか作られた。* そのあわれな赤ちゃん人形の上で、悲嘆の叫びをあげながら葬儀の式次第がとり行なわれた。体は洗われ、内部は切り開らかれ、香油で保存措置が講じられた。遺体安置壇の上に展示され、長いあいだ人々の視線にさらされた。とりわけ、横腹のデリケートな部分に開いた残酷な傷のところが。女たちはみんな輪になって地べたにすわり、髪ふりみだし、連祷をとなえ、時に黙り込み、時に大きなため息をもらした。時折一人の女が言った。「ああ！　私の優しい主よ！　主としてのあなたの権利は、いまどこにあるのですか？」みんな息が詰っていた。大いなる七日が過ぎると、はっきりと終らせ、別れねばならなくなった。この不幸なるものを土に埋めねばならなかったのだ。何だって！　もう彼を見られないだって！　彼のバァールティスが、彼のアスタルテが、狂ったようなサランボーが、彼を探し求めても空しかったのだ。彼は死んだのか？……小さな奇蹟を準備しようと人々は心がけていた。用意された壺の中に、暑さですぐに開花する植物のあるものを入れた。家の上部、シリアではそこで人々が寝るテラスの上に、その壺は置かれた。それが〈アドニスの園〉だった。正確に七日目、人々は見に行く……彼は爆発していた……植物は花開いていた……テラスからテラスへと愛の叫びが飛んでゆく。「幸せなこと！　彼はよみがえったわ。」

* 私はモヴェルス(39)『フェニキア人』一巻、七章、一九〇～二五三に集められている古いテキストを一歩一歩辿っている。

(39) **フランツ・モヴェルス**（一八〇六～五六）　ドイツのオリエント学者。

至る所で半狂乱のアスタルテは、彼女の若い恋人を、生きた丸ごとの無きずの姿で再びとらえていた。世界はほっとさせられた。何一つ失っていなかったのだ。エジプトでなされていたように、豊穣のしるしがあらわに示された。だが大きな、まことに大きな相違があった。アフリカの妻イシスにとって、それは相互の幸せの発端であり、夫への讃美であった。シリアのバァールティスにとっては、それは盲目的陶酔であり、異邦の客、通りがかりのもの、ついには「男」の中で、未知の友を迎え入れるという漠とした優しさだったのである。アドニスがそのことを望んでいた。用心して門を閉ざしていた女は、罰として髪を落とさねばならなかった。長期に坊主頭の醜い状態で、外部に姿を現わさないままでいなければならなかった。

バァールティス＝アスタルテはモロクの正反対をなしているように見える、あの恐るべき羨望者は、恐怖によって自分の勘定場を維持するために、人間たちを犠牲にしていた。彼女の方は逆に通行人に扉を大きく開いて、言った。「あわれな異邦人よ！」と。――大いなる売り手、大いなる切断者モロクは、至る所後宮のためにアドニスを作っていた。アスタルテは逆に、切断された子供を愛した。

著しい対立とは見えないか？　まったくそんなことはない。汚れた愛はいまだ死に属している。モロクはその恐怖の中で、アスタルテの底知れぬ深淵ほどには、危険ではないのである。愛情みちたあわれみの心、気の弱さ、涙、〈アドニス祭〉の広がってゆく優しさ、それらは世界の中に、恐るべき致命的な大事を導き入れたのだ。つまり〈男性的力の消失〉である。

この弱さの進展ぶりを見てみたまえ。エジプトではオシリスが死んだ。それは本当だ。だが完璧にではない。いかに死んだにせよ、彼はハルポクラテス(40)を生みだした。シリアでは男はもはや、ただ死ぬほかない弱々しい少年でしかなかった。父性は全くなくなっていた。アドニスの子はいなかった。彼自身が子供だったのだ。だが別の名称で、彼はフリュギアでさらにひどく堕落してしまう。

(40)　**ハルポクラテス**　ギリシアとローマ人によって取り入れられたエジプトの神で、太陽神ホルスの幼年期の姿をとっていた。ギリシア人らはその表わす意味が分からず、ハルポクラテスを沈黙の神とした。

シリアの女は、やつれた姿をしていたが、じつのところ激烈な恐るべき女で、屈服するような女ではなかった。悪においても善においても、大胆さと進取の気性にみちていた。ヤエル(41)やデボラ(42)、ユディト(43)、エステル(44)といった女たちは民衆を救った。アタリヤ(45)とイゼベル(46)は王となった。アスカロン(47)の名高い白バト、シリアからユーフラテス川まで飛び立っていったセミラミスにも同じことが起きた。女王＝魚デルケト[48]は、「欲望」という神に心みたされ、ある朝奇妙な子を出産した。淫乱で戦争好きの奴隷女王だったその子は、自分を讃美していた夫をすて、オリエントの大王ニヌス[49]と結婚し、彼の生命を奪い、その王座を奪いとる。彼女はニネヴェをも中心的地位から追い落とし、自分に似せて、百の城門と巨大な城壁をもったバビロンを作る。快楽の怪物的深淵ともいえる町で、万人にその汚れた友愛の避難所を解放した。

（41）**ヤエル**　『旧約聖書』「士師《しし》記」（四章一七節）に出てくるヘベルの妻。
（42）**デボラ**　イスラエルの女預言者、ラピドテの妻（「士師記」四章四節ほか）。
（43）**ユディト**　ユダヤの英雄的女性。祖国を救うため敵将ホロフェルネスを誘惑してその首を切り落とした。『旧約聖書』外典「ユディト記」参照。
（44）**エステル**　ペルシア王アハシュエロスの妃となり、ユダヤ人を虐殺から救ったユダヤの英雄的女性。『旧約聖書』「エステル記」参照。
（45）**アタリヤ**　アハブとイゼベルの娘。ユダヤ王ヨラムの妃。王の死後王位を簒奪し（在位前八四一頃～前八三五）、自分の孫たちを虐殺させた。だが虐殺をまぬがれたヨアシによって殺された。「列王記上、下」参照。
（46）**イゼベル**（前九世紀頃）　イスラエル王アハブの妻。異教神バアールを信じ、アハブの宮廷を堕落させる。「列王記上」参照。
（47）**アスカロン**　イスラエル中部にあった古代都市。ペリシテの五都市の一つで（「ヨシュア記」一三章三節）、ローマ時代に港町として栄えた。ヘロデ王および、その妹サロメの生地であった。
（48）**デルケト**　シリアの女王で、セミラミスの母でもあった。本章訳注（6）参照。
（49）**ニヌス**　本章訳注（12）参照。

バベルはすでに塔であり、カルディアのマギたちの有名な天文台であった（ディオドロス）。それは毎年、ユーフラテス上流地帯からアルメニアのブドウ酒が下ってきて（現在でもそうである。レネル[50]）、祭りと喜びをもたらす市場であった。すっかり開放されていたのだ。アジアは城壁を、町の暗さを恐れていた（ヘロドトス）。キャラバンの自由気ままな隊長は、閉じられた町に入ると駄目にされる、盗まれたり、売られたり、もしかすると殺されるかもしれないと思っていた。ニネヴェが廃墟となり、その住民がバビロンに追われたとき、手仕事を生業とするその人々は、どんな代価を払っても商人を引きよせて安心させたのである。人々は文字通りバラム[51]（ロバの預言者ないしペオルのバアール[52]が「創世記」の中で与えていた、〈女によって魅惑すること〉という意見に従った。バビロンの誇り高い婦人方は城門のところにすわって、異邦人を招いた。これ以上安心できる何があろうか？　あの通行人がオリエントや西洋や、あらゆる人種の、いかなる人々であったにせよ、つまり商人、部族の長、社交性を欠くイシュマエル[53]の子孫〔アラビア人〕、もしかしたら逃亡者、哀れな奴隷、身を飾り金の玉座にのった貴婦人、誰であっても、バビロンが膝の上に投げてくれた小銭を受けとったのだ。バベルのウェヌスは、この謙譲と平等の義務を強制した。いうなれば、彼女を買って（すべての結婚が買物だった）結婚するように見えたのだ。彼の方が注文すべきなのだ！――純粋に象徴的な儀式なのか？――だが彼にとって、バビロンの女と結婚するというのは何と誇らしいことだろう、あのオリエントの大いなる王妃、彼が砂漠であんなにも夢みた「巨人たちの娘」と結婚するというのは！　彼は自分が愛されていると感じる。養子とされ、バビロン人となり、彼自身が獲得され、永久に買われたように感じる。それがあの町の罠だったのだ。異邦人は敷居をまたいだときから自分の記憶を失う。ほほえむ美女に与えられたあの小銭でもって、彼は彼女の手の中に、自分の過去、祖国、家族、父なる神々を、はからずも投げ入れてしまったのだ。

(50) **ジェイムズ・レネル**（一七四二～一八三〇）　イギリスの地理学者。アジア、アフリカ諸地域の海洋学的及び地誌学的研究によって知られる。
(51) **バラム**　モアブ人の王バラクによってイスラエルに派遣されたメソポタミアの預言者。イスラエルの軍営を見て、ヤハウェの民を祝福した。「民数記」二二章参照。
(52) **ペオルのバアール**　ペオル山上で崇められていたモアブ人の神。「民数記」二五章参照。
(53) **イシュマエル**　アブラハムとそのはしためハガルの息子。母と共に父の家を追放される。アラビア人の祖とされる。「創世記」一六章以降参照。

逆に彼自身が、この新しい祖国の城壁に熱心に取り組み、バビロンの建設と拡大に努めるくらいにまでになった。それらは魔法にかけられたように二〇〇ピエの高さにまで上った。マギたちは天才的ひらめきでもって、そのことを予測し、あらかじめ天文学的に（一年の日数にあわせて）周囲三六五スタジオン[54]の町を描いていた。太陽が煉瓦を焼いた。アスファルトは満ちあふれていた。すべてが一挙に建設された。真に激しい愛でもって、女王セミラミス（つまりバビロン）の恋人、〈友人たちによって〉*である。城壁（四台の戦車が横並びで通っていける、本物の山脈のように大きなものだった）は、一瞬にしてその地を見下ろすものとなった。近隣の王たちは激怒し、脅迫してきた。彼らはバビロンがもはや攻略不可能と分かると、それをやめた。二〇〇年ないし三〇〇年のあいだ、それは万人の避難所で、アジアの技術を積みこみ、はるか地平線上をおびやかしていた洪水からそれらを守る箱船だった。

（54）　**スタジオン**　古代ギリシアの長さの単位で約一八〇メートル。

*　ヘロドトス、クテシアス[55]、ディオドロス等の話を組みあわせると、〈アジアの所得の三分の一を払っていた〉この巨大な町は、あらかじめ設計図が描かれていて〈一度で作られた〉ということ、そしてそのすばらしい城壁は、マギたちの塔の庇護をもとめてそこに逃げてきた人々の〈自発的な〉作品だったということになる。これは、巡礼者たちが日も夜も働いて建てたストラスブールのカテドラルのような、中世のいくつかの成果を大々的に想起させる。

（55）　**クテシアス**（前四世紀後半）　ギリシアの医者、歴史家。ペルシア軍に捕えられていた間、王の侍医をつとめ、帰国後体験をもとにペルシア史、インド史を書いた。

多くの民がこの奇妙な母の子となったのを見るのは、大変な見ものだった。この母は自らの広いドレスの下に、あらゆる人を、黒人も白人も自由人も奴隷も、受け入れ保護したのである。奴隷たちでさえ自分たちの祭をもっていて、そのときは彼らの主人がかしずいてくれたのである。虜囚たちもそこでは財産を作れるほど（ユダヤ人によってそれが分かる）快適な状態でいた。この大いなるごちゃまぜの中、人々は喜んで自分たちが兄弟だと信じた。女たちは相互に結婚した。醜女は美女の金といっしょに。病人たちは、安心して広場に身を置いた。そして好意的な群衆に助言を求めた。

バビロンは北方から金で働く兵士たちを買い入れて、征服者となった。そのマギたち、あるいはナビ[56]（ネブカドネザル）[57]は、いっとき世界を震えあがらせた。イスラエルやユダヤのような民を丸ごと、ユーフラテス川近くにかどわかし連れてきたからである。大きくはあっても真の力ではなかった。異質な要素からなる塊は、このバベルの不調和を増大させただけであった。そして諺となるまで知られた精神や言語の混乱を。バベルとバビロンは、いくつもの言語をまぜこぜにし、たどたどしく下手くそにしゃべる人を言う模倣名詞（ギリシア語の野蛮〈バルバール〉のような）のもとになったように思える。精神にとって不健全なこうした混合は、めまいを起こさせてしまう。〈獣に堕してしまった〉（『ダニエル書』）偉大なナビが証人となる。より控え目で冷淡な女たちは、どんな行き過ぎにも疲労させられず、しだいに自分たちが唯一雄々しいものであることに気づいていった。バビロン自身が女だった。女王＝マギたち、とりわけニトクリス(58)が、華々しく統治し、敵を押しとどめ邪魔しようと巨大な防護工事をやったが、しかし無駄であった。

(56) **ナビ**　ヘブライ、アラブの預言者。
(57) **ネブカドネザル**（二世）　新バビロニア（カルデア）王（在位前六〇五～前五六二）。ハンムラビ時代にならぶ黄金時代を創出。前五八六年、エルサレムを破壊、多数のユダヤ人を捕囚としてバビロンに連れ去る。
(58) **ニトクリス**　セミラミスにつづくバビロンの第二の女王。ヘロドトス『歴史』巻一、一八五節参照。

ペルシアがそのことを意に介さず入ってきて、自らを主人だと信じた。だが捉えられたのはペルシアの方だった。古い官能あふれた町はペルシアを抱きしめ、からめとり、ペルシアのために甘美このうえない寝台を作った。ペルシアはその上でふにゃふにゃに溶けてしまった。魔術的な天分、暗く、奥深く、不純かつ、天性の、そして技巧による計算ずくの天分が、「悪」の木の梢の先にある果実を食べて、自らの征服者を徹底的に堕落させてしまったのだ。王妃である母たちは、セミラミスの愛と大胆さを身につけた。王たちはネブカドネザルの誇りを（堕落も）身につけた。マギたちは二つの偶像を作った。一つは〈王〉の偶像で、歴史的記念物に見られる恐るべきものたち（人面をしたワシ＝雄ウシ等）の茶番で、回りじゅうガードされていた。もう一つは〈母〉の偶像、大いなる母ミフル＝ミリッタ(59)（ウェヌス＝愛）のそれで、その中に彼らはオリエントのすべての神々をのみ込ませ、それを大胆にもオフルマズドやアフリマンのあいだに置いて、ペルシアそのものを支配する〈仲介者〉のようにした。

（59）**ミリッタ**　アフロディテのアッシリア名。なおミフルは通常ミスラ（ミトラのペルシア名）の別称である。

アジアの真の征服者、官能神＝ミリッタは、バベルの頂にその淫蕩な巨像の姿で君臨し、好色なライオンたちの上でみだらにゆすられていた。これらの野獣のあいだに、王の中の「王」がいた。毎年五〇〇人もの若い娘が、「太った子供の」（「ダニエル書」）群れが、絶えまなく注ぎ込まれたバビロンの後宮によって、ミリッタはその王を、無気力でおとなしいものにしていたのである。

ミリッタはバベルの下、かつて神聖なヘビが養われていた広い丸天井の下に、その若い〈アッバティ〉(60)たちをもっていた。色っぽく化粧したバラ色の男とも女ともつかない、気取った作り声の若者たちで、金のために貸し出され、恥ずべき犠牲者として、いけにえにされながら、空を〈読んで〉未来を占う者たちだった。

（60）**アッバティ**　原文abbati。

汚らわしい宗教が広まっていた。ミリッタは西洋で勝利を収めた。リュディアやフリュギアの大きな奴隷市場で、去勢された男を作る場所で、ミリッタはアナーヒタ(61)＝アッティスだった。それは豊かな胸をした大いなる〈マー〉であり、それをギリシア人はキュベレ(62)と呼んだのである。フリュギアというあの混濁した国（真のカオス）にあって、すべては理解されないままに混ぜあわされたが、おぞましい伝説によって、アッティスは小さな雄に、アドニスは太ったキュベレの類になった。ビブロスの聖なる週には、アドニスの〈受難〉が模倣された。いつも性器を切り落とされ、見失われ、再発見され、女たちから嘆かれる赤ん坊なのだった。さらにいっそう心をゆさぶる、野蛮でグロテスクで極めてショッキングな演出もあった。小さな木製の模造品を引き回すのではなく、アドニスの頭ないしはその猥褻な聖遺物とみなされた血まみれの肉塊を、引き回したのである。恐怖は頂点に達する。そのときアッティスの木（ビブロスにおけると同様、松）が出現する。魔法にかけられた木、うめいたり、あふれんばかりため息をついたりする木である。髪ふり乱した群衆は、祈ってその霊を呼び出す。ついに木が割れて一人の子供が飛び出してくる。アッティスは、うっとりするほど美しい讃嘆すべき姿で、男の子であり同時に娘でもあるような、怪しげな美しさに包まれて、愛の定めない夢のように、よみがえったのだ。

(61) **アナーヒタ**　第一部第三章一節、訳注(2)参照。
(62) **キュベレ**　アナトリア地方の豊穣多産の大地女神。ギリシア、ローマ神話ではゼウスの母レアを初め、多くの女神と同一視される。

この眩惑と夢のドラマには最大の収益があった。小アジアの祭司たちは、われらがイタリアの大御所聖職者のように、三重に商人であり、信仰心と愛と未来の占いから、同時に利益を得ていた。彼らはアッティスたちから、実り多い仲介手数料を引き出していた。そして豊かになり、王となり、最高権威者となった(クロイツァー=ギニョー[63]、三巻、二章、八〇ページほか各所)。

(63) **ジョセフ・ギニョー**(一七九四～一八七六)　第一部第三章三節、訳注(2)参照。

彼らは自分たちの成功をさらに押し進め、巡回するアッティスたちを至る所に送り出した。ロバを連れて施しをせがみ募金を集める者、占い師たち、祈りと罪ほろぼしをする狡猾な商人たち、古代の真のカプチン会修道士[64]たちである。——半去勢者のようなもので(その点で安心させる)、彼らは快楽と同時に贖罪を売っていたのだ。われらが「むち打つ苦行者」のように、この奇人たちは、鞭のもとに臆面もなく身をひけらかし、感じやすい心をほろりとさせた。彼らが血を流すと、女たちは錯乱し、気を失ったりした。

(64) **カプチン会修道士**　マテオ・ダ・ハッシ(一四九二頃～一五五七)がフランシスコ会から独立して創設した修道会。一五二八年に教皇から認可された。アッシジのフランチェスコの精神の厳格な伝統を遵守し、自己犠牲と使徒活動をめざしてキリストに従うのを目標とする。

これが世界の征服者たちだったのだ。彼らのアッティス=サボスの中に、古代世界は呑み込まれるだろう。

3　バッコス=サボス、その化身、僭主

フェニキア人に導かれたペルシアの艦隊が海を埋め尽くした日にアテナイが感じた恐怖、カルタゴの軍艦が黒いモロクを運んできたときにシラクサが感じた恐怖、私はそうしたものを、ギリシアがオリエントの陰うつな神々に侵入され占拠されるのを見ながら、まざまざと感じる。光の国が彼らの信仰で混乱させられたら、人類はどうなるのか？すべての神はシリア出身なのだ。* シリアを通ってすべてが来る。エジプトないしカルデアのものでさえも。フリュギアの異様な神々、アッティスやサボスの様なものは、シリアの神アドニスやサバオト[1]の偽作である。フェニキアの海外拠点は、こうした泥流の大いなる運搬手段だった。

（1）**サバオト**　ヘブライ語で、万軍とか軍勢の意味。

＊　フェニキアとギリシアの敵対関係は、カルタゴとローマのそれに劣らず明白だった。――アドニス=アッティス、サバオト=サボス、ミリッタ（ミトラ）=ウェヌス、バアール=ペオル、バッコスのロバに関しては、ヘブライ語やギリシア語のテキスト、とりわけモヴェルスの中（一巻、三五〇、三六五、三八三、六六八、六九五）を見ること。ミトラ=ウェヌスに関してはラジャール[2]の『研究』を、とりわけ糸杉崇拝に関する（学殖豊かな）その論文（「碑文学会誌」二〇巻）を見ること。

(2) **ジャン゠バチスト・ラジャール**（一七八三～一八五八）　フランスの考古学者、『東洋と西洋におけるミトラの密儀と公約信仰に関する研究』（一八四七～四八）がある。

これらの野蛮な神々が、ギリシアにおもむろに浸透ししみ込んでいった変容ぶり以上に、特異なものは何もない。砂漠のとっつきにくいアドナイ、バビロンの泣き男は、魅力あふれるアドニスとなった。マギたちの年老いた父、サービア教[3]の神サバオト（星々の軍団の、〈七つの天の主君〉）は、サボス゠アッティスとなった。そのサバト的な服喪や夜の祭が二千年ものあいだ続くことになる若い殉教者である。

(3) **サービア教**　『コーラン』の中で言及されているユダヤ゠キリスト教の宗派。

そのうえ同じように生命力にあふれながらも、よりひそかな、もう一つの魔神が（古代、中世を通し）生き続けるだろう。シリアのベル゠フェゴール（＝ペオルのバアール）、長い耳をして、酒を好み、好色で御しがたくプリアポス[4]的なロバである。「〈オリエントノ産――ロバニチカイモノ――ウツクシクカツ最強ノモノ〉。」

(4) **プリアポス**　ギリシア神話における生殖と豊穣の神。ブドウ園と果樹園の守護神。生産力を示す男根で表される。

だがそれらの風変わりな顔だちは、ギリシアをおじけづかせたかもしれない。もしも大多数が、大変化を経験することがなかったならば、である。つまりメデイアの大鍋ではなく、無垢に見える田舎の神、至る所で見出されるブドウの収穫の神、当時なされていた陽気な輪舞*や野卑な笑劇の神の、湯気を立てる桶の中でそれらが沈み込み煮えたぎり、泡立ち、発酵することがなかったならばである。そういうところから、ディオニュソスが生じたのだ。あの〈バッコス・サバジオス〉、神々のあの大いなるごちゃまぜ、偽りの仲介者、偽りの解放者、僭主たちの神、「死」の神が。

＊　バッコスは至る所からやって来て、すべてを受け入れ、すべてを吸収する。酒の神、騒がしい興奮状態の、輪舞や〈経巡る者たち〉の神として、バッコスはトラキア人である（ローベックを見ること）。トラキアとフリュギアは古典的なめくるめく陶酔の地である。〈経巡る〉托鉢僧たちはバッコス゠サボス゠アッティスの輪舞を続けていた。大多数の傭兵たち、

飲むために〈経巡っていた〉飲んだくれ連中は、〈経巡る〉ために飲んでいた。——トラキア、ギリシア等のバッコスについてはゲルハルト版[5]（『ギリシア神話』一巻、四六七〜五一二）が見事なまでに完璧である。

（5）**フリードリッヒ・ゲルハルト**（一七九五〜一八六七） ドイツの考古学者。『エトルリアの鏡』（一八三九〜六五）等。

ヴェーダ時代のインドにおいて、われわれは発酵したリキュール、ソーマ、あのアジアのホスチアについて注意しておいた。それはワインによって位置を奪われたのだ。西の方に進んでいくに従い、ブドウと出くわしたが、ブドウの方が好まれ、より神聖なものとおもわれたのである。毎年、この樽に入った神がアルメニアを出発する。板でたがをはめた皮製の小舟に積みこまれた。その小舟にはロバも一頭入れられた。小舟はユーフラテス川を下ってゆく。質の悪いヤシの酒しかなかったカルデアは、このアルメリアの神酒を敬虔な気持で飲んだ。板の方は売られた。ロバが皮の方を背負い、高地*へとそれを運び上げていった。この愛すべき動物はオリエントの誇りであり、毎年疲れを知らずに意気揚々と、マギの王のように、陽気なブドウの収穫をともなってバビロンへ入ってきた。そして歓迎され敬意を表された。ロバには主、ベル、バアールといった称号が与えられた。人々は敬意をこめてそれはベル＝ペオール（主なるロバ）と呼んだ。

＊ こうしたことがヘロドトスの中で見られるブドウ酒の取引であり、近代でも同じものが見られる。レネル[6]等。バビロン、バラアーム、タルムード[7]編者、バッコス等のロバについては（モヴェルスのほか）、ダオメル[8]、ギラニー[9]、クロイツアー、ロール[10]等によって集められたテキストを見ること。

（6）**レネル** イギリスの地理学者で『ヒンドゥスタンの歴史と地理』等があるジェイムズ・レネル（一七四二〜一八三〇）のことであろうか？
（7）**タルムード** ユダヤ教の律法や宗教的伝承、解説などを集めた書。
（8）**ゲオルグ・ダオメル**（一八〇〇〜七五） ドイツの哲学者、詩人。ペルシアの詩人ハフィーズの翻訳ほかのオリエント研究がある。
（9）**フリードリッヒ・ギラニー**（一八〇七〜？） ドイツの作家。『古代ヘブライの人間の犠牲』（一八四二）。
（10）**ピエール・ロール**（一七七〇〜一八八五） フランスの古典学者。『自然の再生力のシンボルとしてのバッコス崇拝に関する研究』（一八二四）ほか。

シリアでは、ロバはその煽情的な陽気さや官能の素質が男以上に優れているとして、女を感嘆させたので、ロバへの敬意ははるかにずっと大きなものだったと預言者は言っている。ロバ自身が預言者であり、バラァームの名称でしゃべったのである。さらにこの〈ロバ（アーヌ）〉は、彼が口をきいた山の名アーヌとなった。じつのところ、それは魔神、ベル＝フェゴールであった。汚れているが優しい魔神で、万人に奉仕し、すべてに役立ち、くつわをつけられ人を乗せたのである。

天使たち自身が、ベルフェゴールに傷つけられ人間の娘たちに欲望を抱いたのもアーヌの山上である（サン＝ティレール）。砂漠自体で、すでにロバの祭が行なわれていた（「エゼキエル書」）。ロバはエジプトを避けた。かの地では無情にもロバの首を折っていたからだ。ロバは北の方に、西の方に、ブドウの栽培と、あの「愛」の弟ブドウ酒とを説き勧めながら、堂々と歩いていった。

ロバはすべてに侵入したら、プリアポスとバッコスのようになってしまったろう。だが、その強烈な個性は、すこぶるこっけいだったから、そのことを許さなかった。それは涙と喜びの官能的プロテウス[11]にはならなかったろう。女たちをほろりとさせるために子供を作ることもしなかったろう。殉教させられる美青年ともならなかったろう。パテマタ[12]（受難）劇を創ることもなかったろう。

（11）**プロテウス**　海の老人でポセイドンの従者。預言力とあらゆるものに変身する力とをもつ。
（12）**パテマタ**　原文 Pathèmata。不詳。

この劇は、ミノタウロス（バッコス）に渡される子供の伝説があったクレタ島で生まれたように見える。子供がバッコスを演じた。犠牲者が神に入れ替ったのである。この小さな神、またはザグレウスは、引きさかれ、ブドウ取り入れ用の放下車の上で犠牲にされた。その叫びと涙、そして流れる偽の血によって、まず最初は笑わせ、ついで泣かせたのである。ザグレウスの〈パテマタ〉、この悲＝喜劇の受難劇は、アテナイやその他至る所で演じられ、中世の演劇が受難劇の同僚、聖史劇によって開かれたのと同様、この劇がギリシア演劇の始まりとなった。

母なるケレスが〈愛の権利〉を年に二回告げる祭、春と秋の小密儀(アンテステーリア祭、テスモポリア祭)におけ る女たちは、そう、自分たちの腕の中に、その果実、イアッコスと名づけられた小さな子供をもつことを大変甘美だと思った。——バッコスは、この子供の姿となってエレウシスに入った。その悲=喜劇、切りきざまれた神の受難劇、難解な象徴主義の近親相姦的あいまいさとともに、である。嘆かわしいくらい余分なものがある。種子は死んで復活する。プロセルピナも同様である。バッコスも死んで復活した。それは劇の中の劇であり、この美しくも偉大な精神的テーマ*を強めることなく複雑にした。

* 最も完全で最も詳しく校訂した主要な書はローベックのそれ『アグラオファムス』であるし、これからもそうだろう。そこではすべてのテキストが特異な力強さをもって判断され、解明されている。——もろもろの密儀のこうした魔力は、混乱し不明瞭かつあいまいで、精神にとって不健康である。バッコスはケレスの古い魅惑的な神話を台なしにしてしまった。だからこそソクラテスやエパメイノンダス(13)は加入儀礼を受けようとしなかったのだ。それにエレウシスでは、いかなる慎しみなさもありえなかった。一人の高貴な婦人、デメテル信仰の女祭司が目を光らせていた。祭壇の上にはいつも幼い子供がいた。ディオドロスやガリエヌス(14)は、そこからは汚れない敬虔な思いしかもたらされなかったと言っている。

(13) **エパメイノンダス**　第一部第三章六節、訳注(14)参照。
(14) **ガリエヌス**(二一八頃~二六八)　ローマ皇帝(在位二五三~二六八)。プロティノスら新プラトン主義哲学を保護、キリスト教にも寛容策をとった。

それは根拠があって言われたのである。それは異教のミサだったのだ。密儀に通じた者はケレスの最後の晩餐にあずかった。パンと色々のものをまぜあわせた飲み物に、である。この飲み物をケレスは、悲痛な気持で走り回るあいだに、母として受難のあいだに飲んだ。二つの形色での聖体拝領である。この拝領に、しかしバッコスは酒をまじえなかった。だが彼自身の祭の中で、彼は劣位の名称、アンペロス(15)(ブドウの木)を取り、不吉な犠牲の形でそれに身をさらした。バッコス＝ブドウはバッコス＝プルトンに自らを捧げ犠牲にし、そしてわれわれのために死ぬのだと言い張ったのである（クロイツァー、三巻、一〇二七）。

(15) **アンペロス**　「ブドウの株」の意。ディオニュソスに愛された美少年。

彼はここでは明らかに〈仲介者〉であり、魂たちを一つの世界からもう一つの世界へとそっと導き、その移行を容易にする。そして人間のために弁護し償うのをその任としている。彼はまず最初は神としてではなく、単なる〈ヒーロー〉として、〈英雄的〉人間として、人間のために行動できる。この特異な時代には、人類は自分たちを、神に語りかけるにはふさわしくないものと信じていたように見える。仲介者が、案内人が、代弁者が必要だったのだ。かの地ではミトラが、ここではバッコスが、今後はわれわれのために語ってくれるだろう。神と人間はそれぞれの言葉をもっている。両者は分離している！　直接に意思を通じるという栄光あふれた特権を人間は奪われていた。途轍もない転落である。天はさらに高方にあるのか？　私には分からないが、しかし私はより低い位置にいるのだ。

賢者たちは最初激しくバッコスと闘った。彼に対するアポロンの戦いをわれわれは見た。笛と竪琴との銘記すべき闘いである。竪琴はマルシュアス(16)を殺した。そして笛はオルフェウスを。ピタゴラス学派の人々は、最初反バッコスで汚れなさを目差していたが、しかし勝利者に同意してしまう。彼らは自分たちの〈オルフェウス〉讃歌の中にバッコスをとり入れる。その讃歌で彼らはバッコスとフェニキアの愛（ないし欲望）、ギリシアのゼウス、新しい密儀をごっちゃに組みあわせ、すべてを折り合わせようとしている。

(16) **マルシュアス**　森の半獣神サテュロスまたはシレノスの一人。

こうして賢者も非賢者も、汚れなきものも汚れたものも、すべてが彼に味方すると言明する。プラトンは（ソクラテスおよびソクラテス的精神に反対して）〈愛の仲介者〉*を欲している。翼をもった子供エロスがギリシアでは担わない大いなる役割が、まるまるバッコスのものとなり、バッコスはその時から抗しがたいもの、万能なものとなり、すべてを運び去ってゆくのだ。

＊「神々の長男である人間は愛と混沌から生まれる。」これがフェニキア人の教義であり、アリストファネスの『鳥』の中にこれを見て人は驚く。だがこの教義は、フェニキアの古い海外拠点だった地中海の島々やギリシアの港町にあって、おそらくはオリエント生まれのウェヌスの支配とともに生き残っていたのだ。哲学者たちは軽率にも、あまりに容易に、ほとんど理解していなかったこれらのアジア的教義を受け入れた。ピタゴラスはエジプトをまね、フェレキュデス(17)はフェニキアをまねた。彼らは思想を追いかけていると信じていて、アジアの諸帝国の崩壊によって一般化した世界の沈下を、追尾しているのだとは気づかなかった。ペルシアは衰え、愛の仲介者であるバビロンのミフルやミリッタの影響を受けたのである。この教義はギリシアに入っていくだろうか？　ソクラテス的な良識の論理が、分析の学派が、それを排除するだろうとは希望できなかったろうか？　死のほんの数日前、その感嘆すべき『エウテュプロン』の中で、ソクラテスはギリシア思想の中で最も奥深いものを言明している。〈法は神々の女王そのものである〉と。そして好意と愛の僭主である神々に門戸を閉ざしたのだ。――ところでまさしくこの神、正義に対し無関心な（むしろ「法」の敵と言おう）オリエント的な真の僭主は、誤った門から入ってきた。どの門であろうか？　分裂し足なみのそろわなくなったソクラテスの学派そのものである。偉大なる達人プラトンはエジプトの地下埋葬室で、シチリアの噴煙をあげる火山で、うさんくさい異様なうす明りを喜んで捉えていた。愛の「仲介者」のこの詩情は、彼を混乱させ、虜にした。『饗宴』（ショッキングで崇高で、厳しくも卑猥）の驚くべき対話の中で、彼は自分の師ソクラテスに、ソクラテス的教育を深くむしばんでしまうに違いない教義を帰している。――「愛とは何だろう？　神なのか？　いいや、違う。それは欲望し、自分自身に満足しないからだ。人間なのか？　いいや違う。それは不滅である。それは死すべきものと不死なるものの中間を占める存在である。それはすべてのもののきずなを作る『仲介者』である……愛は神霊である。ソクラテスよ、大神霊なのだ！〈神は直接的に人間に示されるのではない〉、あれらの精霊がその代弁者なのだ」……（プラトン一〇巻、二二九、ビポン版、一七八七）――こうしたことすべては、にこやかな美しさとともに、ついでに言われたのである。そのあとすてきな物語がやってくる。次いで恥ずかしくなるような大胆な場面がやってくる。が、ギリシア人の軽薄なシニシズムがこの場面をまちがいなく評価し、手から手へとこの小さな本を手渡していくことになったのである。ギリシアの荒廃にとって、そして人間精神の衰弱にとって、そのことがもたらした影響は計り知れないものであった。

（17）**フェレキュデス**　ギリシアの哲学者。アナクシマンドロス（前六世紀）と同じ頃の人で、エジプトやフェニキアの僧侶の考え、ヘシオドスの神話学、ターレスの教義の三者の影響を受けたといわれる。その『デオゴニー（＝神々の起源）』はギリシア散文の最古の作品である。

芸術はそこにおいては、ほとんど手助けにならなかった。坂を下っていて、その傾斜をさらにいっそう急なものとした。

最初、彫像において、バッコスは十全に雄々しかった。自らのもつ様々な名前に応じて、密儀の最終幕では、彼はケレスのむすめ婿で、息子で、夫だった。彼が勝利の床の上で尊敬すべき女神のかたわらにいるときにはである。彼はまだ高貴な存在だった。ポリュクレイトスの彫像群では、天のユピテルと等しい（ワシと雷とをもっている）存在で、死者の聖盃をもつ地上のユピテルであり、天と地と地獄の救い主であり、至る所に希望を開拓し、神の中の神のように思われていた。

だがじつのところ彼は女で、ますますそういうものと見えてくる。彼はアドニス、アッティス、アッティス＝サボスに、つまり、「自然」が誤って男らしい性で飾ってしまったなよなよした若者になった。うとうとしながら半ば目を閉じた怠惰な美しい女のように見える。きらめきでしかない活発な野性児エロス*とは正反対に、この眠っている女は、花に隠れた湿地のような不健康な魅力をもっている。芸術は彼を女性化しながら、乳房は与えず、ウェヌス・カリピューギス(18)の慎みを欠くライバルとしたのだ。こうしたことはネロ(19)の庭の記念碑の、太って、いくぶんむくみ、暗く卑猥な年若いバッコスまで段階をおってなされている。その像は陰うつで尊大な眼差しをして、じっと太陽を見つめている。彼を見て赤くなった太陽を。

（18）**ウェヌス・カリピューギス**　お尻の美しいビーナスの意。ナポリ国立考古美術館所蔵の、ローマ時代につくられたギリシアの彫刻。

（19）**ネロ**（三七～六八）　ローマ皇帝（在位五四～六八）。暴君ネロとして知られる。

＊　エロスの手本は、通常、明らかにギリシアの荒々しい子供である。その子は鋭いまなざしをもって輝いており、要する

に〈精霊〉である。そのことは万物を高めていた。彼を神格化した高度の讃嘆の心が、そこに英雄を感じ、彼がそうしたものであるよう望んだ。――バッコスの手本は、全く逆に、芳しく女性的でやわらかでデリケートな美である（北方の奴隷の美のように見える。南方にはこうしたものは全くない）。ときおり彼は天に向って悲しそうなまなざしを上げる、そしてときおり目を閉じる。そこから、いうなれば「眠りの天分」（ルーヴルにおける）が創られたり、あるいは甘美な「死」、奴隷の解放者として愛され望まれた死（帝立図書館、古代彫刻の版画）が作られたりした。大変有害な芸術、夢と気まぐれのこの危険な息子への、愛情あふれる同情によって心動かす芸術の、不吉な概念である。その子の中には僭主の心があったからだ。

あてにならない神話がこの人気者を美化した。バッコスの卑劣さを書きとめているホメロスは重視されないで、バッコスはティタン族と戦うヘラクレスのようなものにされてしまった。彼はインドの征服者にもされ、いつも乗っているロバの代りに、あちこち行くのによいとトラを与えられた。手にアンフォラ[20]をもって地球上至る所を駆けめぐり、無敵の力、酒あるいは美しさによって、最強の者をも打ち倒す彼の姿が歌われた。

（20）**アンフォラ**　両耳付きの壺。

大胆不敵な喜劇作家アリストファネスが、どうやって『蛙』の中で、真のバッコスを、ささいなことで死ぬほどにおびえる太って汚ない臆病女として示しえたのか、私には分からない。彼がバッコスの価値をおとしめようと望んでいたとしたら、全然うまくいかなかったことになる。それは熱愛される恋人に、民衆のお気に入りになったのだ。解放奴隷と奴隷とがすでに支配していたあの民衆は、本物にとって代っていた偽のアテナイ、バッコスの中に自分たちの姿を認め、彼をすてきだと思った。そしてまさに貪欲で臆病な奴隷として、とりわけ労働の敵として、そして酩酊と「怠惰」の化身として、彼に敬意を表した。それこそ彼らが夢みていた王と僭主そのものだったのである。

これがバッコスの恐るべき力だった。〈彼は、僭主と、奴隷の神である〉。彼は酩酊と偶然、幸福と〈運勢〉との〈良き僭主〉である。

それは結び目をほどき解く者、解放者である。バッコスは人間を一年の心配ごと、夏の労働から解放し、ブドウの収穫に入らせる。秋と春に、彼は奴隷の祭りをする。奴隷に希望を、バッコスの支配という夢想を、抱かせる。つまり〈法なき〉生活、そこでの唯一の掟は飲んで眠ることだという生活の夢を。

万物を解き放つ神は、おのずから帯もつけず解き放たれている。バッコスの信女たちも、無頓着のしるしにそうしている。もう〈君のもの〉も〈私のもの〉もなく、境い目がないのだ。とりわけ、もはや労働がない。バッコスがそれをなくしてしまった。その代り永遠の宴を創設した。その宴で彼は役割を等しく分けもつだろう。彼の王冠はその名称、〈万人に等しく分け与える者〉をになっているように見える。

バッコスが万人を解き放つというのなら、女をも解放しないだろうか？　彼は女にまず涙を、官能的涙を流す自由、「泣くことの喜び」を与える。サテュロス[21]とシレノス[22]の陽気な一行をひきつれた彼は、すぐれて泣く者なのだ。ギリシアの女は悲しいまでに家に引きこもっていたから、バッコス相手に心を打ちあけ、涙ながらに自らの愛を吐露した。[*1] 彼女はいつも自分のもとを去らないでいる女をもっていた。必要不可欠な、心を許せる乳母、優しくて、常軌を逸していて、激しく騒ぎ立てるトラキアないしフリュギアの女、あるいは狡猾なミレトスの女、そして甘美なイオニアの女友達といった者である。夕暮れとき、バッコス＝アドニスのところに、シリアの晩課にいっしょに泣きに行くのは快いことだ。そしてそこでまるまる三晩、白いハトはため息をつき悲しげに鳴く。人々はそれをあざ笑っていた。だがある晩、シチリアの運命的な遠征が決定された厳粛な瞬間、悲嘆の歌が町をみたしたとき、人はまったく笑わなかった。泣いているのは婦人たちだった……祖国を嘆いていたのか？　いいや……そうではなくてアドニスの死を嘆き悲しんでいたのだ（アリストファネス、『女の平和』）。空しい悲嘆に恐怖がまじっていた。神霊たち、悪霊たちが行ったり来たり動き回っていた。それは疫病だ。処女もそれにかかってしまう。「できるだけ早く結婚するように」と勧められる。だが女は、もはや心静かではいられない。何人もの者はあんまり神霊に追い回されたので、絶望し互いに首を締めあったりした。突発的な恐怖が、衝撃が、〈聖なる病〉を、癲癇という災禍[*2]をまき散らした。

(21) **サテュロス**　ギリシア神話で、一般にヤギの角や耳、長い尾に、ひずめのついた脚をもつ若い成年男子の精霊。野性的、色情的で酒を好む。ローマ神話のファウヌスに相当。
(22) **シレノス**　パンまたはヘルメスとニンフのあいだに生まれた子で、サテュロスと同じく山野に住む精霊。ディオニュソスの酒宴においてマイナスたちの年寄りの仲間。

＊1　女たちはあふれんばかりだった（アリストファネス、『アカルナイの人々』）。他方、男たちは完全に死んでしまったので（ミレトスや他のところで）、彼女たちは絶望に追い込まれてしまった（アリストファネス、『女の平和』、二三一行目）。アテナイでは男たちの許しがたい無関心が、女たちを自分たちの中で生きるようにさせてしまった。心底結びあい一種女の共和国のようなものを形作って（同上）。アリストファネスは、こうしたことすべてにおいて、偉大なる歴史家である。
＊2　ヒポクラテス（リトレ版、四巻、三六一、八巻、四六七、等）。

恐怖への治療法はまちがいなく運動であり、ダンスであり、チュルソスや、騒がしい大饗宴である。夕暮れになるかならないとき、乳母につきそわれて自分の小さな密儀に出かけていた女は、いまや大いに大胆になって、一群となってエレウシスに赴いていった。さらには、ひと気ない岬の方にまで、いやそれどころか、デルフォイやパルナッソス山にまで足をのばしたのだ。バッコスの信女となって彼女は泣いた。そしてマイナス[23]は錯乱した。だが（怯えたまえ）、彼女はミマロネス[24]、バッコスの女戦士であり、チュルソスと短刀とを持ったのである。

(23) **マイナス**　酒神ディオニュソスの供の女。酒に酔って狂態の限りを尽くした。
(24) **ミマロネス**　マイナスたち（＝バッケー）のマケドニア名。

この甘美なバッコスは「死」の神である。バッコスの信女たちはその神から名前（ディティース・ファムーラエ（＝奉仕する女たちのプルトン））をもらった。この甘美なバッコスは血を好み、モロクであったことを覚えている。人間の犠牲をもはや要求しなくなっても彼の渇きは変らなかったので、彼の愛人たちは、気候厳しいアルカディアで自らをムチ打ち、ひっかき傷をつけ、彼に女の血を提供した（パウサニアス、八巻、二五）。これらの不道徳で残酷な信仰は、仮にギリシアとみなされる地域にも広まっていった。シチリアやイタリアでは良識に反するものとして（壺によってそれが見てとれる）、フリュギアでは怪しげで狂ったものとして、テッサリア、エペイロス[25]、トラキアそしてマケドニアでは、野蛮な魔術によって厄介になった信仰として。

（25） **エペイロス** ギリシア北西部、北はアルバニアに接し、西はイオニア海に面する地方。

大いなる悪がやって来ようとしている、恐ろしい大変動が、といった予感がもたれていた。女たちの心は締めつけられてしまった。あらかじめカイロネイアの不幸が、彼女たちの上にのしかかっていた。そしてテーバイの恐るべき終末も。かの町ではアレクサンドロスが三万人のギリシア人を一日で売り払ってしまったのだ。彼女たちは危険を感じ、恐れ、そしてそれに準備していた。陰うつな乱痴気騒ぎから、それを知ることなく悲しんでいたあれらの悪がやって来るだろう。崩壊、破壊、奴隷状態、そして野蛮の勝利、生き生きとした乱痴気騒ぎ、僭主といった悪が。

4　続き――サボスの化身　軍事的バッコス祭

カルタゴを撃退した〈良き僭主〉偉大なるゲロン[1]の栄光は、シチリアで、また至る所で思想を堕落させてしまった。七賢人の中に二人の僭主が入れられていた。貴族に反対する党派の首領として、僭主は自らを民衆の友にして恩人と称していた。民衆に飲ませたり食べさせたりするこの良き養父は、民衆のバッコスでありケレスということにもなったろう。おもねるために、それらの神々にならい人々は彼のことを、しばしばディオニュソス〔ディオニュシオス[2]〕（ドゥニ）とかデメトリオス[3]（デメテル、つまりケレスから由来する）と呼んだものだ。

（1）**ゲロン**　第一部第三章八節、訳注（32）参照。
（2）**ディオニュシオス**　第一部第三章八節、訳注（33）参照。
（3）**デメトリオス**　同前。

だが僭主の王朝は、いかなるものも長続きしなかった。僭主たちは突然登場し、倒されていった。確固たるものを作るためには、ギリシアの外に基盤が、定点が必要だったのだ。ペルシア人のところにこの支えを探すことは、おぞましすぎる。マケドニアのずる賢い王フィリッポス[4]は、真の基盤は半＝ギリシアと半＝野蛮の世界にあること、つまり気候厳しいエペイロスと未開のトラキア、とりわけケンタウロスの国テッサリアを小さなマケドニアの回りに集めることができたなら、この極めて戦闘的な偽ギリシア全体が、疲弊し分裂した真のギリシアに対する彼の恐るべき剣となるだろうことを、完璧に理解したのである。そして抜け目なく二つのことをした。彼はテッサリアをその僭主たちから解放し、テッサリアのすばらしい騎兵たちの友となり首領となった。エペイロスに、そこから王妃の一人を迎え入れることで名誉を与えた。そのことによってあの勇敢なアルバニア系部族は、その力強い歩兵たちは安心したのである。それが彼の勝利の秘訣だった。それがまた彼の死の秘かな理由でもある。彼はエペイロスの女をめとったために命を落としたのだ。

（4）**フィリッポス二世**（前三八二〜前三三六）　マケドニア王。エペイロス王の娘オリュンピアスをめとり、アレクサンドロス大王の父となる。前三三八夏カイロネイアの戦いでアテナイ・テーバイ連合軍を破る。同年秋コリントでヘラス連盟を結成、その盟主となってギリシアに覇権を確立した。その後暗殺される。

人も知るように、あれほど小さいのに十四もの民族を擁しているという、ひどいアンバランス状態があの国（今日のアルバニア）にはある。絶え間ない嵐が、セラニアン山脈[5]を四六時中雷で襲っている。古い火山、地震、奔流で運ばれてきた熱い沖積土、それがエペイロスだ。巨大でたけだけしい犬たちがいるが、人間はさらにいっそうたけだけしいのだ。いつの時代にも数多くの殺人がある。女たちでさえ武器を身につけ、荒々しく乱暴で、その国の古い精霊（ドドナ[6]の森にいる）によって、あるいはトラキアやフリュギアの新しい神霊によって支配されている。彼女たちはバッコスの信女、ないし魔女として生まれるのだ。夢や毒にみちた危険な野草をよく知る者たちだ。彼女たちの喜びはテッサリアのメデイア的女にならって、腕や胸に美しく波打つヘビをまきつけることだった。かつて、自分たちの単なる叫び声で、そしてそのヘビで、敵軍を逃亡させたことがあると彼女たちは言っている（ポルアイノス[7]、四巻、一）。根拠のない神話である。あれらの無垢な生き物は、彼女たちにはむしろ売春の装いになっていたのだ。ヘラクレスは嫌悪と恐怖とともに、あれら野蛮な地で、アドニスとアッティス＝サボスのシリアやフリュギア起源の乱痴気騒ぎが始まるのを見たと言われている。テュルソスと短刀と男性のような誇りとを身につけたあれらの女王たちは、偽女ないし半男のレベルで放蕩生活をしていた。そしていわゆる性器を切り取られたみだらなアッティスたち、不毛の愛と夢とを売る者たち、どん底生活の占い師たちとなっていた。聖なる乱痴気騒ぎから成果が生まれたとしたら、奇蹟である！　子供は神の子供だったのだ。

（5）**セラニアン山脈**　エペイロス北西部にあり、アクロセラニア岬にまで至る山脈。
（6）**ドドナ**　第一部第三章二節、訳注（14）参照。
（7）**ポルアイノス**（二世紀）　ローマで活躍したギリシア人の修辞学者、歴史家。『ストラタゲマータまたは戦いの術策』がある。

ヘビ使い、霊感豊かな香具師、サボスの踊り手にして〈旅回り芸人〉、バッコスに心酔する男や女、すべてが関連していた。フィリッポスが結婚した娘はヘビを使ってみせる女だった。彼女は最も偉大な神託（当時すべての者はバッコスに従っていた）によって守られている。フィリッポスもその神託を恐らくは知っており、それを自分のための道具にできると思ったのだ。彼は自分自身の策略にとらえられてしまった。

彼女はミュルターレという名だった。だが恥しらずの野心によって、彼女は自分をオリュンピアス[8]と呼ばせた。結婚式後大胆にもフィリッポスに次のように言った。前の日に妊娠してしまった、セメレ[9]の夢を、火の洪水をもったと。雷が彼女の胎内を満たし、そこから地上全体を満たしてしまったと。彼はこの打明け話をほとんど評価しなかった。彼は彼女がはらんだという雷は、自分に不幸をもたらすかもしれないと考えたのである。

（8）**オリュンピアス**　本章訳注（4）参照。
（9）**セメレ**　第一部第三章三節、訳注（26）参照。

なぜ彼女が夜たった一人でいるかを彼は非常に知りたがった。そして穴を通してのぞきこんだ。と彼女のかたわらに大きなヘビが寝ているのを見て、胸くそ悪くなってしまった。彼は理解したのだ。彼の王妃はサボスのいかがわしい祭礼を行う一派に加盟していると。*キュベレとバッコスの信徒たちのまじった膨大な集団が、売春の底辺を、好色な女たちや、香具師たちを包含していた。愛、祈り、堕胎薬、毒薬を売る者をだ。

＊　とくにモヴェルスとローベックを見ること。この問題にはすぐまた言及する。

彼がこの女を追放したらエペイロスを憤慨させることになる。バッコスを信じる男や女の群れと敵対することになる。デルフォイの神託を求めたとき、彼はそう信じたに違いない。神託は彼に大いなる名誉を与えてくれた神に対し、捧げ物をしなければならないだろうし、あの穴から眺めるという不敬虔な行為ゆえに眼を失うだろうと答えたのである。この言葉はギリシアをかけめぐって、事実そうなってしまった。巧みな弓の射手がその任を引き受けたのだ。

非嫡出子であろうとなかろうと、子供（アレクサンドロス〔大王〕）は成長した。母は彼の誕生の神話を真実と信じさせるためなら、どんなことでもやった。至る所彼女によって、ヘビが飼われていて、壺やかごの中にも入っていて、そういうところからヘビたちは出てきて、ヒューヒュー音を立てながら飛びかかっていって、訪問者たちをぞっとさせた。子供は、こうした喜劇に囲まれて育ち、自らをバッコス＝サボスの息子と信じた。バッコスの優雅さを、彫像の中で見られるような美しくも怠惰でなげやりな姿をまねるために、彼は首を左の方に傾けたりした。しかしながらサボスがあまりにもうそつきや香具師と同義語になっていたので、それはゼウス＝サボスであると言われ、のちにアレクサンドロスは自分にベニアンミ[10]の角を与えた。

（10）**ベニアンミ**　第二部第二章、訳注（15）参照。

アレクサンドロスほどギリシア的でなかったものはいないし、ギリシアの英雄（オデュッセウスないしテミストクレス）に対立したものもいない。彼は真に北方の血をもっていて、〈極めて色白で〉、南方でも決して見出せないもう一つの特色、輝きを（血の気の多い怒りないし陶酔状態を表す）もった〈ぬれた眼〉をしていた。要するに高揚感あふれた完璧な野蛮人であった。だが飲んべえで、怒りっぽく、大きな犯罪も大きい後悔も、ともに出来る気質だった。彼がときおりあの恥ずべき行ない（ギリシア人が聞いたこともない）、酔った勢いでわが手で友人を殺すといったことをしたのも知られている。顔が生まれながらの野蛮さを、余りにも声高に語っていたということは大いにありそうだ。というのも、自分の顔によく似たものを作るのを恐れていたらしく、破ったら死刑を課すとまで言って、彼おかかえの芸術家、偉大な青銅彫刻家リュシッポス[11]の作った公式の顔の型から、はずれることのないようにしたからである。

(11) **リュシッポス**（前四世紀後半）　ギリシアの彫刻家。代表作「アポクシュオメノス」、「アレクサンドロス大王」など。頭部を全体の八分の一にした軽快な肉体美を作った。

フィリッポスは彼が一三歳になるまで息子のことを忘れていて、すっかり母親まかせにしていた。あまりにほっておかれたから、彼はギリシアで最も普通の運動を学ぶことさえなかった（全く泳げなかった）。フィリッポスには相続人が、私生児のアリデイアスがいた。生まれもよく才能も豊かな子だった。オリュンピアスはある飲み物をひそかに準備した。その飲み物はその子の感覚をおかしくしてしまった。フィリッポスは当時、自分の生涯をかけた貴重な作品、つまり多くの術と策略によって創り上げた勢力、国を、誰に手渡すかを考えねばならなくなっていた。真にすぐれていたこの男は大変冷静で、子供に対しいかなる嫌悪感ももっていなかった。その子がどんな子であれ、大胆に見えて多くの者から神々の子と呼ばれていたような子であってもである。彼はアレクサンドロスの方を選んだ。一三歳から一七歳で、その子を自分の家の被保護者の一人の手にゆだねた。大変偉大な精神の持主アリストテレスの手にである。だが、極めてギリシア的で思慮深い人だったから、アリストテレスはこの若い野生児の上に影響力をふるうには、まさに最も不適切な人だったのだ。そのうえアリストテレスが彼を教えるのには遅すぎていた。ふさわしからぬ母親および、うそにみちた伝説によって人格形成され、オリュンピアス周辺のおべっか使いに囲まれて、彼はすでに神になっていたのだ。アレクサンドロスが息子のように愛した師は、アリストテレスではなかった。自分の愚かな養育者レオニダスとかいう人で、この男はアジアのこと、インドのこと、バッコスの勝利のことしか話さなかった。幼い少年はそうしたものを一新してゆくだろう。さらには、彼の未来の征服のほんの小さな細部までを告げる神託が、いっせいに起きたのである。

フィリッポスは頂点にまで達していた。カイロネイアの勝利者となって、彼は節度という栄光を手にした。どんな大勝利をも拒否し、捕虜たちを送り返した。彼の偉大な仕事はなしとげられた。彼は強かっただけではなく、愛されたのだ。多くのまじめな人々が、彼なくしてギリシアはその最終的な使命、オリエントの〈ギリシア化〉を果たせないだろうと信じていた。オリエントを打ち破るだけでは、大したことではなかったのである。その地にギリシアの風俗や知恵を浸透させ、植民化し、文明化し、その大いなる変化を望めるようにする必要があった。誰一人フィリッポスよりもうまくできなかった。エパメイノンダス(12)のところで育てられた彼は、エパメイノンダスの美徳はともかくとして、少なくともその忍耐やゆるぎない優しさをもっていた。激烈なアレクサンドロスには欠けていたもの、〈時間の観念〉をもっていた。これは必要な気質であり、これがないと征服は世界にとって一つの災禍でしかなくなる。大混乱しか作れないのである。

（12）**エパメイノンダス**　第一部第三章六節、訳注（14）参照。

フィリッポスは四六歳だった。彼の周りには、遠征という晴れがましい時には、学問において卓越した人々の一群が結集した。まさしく今日、総裁政府がボナパルト将軍のために作ったエジプト委員会のようなものである。その中心はアリストテレスだったが、彼はアレクサンドロスの下で出発するの拒否した。多分、著名な博物学者テオフラストス(13)といっしょに、フィリッポスのあとにならい従って行っただろう。アリストテレス学派の人々がそこにいた。彼の甥のカリステネス(14)や、弟子のアナクサルコス(15)やピュロン(16)、そして多くの歴史家、また偉大な航海者、ネアルコス(17)等である。クセノフォンの勝利の帰還とアゲシラオス(18)の成功から見て、戦いが、あらかじめ解体していた帝国に対して、本気で行なわれたのではないらしいということが完全に見抜けた。そして、ごく気楽に軍のあとに従い、その国を研究し完璧に知ることが、とりわけ植民地を作る地点を定めることができたろうということが。最高の植民地が準備できていたのだ。ギリシア人の塊が、兵士、船乗り、商人がエジプトの海岸を占領した。

（13）**テオフラストス**（前三七二頃〜前二八八）　ギリシアの科学者、哲学者。『植物誌』等がある。

(14) **カリステネス**（前三七〇頃～前三二七）　ギリシアの歴史家、哲学者。たぶん大伯父だったと思われるアリストテレスのもとで成人。アレクサンドロス大王の東征に随行、大王を全ギリシア的英雄と称える業績録を書くが、大王への跪拝要求に反対して処刑された。

(15) **アナクサルコス**（前四世紀）　アレクサンドロスの友人のギリシア人哲学者。デモクリトスの弟子で同じく原子論を説いた。ピュロンに大きな影響を与えた。

(16) **ピュロン**（前三六〇頃～前二七〇頃）　ギリシアの哲学者。アレクサンドロス大王の東征に参加。事物の確実な認識は得られないことを知れば、魂の平安が得られると説き、懐疑論の祖となった。

(17) **ネアルコス**（前四世紀）　マケドニアの武将。アレクサンドロス大王の東征に参加。『沿岸航海記』がある。

(18) **アゲシラオス二世**（前四四四頃～前三六〇頃）　スパルタ王。ギリシア諸都市をペルシアから解放するために、小アジアに渡って（前三九六）ペルシアと戦った。

フィリッポスには一つの困難しかなかった。彼に反対し自らを武装化することで彼の出発をさまたげようとしていた、野蛮なあのエペイロス人である。あのサボスの息子、あの危険な若者は、自分の神性を大そう確信していて、抵抗を打ち破るためにあらゆることができた。母と息子は自分たちのために神殿をもっていた。フィリッポスはデルフォイの神託を携えてゆくことで部下たちを励まそうと望んでいたが、二重の意味にとれる神託しかもてなかった。彼の死をひき起こした神託、「犠牲の用意はできた。雄牛に王冠がさずけられるだろう」である。

彼は意に介さなかった。新たに妻をめとり、一人の子をもうけた。それが事を早めてしまった。オリュンピアスは彼を殺させ、彼女自身の名で、デルフォイに短刀をささげた。失われてしまったものと、新たな統治がどんなものかが、そのとき判断できた。母の方は、自分のライバルの女をその子とともに捉え、彼らを青銅の甕の中で煮させてしまった。息子の方はたった一日で、三万のギリシア人を売りに出した。まさしくフィリッポスを育て、その家系の栄光を作り上げたテーバイ人たちを。

神々の息子の前で全てが平らかになった。極端な倦怠感、無気力、絶望は、伝染性救世主待望症とでも名づけうるような病気を、この世に生みだす効果をもっていた。ギリシアが閉じ込めていた混濁した迷信的要素すべてが、虐殺で始めたその若い神に味方していた。手に雷を、つまり途方もない聞いたこともない力をもっている彼の姿を人は見た。知恵にあふれたあらゆる能力が、成功確実で、必然的で、かつ待ち望まれていた大いなる企てのために蓄積されたのだ。こうした企ては知恵ある人々ないしは狂人たちによって完成されるに違いなかった。その時がやってきたと告げられた。アレクサンドロスのいかなる過失も、その実現をさまたげないだろうまでに、それは必然的になっていた。彼は、他の者だったら皆命を落としたであろうような奇妙な誤ちをなしたが、しかし無事だった。最高に不利な地点で戦端を開くこともできた。水のない砂漠地帯を行くという非常識なルートをとることもできた。自らの軍隊を運にまかせ、最高の試練にさらすことであった――どうしたそんなことができるのか？　人々はあえてそれを理解しまいとした。だが、少しは経験をつみ、生き生きとした力への感覚をもつときには、奇蹟の背後に規律正しい良い軍隊以外のもう一つの別のものがあったということが、まことによく分かったのである。真実、一つの神が、〈精霊〉が、火の翼と火の息吹きがあったのである。私ならそれを〈ギリシア魂〉と呼ぶだろう。それが、つねにまっすぐに進んでいったのだ。まるで導かれ、導き、補い償っていたように見えるものだ。それが真実、勝利を確実なものとする源だった。語り手たちは出来うる限り、そうしたことを闇に沈めた。アレクサンドロスはしかし、いまいましく思いながらも、そのことをよく感じとっていた。真実のことを、「ギリシア人たちは、マケドニア人たちの中にいて、野獣の中の精霊たちだと言われないだろうか？」を、皮肉をこめて彼が述べたときに。

ギリシアの特異な点といえば一〇〇年来、予測された大きな出来事を待つ中で、均衡のとれた多くの人々、あらゆることに立派で、戦士でもあり文人でもあり哲学者でもあり、たまたま兵士でもあるといった人々がいたことである。ある者はクセノフォンのように、すでにアジアを侵して財を作っていた。ある者はソフィストのクレイタルコス[19]のように、大胆かつ残酷に、自らある町の僭主になった。優秀な申し分ない僭主であって、アリストテレスに妹を与えた。だが都市のそれらの僭主政治は、都市を満足させるためにあったのではない。それらはまったく違う夢を、バビロンないしペルセポリスをもっていた。彼らは次のことを知っていた（ある近代人が言ったことだ）。「オリエントにおいてしか大規模な仕事はなされない。」ああした高度の天分をもったエリートたちの中に、ついに障壁がくずれることを待ちのぞんでいた野心あふれたギリシアがあって、それがアレクサンドロスのあとを追って、あまりにも見事に彼に奉仕することとなったのだ。コンデ[20]とボナパルトが（イタリア遠征において）もったもの、至る所で並はずれたエリート士官を選んで組織化することができたという特記すべき幸せ、それと同じことが若い王の周りに自然と出来上がっていた。そこにこそ何よりも、彼がアレクサンドロス大王となった理由がある。

（19）**クレイタルコス**〔アレクサンドリアの〕（前四世紀後半）　ギリシアの歴史家。『アレクサンドロス物語』がある。
（20）**ルイ・ジョセフ・コンデ**（一七三六～一八一八）　フランス革命期の軍人。亡命貴族となり革命に抵抗、コンデ軍を組織した。

ペルシアもまた金で雇ったギリシア人をもっていた。だが反抗した不満分子であり、可能な限りその数をふくらましても、あまり多くはならなかった。世界と未来を欺くために、何一つなおざりにしてはならない。多くの御用達歴史家たちが連れていかれた。将軍たち自身も書いた。そして出来る限りうそで飾った。そのうえアレクサンドロスは、そうしたものを信用しなかった。彼には道々（戦争が言われたようなものでなかったことを証明するものだ）、何かにつけて自らの友人ないしギリシアの補佐官たちに対し（プルタルコス、五一章、九三）、彼らが流布させているニュースを書き送る時間があった。フリードリッヒ〔大王〕が前世紀に、フランスへたえまなく書き、最善を尽くしてフランス人になろうとしたのが見られたのと同様、アレクサンドロスは完全なギリシア人でないのを不安がっているように見えた。そしてアテナイの影を追い求めていた。

彼はどこにでもホメロスを携えていって、枕の下に置いていた。とはいえ、どんなにわずかしかその書を利用していなかったかが示されるのは、全員オデュッセウスのあとに従っていった真のギリシア人たちとは逆に、彼がケンタウロスの国の粗暴な英雄アキレウスの熱気と憤怒を、理想としていた点である。アキレウスおよびトロイアの破壊をまねようと、彼はテーバイで恐るべき略奪を行なった。戦いが急を要したとき、イリオン[21]で、遊びを、長期の祭りをやった。長いこと抵抗していたガザ[22]とその町の首長を捉えたとき、やはりアキレウスをまね〔アキレウスが、一騎打ちして勝ったトロイアの英雄ヘクトルに対してしたように〕、その首長を両足に穴をあけ、一本の綱でゆわえ、自分の戦車のうしろにひきずっていった。

(21) **イリオン** トロイアの古称。

(22) **ガザ** アフリカ北部、エジプト北東部の町。一九六七年の中東戦争でイスラエルに占領され、その後パレスチナ自治政府が統治している。

ある朝、このアキレウスはすっかりアジア的になって、ホメロスに、ギリシアに、背を向けてしまった。君主制の売春という点で大いなる情婦といえるバビロンは、ペルシア人たちに百年かけてなしたものを、一日でアレクサンドロスになしてしまった。思いもかけない恥ずべき光景だった。破れたものが勝利を収めていた。このときあんなにも疲弊し、汚され、カルデアの腐敗で死体のような状態になっていった古いアジアは、愛人の代りにその主人をもったのである。化粧した墓、世界が通過していった愛の下水渠、そこにアレクサンドロス大王の情熱があった。近代人たちはそこに一つの知恵を、讃嘆すべき政策を見ようと夢中になる。ほんの少しでもアジアの風俗や思想を身につけていたなら、まちがいなく、その点で彼をとらえるべきではなかったのだ。高邁なギリシア精神によって彼を支配すべきだったろう。ひどくゆっくりとした慎重さと、聡明な心づかいをもって、それにとりかかる(肝要の点だ)べきだったろう。

アジアを、子供のバゴアス、(23)見せかけの娘たち、運勢、そしてマギたちの背徳によってとらえること、泥水と不浄な穴の中にまっさかさまに身を投げること、それは、自らの家で不潔な野蛮状態で再び見つかった生まれながらの野蛮人を顕示することであった。それはバッコスの信女といかさま師サボスの息子である彼の生まれを、思い出させるものであった。彼の宮殿は占い師やいかさま師でいっぱいになった。

(23) **バゴアス** ユダヤのヘロデ大王(前七三～前四)に愛された少年。

彼はもはや敗者たちしか信用せず、彼らを不用意に、見さかいなく、うかつにも武装させてしまった。三万人ものペルシア人を、ギリシア人と戦うため、ないし彼らを追い出すために育て上げ鍛えあげた。彼はギリシア人らが一瞬にしてペルシア人そのものとなり、良識を否認し、オリエント風に彼を〈あがめる〉ことを望んでいたのだ。それは言われていたように、まったくの虚栄といった幼稚なものではなかった。よこしまで、かつ計算ずくのことであった。〈崇拝〉は良識と人間的尊厳の放棄にとって試金石である。マギたち、彼の師たちは、ギリシア的従順さの限界がそこにあるだろう、そうした足取りを断固としてやっていくと彼はギリシアを憎むだろうし、すっかりペルシア人になってしまうだろうと感じた。

のちにローマ皇帝たちが物事をなしたとき、世界はひどく丈の低いものとなっており、ひどく小さくなっていたので、すべてが容易だった。だがアレクサンドロスの時代には、まだ生き生きとしていたギリシアを前に、あの天分と理性との高度の光の中で！人間を野獣の方へとせき立てることは、カラカラ帝[24]のような者たちをも越える、常軌を逸した犯罪だったのである。

(24) **カラカラ**（一八八～二一七）　ローマ皇帝。残虐な性格や、娯楽のための浴場建設などで知られる。

奇妙なのは、変節したギリシア人たちが、部分的にその原因となっていたことだ。怒りと酩酊の中で、彼がクレイトス[25]を殺したとき、彼が泣いているのを見たソフィストのアナクサルコスは、そのことを意にも介さず彼に言った。彼にあっては何一つ犯罪はない、というのも彼が「法」なのだから。ユピテルが自分につかえるよう傍らにテミス[26]をすわらせているように、と。この言葉は人々の感情に深く入りこんだ。それ以来、アレクサンドロスは崇拝された。

(25) **クレイトス**（前三八〇頃～前三二八頃）　マケドニアの武将。グラニコス河畔の戦い（前三三四）でアレクサンドロス大王の命を救ったが、その後東部イランの酒宴の席で大王と口論し、大王の手によって殺された。

(26) **テミス**　第一部第三章二節、訳注（19）参照。

ギリシア人たちは服従し、笑っていた。ただ一人が笑わず、抵抗した。その男はアレクサンドロスを面くらわせ、自分の命と引きかえに彼を思いとどまらせたのである。その男の名は不滅のものとなろう。それはアリストテレスの甥で哲学者のカリステネスである。

アレクサンドロスに関する最も確かで謹厳な歴史家、彼の下の将軍で友人だったプトレマイオス、のちのエジプト王は、カリステネスがアレクサンドロス崇拝を拒んだため、その命令で〈十字架にかけられた〉ということを好意的に語っている。*

＊ プルタルコスが言うには、彼は、プトレマイオス、このすぐれた権威、あらゆる権威の中でも第一のものを目の前で見たという。――アレクサンドロスに関する歴史家たちの中で最悪なのはアリアノスである(27)（これはモンテスキューが追随した唯一の者である）。アリアノスは、数世紀あとにやってきて、あの歴史をゆがめ、その中に愚かにも良識を入れてしまった。アレクサンドロスの歴史は、〈それが現実にあるところのもの〉に、不条理で小説的で狂気じみたままにしておかなければならない。

（27） **アリアノス**（九五頃～一七五頃） ギリシアの政治家、歴史家。『アレクサンドロス出征記』がある。

ものすごく大きな出来事だった。プルタルコスは、プトレマイオスやその他、すでに今日では見失なわれてしまった同時代の歴史家たちすべてを知ったうえで、次のように言っている。アレクサンドロスはそれ以降は譲歩するようになった、カリステネスは破滅したが恥辱の最終段階からギリシアを救出したのである、と。

私もそのことを疑ったりはしない。この厳粛な行為は広大な影響をもっていたのだ。アリストテレスの深遠な思想が、理論的に〈活力の哲学〉を創造しつつ知の領域において築き上げたばかりのものを――彼の甥は事実の領域に移行させ、自らがかけられた十字架の高みから（ゼノンやクレアンテス(28)以上に）ストア哲学を開始したのである。

（28） **クレアンテス**（前三三一～前二三二） ギリシアの哲学者。キプロスのゼノンの弟子で、師のあとをつぎアテナイのストア学派の指導者となる。

豊かで実り多い仕事である。それは単なる闘いではない。つまり魂や良心の、そして神々の下で押しつぶされた理性の英雄的な〈防衛戦〉というだけではなく、古代世界が最良のものとして残したもの、つまり〈法と法律学〉との喜ばしい基礎づけと程なくなっていく仕事だったのである。そうした法と法律学の大半に、いまもわれわれは従っている。

知恵が打ち立てられたのだ。私は狂気のことは話すまい。新しいバッコスはインドにまで足を伸ばす。現実的などんな結果をともなってか？　アジアを打ち破り、そこに侵入していったのは本当にギリシアの天才だったのか？　人は血まみれの混沌を見ることになるだろう。一場の夢のようなギリシア帝国、それこそが建設だというのか？　アジアはそれについて軽蔑と恐れしか抱かず、自らの古い教義への乱暴な回帰、つまり熱狂的反動が、ほどなくパルティア帝国(29)を作ってしまう。

(29) **パルティア**　カスピ海の南東、のちのホラサーンの地にイラン系遊牧民が前二五〇頃に建てた国。ミトリダテス二世（在位前一二三〜前八八）以降ローマと抗争。二二六年頃ササン朝ペルシアによって滅ぼされた。ゾロアスター教を国教とするなどイランの伝統に立っていたが、ギリシア文化を受容し、ギリシア語を公用語とするなど独自の文化を創った。

リーダーよりも賢かった軍がついに前進を止めた。彼、この全能の神も、それに従って引き返さざるを得なくなった。この帰路は狂気と絶望の点で尋常ではない。彼の精神は彼のもとを去ってしまい、かろうじて人間であるといった状態だった。彼は自分の犬を称えてある町を建設した。自分の馬の墓にと、またある町を創った。彼はバッコスを演じ、テュルソスを手にし、全軍をキヅタの花飾りで飾り、褐色に日焼けしたあの古兵たち全員をバッコスの信者にした。そしてあの世界の王座の上から、アジアの王たちが後宮の中に隠していたものを誇示し知らしめた。それはすでにヘリオガバルス(30)であり、両性具有のアッティスやアドニスのあらゆる恥辱であり、「ウェヌスの愛人でアポロンの恋人」だった。彼はヘパイスティオン(31)を女の激情でもって哀惜した。そして医者たちを殺し、アイスクラピウス(32)の神殿を焼き払った。死者を半神とするようベニアンミの神託に強いた。さらに驚くべきことは、軍隊の前に横たえられた子供バゴアスの愛の祭りだった。ローマ皇帝たちの話の中にも出てこないユニークな光景だった。アレクサンドロス大王のような人の中でも、まことに致命的な一例である。自らの栄光と巨大な権威の重みで、未来にのしかかってくる大王、ローマ皇帝たちそのものを創り、軍隊の好戦的風紀や兵士と王のモラルを作りあげた大王にとって。

（30）**ヘリオガバルス**（二〇四〜二二二）　ローマ皇帝（在位二一八〜二二二）。一説にカラカラ帝の庶子といわれる。シリアの太陽崇拝信仰の司祭として、若くして権威を持ったが暗殺された。
（31）**ヘパイスティオン**（?〜前三二五頃）　アレクサンドロス大王の幼少時代からの親友。彼が熱病で死んだとき、大王は激しい悲しみを示したといわれている。
（32）**アイスクラピウス**　第一部第三章七節、訳注（31）参照。

この奇妙でおぞましい光景をみて、アレクサンドロスの軍は、あざけりながら拍手喝采した——自分たちが解き放たれて自由に辱められる状態、非常に長く続くこの残酷なカーニバルの中にいると感じる野蛮な喜びからでもある。全員が戦いのあらゆる汚濁ゆえに解放されたのだ。抑制がきかなくなって、民族全体の偽ギリシアが、世界を略奪したのだ。各人が恥ずべき行為という点ではバッコスやサボスとなろう。各人がアレクサンドロス大王となろう。

彼の遺産は膨大である。三つのものから成り立っている。

［一］　彼は希望を、人間の尊厳を死滅させた。各人は運命のおもちゃであり、眼前で巨大で予測不可能の思いがけない力に遭遇し、自らに失望し、気弱な信じやすい者となっていった。至る所に涙が、天に向けて差しのべられる手があった。巨大な奴隷売買が生じ、商人たちが兵士のあとを付いていった。シリア、フリュギア、まさしく高地オリエントの不幸な女たちの集団が、彼女らの救世主待望の狂気によってエジプトを精神的に疲労させてしまった。

［二］　アレクサンドロスは理性を死滅させた。彼の遠征という並はずれた行為は、すべてを信じられ受け入れられるものにした。人はもはや覚えていないのだ。一万人の男とともにクセノフォンが、六千人の男とともにアゲシラオスが、ペルシアの努力すべてを無に帰せしめたということを。またアレクサンドロスの奇蹟は、二〇〇年来考えられてきたものごとが協調することで準備され、手はずを整えられたのだということを。人々は茫然自失した。そして、そのときまでならあざ笑っていただろう馬鹿げて常軌を逸した妄想に対し、悲しげに頭をたれてしまった。「なぜいけないの？……アレクサンドロス大王ほどではない」と言いながら。ピュロンのような才気あふれた人が、完全に懐疑的になってしまった。彼は物事のあとをたどり、見ていったが、それを信じることができなかったのだ。物事は夢の

ようにみえた。その時から、彼にはすべてが不確かとも思えたのである。大多数の者は逆に、途方もない神話をおろかしくも信じるはめになる。エウヘメロス[33]はすべての神が王だったと率直に言っている。より率直に人々は信じた、全ての王は神であると。

（33）**エウヘメロス**　第一部第三章三節、訳注（28）参照。

「なぜ神の化身のヘビが、アレクサンドロスの母をレダだと思わなかったのだろう？……謎だ！　深い謎だ！……愚かな理性よ、黙れ！……多分ソクラテスのような人々もそれは予測しなかっただろう。かまわないではないか。アレクサンドロスはそんなことを必要としない。彼の奇蹟がその神性を証明すれば十分である。」

その時以来、多くの王が、神か、神の息子となった。テーマが作り出されたのだ。それを写してゆくことができるだろう。アウグストゥス[34]の母は宣言するだろう、自分はヘビの恩愛を受けた、ねばりつくヘビが彼女の胎内に皇帝たちを収め入れたと。

（34）**アウグストゥス**（前六三～後一四）　ローマ帝国初代皇帝（在位前二七～後一四）。アウグストゥス（尊厳なる者）という名をもらう前の名前はオクタウィアヌス。

〔三〕　愚かな模倣がこの世の法則である。オシリスはその征服の中でセン＝ウスレト[35]によってまねられた。セン・ウスレトは、ほんのわずかな変形を伴いつつも、セミラミスによってまねられた。そしてバッコスはインドでの戦いにおいて、その地を征服する中で、オリエントの古くさい考えをコピーした。そして今度はバッコス＝アレクサンドロスが、ローマ皇帝、シャルルマーニュ、ルイ一四世等によって模倣されるだろう。

（35）**セン＝ウスレト一世**（前一九七一頃～前一九二九頃）　エジプト第一二王朝の王。ヘリオポリスに大神殿を建てた。

だが王政をめぐるあらゆる愚かしさの真の創設者は、他のいかなる者以上にアレクサンドロスなのだ。単に彼の栄光がもっていた無限の権威によるのみでなく、われらがヨーロッパにとって〈王制の仕組み〉が彼にさかのぼること、そしてそれが維持され、盲目的にまねられてきたゆえである。近代的な王の概念、宮廷とその礼儀作法、それらはまさしく彼からやって来ている。

オリエントの昔の王、家父長的司祭的王は、剣よりもむしろ塗油と神官の笏をもっていた。ギリシアの僭主は、剣と力とをもつ民衆の長であった。二種類の権威が、アレクサンドロスにおいて初めて合体する。そのときからこれら二種の専制が、一つになって大地にのしかかる。そしてのしかかり続けるだろう。近代の王は、キリスト教時代には、剣をもちながら、同時に大外衣[36]を、司祭の性格を所有したからである（私の『歴史』〔『フランス史』〕を見ること）。

（36）　**大外衣**　カトリックの祭式のとき聖職者が着用する袖なしマント。

マギたちが簡単にアレクサンドロスを捉えてしまったのは、まさにその点によってである。バビロンでの彼の勝利に輝く入城は、政治的偶像崇拝および王権の神格化として興味深い。

香をくゆらせている銀の祭壇が両側に長い列をつらねる、花のまき散らされた道を通って、巨大なバビロンが、まるごと額づきにやって来た。富と快楽、学問と芸術、音楽のバビロン、天文学者、女たちとライオン、個人が飼っているヒョウたち、化粧した美しい子供たち、ミリッタのお気に入りたち、そうしたものすべてがやって来た。彼は幻惑され、陶然としてしまう。そこから彼の師たち、誘惑者たちが、自分たちの欲するものをすべてを作ってしまったくらいに。彼らは彼に、マギたちの清め（あんなにも不浄な）を受け入れさせてしまった。また格式ばった子供っぽさを受け入れさせ、彼のために一年の日数と同じ三六五人の女からなる後宮を設立した。* 彼らは彼にキダデム〔ペルシア王の王冠〕をかぶせた。ミルラを塗られた（ミトラやバッコスの）王冠で、王たちを神々にするものだった。金の家、金の王座、金の笏、王が身につけるがらくた類、彼らは彼に、そうしたものすべてをワシ、ワシ＝ライオン、グリフォン[37]とともに受け入れさせた。ローマ皇帝たちが、のちに自分たちの旗印としてかかげ、封建体制がすばらしくも摩訶不思議な紋章の中に加えたものすべてである。さらには七人の味の鑑定家、彼個人の七人の大物随員、王という太陽を巡る七つの惑星といった、うんざりするような見せびらかしがある。髪の豊かな太陽である。彼は長髪にしていなければならない。そこからローマ時代の飾り髪や、わが太陽王のかつらも生じたと分かる。

（37）**グリフォン**　ギリシア神話に出てくるライオンの胴とワシの頭と翼をもつ怪物。

＊ディオドロス、プルタルコス、そしてハイド(38)が集めた多様な原典『ペルシア人ノ統治ニツイテ』を見ること。

（38）**ハイド**　原文 Hyde。不詳。

5　ユダヤ人、奴隷

一人の旅人が夕方ごろ、乾ききった光景の中で、水量ゆたかな奔流によって行く手をはばまれる。中央部に古い橋がそびえているが両はじが折れて落ちている。二つのアーチ、二〜三の橋脚が残っているが近づけない。いつの時代のものなのか？　知るのは困難だろう。本当の高さを推し量ることさえできないだろう。野生の小灌木が生えている近よりがたいこの遺跡は、威厳にみち荘重な様子をしている。日がとっぷり暮れてしまうと、この亡霊はさらに大きくなり、私たちをほとんどおののかせてしまいそうだ。

これがまさしくユダヤ人の『聖書』が、あんなにも長期に生み出した効果だった。はるか遠くからしか見られないだろう孤立した遺跡の、生み出す効果である。しっかりと検査するための確かな視点ももたず、ああいった記念建造物の周辺、つまりユダヤ人に近接した民族や混血した親族や、そして彼らが移住させられたり暮らしたたりした大帝国を研究する手段ももたず、人々はあてずっぽうに判断してきたのである。そうしたことすべてが欠けていたので、ユダヤは、ずっとひとりきりでいることになり、視線をあざむいてしまったのだ。宗教的奇蹟の幻想的光景、虹色の雲や寓意あふれる神秘主義の影とともに、ユダヤは地平線全体をみたした。いやそれどころか、世界を隠した。

われわれの世紀は、謎めいた記念建造物を身じろぎ一つせず観察していたわけではない。それを崇拝したり解体したりすることなく、両側のこわれたアーチと橋脚とを建て直して完全にしたのである。中央部の大いなる遺跡はもはや孤立していなかった。このことだけで、すべては変ったのである。もはや幻想的光景はなくなった。近づいていって、眺め、さわり、計測できたのである。一方の端からもう一方の端まで、風景全体を視野に収めると、霧の中から、エジプトやペルシアの巨像が、ユダヤの二人の師と博士たちが見えてくるのである。ユダヤの近く、その周辺いったいに、その親類たち、シリア人、フェニキア人、カルタゴ人が見える。それこそが大いなる光の現れである。それらの民は完全に消え去ったと思われていた。アレクサンドロスはティールを、スキピオ(1)はカルタゴを崩壊させた。ユダヤは、破壊された世界全体の相続人として留まったのである。

（1） **スキピオ・アフリカヌス**（前二三六〜前一八四） ローマの将軍、政治家。第二ポエニ戦争ほかでハンニバルを破り、カルタゴを屈服させた（前二〇二）。通称大スキピオ。その孫のスキピオ・アエミリオヌス（前一八五〜前一二九）も第三ポエニ戦争でカルタゴを陥落させ、降伏した全住民を奴隷に売った（前一四六）。通称小スキピオ。

本当のところ、これほど恐るべき崩壊は、かつてなかったのだ。残骸、破片、かけら、壊され、さらにまた砕かれたもの、それらがあらゆる方面に勢いよく散らばっている。奇跡的な忍耐のみが、再発見できたのである。そんなにも困難なこの探索は、しかしながら実現した。ボシャール(2)やセルデン(3)といった人々から、ミュンター(4)やモヴェルスといった人々まで、執拗に探しまわり、拾い、収集した。カルタゴは極めて入念に破壊されたのだが、そのカルタゴに関して、教えることの多い文献が何千と再発見された。フェニキアの神々、風俗、交易、天分に関して集められた文献は、さらにずっと数多い。あれらフェニキア人は、ユダヤに土着の民カナン人(5)と完全に同一であり、彼らはつねにユダヤ人に囲まれて暮らしていたし、風俗習慣の点でも、ほんのわずか異なっているだけだった。

（2） **サミュエル・ボシャール**（一五九九〜一六六七） フランスの東洋学者、聖書研究家。『聖地の地誌』がある。
（3） **ジョン・セルデン**（一五八四〜一六五四） イギリスの法学者、東洋学者。『シリアの神々』がある。
（4） **フリードリッヒ・ミュンター**（一七六一〜一八三〇） ドイツの教会史研究家、考古学者。
（5） **カナン** 古代パレスチナの呼び名。神がイスラエルの人々に与えた約束の地とされる。

どんなふうにしてユダヤは完璧に孤立しえたのだろう？　それは現実には〈ヨルダンが東方ま近に迫っている細長い丘陵地帯でしかなかった、西の方には海岸が、ペリシテ(6)やフェニキアの港がある〉だけだった。最も幅広いところで一五里*あっただけである。海岸にはペリシテの大きな町、ガザ、アゾト、アシュケロンがあった。それからフェニキアの強力な港、シドン、ティール等があった。開放的気質の住民は完全に海の方を向いていた。陰うつな山岳地方を何度となく横取りしたが、そちらには見向きもしない方が、いっそう多かった。

（6）**ペリシテ**　南パレスチナの海岸地方。パレスチナという名の由来となった。

＊　イエール・オブ・アド・ダール85(7)――ムンク(8)『パレスチナ』八〇ページ。

（7）原文 Hier, op. Ad. Dard, 85。不詳。

（8）**サロモン・ムンク**（一八〇三～六七）　ドイツ生まれのヘブライ学者、ユダヤ思想史研究家。

ユダヤは自らの外、ヨルダン川の東に、さらにいくつかの部族をもっていて、彼らは谷あいの低地地方にちょっとした牧草地を見出していた。だが陰うつな玄武岩の山地の方は、醜悪で黒々としていた。

ストラボン(9)は正当にも、ユダヤは概して大変天候状態の悪い国だと言っている。とはいえこの国は変化に富んでいる。段丘でブドウを育てていくこともできたし、ヨルダン川といくつもの支流が自然に作り上げるオアシスで麦を育てることもできた。だが、いつの時代でも、悪意のない旅行者はその国に入ると、大きな日照りのようなもの、果てしない倦怠のようなものが感じられたと述べている。小さなガリラヤ(10)およびナーブルス(11)のある地方をのぞけば、すべては陰気で単調、くすんだ灰色でおおわれている。

（9）**ストラボン**　第二部第二章、訳注（27）参照。

（10）**ガリラヤ**　古代パレスチナ北部の丘陵地帯。イエスとその弟子の多くの出身地。

（11）**ナーブルス**　ヨルダンの西部地方にある町。

良識が十分教えてくれることは、この国をダマスカスのある豊かなシリアより、あの〈巨人たちの〉肥沃な国、魅力的なアシュケロン〈シリアの婚約者〉、海の女王であるティールやシドンより好むのは――大変強力な理由がなくてはならなかったということである。

ユダヤはイスラエル王国とユダ王国という二つの中心地において、二つの隠れ家を、二つの自然な壁避難所を提供しているように見えた。北方ではサマリアの閉じた谷が、あらゆる方面から守られていた。南方では、大変高い地点にあって周囲を見下ろしているエルサレムに近づくには、守りやすい峡谷、エレミヤの谷とテレビンテスの谷を通って行くほかなかった。

ユダヤ人は異邦人を可能な限り受け入れ、呼びよせ、招いた。そして正しい裁きを約束し（「申命記」一章一六節および二四節）、異邦人に対しユダヤの土地と同じ分け前の土地を約束した（「エゼキエル書」四七章二二節）。また自分たちの祭りや饗宴に迎え入れることも約束し（「申命記」一六章、一一節、一四節）、そのうえ、祈りに迎え入れることも約束した（「列王記」上、八章四一節）。異邦人は自分の国にいるのと同じようにユダヤにいられるだろう。〈ユダヤ人は彼を自分自身のように愛する〉（「レビ記」一九章三四節）。

これは力強いことだ。ところでこの異邦人とは何だろう？　周知のように、衣服も食料ももたずにやってきた逃亡者のことである。〈神は彼を愛し、食べるもの、着るものを与えるだろう〉（「申命記」一〇章一八節）。もう少し先の方で、日ざしはさらにいっそう明るいものとなる、異邦人は奴隷となることができる。「あなた方の中に〈逃亡してきた奴隷は〉、主人のもとに戻されてはならない。彼は望む所に留まり、われわれの町で休息と安全を見出すだろう。彼が不安にされることはありえない」（「申命記」二三章、一六、一七節）。

そのときから、われわれは安心するのだ。この言葉だけで、最高に陰うつで不毛だった国は、決してひと気のないところではなくなるだろう。

どんなことがあっても住民を欲しがるというこの政策は、倹約家で、欲深くさえある（このことは、「列王記」や「エレミヤ書」等に見られる）民族のところで見出されただけに注目される。ユダヤ人はアラブ人の騎士的感情*とは百パーセント無縁だった。さらにはインド＝ケルト語族の、しばしば軽率にもなる高貴な気前良さといったものとも無縁だった。こうした気前よさは、彼らの詩の中、『ラーマーヤナ』から『シャー・ナーメ』、『ニーベルンゲン〔の歌〕』から『ロラン〔の歌〕』や『メルラン』[12]といったフランスの歌にまで明白に現われている。

（12）**メルラン**　アーサー王物語群に登場するケルト系の伝説的人物。中世を通して人気があっただけでなく、ミシュレの友人キネが『魔法使いメルラン』を書いた（一八六〇）ように、近代になっても注目されているヒーローの一人である。

＊　ダビデがサウル[13]をとらえたときに殺さなかったのは、騎士道によるものではなく、彼が主の〈聖油を塗られた者〉〔王＝司祭〕だったからである。

（13）**サウル**　（前一一世紀）イスラエル王国初代の王。その娘ミカルがダビデの妻（の一人）となる。「サムエル記」参照。

ユダヤ人は初めから平和の人であり事業の人であった。その理想は戦士でもなければ、労働者でも耕作者でもなかった。かつては羊飼いのように放浪する人で、後になって、行商人、銀行家、古物商として放浪生活にもどったのである。『聖書』は力強く簡潔にこの理想を打ち出している。この民の典型であり、その神聖な名（イスラエル）をもつのはヤコブ[14]である。彼は平和な人で〈家に留まっていた〉が、一方彼の兄エサウ（エドム）は耕作をし狩りをしていた。この兄は全身毛むくじゃらで野獣の皮膚をしていたが、ヤコブには体毛がなかった。ヤコブはアベルのような羊飼いで、祝福された。エサウはカインのような耕作者で、断罪され、相続することを許されなかった。

（14）**ヤコブ**　イスラエル民族の祖。イサクとリベカの子。神と力比べをしてイスラエルの名を与えられた。その十二人の子が、それぞれイスラエル十二部族の祖となった。「創世記」参照。

技術や産業は（農業も同様）、トバル・カイン[15]の人物像で断罪される。建設者は罵倒され嘲笑され、ただバベルのような無意味な仕事に到達するだけである。真のユダヤ人、族長は、〈投機的羊飼い〉であり、自分の群れを購入取得したり計算したりといった知的心づかいで、増やしてゆくすべを知っている。彼は女（その母リベカ）に好まれ、またその兄エサウへの服従や熱愛においても相当に用心深く、驚くほど女のように見える。そして彼はエサウからあっというまに長子相続権を奪い去ってしまった。

(15) **トバル・カイン**　アダムの子カインから六代目の子孫で、青銅や鉄でさまざまの道具を作る者となったという。「創世記」第四章二二節参照。

ヤコブの愛する息子は、宰相になることになる奴隷である。夢の解釈によって出世したのは、まず占い師だった金の運用にたけたヨセフである。エジプトではありえない話だ。かの地でヒクソス（羊飼い）は、不純なものとみなされ、すべてが閉ざされているように思ったろうが、カルデアではきわめて自然なものだったのである。カルデアではトビア(16)、モルデカイ(17)、ダニエルといったような者たちが、占い師、宰相、資産家となった。

(16) **トビア**　トビトの息子。旧約聖書外典「トビト記」参照。
(17) **モルデカイ**　エステルの養父で従兄。「エステル記」参照。

ユダヤ人が、自分たちの悲惨ゆえにもった真に偉大な栄光は、諸民族の中で唯一、奴隷のため息に対し一つの声、心にしみ込む不滅の声を与えたということである。

ほかでは、ほとんど発せられたか発せられないかの、抑圧された一語であり叫びであった。* ここでは何世紀ものあいだ、すばらしくも深遠な苦悩の歌が歌いつがれた。大多数の人が、喪という最も深刻な個人的悲しみの中に、それを借用しては満足するような類のものだ。つまりユダヤ人は、最も厳しいすべての形態のもとの、欠けることない不幸をもったということなのだ。さまよったあとエジプトで育てられ、心ならずも労働者となった羊飼いは、ピラミッドの建設作業に残酷にもくぎづけされた。パレスチナでは、心ならずも農夫となった彼の姿が見える。モーセの掟といわれるものが、彼を耕作へとかりたてるために恐るべき努力をした。田舎の農業祭がいくつも組織された。それでもなお彼は、ゆれ動く不安な精神的放浪者のままでいた。

* ウェルギリウス(18)はイタリアの魂、兵士の農奴となった不幸なティテュルス(19)に、あえてあるかなきかのため息をもらさせた。われらの時代のポーランド人は、至高の絶望の声をいっとき高くした。クラシンスキー(20)やミッキェーヴィチ(21)はイザヤ

と同等の存在である。

(18) **ウェルギリウス**（前七〇～前一九）　ローマの詩人。ローマ建国を歌った『アエネイス』ほかがある。
(19) **ティテュルス**　ウェリギリウスの『牧歌』に登場する羊飼い。
(20) **ジグムント・クラシンスキー**（一八一二～五九）　ポーランドのロマン派の詩人、作家。『未来の詩篇』ほか。
(21) **アダム・ミッキェーヴィチ**（一七九八～一八五五）　ポーランドの詩人、批評家。亡命先のパリでは、一時コレージュ・ド・フランスでスラブ文学の講座を担当し、ミシュレの同僚だった。『父祖の祭』（一八三二）、『パン・タデウシュ』（一八三四）等。

本質的に光を嫌う悲惨な奴隷にとっては、夜が自由なのである。詩篇や預言者の歌は、大部分、夜の歌である。彼はブドウの手入れをした。夜がやってきて、闇で閉じられる、きらめく星空の下、テラスに身を横たえて彼はいっとき眠り、そして目覚める。心の中にいるライオンたちが跳びはねる……それはうなり声である。だがまもなく涙がやってくる（ああ！　ああ！　ああ！　主なる神よ）。

神は聞いてはいない。苦しむ者は叫ぶ、なおのこと神を呼ぶ。「起きて下さい！……主よ、あなたは眠っているのですか？……私が死ぬのを待っているのですか？……死者たちはあなたを称えはしないでしょう。」

この長い繰り返しの中で、独創的で、かつ限りなく心打つこと、それは、あえて彼の言葉を聞こうとしない神の無味乾燥、無気力、鈍さにもかかわらず、彼が自分自身をしか非難しないことだ。彼は自分の胸を打つ。〈セイヨウネズの下にすわって言う。私を叱って下さい、主よ！……私はわが先祖たちほど良くはありません〉と。

これは単に、ヘジャズ[22]の不屈のアラブ人（アンタル[23]）と異なっているだけではなく、エドムの人、神との論争において気高い議論をなしたヨブ[24]とも、どんなにか異なっていることだろう。ついには圧倒されてヨブが口を閉ざし黙ってしまったとしても、彼は自分を打ち負かされたとは思っていないことは、あの激烈な詩の中で感じとれる。神は彼に、レビヤタン[25]や雷鳴のすさまじい響きとともに語りかける。そうした力ずくの議論は、議論ではない。ヨブは心の中に自らの思いを保ちつづける。「あなたは強い。しかし私は正しい。」

(22) **ヘジャズ**　アラビア半島北西部、紅海に面した地方。
(23) **アンタル**　アラブの騎士物語に『アンタル物語』があり、その中心人物が実在した反イスラムの詩人アンタラ（六世紀前半）である。それゆえ、ここではアンタラとミシュレは記すべきだったろう。
(24) **ヨブ**　「ヨブ記」の主要人物。サタンの与える過酷な試練に耐え、最後まで信仰を堅持する人物である。
(25) **レビヤタン**　「ヨブ記」に出てくる水中の巨大幻獣。悪の力の象徴とされる。

ユダヤ人の考えはまったく別のものだ。彼は砂漠の、自由なアラブ人の、その広大な息吹の表出といったものを持たない、そしてヨブがその証言となっているあの高度な誇り高い生の表出といったものも。奴隷の最大の不幸は、奴隷であることが自分の中に引き起こす悪徳を感じることである。そしてそのために自己の意志が堕落していくのを感じることである。だから彼の悲嘆の中には、いかなる快さも汚れなさもないのだ。それはサヨナキドリの歌ではない。そこに聞こえるのは夜行性の鳥の不吉な叫び、つまり悔俊の中で、自らをさらにいっそう汚れていると感じる心の〈ザワメクイタミ〉なのだ。

だがプライドの方が勝ってしまう。「神が私にとって正義の代りになってくれるだろう！　神は私に誤ちの責任を負わせない。暁まで、そして暁から夕暮れまで神が称えられんことを。」

しかしながら闇は白んでくる。地平線、灰色に光った空の上に、黒いイナゴマメが一つくっきりと浮かびあがる。ついに日の光がやって来る。「涙が夕方流れるなら、喜びは朝やって来るだろう……」

太陽はやって来た。死海はきらめく！……太陽が陰うつな丘の、木一つない頂を通過する前でさえ、そのまっ赤な姿が突如不気味な水面を血で染める……同様にほどなくやって来るだろう、解放者が、復讐してくれるもの、ヤオつまりエホバが！

復讐し皆殺しにしてくれる神というこの観念は、奴隷の奥深い欲求なのだ。彼はこの観念をあたためる。それは大切な宝となる。カルデアの漠然としたヤオ（モヴェルス）は、単なる生の息吹きであったが、フェニキアの陰うつなヤオは死と悲嘆の声であり、ここでは砂漠の魂となったのである。南方をふり向いてみたまえ。すべては終り、生は息絶える。動物も植物も、いかなる形態も見えない。逆に、眼に見えない力が感じとられる。燃えるような息吹き（エジプトのテュポンと呼ばれるもの）である。何も見えないが、しかし、面と向って立っていることができないのだ。この台風はモーセに向って言うことができた。「もし私を見たら、後ろ向きになるように……さもないと死ぬぞ！」

この恐ろしい野蛮な神から人はたえず遠ざかったが、つねにまたそこに戻ってきた。「驚くべきことだろうか？奇跡だろうか？」そんなことは全くない。あらゆる厄介な掟があっても、それはだがユダヤ的自由、強い民の神々を憎み呪う自由であった。そんなにも反発を引きおこす神へのユダヤの情熱、しつこく一貫する態度の何度とない再現、それらを理解するためには、アジアのすべての奔流が彼らの上を何度も通りすぎていったため、ユダヤ人は、それらすべての神々のおもちゃとなり、犠牲者となったという事実を思いみなければならない。黒い神とともにミディアン[26]がやってきて、何でも食べ尽くすバッタのように、ユダヤ人のところに野営し、すべてを食べてしまった。絶えず巨人たち（ユダヤ人はペリシテ人とも呼んだ）が、ユダヤ人を自分たちのアスタルテの、その侮辱的な宴会の奴隷とした。その宴会にはサムソンやダビデ自身、主役として出ていたのである。それればかりかユダヤ地方のどまん中に、古いカナンの部族が隣りあわせにいて、ユダヤ人への永遠の誘惑として暮していた。若い雌牛の、あるいは子牛の卑猥な踊りに、たえずまきこむような誘惑である。

(26) **ミディアン**　アブラハムとケトラの息子。「創世記」二五章参照。

深い無気力から生じる信仰である。夜も近づくと連れて行かれ、朝になると打ちのめされ、さらにいっそう奴隷となっている自己を見出すといった奴隷の無気力である。恥辱と怒りとともに、彼は雄々しい神のもとに、たけだけしい自らのエホバのもとに戻ってくる。エホバだけが彼に城壁を、至る所で自分を取り囲んでいるあれら死の神々の、甘美な圧力に対抗する目にみえない火の城壁を作ってくれていた。

こうしたことすべては、前世紀に明敏な批評家（アストリュック[27]）が聖書の上に天才のひらめきを投ずるまで、不分明なままでいた。彼は、ユダヤの魂の二重性とせめぎあいとを見たのである。単一と思われていた聖書という書物の中に、二つの聖書を見たのである。その時から、この見方はすべての批評家に採択された状態にある。二つの宗教が、二つの異なる信仰が、並んで生じていたのだ。多数派が従っていたのはエロヒム(28)の農耕的宗教で、若い雌牛あるいは子牛のカナン的崇拝と容易にまじりあうものだった。もっと厳格な少数派は、抑圧的偶像を嫌って、目に見えぬもの、エホバに身を捧げようと努力した。エホバの契約の櫃は、しかしながら、翼をもつ二頭の雄牛の恐ろしい粗野な姿で飾られていた。この神は、極端な不幸ないしパニックのときには、余りにも容易に鉄の雄牛（モロク）と混同されたが、それでも誇り高い純粋な魂として留まり、民衆を支え、救い、民衆にその統一を与えた。*

(27) **ジャン・アストリュック**（一六八四〜一七六六）　フランスの医学者。梅毒に関する研究が有名。また『旧約聖書』の「モーセ五書」（「創世記」など巻頭の五書）の本文批評を試み、近代的研究方法を創始した。

(28) **エロヒム**　序文、訳注（12）参照。

* 理解しあうことなく、諸国民は〈神の統一〉の方へと歩んでいった。——〔紀元前〕千年から五〇〇年にかけ、神の統一は至る所で同じやり方でなされた。様々な神々の翳りと死という否定的破壊的やり方によってである。ギリシアのオリンポスの神々は、その高度の領域において、色青ざめ、ひからび、霊気化してアナクサゴラス(29)の〈ヌース〉となるか、あるいは下の方から、バッコスの不純な醸造桶で溶けあい、まじりあってしまった。ペルシアでも大いなる闘いは止んだ。アフリマンは衰弱しオフルマズドの中に吸収されてしまった。バビロンのすべてのバアールたちは、アナヒドないしミリッタのふところの中に埋まっていった。シリアの神々は、呪わしいものとしてエホバの中で焼かれてしまったように見える。

(29) **アナクサゴラス**　第一部第三章八節、訳注（27）参照。

バベルには混ぜものを含む統一があった。ユダヤには憎悪の統一があった。

ユダヤの預言者たちは真の殉教者であり、激烈な状況の矛盾によって苦しめられていた。彼らは民衆の長であり、あまりにもシリア的だった王たちに対抗して、真にユダヤ的な精神を代表していた。彼らはまた民衆に対しても戦った。つまり民衆を分裂させている二つの信仰、エロヒムとエホバの野蛮な性向に対しても戦ったのだ。預言者たちの大きな仕事は、これら対立する神々のあいだにあって、乱痴気騒ぎを、すなわちバアール崇拝者の夜の狂気を禁じて前者を純化し、一方そこからモロクの猛火を排除して後者を人間化することにあった。彼らはその点では見事であり、人類の真の恩人、民衆の尊敬すべき守り手だったのである。彼らは民衆のため、絶望的戦いの中でしばしば自分たちの生命を犠牲にしながら、ああした信仰を撃退していった。

「わが脱穀場と積みワラの息子たちよ、私が穀物倉で打ったお前たちこそ私の息子なのだ！」

預言者を象徴的に代表するイザヤの、この崇高な言葉は、奇妙な波及効果をもった。倍化された重い打撃、苦悩と侮辱との霰《あられ》は、永遠の「受刑者」の驚くべき柔軟性を失わせることも挫くこともできなかった。ぺしゃんこにされると彼はまた起き上がる。消え去るとまた発見される。残酷な、まことに現実的で確かな現在に対し、彼は、夢想と不可能とをさらに一段と確かなものとみなす。

イザヤは希望に逆らって希望した。嵐が高まれば高まるほど、そこにこそ神の力が最終的に姿を現わすだろうと信じた。彼は、自分自身の先見の明によって救われたら、悲しんでしまうだろう。恩寵の偶然を、さいころの一振りによる救済を、望んだのである。奴隷の判断を深く損なってしまう偶然まかせといった性向は、〈彼に理性を憎ませ、行動をあきらめさせてしまった〉。

この民を最古の始原から動揺させ悩ませてきたのは、救世主待望の精神だった。「士師記《しし》」がとりわけ見事にそのことを示している。七つの捕囚生活それぞれが驚くべき作用、知恵に反する偶然によって終る。この奇妙な話の、同時にひどく高慢で謙虚な原則というのは、永続する奇蹟である神の民は、つねに人間の予測を超脱する尋常ならざる運命をもたねばならないということである。

神は選んだ民の内部から、自らの栄光を明示するために、好んで〈強者よりも弱者を、大きいものより小さいものを〉、年長者に対する年少者を選択した。誇り高いユダ(30)よりもヨセフ(31)の方を好んだ。勇敢なイシュマエル(32)、強者エサウ(33)より、女のように繊細で優しいヤコブを好んだ。神によって小さなダビデは巨人ゴリアテ(34)を殺した。神はまた同じ理由で小さな民を唯一の選良として、自らのために選び、わが物とした。人類は拒絶された。

(30) **ユダ**　キリストを売ったイスカリオテのユダではなく、イスラエル十二部族の一つユダ族の名祖となった、ヤコブとレアの第四子のユダのことである。「創世記」第三五章以下参照。なおヨーロッパにおける反ユダヤ主義は、これら二人のユダの、意図的ないし無知からの混同に発すると述べる学者もいる。
(31) **ヨセフ**　ヤコブとラケルの子。
(32) **イシュマエル**　第二部第二章、訳注(53)参照。
(33) **エサウ**　イサクとリベカの子。弟のヤコブが牧畜文化を代表するのに対し、兄エサウは狩猟文化を代表するとされる。
(34) **ゴリアテ**　ペリシテ人の巨人。少年ダビデと戦って殺された。「サムエル記上」一七章参照。

この原則がその後もたらしたものを追跡する必要がある。神は、ほとんど価値のない、いや全く価値がなく何一つなすことのない〈功績において最も少ないもの〉を、好んで愛し選ぶのである。神はたえずくり返して言う、選ばれた民は〈それに値するものではない〉と。神は〈働きものの〉カインに対し、〈なまけものの〉アベルを選んだ。アベルは何一つ努力をせず、報償を求めるような功績、神に無理やり言うことを聞かせるような功績もいっさいもたらさなかったのに、神に好まれ祝福された。

次のようなものが、より重きをなすのだ。単に功績がなかったというだけでなく、〈失態を演じ〉神の法に違反したもの、選び出され祝福されることなどありえないもの、寛容と善意の驚くべき奇蹟によって、まさしく神の自由な力を最高に称えることになるだろうものが、である。正義の人以上に、そうしたものが選ばれるのである。兄〔エサウ〕をごまかし、父を欺いたヤコブは神に〈選ばれた〉。裏切りと殺人ゆえにヤコブから呪われたレビ(35)は、〈聖なる部族の父〉となる。ヨセフを売り、恥ずかしげもなく路傍で不純な愛を買ったユダが〈タマル(36)の話を見ること〉〈民の長〉となり、その民に自らの名を与えることとなる。

(35) **レビ**　ヤコブの第三子。イスラエルの祭司部族の祖。
(36) **タマル**　ユダの長男エルの妻。ユダとの間に不義の双子をもうける。「創世記」三八章参照。

これは悪や罪に対する絶対的な好みなのか？　そんなことではない。神が、何一つ負うところのない者をもし選んだとしたら、神の〈無償の慈悲〉を、全能を、それだけいっそう輝かしく表わすことができるという原則を厳格に適用したものであり、一つの思想体系となっているものだ。

人は言うだろう。「この民は正義を欲する法の民ではないのか？」と。そうである。だがこの「法」自体、〈お気に入りの〉民にのみ、もっぱら与えられるものなのだ。つまりモーセ自身が「それに値しない」と宣した民にである。この「法」は「正義」とは無縁の基盤の上、つまり〈不当な〉えこひいきという基盤の上に打ち建てられたものなのである。

「法」自体、詳細な規定や良心とは関係ない巨大な形式主義を積みこまれすぎていて、良心を眠り込ませることにしかならなくなった。それらの典礼や空虚な取締り事項全体のあとを追っていけばいくほど、人は道理を免れてしまうと感じる。ユダヤ人の基盤は次のようなものである。「私は幸せものだ。神自身が私のために正義の代りになってくれるのだから。」どうしてか？　「私は〈選ばれた民〉である。神の寵愛する息子なのだ。」

だが結局のところなぜ〈選ばれたのだろう〉？　いかなる功績によってアブラハムとヤコブは、神が彼らと永遠の同盟を結んでもらえることになったのか？——功績などない。

〈彼らは神に気に入られたのだ〉。

こうして太古のユダヤは、すでに恩寵の理論を赤裸々な形で与える。ユダヤの歴史はその上、そうした理論の自然な成果を示している。永遠にくり返される罪への転落、空しい涙、涙の下で、しかし次のことに帰着する誇り高い教義でひそかに安心するのだ。すなわち「すべてが私には許されるだろう……私は嫡出の子なのだから。」

モーセがしかりとばし、イザヤが怒号をあげにらみつけてくれるように！　こうした雄々しい外観すべてがあっても、この教義が情熱のそれであり、〈女性的〉空想の、女の気まぐれの教義であることは妨げられないだろう。つまり、愛に関して愛以外のいかなる理由も与えようとしない教義、〈値しないもの〉を選ぶことで自らを女王と信じ、「お前は無だから、私の寵愛を、善意を、恩恵を、それだけにいっそう輝かせることになろう」という教義なのだ。だがそれは、正義を荒廃させることであり、努力に水さすことである。――〈大いなる意志に対し〉門は永久に閉ざされることになるのだ。

神の正義は、あらゆるわれわれの正義を、人間の心が正義について抱くあらゆる小さな考えを越えるものだ、と彼らは言う。それゆえ神は無垢なものを罰することもできる。神が罪人を罰するとき、彼はそうすることを余儀なくされるのである。他にやりようがないのだ。だが神が無垢なものを、非難さるべきことを何も犯していない息子を打ちのめすとき、神は何と偉大なのだろう！　彼は何と神であることか！

ただあの補囚生活において、あんなにも恐ろしい出来事が生存全体、思想全体、古い基盤全体をゆるがしたときに、二人の預言者エレミヤとエゼキエル(37)が、偉大な気高い努力によって、自分たちの血を流す心から、ああいったおぞましい根を引き離し、ついに道理を声高に叫んだ。

(37)　**エゼキエル**（前六二七頃〜前五七〇頃）　イスラエルの四大預言者のひとり。捕囚のユダヤ民族に、エルサレムの占領と民族の再興を預言する。

不運なエレミヤは、まこと分別あふれた忠告をユダヤ人たちにして、彼らから裏切り者と呼ばれたが、バビロンで解放され自由の身となっても、ひたすらエルサレムの石の上に涙しに戻ってきただけだった。その地で彼は古い「法」を越えて、反ユダヤの、反モーセの、あのすばらしい光をもったのである。「主が言われた。私は破壊した。だがいつの日か私は建てるだろう。人々はその時もはや言わないだろう。〈われらの祖先は青いブドウを食べた。われらの歯にそれがしみている〉と。各人は自らが食べるだろうものゆえにのみ、歯が痛むだろう。各人は自ら自身の罪ゆえにのみ、死ぬことになろう。」

「私は新しく同盟を結ぶだろう。法を書くだろう（もはや石の上にではなく）、心と腹の中に。人間は、もはや博士として振るまう必要、つまり隣人に〈神を知れ〉と言う必要はなくなるだろう。というのもそのとき万人が私を知るだろうから、最も小さな者たちも、最も大きな者たちと同様、私を知ることになるだろうから。」

エゼキエルは個人の責任という点で、つまり〈各人は自ら自身の仕事によって救われる〉という点において、さらにいっそうすばらしい。彼はあらゆるあいまいさを予防し、三回にわたってこと〔ユダ王国および諸国民への審判預言とイスラエルへの救済預言〕を繰り返し、力強く、ゆっくりと、ローマの法学者に値するような重々しさで立ちどまる。自分が設け、石灰とセメントで固定した聖なる石の重要性を、感じていたことが分かる。ユダヤの預言者とギリシアの賢人が、ここでは意見が一致し抱き合うのだ。神を正しい審判として、正義として提示したエゼキエルのあの章は、まさしくソクラテスの『エウテュプロン』の精神につらなっている。「神は、それが正義である限りでしか神ではない」というあの精神に。

ユダヤ人はカルデアに連れていかれたりエジプトに移住させられたりして、流謫の中で大きな不幸を知った。だが〈彼らは財を成した〉。干上がり疲れ切り破産した小さな民族から、あれらの大帝国の中で後世に残るようなものになった。至る所で商売を、金銭取引をして、小さな門を通り、それも王宮へと入ってゆくような豊かな、大人数の部族となった。王たちは彼らの能力、へりくだった容姿、順応性を高く評価した。彼らは人間の事業の一般的〈媒体〉となったのである。

モーセの形式主義を、また預言者たちの信仰を離れることなく、ユダヤ人はさらにもう一つの信仰を、儲けることへの、金への信仰をもつようになった。大混乱の中で、彼らは富が唯一の安心だと思ったのだ。「富は金持にとっては町であり城壁である。彼をとり囲んでいる城壁のようなものだ」（「箴言」一八章一一節）。――どんな富だろう？

保持したり救出したりするのに最も容易なもの、動かしやすく軽いもの、金《きん》である。――どういう類の？　さらによいのは〈目に見えないもの〉、信頼できる手のなかに置かれた金である。言われているように、フェニキア人が文字を発見したのに対し、ユダヤ人はそのほんのわずか後に〈紙幣〉を発見した。

それは、畑にいるノウサギのように不安な奴隷生活から、ごく自然に生じたことである。早い時期からユダヤ人は、流れの中で誤りを犯さない奴隷の政治を見出していた。〈与えること、こっそりと与えること〉である。「ひそかな贈り物はすべてを鎮める」（「箴言」二一章一四節）。早い時期から、王政への卑屈さは彼らの性格となった。王への際限ない崇拝である。「わが子よ、神を恐れ、王を恐れよ」（同、二四章二一節）。「その怒りは死のしるしであり、その優しいまなざしは生を与え、その寛容はすべてを再び花開かせる秋〔聖書原文は春〕の雨である」（同、一六章、一四、一五節）。「だが王の前でもてはやされて立ち上がるようなことはするな。この世の大物にはなるな」（同、二五章六節）。似たような数多くの箴言が、極度の慎重さや完璧な服従を、そして王政の力を現実的に讃美することさえ教えている。ユダヤ人は王たちに愛されるだろう。これ以上従順で頭のよい優れた奴隷はいないのだ。しばしばユダヤ人は信じた。王は神のようであるが、だが〈災禍のよう〉（「箴言」、二八章、二節）[38]でもあると。そしてこの災禍を、卑屈さを認めながらも、たたえる。なぜなら自らの中で法を守るなら、心の内部で堕落することはありえないと信じていたからである。実際には微妙で難しい区別である。背後では聖人でいることと、前面では世界のあらゆる暴政の従順な手足となっていることとは。

(38)「箴言」二八章二節は、新共同訳によると「反乱のときには国に首領となる者が多く出る。分別と知識のある人ひとりによって安定は続く」であり、ミシュレの引用とは異なっている。

『聖書』と呼ばれているユダヤの見事な百科全書は、この大変偉大な事業精神、巧妙さと経験にみちた精神によって、至る所で強烈に印づけられている。この精神は、彼らが諸々の大帝国を知って銀行や策謀によりそれらを動かすようになったとき、ユダヤ人の精神となった。――策謀といっても、大きな役割は果さないようにする、信仰心あふれた、つましい、慎重な策謀である。あれらの書物は古い断片あるいは多くの記憶に従って何回も作り直され、エズラ[39]が長いこと集会を開いていた〈大シナゴーグ〉[40]によって、読まれ、採用され、決定されたのである。数多くの古い特徴がそこに保存された。またユダヤ的頑固さとともに、聖職者たちが恥じらいから遠ざけたかったであろう多くのことどもも保存された。

(39) **エズラ**（前五世紀）　ユダヤ教の祭司。ユダヤ教の基を作る。
(40) **シナゴーグ**　ユダヤ教の、集会や礼拝用の会堂。

最も心を打つのは、物語の真の天分である。生き生きとしながらも荘重かつシンプルで、抑えた息吹にみちた物語である。ヨセフやヤコブは術策にとんだ人で、語り手を大いに楽しませ、その表現意欲をかきたてる。だが語り手のお気に入りはダビデである。（ロトの近親相姦から始まる）モアブ人のルツから生まれた繊細で勇敢で不純なユダヤ＝アラビア人で、「砂漠に逃げる破産した人々の長である。」その狡猾な政治は、祭司以上に聖職者的で、契約の櫃の前で民衆を踊らせたり、歌わせたり、ばか騒ぎをさせたりして魅惑し、教化した。

そうしたことすべては、すばらしく巧妙で力強く、自由な精神によるものでさえあった。そうした話を損なっているのは、語り手が、ああいった官能性や老いさらばえた恨みを口の中で何度もかみしめながら幸せそうに賞味するあの楽しみなのである。語り手は不可能な復讐を語っては楽しむのだ。ユダヤ人がカナンの国でなしたという恐るべき虐殺、その後も生存した部族の、いわゆる皆殺しについては、一語たりと信じることはできない。ユダヤ人の多くにわたる隷属は、まちがいなく彼らをアラブ人の戦士的生活から、残忍に人を殺せる者たちのああいった栄光から、はるか遠くに置いていたのである。あれらの話は百パーセントの自慢話であり、現実にあった多くの不幸への、言葉の復讐である。こういった例は、禿頭王シャルル[41]の時代の修道生活の編年史（『ザンクト・ガレン[42]の修道士』）の中にも見出せるだろう。良き修道士は自分の独居房の中で、死と滅亡のことしか言わない。彼にあって血は水のように働く。これはヨシュ僧院での彼の主人公の一人は大変強いので、一度に七人の戦士を槍で貫き、串ざしにして運んでゆく。これはヨシュア[43]の尋常ならざる物語を思わせるものだ。

（41）**禿頭王シャルル**（八二三〜七七）　西フランク王（在位八四三〜七七）、西ローマ皇帝（在位八七五〜七七）。ヴェルダン条約により西フランクを領有、今日のフランスの基礎を築く。

（42）**ザンクト・ガレン**　スイス北東部の州の州都。六一二年アイルランド僧ガールが聖堂を建て、それが修道院となり、そこから町が発展した。

（43）**ヨシュア**　モーセの後継者。イスラエル人を率いてカナンの地を征服した。「ヨシュア記」参照。

それに、魂を悲しませ干からびさせうるのは、ありそうにもない虐殺や、よこしまな官能性などよりもはるかに、一般的な精神の不毛の方だった。「創世記」や「士師記」のこれこれの部分、「列王記」の初めの巻を除けば、精神は厳格で干からびている。しばしばそこにも炎があるが、しかしいっとき燃え上がり、輝き、焼け、おびえさせても、暖めることも明るく照らすこともない藪の炎である。

形態においても本質においても、ひからびた状態は本質的である。*ユダヤ人の進歩全体が、深い不毛性へと到達する。

＊　この章ほど私に苦痛をもたらしたものはない。私はユダヤ人が好きだ。彼らの殉教に、彼らの家庭の美徳に、今日でも彼らが発揮しているすばらしい才能に、私は折にふれて言及してきた。キリスト教的世界を作り出したこの民族の運命に、どうして心動かされずにいられよう？　その息子によってあんなにも迫害され、痛めつけられたこの民族の運命に。厳しくあろうと思えばすぐに、後悔して自らに言うことになろう。「ユダヤ人の悪徳はわれわれが彼らに課したものであり、彼らの美徳は彼らのものだ」と。――何世紀にもわたって、世界がつねにたたいてきた、あの忍耐強い民族に敬意を。今日でもあの民族は、ロシアでひどく苦しめられた。――彼らの古い信仰が、そこから出発しそこに戻ってくるモデル、未来もそこに行くだろうモデル〈家庭の教皇職〉をわれわれのために保ってくれている、この信をまげない民に敬意を。――オリエントの奥の方から、今日でも多くの予期せぬ才能を、学者やあらゆる方面の芸術家を生じさせてくる生き生きとしたエネルギーに敬意を。――しかしながらどうして黙っていられようか？　人が至る所で奴隷制を可能とし聖なるものとするのは、古いユダヤの書物によってであることを。アメリカ南部では、主人たちは聖書の章句を引用する。ヨーロッパでは、神聖同盟[44]がユダヤ人とキリスト教徒の本の上に手を置いて宣誓されたし、いまだ自らに宣誓している。――ユダヤ人は地球全体を通して〈最良の奴隷だった〉し、彼らの圧政者そのものの支柱となっていた。なぜか？　他のいかな

る人間以上に、ユダヤ人は隷属やひどい侮辱を軽いものとして担ってしまう、宗教的感情のひそかな自由をもったからだ。――そのうえ僭主をうまく利用し、奴隷制を投機の分野にしてしまう器用な精神をもったからだ。――ユダヤ人には偉大な運命があり、その種族はベルティヨン氏[45]が『気候順化』という大きなテーマを扱った貴重な本で観察したように、地球の中で最高に順応できる種族の一つなのである。

（44）**神聖同盟**　一八一五年ロシア、オーストリア、プロイセンの三君主のあいだで締結され、のちにイギリス摂政、ローマ教皇、オスマントルコのサルタンを除く全ヨーロッパの君主が参加した、キリスト教精神をもって和平を維持することを目的とした同盟。

（45）**アドルフ・ベルティヨン**（一八二一～八三）　フランスの医者で人口学者。犯罪者を、十一項目の身体的特徴で鑑定する方式を編み出したアルフォンス・ベルティヨンの父。

一方、「律法」に献身する党派パリサイ派は、言われてきたよりも敬意に値するもので、（エレミヤやエゼキエルの資料によると）自然な勢いでギリシアローマ的「公平」の、実り豊かな教義の方へ行ったように見えたが、モーセの命令を守る偏狭な形式主義の中に留まっていた。

他方、神秘主義的党派は、「律法」からいっそう独立して、愛と「恩寵」の方向に引き寄せられていくように見えた党派だったが、そこに心豊かな流れを見出すどころではなく、奇妙きてれつな文法崇拝の中に、言語の崇拝とアルファベットの宗教の中に陥ってしまった。

ヘブライ語は本質的に不安全で、省略が多く、最も扱いにくい固有語である。それは演繹的推理を表現できなかった。預言者に関するエホバの最も残酷な判決は、不可能な言語を彼らに押しつけるということだった。「私はどもりだ」とモーセはエホバに言う。すべての預言者がどもったのだ。すべての者がひどい努力をし、語るのに絶望していた。時に崇高な努力だった。火のように辛辣な言葉がほとばしり出た……稲妻のようにひらめき、そのあと深い闇がくる。彼ら自身をも聖なる恐怖でつらぬきながら。この言葉は彼らには神のようなもの、ないし神そのものと思えた。律法学者は神を〈言葉〉と呼んだ。

それはペルシアからもたらされたオフルマズドの言葉だろうか？　人はそう信じるかもしれないが、あやまちである。

ペルシアがそんなふうに名づけるものは、生命の放出であり光と存在の至高の発現である。生命の木（ホーマ）や、そこから出発しその足許を流れる宇宙の河と同一である。

木々と果実と流水とのアジアの楽園を作っていたあの豊かな生命は、ユダヤ人には無縁である。木はのろわしく思われた。言葉は、もはや生命、愛、生殖ではない。それは秩序であり、〈神の言葉〉である。もはや何かの先触れでもない。そのときまで漸進的な道（受胎、抱卵）を通ってやってきていた生命存在は、乾いて発達した形で、そしてそのままずっと変わらずにいるような形で突如生まれる。無からおびえつつ湧き出て、急いでひざまずく。それはクーデターであり、あの恐るべき意志の、恣意的偶発的出来事となる。

いかなる意志、いかなる言葉、いかなる名称なのか？　それこそが問題であり、人間の大いなる不安のもとである。宇宙の謎は、神の名がいかなる音節のいかなる文字のものであるかを知ることである。恐るべき力がそこにはあり、その名を発しえたとたん、人はその力に関与するのだ。その秘密を漏らすであろう非信徒は呪われるように！　アレクサンドリアの七十人のユダヤ学者たち[46]は、それを明かすような者は石を投げつけられて殺されるよう望んでいる。

（46）……**ユダヤの学者たち**　『旧約聖書』を、ヘブライ語からギリシア語に訳した『セプトゥアギンタ』の訳者たちのことである。

この名前は広まってゆく。（神の完璧さを表現し包括するための）三つの文字から、十二文字へ、さらには四十二文字へと成長する。アルファベットは神的なものとなる。それぞれの文字が神の力なのだ。神が創造したのはアルファベットを用いてなのである。人間自体もいくつかの文字を使って、創造し、癒すことができるかもしれない。三十二もある全能の〈知恵の道〉は、数（これもまた文字である）をも、そしていくつかの〈文法形態〉をも含んでいる。

退廃の黎明時期である！……信仰の子供じみた実践が、信仰心全体になってしまう。律法学者たちは自らを〈数える者〉と呼ぶ。なぜなら彼らは聖なる書物に含まれている単語や文字を数えることで生活を過ごすからである。（フランク[47]『カバラ』、六九ページ)。

(47) **アドルフ・フランク**（一八〇九～九三）　フランスの哲学者。コレージュ・ド・フランス教授。『カバラあるいはヘブライ人の宗教哲学』がある。

すべては、たわごとの中で一体化している。このアルファベットの魔術、文字の奇妙な迷信は、どういうやり方でだか分からないが、人間が神の中に消え去ると信じる統一的神秘主義にまじってしまう。そのうえ同様のことどもがキリスト教時代にも見られる。無味乾燥なスコラ学者たちが、うつろな頭脳の中で、愛に熱狂する自己を思い描く。とげとげしい心の中で、探究の精神が、毒舌を欲し、知性のひらめきをねらって、聖アウグスティヌス[48]も聖ベルナール[49]も、ユダヤ人ラビ〔律法学者〕にならって、神は降りてくるだろう、そして彼らとともに精神的結婚を成就するだろうとあえて信じる。彼らは大いなる「魂」に、世界の「母」に対し、あの美しい婚姻を、針と燧石《ひうち》でできた、ああいった初夜の床をあえて提供しようとする。彼らを彼女、あの永遠の恋人を所有していると主張した（傲慢にも！）。そして自分たちのかん高いプサルテリウム[50]にあわせて愛の歌を歌いはじめる。

(48) **聖アウグスティヌス**（三五四～四三〇）　初期キリスト教会最大の教父、教会博士。『告白』、『神の国』を著す。
(49) **聖ベルナール**（クレヴォーの）（一〇九〇～一一五三）　クレヴォー修道院を設立、シトー会の発展に尽くした。アベラールらの合理主義思想を攻撃、神との神秘的一致をめざした。
(50) **プサルテリウム**　一四、一五世紀に用いられたチター型撥弦楽器。首からひもでつるし、指頭またはプレクトラムで奏する。

何という歌だろう！……これは最高に力強いものだ！　この患者例は未来の驚きとなるだろう。彼らは自然から非常に遠ざかり、精神からあまりに逸脱したので、すべての者が、ユダヤ人もキリスト教徒も、あれほど重要で恐るべき（天使をも青ざめさせてしまう）ものごと、神との結婚！に対し、シリアの、遺棄されたあの色欲の歌、病的な快楽の歌を選んでしまうのだ。

あれらのラビが、博士たち、司祭たち、教父たちが、ああしたみだらな話を押しつけ曲解するのを見ること、そして恐ろしくゆがんだ口で、寝物語の言葉を、愛の熱狂に我を忘れ、もはや感情をおさえられなくなった娘の最高に秘密の告白を、厳かに述べるのを見ること、それは率直に言って不快な悪魔的光景である。

6　女、世界

人々に最も知られた書物『聖書』の中で、最高に人気のある断章は、疑いもなく「雅歌」であった。社交人も無信仰者も、信心深い人々とまったく変らず、東洋風の愛の表現として、あるいはただ単に愛の見事な表現としてそれを称讃し、何回となくそれを読んだ。

それは明らかに愛の歌の、それもとりとめもない選集である。ただそれらの歌は、ある秩序の中に位置づけられており、その秩序が、ある程度の統一性を全体に与えている。

心打つこと、それは喜びの歌を全く持たないユダヤ人によって、自分たちの過越しの祭り(1)のために選び取られたこの書は、あんなにも受け入れられたのに、大部分は全くユダヤ的でないという点である。この書は心の高揚と魅力と特殊な自由さをもっていて、一般的に無味乾燥で堅苦しいヘブライ人の陰うつな聖書とは、調子が異なり対照的になっている。ここには逆に一つの真情の吐露が、際限ないくったくなさ（心情や愛の、とは言うまい。そうではなく情熱と欲望の）がある。これはシリアの歌なのである。

（1）**過越しの祭り**　古代ユダヤ教の三大巡礼祭の一つで、エジプト脱出を記念して行なう。元来は遊牧時代の祭りであったが、のち農耕祭儀の「パンの祭り」と合わさり、春分の日に行なわれるようになった。

シュラムの女[2]はシリア人である。ユダヤの女は、はるかにずっと感情を抑える。彼女の恋人は、まちがいなく、彼女を「ファラオの手におえない雌馬」になぞらえなどしなかったろう。――彼が、「彼女は戦闘隊形にある軍隊よりももっと恐ろしい」とふるえながら称えて言ったとしても、それはユダヤの女についてではなかった。ユダヤ人たちは最高に厳格な法によって女を抑制し、彼女に「堕落」の責任を負わせ、つねに彼女を汚れたものとして恐れていた（「レビ記」一二章五節）。そして父親に対し「自分の娘に決してほほえみかけてはならぬ」（「伝道の書」七章二六節）という奇妙な助言を与えるくらい女を疑っていた。

（2）シュラムの女　「雅歌」に女主人公として登場するおとめは、「シュラムのおとめ」（七章一節）と呼ばれている。

「雅歌」はたしかに、ユダヤの婚礼から生まれてきたものではなかったろう。ユダヤの婚礼は、女の耳（または鼻[*1]）に輪を通すような男によって買いとられ連れてこられた女が、その処女性について十分厳格に（しかもあまりにも公けに）審判をうける、厳しい儀式なのである。あんなにも魅力的で、恭順さ[*2]によって心打つユダヤの女は、法的なものとしては存在しないのである。彼女は、民を数え上げるときには数の中に入れられないのだ。

＊1　今日でもまだオリエントの女はしばしば鼻輪をつけている。まるで「私は従順で素直で、どこにでも望まれたところに行きます」と言っているみたいである（あらゆる旅行者たちの記述を見ること。サヴァリ[3]、一巻、二九八。ルフェーヴル[4]、一巻三八等）――花嫁も、鼻や口唇にリングをつけさせられる捕らわれ人とほとんど違わない（ローリンソン『アッシリア』第一巻、二九七ページの図版）。「創世記」では（二四章四七節）、アブラハムのしもべはリベカの鼻に輪をつけたが、聖ヒエロニムスはこっけいにも「私は彼女に耳輪をつけた」と訳している（カエン[5]の『聖書』参照）。――顔を醜くし、キスをこばんでしまう輪は、女をひどく辱しめ、はるかにずっと受動的な、快楽に身を任せる手なずけられた雌にしてしまうのだ。そこからは相互性は消え去ってしまう。割礼を受けた者たちには（割礼を受けていない者よりも感じやすくないので）（外科医サヴァレシ[6]『エジプトのペスト』五七参照）、結合そのものにおいて快楽は、ゆっくりとした、あいまいで、孤独な、自分の想いしか見えない長い神秘的な夢想のようなものとなる。――「雅歌」で恋人の男が相手の女に、彼女は「レバノンのやぐらのような誇り高い鼻をしている」と言ったとき、それは彼女が処女であり、鼻輪をつけられておらず、まだ婚姻の

恭順に服していないということを意味していたのである。

(3) **クロード・サヴァリ**(一七五五〜八八) フランスの旅行家で東洋学者。一七七六年から八一年にかけてエジプトとギリシア半島を旅行。『エジプトに関する手紙』(八九)のほか『コーラン』の翻訳がある。

(4) **シャルルマーニュ＝テオフィル・ルフェーヴル**(一八一一〜五九) フランスの旅行家。『アビシニアの旅』(一八三九〜四三)がある。

(5) **サミュエル・カエン**(一七九六〜一八六二) フランスのヘブライ学者。『聖書』の翻訳(一八三一〜五三、十八巻)がある。

(6) **アントニオ・サヴァレシ**(一七七三〜?) イタリアの医者。『エジプトに関する生理学・医学ノート』(一八〇二)がある。

＊2 ユダヤの男は夜明けに言う。「主よ、私を女にしなかったことを感謝します」と。そしてユダヤの女は言う。「主よ、私をあなたが望まれたままの者にして下さったことを感謝します」と。

「雅歌」のシュラムの女は、はるかにずっとシリアの女であり、男を圧倒し、動揺させ、誘惑し、酔わせ、気弱な子供にしてしまうための七つの悪霊で強化されている。これが「雅歌」の意味全体である。これが、雅歌の真の姿を隠してきた低俗で余分なものを取り除いてみるや、強烈に浮かび出てくる意味なのである。

ユダヤ人たちは、神聖な日に、この淫猥な歌を歌うという大変奇妙な考えをもっていた。それは彼らがこれをまっとうで正当な〈婚礼〉の歌だと最初に思ったので、この歌でその日を祝えると信じたからである。ついで〈王の〉婚礼歌だと思った。それはすべてを浄化するものだった。そのあとさらに〈聖なるソロモン王〉の祝福された結婚式の歌だと思った。そこから屈強な五十人の男が(7)ベッドの周りにいる等の奇妙な装飾が生じた。それから贅沢なもの、金が、神聖な金属が！生じた。女の方の恋人が何も争わずすべてをゆだねてしまう時、彼女を讃美し熱愛している男の方の恋人は、つぎのようなありきたりの言い方をする。「金銀細工師の作品のように美しい」と(「雅歌」七章一節)

(7) ……五十人の男…… 「雅歌」第三章七節には「六十人の勇士……」とある。ミシュレの思い違いかもしれない。

とるに足りない付け足しであり、取り除くのは容易である。救出されてくるものは、完全にシリア的彩りに染まった美の、すばらしい書物として残るだろう。肉体的な愛で燃え上がり、教訓的にはまことになりにくい美であり、病的な、ある種の熱にあふれた息吹き、死をもたらすけれど甘美な秋の風のような美である。

話は、これまでそうだとさせられてきたような、分かりにくいものではない。実のところ、あまりにも明快である。それは春、シリアで（ギリシアで、また至る所で）、去年とれたブドウから出来たブドウ酒の樽を開けて、中のブドウ酒を味わう祭りをする時であった。アドニスの赤い血が、急流の砂といっしょに、愛そのものの、狂おしい喜びの、涙の流れとともに、ビブロスで流される時である。美しい若者（アミール(8)の息子だと思うが）、ひどく若くまだ「象牙のように」白く、繊細な若者が、町の近くの山に掘られた貯蔵室に、ブドウ酒の樽を開けて味わおうとやって来たのである。通り路で彼は美しい娘を見かける。褐色の髪をし、オリエントの太陽ですっかり小麦色に焼かれた娘で、近くで自分のブドウ園を見張っていたのである。彼は彼女にやってくるように、中に入ってブドウ酒を味わってみるようにと招く。彼女はひどく物を知らない。こんなにもやさしい声をしたこの可愛い人を、彼女は妹のような女の子だと思ってしまう。言われるがままに彼女は彼のあとに従う。彼が彼女に何を飲ませたのか知らないが、彼女は胸をどきどきさせながら出てくる。そして言う。

（8）**アミール**　元々はマホメットの子孫の尊称で、イスラム教国の首長、指揮官をさす。それゆえ『旧約聖書』時代にいたはずもないから、ミシュレは比喩的に使っているのであろう。

「もっと！　あなたの口でもっと私にキスしてちょうだい！……あなたに触れるのは、*飲ませていただいたブドウ酒よりももっと甘美なこと……あなたからは何と心地よい香りがやって来ることかしら！　その香りのあとをたどって、あなたについてゆくでしょう。」

＊〈あなたの胸に〉触れること。「アナタノ、スバラシイムネハ、ブドウシュダ。」誰一人そのことを理解しなかった。人々がアドニスの国に、つまり子供や若者が女以上に女性的だった国にいることを考えねばならない。むし暑い地方では、女は本当に雄々しいのである（例、リマ(9)等、ウリョア(10)を見ること）。ここでは、野にいる美しく力強い娘は、快楽の対象として上の階級のあの繊細で美しい人を見るのである。「私はバジャゼ(11)をあわれんだ。私は彼女において〈その魅力〉を描い

た」（ラシーヌ）。

（9）**リマ**　南米ペルーの首都。
（10）**アントニオ・デ・ウリョア**（一七一六〜九五）　スペインの航海士。フランスの測量学者で博物学者コンダミヌ（一七〇一〜七四）に伴ってエクアドルの首都キトに赴き経線弧を計測するなどした（一七三五）。のちにスペイン艦隊の司令官となる。
（11）**バジャゼ**　フランスの劇作家ジャン・ラシーヌ（一六三九〜九九）の悲劇『バジャゼ』の主人公。トルコ物の一つでラシーヌの中で唯一の現代劇。皇帝がバビロン遠征中のトルコ宮廷の後宮内で、王妃ロクサーヌと王女アタリッドが、捕虜として幽閉されている皇子バジャゼをめぐって争い、悲劇的結末を生むまでを描く。

この無邪気な娘が讃美するのは、女のような若者のまっ白な胸、「サファイア色をおびた〈象牙デデキタヨウナムネ〉」（五章一四節）なのである。彼女はわが身をひき比べて赤くなる。白い肌をしていないことを言いわけする。「私が浅黒いのは太陽のせいなのです。兄さんたちが私にがみがみ言って、このブドウ園の番をさせたのです……ところが私のブドウ園を、私は見張ることができなかった……」

ここからは彼女の悲しげでデリケートなほほえみが目に浮かぶ。いかなる不平もない。しかし私には分かる。彼女の小さな心は不安なのだ。彼女の兄たちが主人になっているのは、彼女が孤児だからである。彼女は虐待されないだろうか？　私は恐れる。彼女も恐れている。が彼こそがいま、彼女を守ってくれるにちがいないと感じているらしい。彼にしっかりと身を寄せ、そのもとを離れようとしない。「ねえ、大好きなあなた、あなたの天幕はどっちの方にあるの（彼女はまったく単純だから、彼自身が家畜の群を導いていると信じている）？　ねえ、お昼の休みには、どこで寝るの？……」。彼が黙っているものだから、彼女は彼を嫉妬させようと、かわいいおどかしの言葉をつけ加える。「私、まちがえるなんてないでしょう。あなたの仲間たちの天幕の方に、迷い込んで行くことなんかないでしょう。」だが彼女は何も聞き出せない。彼は彼女に甘いお世辞を言う。そして美しい首飾りをあげると約束する。

彼女は貧しい娘で、彼の方は金持である。明らかに彼は、彼女がそうやって自分に付きまとうのを恐れているのだ。結婚適齢期にきているからか？　できれば忘れてしまう方が好ましいのではないか？　何とも言えない。

「これはまことにありふれた話である。」だがその続きは全くありふれてなんかいない。魅力的な恐るべき力が、この娘の中に出現する。彼女は愛と情熱に身も心も奪われて変身する。トビアのサラ[12]におけるように、またたった一語で世界を作ってしまったマグダラのマリア[13]におけるように、七つの悪霊がそこにいるのだ。マグダラのマリアの力は、力をもつことなく狂ったように嵐を追いかけ、何一つ隠すことなく次のように言ったことにある。「私は愛ゆえに死にます」と。女がかつて言ったことのなかったことを……言ったことにある。その時から、悪魔たちの翼をもった竜巻のように、小さな詩が突進し、すべてを運び去る。

(12) **トビアのサラ**　『旧約聖書』外典「トビト記」の主人公トビトの息子トビアの妻。もともとサラはトビトの親戚の娘で、すでに七回結婚していたが、七回とも初夜に悪魔アスモダイオスが夫を殺していた。だがトビアは天使ラファエルの助けによって悪魔を撃退し、無事結婚を果す。第二部第二章、訳注(21)のサラとは別人。

(13) **マグダラのマリア**　イエスの女弟子。悪魔になやまされていたがイエスによって癒された。十字架上のイエスの死を見守り、その後香料をもって墓を訪れたとき、死体を見出せず復活したイエスと会った。

愛された男は心ならずも何回となくやって来るだろう……だがせんないこと。彼は逃げだし、彼女をはぐらかすだろう。あるときなど（卑劣な者め！）彼は貧しい娘をあざ笑う。そして友人たちとともに自慢話をする。*だがそんなことをしても無駄だ。彼は征服されてしまう。驚くべきことに、じっさい七晩で、彼女はまか不思議な形で成長してしまった。高貴で誇り高い女に、王妃になってしまった。彼は彼女に驚いてしまう。ほとんど恐れてしまう。それほど彼女は堂々として美しくなった！　要するに彼の家の奥方となったのだ。

＊　彼はこのことを、本当に侮蔑的な軽薄さで、そして早くもうんざりするような傲慢さをこめて話す。「皆んな、食べて飲んでくれ！　完璧な収穫をやったよ。没薬と香料を集め、ブドウ酒を飲み乳を飲んださ……巣板まで食べるくらい蜂蜜をたっぷりなめたよ。」――無知な男め！　だがすべて、まだ残っている。すべてが、最も甘美なものが残っている……それに、言ったところで、偉ぶったところでだめだ。抗しがたい魅力が彼に働きかけ、彼を連れもどす。何回となく、夜になるとやって来ることになる。そして彼女を起こさないようにと望む。空しい愛撫のあと、彼女が突如ひどく落ち込んだとき彼は感動しふるえる。「私をそんなふうに見つめないで！　あなたは戦うかまえをした軍隊なのです。それは私

を逃げさせてしまったものです……あなたは砂漠から、ライオンやヒョウの方から来たように見えます！……妹よ！恋人よ！私の心を傷つけるには、やさしいまなざし一つで、あなたの美しい髪の毛一つで、十分でしょう。」

この歌は誰でもそらで言える。彼女が病んで横たわっている場面である。おお！なんと病んでいるのか、そして気を失って、女友達に看病されている――嵐の恐るべき夜、その時、彼女はすっかり用意し、身を芳香でかぐわしくして彼を待っている、彼のやってくるのを聞き、その存在を感じ、身をふるわせる……何ということ！彼は行ってしまった。彼女は闇に沈んだ町を駆ける、兵士たちに会う、そして殴られ、傷つく。彼は優しい心をしている。心打たれ、もどってくる、宝石をもってくる。靴や美しい着物も。そして彼女に魅惑される。もう笑ったりはしない、彼は平伏する。*

＊まだ横たわったままである。やるせなげに彼女は、このあまりに残酷な夜に服をなくしたのか、この夕べの重苦しい暑さの中で服を身につけていられないのか、待っているのだ。彼女は彼のものだ。彼は哀れみと優しさと、感嘆の心でとらえられてしまう。彼女の魅力を数え上げる。守銭奴のように彼女の宝を叙述する。あんなにも身をゆだねた従順な彼女は、それでも尊敬に値するものであり、あらゆる敬意を呼びおこすものだ。彼は彼女のきれいな裸足の足に優雅で豪華な靴をはかせる。彼女は歩く。それは王族の娘である。「おお、わが美しき女よ！　なんとあなたは高貴なのだろう！　あなたは愛における女王だ！　あなたの髪は、王たちの額を神聖にするくすんだ緋色をしている！　あなたの頭はカルメル山(14)のようだ！　あなたの鼻は、レバノンの岬からダマスカスを敢然と見下しているやぐらのように誇らかである！……あなたの乳房は、ユダヤのゆたかなブドウの実をいっぱいつけた房のようだ……あなたの胴はヤシの木の幹のようだ……おお！　そうなのだ。私はわがヤシの木の上を行くだろう、そしてわが実を摘むだろう。あなたの胸はわがブドウの収穫となるだろう！」――この言葉は火花のように落ちる。彼女は彼の首すじに飛びついて叫ぶ。「優しい言葉！　それは人が賞味する甘美なブドウ酒のようです。口唇と歯のあいだで何回となく味わうような……さあ出かけましょう。」（この先は本書の中で分かるだろう）。

(14) **カルメル山**　パレスチナの岩山。美の象徴であるとともに、エリヤが異教の預言者たちを打ち破った場所として知られる。

この瞬間がすべてに決着をつける。「出発しましょう」と彼女は言う。そして「行きましょう（最終章では彼女が彼の所に住みつくだろうということがはっきりとしめされる）。田舎で暮らしましょう！　朝、ブドウの花や果物を見ることは何て幸せでしょう……ああ！　私のものはすべてあなたに属するでしょう。」（〈ワタシハチブサヲ、アナタニアタエル〉）。

夕暮れがやって来た。彼らはひと気のない田園に到着する。彼女は愛情こめて言う。「マンドラゴラの香りがするわ」（女に受胎する力をさずける草だ）。やさしいほのめかしであり、それは無駄ではないように見える。翌朝、何だか分からない荘厳な恵みによって変えられたみたいに見違えるようになった彼女を、多分もう母親になっている彼女を見て、彼は、オリエント風の大げさな言い方で誇らしげに叫ぶ。「おお！　最愛の人に支えられて、砂漠から上ってくる、あのものうげでなまめかしい女は、何なのか？」と。

そうしたことすべてが自然である。それは南国の血であり、あの愛の風土なのだ。ただ正直なところ、鈍重な頭をもつことなしに、これを読むことはできない。――私はラーマやシーターの純粋な愛の方が好きだ。その雪と同じように汚れない聖なる山が、彼らの上に花の雨を降り注ぐ場面の方が好きだ！――ここには香りが、きつく強烈な香料が、薬として飲まされるブドウ酒が、あまりにも多すぎる。シュラムの女がエステルのように、「六ヵ月間香油の中で、六ヵ月間没薬の中で」過ごしたかどうか私は知らない。だが愛の盃の中を漂っている香油は、飲むのを躊躇させるのである。節から節へ、没薬が、つねに没薬がある。そして死体防腐処理用の香料がある。少なくとも三人の死者用に、それがある。コウスイガヤ、（イヌハッカ、カノコソウの）インドの黒い根は、神経に非常に強い作用をもっている。シナモンや、どのくらいあるか分からないあらゆる種類の香料、つまりユリのむっとするような匂いから、十年ごとに花をつける苦くて焼けるようなアロエまである。*

＊　四ページのうちに七回も没薬という語が出てくる。十七回、香という語がでてくる。そして他の香り、あまり快いものではない幾つものもの、下剤となるアロエ等が出てくる。要するに完璧な薬品セットである。

だが愛は、感覚を狂わせ快楽そのものを異常にするこうした奇妙な薬類に頼らなくても、十分なくらいの陶酔をもってはいないだろうか？　二人ともお互いの息を吸いこみあい、お互いの香りにそまりあい、もはや香りとの区別ができなくなる。彼女は言うだろう。「私はあなたの馥郁たる香りのあとをたどって、あなたについてゆくでしょう。」そして彼は、ものうげに言うだろう。愛する対象から彼のもとにやって来る甘美な香り、申し分ない発散物を何一つ欠かすことなく（〈オマエノ、ソノホウシュツ〉等）。

こうしたものすべてが頽廃的で病的である。頭は強烈にとらえられてしまう。そしてあの無知な女、きのうまでの処女は、眠っている若者を前にして、突如悪魔的な考えをいだく。それは彼女の誤ちだろうか？　それとも彼女の一族の誤ちなのか？　それとは知らずに淫らなところのある彼女には、ロトとミュラの血が流れているのだ。「おお！どうしてあなたは私の兄ではないの！」等。彼女は、さらに大きな罪を犯せなくて嘆かわしいといった様子をしている。そればかりか、〈根本原理〉のように驚くべき呼びかけを幾度も行なう。そして最も神聖な思い出に大胆にも触れる（それは私の母が……していた部屋。ここにはあなたのお母さんが……していた木、等）*。最高度の卑猥であり、瀆墓を感じさせるものだ。

＊　これはノア[15]の酔いを示したハム[16]以上に強烈なことである。そこにはマギたちの古めかしい天分と、バベルの涜神がある。主要な一節は七番目の夜のあとの朝のところだ。それは、彼が彼女をひと気ない田園の自分の住居に泊めた、長い一晩だった。愛は十分に鎮められた。だが彼女はヒョウのように歩き回っている。「〈ダレガワタシニアナタヲ、ワガ母ノチブサヲスッタ兄弟トシテアタエタカ……クチヅケシ、ミチビキ……オシエ〉」――それから、「ここにザクロの木があります。その下……〈ソコデ、アナタノ母ハアヤマッタ、ソコデアナタノウミノオヤハ、オカサレタ〉。」（八章、一、二、五節）。

(15)　**ノア**　アダムの直系第一〇代の族長。セム、ハム、ヤペテの父。神の命令で方舟を作り大洪水から逃れる。

(16)　**ハム**　ノア（前注参照）の第二子でカナンの父。エチオピア、エジプト、カナンなどの諸種族を含むハム族の祖とされる。

最後の夜が明けたときに言われた言葉は〈カンペキトナッタ〉である。そしてそのあと、すべてを終えるであろう決定的表現がくる。それは次のように訳せるだろう。生においても！　死においても！

「あなたの心に封印のようなものを置いて下さい。愛は死のように強いのです……」つまり〈取り消しできない〉ということだ。彼は彼女をつかまえ抱きしめる。彼女は妻となる。彼は、海でも海の宝でも、すべてをもちたいと願うだろう、それらを与えるために。少なくとも彼女に自分の財産を与えるだろう。そして彼女と共にでなければ、何一つ持とうと思わないだろう（〈アラユルザイサンヲ〉*）。

＊誰も理解しなかった。だが何人の人がテキスト以上のことを見出した。ダルゴー氏[17]は、この極めて物欲的なテキストのもっていない魅力的な心づかいでもって、次のように言っている。「人間は愛のために自らの生命を与えるだろう。そして何一つ与えなかったと信じるだろう。」

(17) **ジャン・マリー・ダルゴー**（一八〇〇〜一八六六）　フランスの文芸評論家。ミシュレと、フランスロマン派の詩人で政治家ラマルチーヌ（一七九〇〜一八六九）との共通の友人。

彼女は優しいが、また何と繊細なことだろう！……彼女は自分の家族のことを想う。「私たちには小さな妹がいるが、まだ乳房がない。あの子に縁談の話ができるような齢がきたときには、どうしたらよいだろう？」彼女は二人の姉妹、ヤコブの妻たちのレアとラケル[18]のことをとてもよく覚えている。オリエントで起きるように第二の妻がやってくるとき、彼女自身、あの子を〔第二の妻として〕与える方を好むだろう。そして自分に従順な女の子をもとうとするだろう。自分がその子の姉というよりも母となることで、妹を幸せにしようとするだろう。彼はほほえみ理解し、そして（思いやりのあるオリエント風な形で）彼女の望むものを約束する。

(18) **レアとラルケ**　レアはラバンの長女でヤコブの妻となりルベン、シメオン、レビ、ユダらを産む。ラケルはラバンの次女でヤコブの妻となりヨセフとベニヤミンを産む。（「創世記」二九章以下参照）。

だからどのくらいまで、彼女は、女主人であり妻であり、自分の地位が確かなのだろう！　「私は町を守る城壁のように自分を強いと感じる。私の乳房はふくらみ、やぐらのようにもり上った。あなたの中に自分の平和を見出したとき！」

しかしながら物音が聞こえる。彼の若い友人たちが彼を見つけて迎えに来て、呼んでいるのだ。彼女は彼に行くことを許す。すべてはなされた。彼は行って楽しんでくるがいいのだ。「行きなさい、私のやさしい子鹿よ、かぐわしい山の方へ……行ってらっしゃいガゼルよ！」

私がしている説明は、漠然としたとりとめのない空想でなされているのではない。しっかりとたどられ究明されたテキストに、この話が生みだされた地方の真の特質に、引きよせてなされているのである。つまり〈シリアの官能性〉と、時に〈ユダヤの激烈さ〉に、である。雅歌を解釈するため私が問うたのはソロモン自身にであり、彼の膨大な女性体験にである。私はここではソロモンに従って、彼が書いたとされる書物群、「雅歌」「箴言」「伝道の書」等を理解しているのだ。これらの書は時おり女性（とりわけシリアの女）に対して厳しくなるが、それでも執拗に、〈七つの悪霊〉の魔力という語で表現される女性の神秘を特徴づけている。

これは単にデリダ[19]とかマグダラのマリアのような快楽の女の中だけではなく、またヘロディア[20]やイゼベルのような策謀と大胆さにみちた女たちの中だけでもなく、処女そのもの、トビヤの妻、若きサラの中でも見られるものだ。

（19）**デリダ**　ペリシテ人が、サムソンの怪力の秘密を聞き出そうとして買収したガザの高級娼婦。（「士師記」参照）。
（20）**ヘロディヤ**（前七〜後三九）　ユダヤの王妃でヘロデ大王の孫。娘サロメ（一四頃〜六二）と謀り、洗礼者ヨハネを殺害させた。（「マタイ」一四章、「マルコ」六章参照）。

あの無垢な女の中に七つの悪霊がいる。皆が皆、愛し嫉妬し、代わる代わる圧倒するのである。アスタロトからベリアル[21]まで、またアドニスからペオルのバアールまで、すべてが動き回りながら女を奪いあっている。

（21）**ベリアル**　ヘブライ語で「無価値」の意。『旧約』では悪の原理の人格化、または異教への誘惑の意に用いられるが、『新約』では悪魔と同義語となる。

シリアの七つの神々（魚―蛇―白鳩、あるいは魔法の木）は「欲望という神から生まれ」た。この神こそ女に恵みを授ける。彼女が赤くなりながらブドウ酒の貯蔵室から出てきて、「もっと！」と言うとき、一つの虹色の光が彼女の上にあるだろう……それはエリコ(22)の、黒い目をした娘の放つアラビアの閃光だろうか？ ビブロスの泣き女たちのものうげな無気力だろうか？ オリエントのユダヤ女がまだもっている、見破ってみたくなるような、なまめかしい奇妙な謎だろうか？

（22）**エリコ** ヨルダン西部にある世界最古の都市の一つ。前一九〇〇年頃に形成され、その後しばしば破壊と復興を繰り返した。

そうしたものすべてが、そこにある、いやはるかに多くが、「誘惑」そのものとなるだろうものが、自らを低めはするが、しかしあんなにも強くする女のひそやかな告白が、そこにはある。テオクリトス(23)あるいはウェルギリウスに狂ったように恋する女魔術師は、情熱の炎にあてられたように溶けてしまい、絶望的な努力によって愛されすぎた不在者を呼び戻すが、その彼女も、より多くの気高さを保持し、また女友達の間でぐったりとして「私は死ぬわ」ときっぱりと言う「雅歌」の病んだ女ほどには、人の心をまどわさない。

（23）**テオクリトス**（前三〇〇頃～前二五〇頃） 古代ギリシアの詩人。「牧歌」の祖と呼ばれた。その詩の中に一目惚れした男（テルピル）を魔術を使って自分のところに呼びよせようとする女（シマイター）のことが出てくる。

「雅歌」の女は、とりわけ「堕落」をもたらすにちがいない女の二つの性格を統一している。彼女は「天使」の部分と「野獣」の部分をもっている。彼女は女王であり奴隷である。従順であり服従したくてうずうずしている。そのことによってこそ彼女は支配し、逆らいがたいものとなる。

彼女には包み込むような力がある。ソロモンはそのことを見事に言っている。彼はそのことをあんなにも体験したのだ。「彼女は狩人のワナのようだ。漁人の網のようだ」（「伝道の書」七章二七節(24)）――三つのものが満足しないのである。さらに四番目が決して〈十分だ〉と言わないのである。「地獄、火、女、そして渇いた状態で飲む大地」（「箴言」三〇章一六節）である。

（24）**「伝道の書」七章、二七節**　ミシュレはこう記しているが引用文と同趣旨の言葉は、七章二六節に出てくる。

「雅歌」の中ですばらしいのは、彼女が自然にゆだねられたように見えたとき、やさしいシリアの女が夢の中にさまよい出てきたその時――ユダヤ女の完璧な明晰さが生き続けて、おずおずと姿を現わすという点である。あんなに若くても、彼女はすでに何と知っていたことか、オリエントの生の流れを、そして愛の短さを！

これはソロモンの「箴言」が、家を守る女の思慮深く抜かりない精神について、そして家のきりもりへの彼女の適性について他の所で言っていることと完全に一致する。彼女は財産をふやし、織物を作ったり作らせたりしてそれを売りさばく。彼女の手が生みだした成果から、ブドウ園を買って手に入れ、彼女は地主になり緋色の布[25]を身にまとう。だがそうしたことすべては、夫の利益を損なうものではない――お人よしで町の古老の夫は、彼女の意見で動かされるのだ。

（25）**緋色の布**　当時は富と権威の象徴であった。

七百人の妻[26]をもっていたソロモンは、彼女たちに恐ろしく隷属し支配されていたから、彼女たちを許さなかったと言われている。彼は言っている、「私は女は死よりも苦いと思った」と。彼は夫たるものに向って、多分彼自身がなしたことを勧めている。* それは、彼女が耐えがたいものになったときは、隅の方にかくれたり、家の一番高いところにあるテラスに逃げたりせよということである（「箴言」二五章二四節）。

（26）七百人の妻……　ソロモンには「七百人の妻と三百人の側室がいた」（「列王記上」一一章三節）。

＊「賢者」〔ソロモン〕が「創造」を、ヒマラヤスギからヤナギハッカまでを研究していた間、その女王たち、好色のシリアの女、あるいはアラブの女、そして（シバの女王のように[27]）火のような血をした女たちは、神々を変えてしまい、寺院を作り、要するにあの偉大な王に、男を女の足もとに置いてしまうバアール神への礼拝という辱めを課してしまったように見

える。中世のある物語は恋をしたアリストテレスについて（一人の美人が彼を尻にしき、その上に乗り、あの大学者をロバのように扱ったと）言っているが、それはドルーズ派(28)の人々のもとに保存されたシリアの奇妙な祭式とは、ほとんど比較できないものである。女は（あらゆる年齢のどんな女も）寺院に堂々と腰をおろして、自らの無価値を告白するかのようにひれ伏している男に対し、みだらで屈辱的な讃辞を要求するのである。弱いと言われながらも、疲れを知らぬ自然に参与している力に対する讃辞を、である。――「シリアの女そのものが、この祭式を導入したのだ」（サシ(29)『アジア日記』一八二七年、一〇巻、三四一）

（27）**シバの女王**　現在のイエメン付近から、前一〇〇〇年頃香料と、おびただしい黄金、宝石をラクダにのせてエルサレムのソロモンを訪ねてきた女王。「列王記」他に出てくる。
（28）**ドルーズ派**　一一世紀に創設された独立宗派。キリスト教、ユダヤ教、イスラム教の要素をもち、霊魂の転生と人間の究極の完成を信じる。主としてシリアとレバノンの山岳地帯で広がった。
（29）**シルヴェストル・ド・サシ**（一七五八～一八三八）　フランスの東洋学者。フランスにおけるアラブ研究の礎を築く。『マホメット以前のアラブ』（一七八五）ほか。

知恵ある王の意見に従い、ユダヤの男は、ますますテラスの上に、自分の妻から遠く、ひどくはなれた場所に行くようになった。そして会計簿をつくったり、『聖書』の文字や言葉を数えたりすることに専念したのである。心配ごとの多い不安な生活の中で、彼は子供を作ることを恐れ、「伝道の書」の忠告に従った。「私はお前に子供たちもほとんど望まない。」「知恵の書」は彼の良心を完璧に安心させるため、つぎのように言っている。「去勢された男でさえ神に祝福されうる」と。

当時の一般的な事実を付言しよう。衰弱である。アレクサンドロスのあとに起きた計り知れない不幸、予想だにしなかった持続的な激変の中で、意欲も体力も低下してしまったのだ。もはや男はいなかった。民衆全体が雄々しい気力を失っていた。

ヴィーコは次のような深遠な言葉を発している。「古代の言語においては〈敗者〉と言うことは〈女〉と言うことだ」と。センﾞウスレト(30)〔三世〕は自らの勝利を刻ませるとき、敗者に、妻の性を付与した。捕虜の男は、オリエントの花嫁のように唇、鼻、耳に環をつけられていた。好きなところに引っぱっていけるためである。さまざまな民族が丸々、子供と女の群れを引き連れていた。手から手へ、主人から主人へ、彼らはアジアの神々と共に、その官能的で暗い祭礼とともに、引き渡されていった。

（30）**セン＝ウスレト三世**（在位前一八七八～前一八四三）　エジプト第一二王朝の王。異民族の侵入をふせぎ、ヌビアへと領土をひろげる。またカルナーク付近にモント神殿を建立。

一つのことがそのとき人々の心を乱し、無限の影響力をもつ全く新しいものが出現した。「物語」である。ユダヤ人のきまじめそのものの歴史が、物語的な背景の上に乗っていた。神が最も取るに足りないもの、欠落者そのものの中から、〈救い主〉、解放者、民衆の仇をうつものを好んで運び出すという、恣意的な奇蹟である。バビロン捕囚において、宮廷の金庫あるいは陰謀、ふいに手に入った大金は、予想外の領域に想像力を投じたのだ。ヨセフ、ルツ、トビア、エステル、ダニエルの大変すばらしい歴史物語や、他の多くの物語が現われた。[*1] つねに二つの分野についてである。〈良き亡命者〉——あるいは〈神に愛でられし女〉である。前者は夢の解釈によって、また財政の腕前によって、大臣ないし寵臣となる。後者はすばらしい結婚をし、栄光につつまれ、敵をも魅惑し、そして〈おどろいたことに、モーセの考えとは逆に〉〈民族の救い手〉となる。モーセにとっては、女は不純で危険な存在で、「堕落」を引きおこしたものだ。だがこれこそまさに、強烈な形で物語が与える予想外の手がらである。[*2] 神は女を罠としてその魅力を使う。彼女によって、神が断罪した男の「堕落」がもたらされる。

＊1　そこにおける時代錯誤は、聖王ルイ[31]とルイ一四世を同時期として扱うごとく途方もないものだ、デ・ヴェッテ[32]等を見ること。

（31）**聖王ルイ**　第一部第一章五節、訳注（2）参照。なおルイ十四世は一七～一八世紀の人。

（32）**ウィルヘルム・デ・ヴェッテ**（一七八〇～一八四九）　ドイツのプロテスタント神学者。旧約研究に先駆的業績をしたほか、J・フリースの影響を受けて批判哲学と神学との提携を試みた。

＊2　あなた、物語とは何でしょう？　奥様、それは今この瞬間に、あなたが心の中にもっているものです。というのも、貴方は祖国のことも、学問のことも、宗教のことさえ気にかけていらっしゃらないから、あなたはスターン[33]が〈ダダ〉と呼び、私がかわいい小さな〈人形〉と呼ぶものを抱いているのでしょう。――私たちは味けない物語をもっている。なぜか？　大いなる詩をもっていないからだ。

(33) **ローレンス・スターン**（一七一三〜六八）　イギリスの聖職者で作家。代表作『トリストラム・シャンディー』。

愛はくじ引きのようなものだ。恩寵もくじ引きのようなものだ。これが物語の真髄である。それは歴史の正反対のものである。単に集団の大いなる関心事を個人の運命に従属させるからというだけでなく、物語は、歴史の中で物事を生み出してゆくあの困難な準備の道程を愛さないからである。物語はむしろ、ときおり偶然がもたらす一か八かの運試しをわれわれに示したり、そしてしばしば不可能事が可能となるという考えを抱かせたりして喜んでいる。こうした希望、喜び、興味によって、物語は初めから甘やかされた読者を獲得する。読者はそのあと、物語をむさぼるように読み進み、才能や、技巧そのものを問題にしないくらいにまでなる。空想的精神は自らを問題事に関わっているように感じ、その問題がうまくいくようにと願う。

あれらのユダヤ人の物語は、官能的で、最高に感嘆すべきものでさえある。ルツの物語はあんなにも巧みに展開され、完璧に淫奔である。[*1]彼らは信心深く、恐れ（神への恐れ、王への恐れ）のもと、頭をたれ、ひれ伏しているみたいである。だが彼らは、女を巧みに前面に押し出し、活用しているやり口を何一つ隠さない。ユディトは、はっきりと言う。大祭司が彼女をホロフェルネス[34]の幕屋に送り込んだのだと。[*2]「エステル記」においては、抜け目ないモルデカイ[35]が、いかにして宦官たちに自分の姪を紹介し好ませるようにするために、彼らの近くにもぐり込んでいったかが語られている。

(34) **ホロフェルネス**　第二部第二章、訳注（43）参照。
(35) **モルデカイ**　第二部第五章、訳注（17）参照。

＊1　これは古い時代の巧みな模写である。言葉は極めて古い何ものも指し示してはいない（デ・ヴェッテ）。それは、外国人の女を追放したエズラに対抗して、なされたものに違いない。

＊2　聖ヒエロニムスはきちょうめんな人ではない。彼は大胆にもこの節を削除している。

エステルの美しい物語は徹底的に歴史にもとづいており、計り知れない教訓を含んでいる。捕囚が美しく猫をかぶった娘をつれていったのは、スサ(36)ないしバビロンだけではない。彼女は至る所に入ってゆく。エステルは奴隷として体験した数知れぬ出来事を通して、西方にも旅行したし、エステルの多数の姉妹たちもそうであった。アジア人たちがギリシアの女たち、ペロポネソス半島のすばらしい娘たち、ゆたかな胸をし彼らを楽しませる力強く若々しい声をした美しい歌姫たちを、探し求めてかどわかしていたときに、西方の者たちは逆に、シリア女を、キプロス、イオニア＊、キクラデス諸島(37)の、つまりアスタルテのためにかつて築かれたハトの巣の、ギリシア＝フェニキアの混血女たちを望んだのだ。彼女たちはタイエトス山(38)を走り回ることもなく、踊り、闘い、完璧な体形を獲得したが、その体形は芸術によって永遠のものにされた。さらに彼女たちは、褒美として与えられた女たち、ものうく、肉感的で、生まれながらに多情な女のように見えた。あらゆるみだらな技巧にたやすく応じ、彼女たちは快楽を敬愛し、恥辱を聖務や祭礼のごとくにしていた。有能な奴隷商人、エフェソス(39)やカッパドキア(40)の男や、もっとあとでこの商売を行なったローマの騎士たちは、あれら好色な血筋のオリエント娘を、より好んで買い求めた。彼らはつつましく控えめなユダヤ女を買っていた。実のところ奇妙な情熱で（もし預言者を信じるなら）、シリアを驚愕させるまでになったのだ。死海の下に眠っている暗い「精霊」にとりつかれて、彼女たちは凌辱されることを求めたりした（「エゼキエル書」、一六章三三節）。

（36）**スサ**　イランにあった古代都市。彩色土器の出土のほか、ハンムラビ法典、ナラム・シン王戦勝碑等が発見された。

（37）**キクラデス諸島**　ペロポネソス半島の東方、エーゲ海中央部にある諸島。デロス同盟の財務局があったディーロス島の周囲（ギリシア語でキクロス）にあることからこの名が生まれた。

（38）**タイエトス**　第一部第三章七節、訳注（4）参照。
（39）**エフェソス**　小アジア、イオニアにあった古代都市。
（40）**カッパドキア**　古代、小アジア東部の地名。ヒッタイト、ペルシア、ローマなどの支配を受ける。

＊　ラマルチーヌの『オリエント紀行』の中の、キプロスにいたシリアとの混血のギリシア娘、マラガンバ嬢を見ること。その先には、魅力あふれた、しかし激しく恐ろしい眼をしたエリコの女がいる。

あれら夢みる女たちは、自分たちのみだらな慣習、浄化する祭式、おそれと悔恨、欲望、そして盲目的崇拝物を運んでいった。奴隷制は、女と神々を伝播する強力な運搬手段であり、至る所にシリアの神々を導いていった。あれらの神々が世界の主となったのは、奴隷だったおかげである。

シリアの女は運命のままに後宮から後宮へ、凌辱から凌辱へと（七つの悪霊が手を貸して）わたり歩き、しばしば大変な高位にまで上った。彼女を小さいときに手に入れ、軽んじ、売ってしまった男は、ある日、出生を隠すような名前（ドルシラ(41)、プロクラ等(42)）で、保護国の君主の妻やローマ人の妻となっている彼女に再会したりした。名前はローマ人だが魂はユダヤ人で、たえずエステルを思わせるような彼女は、不健全な魅惑で、アドニス祭の肉感的な埋葬の匂い、つまり棺に入った神の香りで影響を与えていた。そしてローマ人に「おお！　おまえの涙はなんと私を喜ばせるか？」（マルティアリス(43)）と言わせたような、服喪の魔術によって影響を与えていた。

（41）**ドルシラ**（三九〜没年不詳）　ヘロデス・アグリッパ一世の娘で、初めエメサの王アジゾスの、ついでユダヤの総督であるローマ人ペリクスの（第三の）妻となる。ペリクスと共にパウロの審判法廷に列した）「使徒言行録」二四章、二四説参照）。
（42）**プロクラ**　原文 Procla。不詳。なお「使徒言行録」一八章にはプリスキラというユダヤ人女性が出てくる。
（43）**マルティアリス**（四〇頃〜一〇四頃）　スペイン出身の古代ローマの風刺詩人。

ギリシアの名をした数多くの女たちが、地中海の島々に散らばっていたフェニキアの神殿からやって来た。オリエント人になっていたのかもしれない。カトゥルス(44)、ティブルス(45)、プロペルティウス(46)の歌ったデリア(47)とかレスビア(48)といった類の女たち、恋人たちからほれっぽく信心深い女として描かれたあのキクラデス諸島の娘たちは、同じ血筋をもっているのではないか？

（44）**カトゥルス**　第二部第二章、訳注（26）参照。なお、思いをよせたクロディアのことを、詩の中ではレスビアと呼んで歌っている。
（45）**ティブルス**（前四八頃〜後一九）　ローマのアウグストゥス帝時代の詩人。愛人のデリア（実名はプラニアと言われる）にインスピレーションを得た多くの詩を作る。
（46）**プロペルティウス**（前五四〜後四八）　ローマの詩人。アウグストゥスの寵臣マテケナスの愛顧を受けた。初期の詩は、ほとんどすべてキンティア（本名ホスティア）という美しいが浮気な女への恋と失恋とを歌う。
（47）**デリア**　注（45）参照。
（48）**レスビア**　注（44）参照。

彼女たちは強欲な主人たちに心をこめて育て上げられた。主人たちはそこから利益を得ていたわけで、彼女たちは、今日のドゥミ・モンド(49)のご婦人方よりも、はるかに教養豊かで文芸に通じるよう育てられた。彼女たちは、通りすがりの男を相手にするのではなかった。しばらくのあいだ金を払って借り出される仕組みだったのだ。そしてある大物の、一時的な主人のあとに大人しく従ってゆき、時には厳しい旅程に、野蛮人たちの国での戦いについて行くことになった。ウェルギリウスが歌ったリュコリス(50)のようにである。ガルス(51)にあれほどの愛と絶望を引き起こしたあの美女は、ムーサの優しい別れを感じることができた繊細な人だったことが分かる。*

（49）**ドゥミ・モンド**　社交界に寄生する素性の知れない女性たち（高級娼婦）を総称する。
（50）**リュコリス**　アウグストゥス帝時代のローマの高級娼婦。最初奴隷だったがその美しさに魅せられたウォルムニウスによって解放され、ついで詩人コルネリウス・ガルス（前六九頃〜後二六）の恋人となり、やがてウェルギリウスの心をもひきつけて、その『牧歌』で歌われた。
（51）**ガルス**　前注参照。

＊〈ワガ、ガルスノタメ、ササヤカナガラ、リュコリスジシンニ、キキトラレルモノヲ！〉——この『牧歌』第一〇歌はなんと汚れない歌だろう。言うなれば「雅歌」よりも百倍も多情なのだ！　リュコリスは、みだらな誘惑手段を、ロトやミュラの用いたきつい媚薬を、たしかに使う必要はなかったろう。プロペルティウスとティブルスのデリアについても、同じことが言える。愛のメランコリーにあふれたあれらの魅惑的な小さな詩にあって、詩人たちが言葉を向けるのは、自

らの運命を自らの手で自由にすることのできない不幸な女たちに対してであるということを、人は完璧に忘れている。すばらしい言葉が、最高に優しい家庭の愛について思い出させる。「何という仕合わせ！　彼女はすべてだ！　私はわが家にあって何ものでもない！」――さらには、「彼女を優しく支えること！　彼女といっしょに、夜、ふき荒れる風の音を聞くこと！」――優しい心と無邪気さにあふれた、何と心打つ慎ましい告白だろう。

「私が出発したとき、デリアはすべての神々に助言を求めた。」（プロペルティウス）

間違いなくカルデア、エジプト、シリアの神々、オリエントの神々であった。彼女たちはひどく迷信深かった。自分たちの境遇の不如意、自分自身への嫌悪感、そうしたものが彼女たちに汚れを浄化するよう求め望ませたのだ。彼女たちは進んで自らの仕事を逃れ、どこだか知れない礼拝堂に自らの自由を得るために行った。最も貴重な自由、それは泣くことだった。

聖なる礼拝堂！……カルデア人やユダヤ人がランプをともすのに使用していた古い油のけぶるような薄明かりに照らされ、デリアは黒ずんだ丸天上の下で、唯一人で祈っていたわけではない。人から借りた衣装を身につけ、ガリア風の髪形をした気高く誇り高い既婚婦人が、しがない娘のかたわらにいる。賃貸された美女と力をもった大いなる婦人（カエサルの妻か？　ありえないことではない）、この二人で、世界を変えるだろう。

ローマでは生活習慣は法を意に介さなかった。女は書かれたものの上では貧しかったが、実際には大変豊かだった。女は行動しすべてを支配していた。トゥリア[52]、ヴァルムニア[53]、コルネリア[54]、アグリッピナ[55]は、彼女たちがそこでは中世のマロツィア[56]やヴァロッツァ[57]たちとまったく同様に、女王だったことを十分に示している。

（52）**トゥリア**（前七八～前四五）　キケロとテレンティアの娘。その死を悲しんで、キケロは『慰めについて』を書いた。

（53）**ヴァルムニア**　ローマの伝説的女性。コリオランの妻。

（54）**コルネリア**（前一八九頃～前一一〇頃）　大スキピオの娘。クラックスの妻。夫の死後三児の教育に身をささげ、ローマ人の理想の母親像とされた。

（55）**アグリッピナ**（小）（一五～五九）　大アグリッピナの娘でネロの母。ネロを帝位につけるため夫を毒殺したと伝えられるが、のちネロの命で暗殺された。

（56） **マロツィア**（?〜九三二以後） 中世ローマの婦人。一時ローマを支配したといわれるアルベリク一世と結婚、アルベリク二世を生む。のちイタリア王ユーグと結婚、教皇庁に大きな力をふるった。教皇セルギウス三世とのあいだに教皇ヨハネス一一世をもうけた。

（57） **ヴァロッツア・ローサ** サボナローラを処刑（一四九八）したことで知られるローマ教皇アレクサンデル六世（一四三一〜一五〇三）の愛人。チェザーレ・ボルジアとルクレチア・ボルジアの母。

二度にわたってローマを、下の方で徐々にむしばんだのは彼女たちである。ローマがカルタゴをたたきオリエントを押し返したとき、彼女たちは、その勝利を解体して、夜、寝入った街の中にオリエント風の乱痴気騒ぎ（バッコス・サバジオス）[58]を導き入れた。ローマにトロイアの木馬を入れたのだ。

（58） **サバジオス** フリュギアやトラキアの神。宗教的狂乱を伴う崇拝形式を有し、ディオニュソス（＝バッコス）と同一視された。

いまや第二の動きが起きた。乱痴気騒ぎは消耗しつくした。だが死の神々、エジプトのあらゆる神々がやってきた。海の敵である死にあふれたエジプトが、ローマに向けて乗船した。イシスとともに、その混血の新しい神、聖なるボワソー升〔乾物を量る円筒形の升〕をもったセラピス[59]を伴って。下の方のオシリスであるあのプルトンが、一人で三十もの神々を呑みこみ埋葬した。それは癒し、殺し、埋めた。吠えたてる葬儀人夫、ジャッカルのアヌビスは、プルトンとともにいる――〈赤子〉ホルス[60]は母の胸に抱かれ、色青ざめたハルポクラテス[61]はその不自由な片足をひきずりながら付いてゆく。舟からたいまつ、トーチ、ランプをもって降りてくる奇妙な行列である。面白くかつ不気味な光景である。それがスラ[62]の時代にやってきた。スラはそれら死の神々すべてを、危うく自らの死のテーブル〔追放者一覧表〕に置くところだった。それらは彼よりも強かった。女は恐れることなく、それらを擁護した。カエサルはそれらを護持するだろう。イシス＝クレオパトラの友人として。アントニウス[63]も同様である。不幸なことに二人ともそうだったのだ。ティベリウス[64]はそれらを追放したが、うまくいかなかった。ローマがあらゆる神々を取り入れるとするなら、なぜ死の神自体はだめなのか？　それへの愛と崇拝が、ますます増大し盛んになってゆく神なのに。

（59）**セラピス**　アレクサンドリア時代に、プトレマイオス朝の政策により、エジプトとギリシアの宗教を融合するために創出された。
（60）**ホルス**　イシスが殺された夫オシリスから魔術的方法で受胎して産んだ子。一人前の男となってからホルスは父の復讐を願い、殺害者である叔父のセトと一騎打ちした。ホルスは孝行息子の祖型であるといわれる。
（61）**ハルポクラテス**　第二部第二章、訳注（40）参照。
（62）**スラ**（前一三八頃～前七八）　ローマ共和制末期の軍人、政治家。
（63）**アントニウス**（前八三頃～前三〇）　ローマの将軍。クレオパトラと結んでオクタウィアヌスと対立、アクティウムの海戦に敗れて自殺した。
（64）**ティベリウス**（前四二頃～後三七）　第二代ローマ皇帝。

エジプトはまだあまりにも生きていた。人々はエジプトよりももっと遠く、暗い王国にまで行くだろう。そしてさらにいっそう死んでいる故人となった亡霊たちを見出すだろう。

7　女とストア学派の、法と恩寵の戦い——ローマにおける

ローマの誇り高い天分は、ギリシアの業績を継承するよう運命づけられていたように見える。それも、残酷な、あるいは涙にくれた様子で、人間の魂を埋葬しにやって来たアジアの神々のオリエント的むさぼりから、世界を守るためにである。モロクがその鉄の角で人間の魂を攻撃し、アドニスが永遠の結婚の没薬《もつやく》の中に人間の魂を葬ったとしたら、オリエントは墳墓だったということになる。

果てしもなく巨大な戦いだった。世界の歴史全体の中でポエニ戦役[1]に似通うものは何一つない。破壊された帝国を軽々と走り抜けていったあのアレクサンドロスの比ではない。多くの民族を抹殺した、ひと気ない森でのカエサルのつぶさに知られてはいない戦争とも違う。ここではすべてが白日のもとに起きた。ハンニバルはああしたものすべてと全く違っていた。ハンニバルの軍隊は違っていた。カルタゴの〈無名の〉神が、〈名もない〉あの軍隊の恐るべき機構、あの強力な軍事的天分とともに（かつて存在した最高に力強いものだった）イタリアの地で溶解した日、オリエントとアフリカがアルプスからイタリアに落ちてきた日、それこそまさに大いなる日だった。あの豊かな母イタリアが、自らの胎内に持っていたすべてがその時知られたのだ。ギリシアが決して出来なかっただろうことだが、イタリアは、はなはだしく密集した田舎の民衆を、二百万人の兵士を見出した。まっとうで従順で、死に対し手におえないくらい

忍従する根気強い一団だった。ローマはあれらの日々、大地全体に対し死を教えた。そして、いつのまにか息絶えたのは怪物の方である。――ありがとう、偉大なるイタリアよ！　このことは永遠に残るだろう。

（1）**ポエニ戦役**　ローマとカルタゴの戦争。第一次（前二六四〜前二四一）、第二次（前二一八〜前二〇一）、第三次（前一四九〜前一四六）とあり、ついにカルタゴは壊滅させられた。カルタゴの勇将ハンニバル（前二四七〜前一八三）が、はるばるスペインに渡り、アルプスを越えてローマを攻撃したのは第二次のときである。

「〈ホメルベシ、イダイナル誠実ナハハヨ、サトウルヌスガ、ツクッタクニヨ！　イダイナルチカラヨ！〉」

イタリアの古い〈テンブン〉は数多くの哲学、家庭と墓の哲学に相当する偉大な知恵をもった。家庭の守り神である夫妻のペナテス神(2)や、偉大なるコンセンテーヌ・ディー(3)の神々は二人ずつ結婚しており、われわれ人間よりも幸せに、同じ日に生まれて死ぬのであった。それは優しくまた尊敬に値することだ。エトルリアやイタリアの墓は、エジプトの地下墳墓のようには人を打ちのめさない。それらは元気づけ慰めてくれる。人から人へと語りかけ、われわれに時の流れを、世界の偉大な時代を、物事の定期的な再来を教えてくれる。* この国だけがもっていた歴史への深い感覚は、死をも活気づけ、墓場をも花開かせるのだ。「〈骨ツボノナカニ、エイエンノ春ガアル〉。」

（2）**ペナテス**　古代ローマの、もともとは戸棚の神でつねに複数で考えられた。ラレスとともに古くから家の守り神であった。

（3）**コンセンテーヌ・ディー**　ユピテルを含む十二の最高神のこと。男女おのおの六柱の神よりなっていた。ユピテル、ネプトゥヌス、マルス、アポロン、ウェルカヌス、メルクリウスの六男神と、ユノー、ミネルバ、ディアナ、ウェヌス、ウェスタ、ケレスの六女神である。

＊　私の『ローマ史』を、とりわけ『ヴィーコ』を見ること。

境界線や所有権を尊重し、労働や墓によって神聖にされた土地を尊重すること、それがこの民族を、ギリシアの影響下、「法律学」の世界的な大家となるよう見事に導いていった。過去の法、それが想像上のものでさえ、それへの執着を、これ以上押し進めたものはいない。あんなにも厳しい「都市」が、つねに自分たちを拒絶したのに、平民たちがそのために何世紀ものあいだ戦ってきたのは、かれらの示す無限の忍耐が、イタリアの農民の無限の優しさに通じていたということでのみ説明できる。平和的な〈分離〉であったアウエンティヌスの丘[4]の反乱以外いかなる反抗もなかった。結果は大きかった。そこから三つのことが出てくる。カルタゴが粉砕されることになったイタリアの結束。世界の征服、そしてかつて地上にあった最もすばらしい帝国の編成。最後に、果てしもない業績（非常に多くが不変のものとしてある）、巨大なる〈法ノ大全〉。

（4）**アウエンティヌスの丘**　ローマにある七つの丘の一つ。前四九年総督に反抗した平民たちが逃げ込んだ。

「ローマ人は戦争をした」と言われていることすべてを私は知っている。――だがすべての民族が同様である。「ローマ人は奴隷を持った」――すべての民族がそうである。「ローマのプロコンスル[5]たちは権力を乱用した」――つねに権力はそうされるのである。ウェレス[6]は、イギリスによって無罪放免されたヘースティングス[7]よりもさらに悪かったろうか？　アメリカに人口減をもたらしたスペインの最初のころの総督たちよりも、もっと悪かったろうか？　今年三つの民族の死を印づけた（一八六四年*）キリスト教徒たちよりも、より悪質だったろうか？

（5）**プロコンスル**　任期を全うした前執政官に、属州統治権、軍隊の指揮権を継続して与えられるために設けられた職名。総督。

（6）**ウェレス**（前一一九頃～前四三）　古代ローマの政治家。シチリア総督として領民を搾取したため、キケロの弾劾を受けて追放される。

（7）**ワァレン・ヘースティングス**（一七三二～一八一八）　イギリスの政治家。初代インド総督（一七七三～八五）。

＊　ポーランド、デンマーク、カフカス。

ローマは頽廃を作りだしたか？　いいや、受け継いだのである。ローマの手の中に落ちてきたのは、まさしく終った世界だった。人類がアレクサンドロス大王以来こうむっていた人口減、大混乱、軍隊式バッコス祭のことをあまりにも忘れているのだ。この乱痴気騒ぎがローマの中に集結し、消失した。だがなぜそれをローマ的と呼ぶのか？　それがローマのどまん中にあって、もはや一つの亡霊でしかなかったときに。それはアジアの、オリエントの乱痴気騒ぎだった。

ローマはあらゆる神々を迎え入れ、敗者たち（訴えだけを自らのために残しておいた）のすべての法を維持した。ローマは彼ら敗者たちの天分を称えた。ローマの主権をもった高官たちにとって、彼らがギリシアの天分に対して示した限りない敬意ほど名誉になることは何もない。彼らはそこに知性の光というものの権威を公然と確認し、自分たちがすべてをギリシアの天分から受け継いでいることを認めた。

キケロはアッティクス(8)に書いた。「君はアテナイに行くね。神々を尊敬しておいで！」と。

（8）**アッティクス**（前一〇九～前三二）　ローマの富豪で高名な文人政治家キケロ（前一〇六～前四三）の親友。前八八から六五年までアテナイに住んでいた。

ローマ人にルクレティウスがその荘厳な詩の中で、あんなにも感動的に、あんなにも奥深い調子でなしたほどに、ギリシア人自身がギリシアのことを語ったことは一度もない。イタリアの聖なる大天才ウェルギリウスは、ギリシアのことを語るとなると、三脚床几《しょうぎ》からへりくだった様子で降り、自分の頭から月桂冠を下ろし、ヘシオドスの弟子あるいは子供となって、彼のあとに従ったのだ。感じのよい、心うつ、すばらしい優しさだ！　彼にはあの師が、どのくらい上方にいるのか分からなかったのである。

三回にわたって、ローマ自体ギリシアの膝にすがりついた。言語、哲学、法そのものの着想においてである。

ローマ人全体がギリシアという師をもち、ホメロスの言葉を徹底的に学び、自分たちの言葉をなおざりにするほどになった。ローマではギリシア語しか話されなかった。それも愛が高まったり（ユウェナリス(9)）、死におびやかされたとき、心そのものが漏れ出るような瞬間において。カエサルが襲われたとき、彼はギリシア語で叫んだという(10)（プルタルコス）。

（9）**ユウェナリス**（六〇頃～一三〇頃）　ローマの詩人。「風刺詩」により当時の腐敗した風俗をつく。

（10）……彼はギリシア語で叫んだ……　プルタルコス『英雄伝』「カエサル」の章によれば、カエサル暗殺のときギリシア語を使ったのは襲った方であり、カエサルはラテン語で叫んだという。ミシュレの思い違いであろうギリシア人には生の規範がもとめられたのだ。ローマではギリシア哲学が、あらゆる学派にあって支配し君臨していた。理論的思考や思索のことを話しているのではない。活動、風俗、ふるまいのことを話しているのである。ギリシアの哲学者は、ローマの大きな家のいずれにあっても助言者であって、生活にトラブルが起きたときに人々は彼に力と知性の光を求めた。抵抗の英雄トラセアス(11)家の人々は、死に際して救助してもらうために〈彼らの哲学者〉をもっていた。皇帝たちでさえ、心を和らげ穏やかにし静めてくれる自分たちのギリシア人をもっていた。アウグストゥスも、そうした者がいなかったら、オクタウィアヌスのままでいたことになったろう。

(11) **トラセアス** (?～六六) ローマの元老院議員で、ストア哲学者。ネロに反対したため元老院から死刑判決を下され、自害。

あの高貴な古代にあって、ローマの素朴さ以上に高貴で偉大なものは何一つない。全能で世界の主人となっていたあのローマが、ギリシアに救助をもとめたのだ。すでにほとんどひと気のなくなったあの破壊された古いギリシアに、アテナイの孤独に。自らの偉大さ自体に胸ふさがり、ローマはギリシアの貧しさと簡素さの方に向った。「ギリシア人は詩的霊感を、天分を、言葉を、〈あらゆる欲望にまさる魂を〉もっていた。」(ホラティウス)。

だがギリシア自体は、どのようにしてまだ生きていたのだろう? アレクサンドロスの軍隊の恐るべき衝撃のあと、何度も打ちくだかれ悲嘆に暮れていたギリシア、ローマ人自身がその神々(多分、おびただしい彫像)をもっていってしまい、それぞれの祭壇が空となったとき、広場や通りや回廊を飾っていた英雄たちが囚われの身となってイタリアへと行ってしまったとき、貧しくなったギリシアは何をまだもっていたというのか?

その点でこそ、ギリシアの神々の力をほめ称えねばならない。彼らの中でこそ、ギリシアがローマと人類を支えた基盤が残ったのだ。ギリシアはヘラクレスに支えられたのである。

アテナイでは一つの回廊が、ヘラクレスに捧げられていた、キノサルゲス(12)である。ソクラテスの死に際し、彼の忠実な弟子アンティステネス(13)が居を定めたのはそこである。アンティステネスはただ一人、師の復讐を果そうと努め告発者たちを罰した。三十人の僭主のあとにやってきた頽廃の中で、彼は勇敢にも民衆の目の前に「自由」の典型そのものを提示してみせようと企てたのである。ヘラクレスはこの上なく自由で、すべてを持つことができ、何も欲することがなかった。そのライオンの皮と、オリーブの木の（平和の力）棍棒でもって彼はエウリュステウスよりもさらに王だったのだ。それはアンティステネスの、そしてその弟子ディオゲネス(14)のモデルであった。ディオゲネスは言われているように常軌を逸した人ではまったくなく、ソロンがなしたことをなしたのである（ヘブライの預言者たちと同様）。まるまる一世紀のあいだ、彼は自らの行為によって説き、ヘラクレスの喜劇を演じた。計算された大げさなふるまいだった。「コロスの教師たちは生徒たちをつれもどすために調子を強める」と彼は言っていた。一般的な弛緩状態における〈調子〉、〈緊張〉、それがヘラクレスの哲学である。* こうしてアポロンの手の中で、弓とリラは〈ぴんと張られ〉た。一つの記念碑が、まだ若いヘラクレスをわれわれに示しているが、彼は美と崇高への雄々しい愛の中で、リラを取り、アポロン自身と競いあっている。この〈緊張〉は調和と優しさでしかない。ディオゲネスはその崇高な一例を示したのである。奴隷として、最高に優しい教育によって一人の子供を育て上げるよう主人から任を負わされ、彼は一人のすばらしい人間を作り上げた。

(12) **キノサルゲス**　キニク学派の学校があったアテナイ郊外の地。

(13) **アンティステネス**（前四四四頃〜前三六五）　古代ギリシアの哲学者。ソクラテスの弟子でキニク学派の祖。

(14) **ディオゲネス**　第一部第三章八節、訳注（50）参照。

* こうしたことすべてにおいて、私はギリシアのテクストをたどっている。ラヴェソン(15)（『アリストテレス』二巻）、ヴァシュロ(16)（『アレクサンドリア哲学入門』一巻）、そしてドゥニ(17)（『思想の歴史』一巻）諸氏によって見事に解釈されたテキストを、である。

(15) **フェリックス・ラヴェソン＝モリアン**（一八一三〜一九〇〇）　フランスの哲学者で考古学者。『アリストテレスの形而上学に関するエッセイ』（一八四六）ほかがある。

(16) **エティエンヌ・ヴァシュロ**（一八〇九〜九七）　フランスの哲学者。『アレクサンドリア学派の考証史』（一八四六〜五一）。『形而上学と科学』（一八五六）ほか。

（17）**ドゥニ**　原文 Denis。不詳。

〈十二の功業〉[18]という偉大な神話は、〈労働の讃美〉という新しい哲学を作った。

（18）**十二の功業**　ヘラクレスがエウリュステウスから課せられて果したとされる十二の功業。ネメアのライオン退治や、レルネとヒュドラの退治等である。

「善は、神は、自然である。自然は理性であり、それは世界を〈苦労させ、磨き上げる〉。」

「労働、それは至高の善である。」

働く者〈奴隷は復権させられた〉。ヘラクレスはエウリュステウスの奴隷である。ディオゲネスはたまたま売りとばされたが、奴隷状態のまっただ中にあっても、人は自由を自らのために保ちうることを示そうと願った。彼は買いもどされるのを拒否した。奴隷として生まれた人々（メニッポス[19]やモニメ等[20]）は、ヘラクレス学派に入るのを許され、その学派の栄誉をになった。

（19）**メニッポス**（前四世紀～前三世紀）　ギリシアの哲学者でキニク学派に属し、風刺詩を書く。
（20）**モニメ**（？～前七二）　ポントスの女王。ミレトスが占領されたときミトリダテスの捕虜となり、彼と結婚した。

そうしたことすべては遊びだったのか？　そう信じることもできたかもしれない。しかし恐るべき状況、運命のぞっとするような打撃、野蛮な軍事的乱痴気騒ぎ、そして僭主そのもの、そうしたものが「賢者」に、彼が「強者」であることを証明するよう強く命じていた。カリステネス[21]は、大地を自らの足許に平伏させていた残酷な狂人によって磔にされたが、その「受難」は名誉と理性を守ったものであり、その厳粛な出来事は、学派を死と拷問に直面する戦場へと引き出したのである。

（21）**カリステネス**　第二部第四章、訳注（14）参照。

あの十字架からプロメテウスの言葉が、「おお正義よ、わが母よ！」が続いてやってくる。——ソクラテスの最後の言葉である『エウテュプロン』の中の言葉、「正義ほど神聖なものは何一つない」もやってくる。そして、それがストア派を形成する。ゼノンやクリシッポス[22]は〈正義とは聖性である〉ということを教えた。「テミスは、言われているごとく、ユピテルのかたわらに座しているのではない。彼女はユピテル自身であり、神々の中の神、至高の善なのである。」

(22) **クリシッポス**（前二八〇〜前二〇五）　ギリシアの哲学者。ストア派の学頭。

「善が幸福を作る。賢者ただ一人が幸せなのである。正義は、死と苦しみと耐えがたい苦痛の中で幸せである。」空虚な言葉だろうか？　そんなことはない。行為がそれに答えていた。力それ自体が至高のアリバイを見出していた。押しつぶされ砕かれた一人のストア派哲学者は、自分を引き臼の中に入れた暴君に向って言った。「押しつぶせ！砕き殺せ……お前は魂をどうすることもできないぞ。」

帝制初期にストア派の人々がになった抵抗が偉大な役割を果たしたことから、彼らはあまりにも特殊な面で考察されるようになった。ホラティウスが〈カトー[23]の不屈の魂〉と叫んだものは、ストア哲学をわれわれの目に分かりにくくし、それをより偏狭なものと思わせ、その偉大さを部分的に隠してしまう。〈義務〉、〈正義〉というその原理のほかに、ストア哲学はもう一つの原理を、つまり真の正義は、〈愛〉の原理を包含していることを認めていたという点が一般に無視されるのである。これはキケロやマルクス・アウレリウスの時代になって、あとから生まれた緩和措置ではないという点に注意してほしい。マルクス・アウレリウスに先立つこと五〇〇年、アレクサンドロス大王の時代に最初のストア学派の哲学者ゼノンは、世界の普遍的「都市」を説明しながら、すでに言っているのだ。「愛が都市を救う神である」*と。愛、つまり相互的友情であり、人間的友愛である。当初から明確に聖なる三位一体が出現していたのだ。魂の〈自由〉――〈平等の〉自由（それは奴隷にまで及ぶものとなる）――そして〈愛〉（万人の万人に対する）、つまり大いなる兄弟的統一の三者である。

（23）**（大）カトー**（前二三四～前一四九）　古代ローマの政治家、文人。古代ローマの素朴さへの復帰を説き、腐敗した政治家たちを告発した。その子孫の（小）カトー（前九五～前四六）も高潔な政治家として知られていたが、カエサルに敗れて自殺した。

＊　ドゥニ氏（『思想の歴史』）は、これら初期ストア派の偉大な思想が、キリスト教時代になってからしか出現しなかったと思わせるよう努めている人々の誤り（故意のか？）を、まことに正当にも指摘した。

幸せな者が〈愛し〉、他者と和解するのは簡単なことのように思える。だが厳しいうえに単調で不快な労働、魂をひからびさせてしまうような労働に明け暮れて悲惨になっている者が、それでもなお〈愛し〉和解するのは、すばらしいことだし偉大なことだ。ゼノンは幸せにも自分の弟子クレアンテスにおいて、この奇蹟を見出したのである。夜クレアンテスは働いていた（水を庭に引いてくるのだった）、そして昼は瞑想し、思索していた。ゼノンは彼に魅せられ、彼を〈第二のヘラクレス〉と呼んだ。彼は英雄の魂そのもの、善良で優しい魂をもっていた。つぎのような偉大かつ不易の公式を定めたのは彼である。「愛は母と父とともに始まる。家庭から村へ、都市へ、民族へとそれは拡大し、世界に対する聖なる愛となる。人間はその時から、人間であるということによって、もはや人間にとって異邦人ではなくなるのである。」（紀元前三〇〇年）。

彼らは原理だけでよしとしなかった。法学の領域にふれる無数の実践的問題の中に、その精神を運び込んだ。アエミリウス・パウルス[24]からストア学派の法律家ラベオ[25]まで、ギリシア人たち、とりわけギリシアのストア哲学者たちは、人間と同時に思想を用意したのだ。公平の権利が古代の野蛮をやわらげ修正した。それは法務官〔＝プラエトル〕の権限事項である。だが法務官とは何なのか？　ギリシア哲学者の、たいていはストア派哲学者の弟子なのである。（マイステル[26]、オルトロッフ[27]、とくにラフェリエル[28]（一八六〇年）を見ること）。

（24）**アエミリウス・パウルス**（？～前二一六）　第二ポエニ戦争を戦った古代ローマの将軍。およびマケドニア王ペルセウスをピュドナで破った（前一六八）同名の息子（前二三〇頃～前一六〇）がいる。

（25）**マルクス・ラベオ**（前四三～後二二）　ローマの法律家。アウグストゥスの政敵。ローマ法の中に哲学的原則を導入。

（26）**マイステル**　原文 Meister。不詳。

(27) **オルトロップ**　原文 Orloff。不詳。
(28) **ジュリアン・ラフェリエル**（一七九八～一八六一）　フランスの法学者。レンヌ大学法学部教授。

誰が、ギリシアの哲学と知恵の成果を押し留めたのだろうか？　誰が、ローマの政治家や法律家の偉大な体験を無用にしたのだろうか？　誰が、ローマ帝国の再建をついにさまたげてしまったのだろうか？

間違いなく、絶対的権力のもたらす悪徳だった。だが何よりも疲労が、あの時代に世界をおおっていた信じがたいような疲労が、そうしたのだ。〈三十年〉戦争の終末期、ヴァレイシュタイン[29]やティリー[30]といった人々のあとに起きたヨーロッパの疲労困憊、当時の外国人傭兵による長期の略奪、そういったものは、アレクサンドロスの後継者たち、ピュロス[31]やアガトクレス[32]といった人々やカルタゴの傭兵たちが、至る所に死と荒廃をもたらしたあの〈三〇〇年〉のあとにおちいった古代の人々の状態について、わずかながらも思いをいたらせてくれた。マリウス[33]やスラの頭越しに兵士が分裂したイタリア自体の残虐な戦いをつけ加えたまえ。無益な分裂だった。というのも耕作が続けられなくなったからだ。ローマの城門のところから砂漠が始まってしまった。「〈ローマノフルキタミハ、カズスクナクナッテ、サマヨウ〉。」（ルカヌス[34]）。

(29) **アルブレヒト・ヴァレンシュタイン**（一五八三～一六三四）　三十年戦争期のドイツの将軍。デンマークのクリスティアン四世と戦い、それを破り（一六二六）、ティリーとともに王をドイツから駆逐した。
(30) **ヨハン・ティリー**（一五五九～一六三二）　ドイツの将軍。三十年戦争期の旧教同盟軍の総司令官。
(31) **ピュロス**（前三一八頃～前二七二）　エペイロス王。しばしばローマと戦い、多大の犠牲を払って勝利した。
(32) **アガトクレス**（前三六一頃～前二八九）　シラクサの僭主。カルタゴと戦った。
(33) **マリウス**（前一五七～前八六）　ローマの将軍、政治家。貧民の入隊を認める軍制改革を行ない、民心を得て、アフリカでの対カルタゴ戦争を終結させる。
(34) **ルカヌス**（三九～六五）　ローマの叙事詩人。セネカの甥。カエサルとポンペイスの抗争を描いた叙事詩『内乱賦』を残す。

教父たちは、異教の乱痴気騒ぎの時代が帝国の中で続いたと信じこませようとして、われわれを驚くほどあざむいてしまう。異教の騒ぎはローマの中で、悪徳と富の過剰といっしょに集結していた。他のところでは、すべてが活気なく貧しい状態だった。ギリシアはひと気がなくなり、オリエントは老いてしまった。何らかの動きのある新しい都市アレキサンドリアやアンティオキア(35)を除けば、大いなる静寂が、大いなる平静が、むしろ無気力、まどろみ、麻痺といったものが至る所にあった。

（35）**アンティオキア**　トルコ南部の都市。古代シリア王国の首都（前三〇一～前六四）。四世紀にはローマ帝国第三の都市として『聖書』の文法的、歴史的研究を重視するアンティオキア学派が活動した。

教父たちが同様に隠している怠惰に関するもう一つの原因がある。三ないし四世紀間に、様々な神が現われては消え、亡霊のように相ついでいった。ギリシアの美しい神々アポロンやアテナ（〔紀元前〕四〇〇年～三〇〇年頃）が、あらゆるものをのみ込みユピテルまでむさぼり食ってしまうバッコスに、取って代わられた。アドニス＝サボスによって東洋風にされたバッコスは、自らの性格すべてを失い、自らの密儀をフリュギアとエジプトのアッティス、イシス等の各地を巡回する密儀にまぜあわせ融合させる。あわれむべきパレードである。そのうしろを、無力な改革者ミトラが歩いている。つまり故ユピテル以降の三世代の神々が続いているのである。教父たちがわれわれにこれらすべての神々をよみがえらせてくれるのは、それらを打ち破った新しい神が、古代の乱痴気騒ぎの狂乱を、牛の角をした真のバッコスを、キュベレのうなるライオンたちを、まっ正面から戦うべきものとして持っていたことを信じさせるためである。だがそうしたものすべては墓碑の中にあった。ずっと前から冷たい大理石であったユピテルとバッコス*は、ローマのパンテオンにあって、問題にかかずらうことなく、ミトラとイエスの戦い(36)を利害を超越して気安く眺めることができた。

（36）**ミトラとイエスの戦い**　ローマにおいて、キリスト教が国教化する以前の数世紀、ペルシアの救世主ミスラ〔＝ミトラ〕への信仰が盛んであり、キリスト教に対立する最も主要な宗教となっていた。

＊　これはキネの〔作〕中で感嘆すべき形で描かれている。

この消耗した世界を下の方で一つの力が浸食していた。どんな力か？　奇妙なことに、「法」と帝国の闇の破壊者である理性の不倶戴天の敵を呼び起こしたのは、人間性と公平さの進歩そのもの、「法」の幅広く寛大な公平さそのものだったのである。

国民全体が少しずつローマにやって来る。それは共通の祖国となる。イタリアが柵を砕いたとき、つまりクレオパトラの恋人たちだった〈良き僭主〉カエサルと〈良き僭主〉アントニウスが、オリエントに門戸を開いたとき、人類全体がやってきて姿を現したのだ。万人が徐々に入るのを許された。とにかく彼らは人間なのだから。新しいバッコス（カエサル）は寛大で、（彼の神に倣って）〈ベルトをしめずに歩いて〉いたが、* その点では彼の敵、ストア哲学の幅広い人間性を身につけたストア派の人とまったく一致していた。ローマは自分の新しい息子たちを眺めて舌をまいていた。まっ黒なリビア出身のローマ人や、シリア出身の黄色人種や、フリースラント(37)の沼沢地から来た緑色の目をしたローマ人も見られた。最高に異様な混交が、粗削りな人間たちから、野蛮人たち（熊かアザラシか？）から作られた。不浄なオリエントの死体、骸骨、諸帝国の残滓、墓の中の墓、〈シシャノアタマ〉を伴った者たちである。あらゆる混交におけると同様、健康な生気が老いた腐敗に吸収され損なわれることが起きた。

(37) **フリースラント**　オランダとドイツにまたがる北海沿岸地方。

* 〈ダフニスハ、アルメニアノトラニ、引具ヲツケルコトヲオシエタ〉等（ウェルギリウス）。昔の注釈者はこの箇所にユリウス・カエサルへのほのめかしを見ている。

ああ！　腐敗、死は奴隷の中にある。すべての自由人の悪徳とその仲間たちの中にある。ストア派哲学者、法律家、ローマ法の三者によって元気づけられ、自由人の近くに置き直され、奴隷は自らの長期にわたる悲惨の跡を解体することができるだろうか？　それは単純な労働者、アメリカのニグロではなかったのである。古代の奴隷は教養、悪巧み、背徳において自らの主人と同等だった。それはほとんどつねにオリエント出身の、しがないが魅力ある男の子で、子供＝女としてつれて来られ、愛や陰謀によって、ローマの宮殿中に自らの信じるアジアの神々を流布させることになった。

好ましきティロ(38)はキケロにとって、奴隷をはるかに越えるものだった。友人であり、最も従順な、従って最も力強い者であり、自らの主人の主人だった。ウェルギリウスの詩的世界にいるリュコリスが、本当に女奴隷であったなどということも信じられるだろうか？　あれらの美女たちは齢になったと思われるとすぐに買い戻されたが、それでも豊かなままでいた。アジアやギリシアに帰ると、尊敬すべき中年女性として自由に愛せるようになり、彼女たちは夢を、神話を、オリエントの神々を愛した。

(38)　**トゥリウス・ティロ**（前一〇四頃〜前四頃）　ローマの作家。奴隷として生まれたがキケロによって解放され、その秘書となる。キケロの演説集や書簡集を出す。

真の貴婦人の精神、つまり夫の影から独立した妻、未亡人、子供の絶対的支配者としての母といった自由なローマ女性の精神も、ほとんど同様のものであった。彼女はもし後見人ではなくとも、後見という事実を、自分の息子の〈監督権〉をもっており、自らの財産管理をしていた。そのことがホラティウスの中で見られる。セネカ(39)の中でも見られる。いやはるかにそれ以上だったのだ。若い頃からの暴飲暴食は、ローマにあってもギリシアにおけると同様、女よりもずっと男にとって致命的だったから、女の手の中に財産を集中させたのである。寛大で人間的な「法」も、そしてますます力強くなる「自然」も、そうなるようすべてが手助けした。心が語るのは、つねに娘の利益を思ってである。北方の法（マルキュルフ）(40)の魅力的な言い回しは、ローマ法にいまだ〈書かれ〉てはいなくとも、至る所で生きていたのだ。「わが優しい娘よ、厳しい法はわが財産をお前から奪う。だが私は、お前をお前の兄弟たちと等しいものとする、等。」

(39)　**セネカ**（前二頃〜後六五）　ローマのストア派の哲学者、政治家、劇作家。ネロの教師、ついで執政官となるが反逆罪に問われて自殺した。

（40）**マルキュルフ**　六五〇年から六五六年にかけてパリの司教だったランデリクスに奉じられた、マルキュルフ教会法書式集のこと。パリ郊外のサン＝ドニ大修道院で編まれた。

それはまさしく心の跳躍であって、それをわれらの革命のフランスも、突然だしぬけに民法を人間的にして、フランス女性を世界で最も豊かな女性にしたときに感じたのである。結果は同様だった。彼女に教育をほどこすことなく財産を与えるのは、見識あふれた者に、時代の知識の水準に達した者にしないまま彼女を豊かにするということであり、法が彼女の手に、法を破壊する武器をもたせたこととなるのだ。誤ちや不幸が執拗にまい戻ってくるのが、これ以上目立ったことは一度もなかった。今日も当時と同様、また当時も今日と同じく、革命は自ら窒息させることに成功したのだ。パウラとメテラ[41]は、持参金または遺産によって巨大な財産を身に備え、セラピスやミトラやイエスのために、あれらの礼拝堂や寺院を建てた。今日わが国の町はそれらによって再び覆われ、それらは反革命の要塞や城砦となっている。

（41）**パウラとメテラ**　ともにローマの婦人名として多かった。

奇妙な光景である。法は誰に、あれらの巨大な金額を手渡すのか。弱い人に、病人の手に、夢想にみちて混乱した心になのだ。そうした心はまことにたやすく捕らえられてしまうだろう。誰がそれらを彼女たち自身から救い出すのか？　あのパウラは自らの広大な宮殿でおびえている。金持ちの解放奴隷の女たち、クロエ[42]、聖パウロのフェベ[43]、マグダラのそれは、あんなにも名高くなり、ふるえ、未知の精霊たちに取りつかれた。古代の乱痴気騒ぎがあった翌日、すべてが色あせ、生気をなくしたとき、彼女たちは、マギの遺産をひきついで天と星と運命を予測する暗いカルデア人（占星術師、スウガクシャ）のもとに駆けつける。野天の軍事演習場でかごの中で寝ている、やせてうす汚れたユダヤ人に至るまで、不安な女たちの相談を受けなかった者はいなかったのである。大いなる変化が起きようとしていた。女はそのことを確信し、感じとっていた。女は自らの中にそうした変化をもっていた。そうした変化は彼女の胸のなかでもがいていたのだ。どんなものか？　人々が言っていたり言わないままでいた恐ろしいことどもである。そう聞かされていたのだ……まず第一に世界の終末、宇宙の死、至高の大破局、それが同時にわれわれの生命と汚れを運び去ってくれるだろう。この巨大な嘔吐感が、われわれ自身からわれわれを解放してくれるだろう。

(42) **クロエ**　この女性の名は「コリント書一」第一章一一節に出てくる。
(43) **フェベ**　聖パウロがローマに派遣したケンクレアイ教会の女性聖職者。(「ロマ書」一六章一節参照)

だが彼女は青ざめてしまった……彼女は死にたくもあり、死にたくもない。今にも許しを請おうとするくらいだ……彼が彼女を支える。彼女に大いなる秘密を希望するように(買うようにか？)させる。「世界は、死にかかりながら、死なないのだ。一つの〈時代〉が通り過ぎ、一つの〈時代〉がやって来る。エジプトや、エトルリアも、彼らの墳墓の奥に別種のシステムをもってはいなかった。ものごとの〈循環〉が、〈世界の時刻〉のコーラスが、永遠の輪舞の中で、千年単位で次々と日没と夜明けを連れもどしてくる。生き生きとした夜明けがやってくるだろう、またすべてが始まるだろう。黎明がすでに始まり、神秘は完成し、ゆりかごは用意されている……神の子を待ちのぞもう……」

〈チイサナコヨ、マズハハヲミテ、ワライナサイ！〉

瀕死のイタリアはこの願いを立てるため、ウェルギリウスの中で再び立ち上がり、希望しようと努めた。女のように長い髪をしたイタリアの詩人、ため息が押し殺されていた不幸なシビラは、今度は語ることが、予言することができた。彼の主人たち、残酷な政治家たちは、彼の聖なる声が、アウグストゥスの息子のゆりかごのところで世界を統一するよう希望した。

時代の〈メグリ〉が、すべてのものに広がる期待が、一人の子供を、救い主である小さな神を連れてくることになっていたのだ。〈ウシナワレタモノ〉すなわちプロセルピナ、海の上で危険にさらされる〈幼児〉バッコス、傷つき復活した優しいアドナイ、――これら三人の子供が世界を魅了した。アッティスが感動的光景の中で世界を狂喜させた。その光景では、ため息にあふれた一本の木から子供がわき出てきてそれと分かる。そうしたものすべてが、巧みで、魅惑的で、しかしすっかり使い古されたものだった。皇帝たちの宮殿では、救世主たちを作り変えるか追放すべきかが、あまり分からなかった。アウグストゥスの母はその点でしくじり、アレクサンドロスの化身の全くのものまねである彼女のヘビは、みなにあざ笑われた。マエケナス(44)は、もはやそうした仕掛けを試みることも大目にみることもなく、帝国にとって危険な救世主たちは追放すべきだと考えていた。あんなにも才気にあふれた彼は、しかし、あらゆる王政が救世主信仰となるということを知らなかった。その広大な魂が一民族の魂を含み凌駕している人物は、必然的に一つの奇蹟に、化身になるのである。

(44) **マエケナス**(前六九頃～前八) ローマの政治家。アウグストゥス帝の親友で外交交渉の任をまかされる。文芸愛好家でホラティウス、ウェルギリウスらを庇護した。

通俗的な最後の形は、世界の衰弱の真の姿であるアッティスだった。生殖力あふれたプリアポス神崇拝の乱痴気騒ぎのあと、不能の狂乱が、あの身体の一部を欠いたもの、二つの性において何ものでもない娘＝少年の中で炸裂する。もはや雄々しいものはいない。アッティスは(カトゥルスの中で)自らを嘆きながら、人類そのものを嘆くのだ。自然も、人間の不毛性を刻印されたように見える。色青ざめた太陽は、もはや暖めてくれない。木はかわき草は黄色くなった。

ところで、もはや創り出せなくなっても、思い出すこと、話すこと、言葉をくり返すことはできる。生命として残っているものは、とりわけ声であり、エコーである。神＝言葉があらゆる神々よりもあとまで生き残る。もはや〈都市〉はない。だが〈学校〉は存続する。新しい救い主は〈支配者〉となる。か細い声の優しい支配者は、過去の声高な調子を落とし、いかなる変化ももたらさないし、新しいことを知るためのいかなる努力も強いない。古い支配者、アポロンやオルフェウスは歌を歌った。ピタゴラスは沈黙によって教えた。沈黙は余りにも語る。夕暮れ時、眠りたいと思っているのに眠れない女や子供に向かって、ささやきかけられる漠とした言葉以上に優しいものはない。そのときやって来る言葉は、外から来たのか心の中から来たのか、はっきりと言えないものとなる。自己の外の自己なのか、愛された魂なのか、それとも自分自身なのか？　そうしたことを解明しようとするには、魅惑が大きすぎるのだ。人はそれに執着する。目覚めることを、明晰すぎることを、努力と分別あふれた生を取り戻すことを、不精にも恐れる。「とりわけ分別はいらない！　良心を眠らせておけ！　完璧な無気力だ！　魂が一つの道具でしかないように。」これがイエスの同時代人で、教義におけるイエスの兄弟と呼ばれたフィロン(45)が勧めることだ。フィロンは、世界が永遠の帝国の宿命のもと眠ってしまったこの受動的時代の、無気力な半睡状態を大変うまく表現している。

(45)　**(アレクサンドリアの) フィロン**　アレクサンドリアのユダヤ人哲学者で、ユダヤ思想とギリシア哲学を融合させた。第二部第一二章、訳注 (28) 参照。

すべてを終らせる「救世主」がまもなくやってくることに関し、ラビ(46)たちがそこにつけ加えていたペダンチックな論争や、ロゴス、ソフィア、「雲に乗って来る人の子」(「ダニエル書」)についての彼らの悪文といったものはどうかと言えば、それらはほとんど影響力をもたなかった。群衆は、白いハトの化身というシリアの伝承にはるかにずっと執着していた。そして、聖霊が石女の母のもとに降りてきて、大いなるナザレ人を作るというユダヤの伝承に執着していた。

(46)　**ラビ**　ユダヤの律法博士に対する敬称。ヘブライ語で師、先生という意味。

聖書の語る奇蹟は祭りで何度も読み返され、そこから夕方帰ってきたとき、女をひどく夢みがちにさせた。オリエントの方から、金の星が女を見ながらあとを付いてきて、そのきらめく視線を送っていた。アジアの救い主たちは、〈星の息子たち〉であった。ときおり星が降りてくるのを、そして天上の生命の流出のようにその光り輝く長い軌跡がそこに残されるのを、見なかった者がいるだろうか？……その熱で顔がほてる……それだけで十分ではない。エリヤ[47]が語った精霊、最高に軽やかな〈カスカナカゼ〉があるのだ。「最初のそれは嵐だった。だが彼ではなかった。ついで強風が通り過ぎた。それも彼ではなかった。だがついに、なまあたたかい風、やさしい風がやってきた……彼だったのだ！」

(47) **エリヤ**（前九世紀）　バアール信仰と対決し、本来のヤハウェに帰るべきことを熱心に説いた。「列王記上」一七章以下参照。

8　女の勝利

　聖処女によって胚胎され生み出されたキリスト教が、ついに無垢なるものとなったのは極めて論理的である。聖母マリアがキリスト教を内蔵し抱擁している。そしてマリアの母が、さらにさかのぼって彼女らの母たちが、そうしている。長期にわたる女の孵化作業が、絶えることない分娩が、あの創造を導き出したのである。全き真実として言われているように、あの創造はもっぱら女から出てきたもので、男には何一つ負っていない。

　母なる教会だった東方のギリシア教会においては、三六九年まで〈女が司祭だった〉。これ以上正当な司教職というものは決してなかった。女はキリスト教の真の司祭である。彼女以上に誰が、彼女が自分自身で作ったものを説明し、感じさせ、崇拝させることができよう？　最初の数世紀における、あの魅惑によってこそ古代の偶像は打ち倒されたのである。生きた恩寵〔＝優雅な美〕自らが祭壇でミサを執り行なうとき、いかなる大理石の神も立っていられなくなった。

　マリアが中心的存在として認められるのは先送りされていたが、それももっと強力なものとなって戻ってくるためだった。最終的には彼女が支配する。人々は彼女に対し、彼女がキリスト教全体だと打ち明ける。聖ドミニクス(1)は、彼女の体内に天を、いや天以上のものを見たと言い切る。彼はそこに煉獄、地獄、天国の三世界を見るのだ。

（1）　**聖ドミニクス**（一一七〇頃～一二二一）　スペインの聖職者。ドミニコ会の創設者。

スコラ学者たちは、分別をもって錯乱しようとして〈十字架の愚かさ〉を損なうとき、つまり女性的要素、優雅な美〔＝恩寵〕を男性的な理性および正義との不可能な結合によって損なうとき、滑稽になる。優雅な美の外でイエスを男性化しようと一歩ずつ進むたびに、彼らは宗教から逸脱し、理論家、法律家になってしまうということが、どうして分からなかったのだろう？　聖トマス〔・アクィナス〕は、この不可能なくわだて（角のない三角形）の中で生涯を使い果してしまったが、死ぬときに後悔し、優雅な美〔＝恩寵〕に自らをゆだね、死の直前には「雅歌」だけを読んでもらった。

孤独な女は自分の汚れない体内から、自らの守護神が、天使が、若々しい魂が現われ出てくるのを見た。この魂はよく語る魂で、生まれながらに教え、自らの母に彼女自身が知っていたことすべてを教えるものだった。この天使は、より多く愛されるためにのみ彼女から区別される、彼女の甘美な反映である。一二歳のとき理想化された彼は完全に彼女であったが、しかし彼女の師であり教訓であり小さな博士であった。彼女は彼を自分の前に置く。彼の足許に自らを置くためである。

おや！　彼は何と大きく美しく、気高い若者になったのだろう。まるで母と同じような長い髪をし、悲しげで謹厳なまなざしをしている。彼女の息子なのだろうか？　彼女にはそのことが、まだ分かるだろうか？　彼が、まったく別のものになっている方がどんなに良いだろう。魅力あふれる厳しい師、少しばかり恐れられても、ひどく優しい師であってくれる方が！　教えられるということ、服従し、恐れることなく、ただおどおどしているだけということ、それは何という快感だろう。それは愛以上か、もしくは愛以下のことである。「雅歌」の恋する娘はそのことを知っていたらしい。彼女があの明敏かつ気の利いた言葉、「〈オシエテクダサイ〉」を言ったときに。

淡い金色の月に、日没のかすかな照り返しがまざっているような印象である。あの時から早くも何人もの者が一つの幻影をそこに見たのだ。まるで自らを映し出し、自らに語りかけ、自らを教え愛し、自らを愛せるよう自らの外に出て自己創造するマリアの魂しかなかったかのような幻影を。そのことは優しい心にとって、彼が苦しまなかったこと、そして受難もまた一つの幻影だったということを信じこませるという利点をもっていた。ドセティズム信者たち(2)はそう信じ、同情深い神は、自らの息子をひどく苦しめることはできなかったし、残忍な死には、一つの幻影しか手渡せなかったと考えたのである。興味深い問題だったが、それを解明してくれるものは何もなく、討議されるだろうが、永遠に不確かとされるだろう。

（2）**ドセティズム**　キリスト仮現論のこと。つまりキリストは純粋に霊的存在であって肉体としては存在せず、従ってその人性と受難は仮象にすぎないとする異端の説。

わが友ルナン氏のように、彼が生き苦しんだことを強調し望むなら、つまり現実の中に彼を据えつけ、シュトラウス(3)が気化させてしまったものを凝固させるためにそれが本質的な点だとするなら、彼をその母の中に置きなおし、彼に熱い血となまあたたかい乳をもう一度与え、彼をユダヤの夢みる女の体内につるすことになるのだ。巧みなめっき工が、繊細かつ愛撫するような手つきで子供を作り直しながら、彼にその母を与えまいとするのを見て人は驚く。だがマリア*がなければ、イエスもいなかったのだ。

（3）**シュトラウス**　第一部第三章三節、訳注（5）参照。ルナンとともにイエスの生涯を書いた。

＊ルナンは彼女に多くを負っている。あの〔ルナンの〕魅惑的な本は、死ぬものにヒゼキヤ(4)が求めていた休息を多分与えるだろうが、あの本はとやかく言っても無駄である。それは自ら信じ、そして人を信じさせる。疑っていると言っても無駄なのだ。人は心動かされてしまう。あの魅力とは何なのだろう？……才能だろうか？　幼年時代の家族の思い出の力だろうか？……さらに何かがある。彼はあの感動的な旅において自分の書物しかもっていないのではない。生と死のあいだに、天使と聖書のあいだに彼が見える（そして未来もつねに彼を見るだろう）……。彼が決してもたなかった花で砂漠が

よみがえるだろう。イチジクはまた緑につつまれ、水はかすかな音をたてて流れ、寓話の鳥たちはさえずりはじめる。

（4）**ヒゼキヤ**　ユダ王国の一三代目の王。前七一五～前六八七頃統治したと思われる。「イザヤ書」三八章参照。

初期の教父たち、オリゲネス、エピファニウス、[5]ニュッサのグレゴリウス[6]は、ヨセフの息子ヤコブによって書かれた「マリアの福音書」（ヤコブ原福音書）を少しも拒絶しなかった。*彼らはそれを〈すべての中で最初のもの〉と呼ぶが、実際それは自然な導入部分となっていた。たしかに信仰堅固で、多くの奇蹟を容認したローマ・カトリック教会は、なぜこの小さな書物を外典へと移してしまったのか？　ローマ・カトリックの姉たち、東方の古代教会は、それを難なく受け入れ、古代シリア語やアラビア語等に翻訳した。一六世紀のわれらが学者たちは、それがすべての基礎であり、「聖マルコの真の序文」であると明瞭に言った。その書は無邪気で楽しいものだ。ヨハネによる福音書のように、異様に教条的でグノーシス派的なところなどない。

（5）**エピファニウス**（三一五頃～四〇三）　サラミスの東方教会大司教。正統信仰を堅持しようとしてオリゲネス派に強く反対した。

（6）**ニュッサのグレゴリウス**（三三五頃～三九四頃）　カッパドキア三教父の一人。

＊　ティロ[7]『新約聖書外典』、リプシャエ、一八三二。

（7）**ティロ**　原文 Thilo。不詳。

ポステル[8]は、それは真珠だと言った。生きたイエスを望む者にとって、それが真珠の一つということは確かである。この母の基盤なしには、イエスは透明な影のように見えてしまう。

（8）**ギヨーム・ポステル**（一五一〇～八一）　フランスの作家、東洋学者。中東に旅行し、のちキリスト教徒とイスラム教徒の和解を説き、異端とされる。

ユダヤの物語は巨大な射程距離を有している。エステル[9]の物語は（計算された大変意味深いものだが）風俗の歴史への鍵を与える。オリエントの奥深く、後宮から、それはすべてを明らかにする。マリア[10]〔＝ミリアム〕（西方教会とともにそう呼ぼうと望むなら）の物語も、同様に色々と教えてくれる。そこにはユダヤの魂の中にある永遠のマリアが感じとれる。

（9）**エステル**　第二部第二章、訳注（44）参照。
（10）**マリア**〔＝ミリアム〕　ラテン語ではマリアと呼ばれるが、もとのヘブライ語ではミリアム。アムラムとヨケベドの娘でアロンやモーセの姉。「民数記」二六章五九節、および「出エジプト記」一五章二〇〜二一節等参照。

すでに述べたけれど、この民族の特異性は、〈法〉〔律法〕のあんなにも男性的な形態のかげに、その石の表示板と、雄牛の顔をしたおそろしい〈ケルビムたち〉[11]の険しい外観のかげに、この民族が女のためいき、〈無償の救い〉への願い、天上からの思いもかけぬ「恩寵」による解放への期待を内に秘めていたということなのだ。

（11）**ケルビム**　智天使、九階級あるうち上から二番目の天使として知られている。その姿は子供の頭と翼をもつ雄牛の体をしていて、アッシリアの寺院の入口を守っていたものが起源となっていると考えられる。

諸民族の分類は、水晶と同様、何らその外形によってではなく、まさにその中心部によってなされるのである。ここではとげとげしい外見、いくつもの角や突出部の下に、優雅の美〔＝恩寵〕が、女性的要素が奥底に見出されるだろう。それはアロン[12]のひげを装ったマリアである。

（12）**アロン**　モーセの兄。イスラエルの祭司職の創始者。

オリエントはひどく消耗していた。ユダヤ人たちは実際以上に立派と思われていた。だが彼ら自身、廃墟となったエルサレムで消耗し苦しんでいたのが、彼らのネヘミア[13]により知らされる。プトレマイオスがエジプトのために彼らになした略奪が、すべてを汚したアンティオコス・エピファネス[14]の卑劣な野蛮行為が、多くの人々を押しつぶし、マカベア一族[15]も彼らを精神的に立ち上がらせられなかった。ローマ、永遠のローマによって確認され支援されたエドム一族[16]の支配は、彼らを永久に墳石の下に封印してしまった。病んだ精神の中で、悪魔の〈軍団〉がうごきまわり、猛威をふるう。至る所悪魔に取りつかれた人達がいた。まさにそのこと自体が人を引きつけた。エジプトやオリエントの多くのユダヤ人が、そして非ユダヤ人もまた、エルサレムへと殺到した。神殿の傲岸な高さが人々を押し返した。

パリサイ派[17]の人は〔律〕法と党派とユダヤの自由の側に、誠実だが激烈な党派の方に属する人々だったが、彼らが改宗させようとする人々に対し、厳しさと冷淡さしか示さなかった。人々は小さなシナゴーグで、気さくで寛大なラビたちの話を聞く方を好んだ。ラビたちは〔律〕法を免除すること、および高位の博士たちを風刺することで二重に人気があった。イエスの先駆者、ヒレル[18]師がそういうものだった。イエスの従兄、聖バプテスマのヨハネ[19]がそういうものだった。これらの師の教えは少しも新しいものではなかった。彼らは預言者たち（イザヤ）が見事に言ったことを言っていたのだ。心がすべてをなす、と。「おや！　あなたの犠牲は私に何をなしてくれるのか？」等（『ラーマーヤナ』六一章と同じ）。

(13)　**ネヘミア**（前五世紀）　エズラとともにエルサレムの再建とユダヤ教の確立に尽くした。

(14)　**アンティオコス・エピファネス四世**（前二一五頃～前一六三）　マケドニア系シリア王。兄セレウコス四世についで父の対エジプト政策を引き継ぎ、ナイル三角州に侵入したが、ローマの介入により退去（前一六八）。ヘレニズムによって国を統一しようとしてユダヤ教を圧迫、ユダス・マカバイオスの乱を起こさせ、ユダヤのハスモン王朝成立のもとを開いた。

(15)　**マカベア一族**　ユダス・マカバイオス（前注参照）とその六人の兄弟。アンティオコス四世が、モーセの禁じている豚肉を食べるよう強制したこと等に対し、反乱を起こした。彼らは殺されたがその一族はその後百年以上にわたって、シリア王国支配下のユダヤ人を指導した。

(16)　**エドム一族**　エドムとはイサクの子エサウのあだ名（「創世記」二五章参照）。そのエサウの子孫たちのことをいう。（「民数記」二〇章一四節以下参照）

(17)　**パリサイ派**　ユダヤ教の一派。死者の復活、天使、霊の存在を主張。これらを否定したサドカイ派と激しく対立した。「福音書」ではその形式主義と偽善が非難されている。

(18)　**ヒレル**（前七〇頃～前一〇）　ユダヤ教の律法学者。「あなたの喜ばないことを隣人にしてはならない」と教えていた。

(19)　**バプテスマのヨハネ**（？～二八頃）　家伝来の神官職継承を拒み砂漠で苦行を積み、罪への戒めと徹底的な悔い改めを説いて、全ユダヤに熱狂をまきおこした。イエスに対してもヨルダン川で洗礼をほどこした。しかしヘロデ＝アンティパス王の再婚を非難したため、その妻ヘロディアスの怒りをかい、ヘロディアスの娘サロメの求めで斬首された。

「隣人を自分自身のごとく愛す」という戒律（孔子やストア学派の哲学者の戒律）は、ユダヤ人のところにはレビ人[20]によって極めて特殊な形で与えられた。まさに異邦人と言えば、異邦人の思想やしきたりがユダヤ人にひどく嫌悪を抱かせていた。「ユダヤ人は異邦人を〈自分自身のように〉愛するだろう」（「レビ記」一九章三四節）。「悪にむくいるに善をもってせよ」という戒律も至る所にある。とりわけ『マヌ法典』、四章九二節。

（20）**レビ人**　ヤコブの第三子レビの子孫で、伝統的にユダヤ教の祭司職をつとめている。なお「レビ記」一九章一八節には「自分自身を愛するように隣人を愛しなさい」という言葉が出ている。

民衆の師が指針を与えるように見え、実際そういうことになる。良かれあしかれ彼は民衆の思いの反映である。民衆はモーセの美徳を救済の条件とするパリサイ派の束縛を重く感じる。パリサイ派は〈成果をもたらす活動〉を強要したからだ（二つの意味〔＝方向〕における活動、法による活動と慈愛による活動である）。ラビは何一つ強要せず求めず、次のように言った。「愛しなさい、信じなさい……すべての罪はあなたたちから免除されるだろう。」

だが何を愛するのか？　何を信じるのか？　ここには、明確な方式はなにもない。師を愛し、師を信じるということだ。[*1] 象徴およびクレドとして、生きたクレドである人物自身を受けとめるということだ。それが聖パウロが書いたものすべての極めて正確な意味である。それは次の一言によって見事に表わされたものだ。「イエスは彼自身をしか教えなかった。[*2]」

＊1　師は彼が語りかけている群衆を、他のやり方で教えることができただろうか？　ほとんどできなかったろう。ユダヤの硬直した精神は、粗野なガリラヤは、閉じられてしまっていたろうし、こまかな道徳的推論に聞く耳をもたなかったろう。アフォリズムによってのみことが進み、分析も演繹もできない彼らの偏狭な〈ソフィア〉〔知恵〕を、ギリシアのしなやかで、演繹的で、無限の循環をする〈ロゴス〉と混同するのは、ひとを愚弄することだ。最も基本的な区別自体ヘブライ語では不可能である。近代のヘブライ語学者たちは、ラビたちよりももっとはっきりしており、この言語を見抜いて、〈罪〉ないし〈不正〉が、そこにあっては〈不幸〉〈罰〉〈苦しみ〉と区別が付かないくらい、あいまいで混乱した言語だと言っている。

これは翻訳者にとって一歩ごとにぶつかる障害であり、それらの言葉にその背徳的難解さを保たせたままでいるには、自らを十分野蛮にしておくという、ものすごく困難なことが必要になる。——多くの民にあって道徳の承認であり不死への信仰であった教義を、ユダヤ人たちはひどくあとになってからしか受け入れなかった。このテーマに関してはイジドール・カエン[21]氏のすぐれた小冊子を見ること。そして彼が自分の父の〔訳した〕聖書の中の、「ヨブ記」の冒頭で言っていることを見ること。

(21) **イジドール・カエン**（一八二九～一九〇二）フランスの文学者。『ヨブ記の哲学に関する概説』（一八五一）がある。

＊2 この言葉はルナンのものである。――アヴェ[22]氏はすばらしい論文の中で、私の望んだ通り、ルナンのこの文学的傑作を、若々しく雄弁かつ共感のこもった純粋さでもって判断した。そのことは、大変しっかりとした批判を少しも排除するものではない。

(22) **エルネスト・アヴェ**（一八一三～八九）フランスの人文学者。パスカルの『パンセ』の新版を出す（一八五二）ほか、『キリスト教とその起源』がある。

ラビは自らを教えていた。あれら群なす女たちや、素朴な者たちに次のように尋ねてみることもできたろう。「君は何を信じているのか？」すると彼らは答えただろう。「私はヒレル師を信じています。私はパウロを信じています。あるいはイエスを信じています」と。

人格は奇妙な神秘である。天分や美は、しばしばそこにおいては、いくつかの説明不能な輝きほどにも働かない。狂信の大きな流れにこれ以上生きたはずみを与えるものは何もない。真の聖人だったポーランドのメシア[23]は、今日でも最も偉大な人々を引きよせたが、そうしたものを持っていた。今日のロシアのメシアもそれをもっていた――とは言うものの無能な男だったが。それでも心ならずも、一万という農奴につき従われてゆくのが見られるほどの恐るべき成功を示したのだ。

(23) ……ポーランドのメシアは……　リュシアン・フェーヴルはその小著『ジュール・ミシュレあるいは精神の自由』の中で、パリに亡命中のミッキエーヴィチのところに、一八四一年ある「メシア」、トウィアンスキーという一人の幻視者が訪れてきて彼の心をとらえたという話を紹介している。ここでミシュレもトウィアンスキーのことを想起しているのかもしれない。（拙訳、ミシュレ『世界史入門』藤原書店、参照）。

ルナン氏の本があんなにも大きな動きを引き起こした一八六三年の輝かしい論争の中で、私は二つのことを残念に思う。

［1］ 教義のことをほとんど語らずに、歴史の中にあれほどに入りこんでしまったこと。* 教義がすべてなのである。教義が優れていればいるほど、博士の価値も高まる。

* パトリス・ラロック氏(24)は、堂々とした厳格な学者だが、十分称讃しつくせないほどの率直さと勇気あふれた重々しさで、その点をしっかりと補ってくれた。ペイラ氏(25)は伝記的問題を究め尽くし、決定的な書物の中で、堅固かつ公平な論理でもってその問題を解明した。その書はこの大論争に終止符を打つに違いない。

(24) **パトリス・ラロック** （一八〇一～七九） フランスの哲学者。『キリスト教教義の批判的検討』（一八五九）、『ルナン氏によるイエスの生涯の合理的理神論』（一八六三） 等がある。

(25) **アルフォンス・ペイラ** （一八二一～九一） フランスのジャーナリスト。『歴史・宗教研究』（一八六三） ほか。

［2］ 伝記の中に入り込んだのに、民間に広まっている小福音書を遠ざけてしまったのを残念に思う。それらの福音書はいかに粗野であろうと、公的なものよりも、精神の実態をはるかに多く教えてくれる。それを補うようなことを私はしない。私の仕事ではないからだ。ただ次のことだけ指摘しておく。いかに「原始福音書」（プロートエヴァンゲリウム）が、〈降誕〉と、〈大工の生涯〉といったような言葉をそこに結びつけながら、あの女たちの世界を強烈に特徴づけていたかを。

三人の女がすべてを始めた。聖母の母アンナと、その従姉妹で聖ヨハネの母エリサベツ(26)、そして女預言者で大司祭の妻だったもう一人のアンナ(27)。

(26) **エリサベツ** 聖母マリアの親戚でザカリアの妻、洗礼者ヨハネの母。（「ルカ」一章参照）。なお『共同訳聖書』ではエリサベトとされている。

(27) **アンナ** エルサレムの女預言者で、幼児のイエス・キリストを訪れた。（「ルカ」二章三六節）

舞台は明らかに〔エルサレムの〕神殿の周囲で、その指導の下で行なわれる。問題の家族は神殿に帰順している。女たちは時が来たということ、大いなる驚異が彼女たちから発するだろうということを信じて、自分たちの夢にさいなまれ、夢を身ごもるようになる。子供を生みたいとじりじりする。神殿は、その政策で、ことが熟してくるのを見て、神殿を通してしか何ごともなされないよう願い欲する。

メシア待望の条件は（年を重ねていて、その時までは不妊だった）まさしく二人の従姉妹アンナとエリサベツの中にあったのである。「集会の書」がすすめるちょっとした慎重さによって、望まれ、計算された不妊だったのか？　神殿の人々はザカリヤとその妻アンナ(28)に、そのことで恥をかかせるだろう。このアンナがマリアの母となる。

（28）……その妻アンナ……　ザカリアの妻はエリサベツ（注26参照）であり、アンナではない。ミシュレの思い違いだろう。

幼ないマリアは沢山の遺産を相続しており、神殿にあずけられて三歳から一二歳までそこで過ごした。彼女をめあわせようとした大司祭の息子のそば、司祭たちの娘たちのあいだに彼女を置いておくことができず、彼らは自分たちの所にいた神殿大工のヨセフに、彼女をもらうよう強いたのである。彼には息子たちがいた。また娘たちもいた。妻は死んでおり、子供たちは、上の息子ユダと小さなヤコブを除いて結婚していた。このヤコブを善良なマリアはなぐさめ、養子として育てるだろう。

マリアは皆から疎遠になることなく、神殿のために働いていた。彼女は至聖所の大きな幕のために、真紅の布（大変貴重な素材）を織る仕事を信用してまかされていた。そこには女工としての彼女の生活の優しい場面が見られる。朝、汚れない時刻に彼女は祈る。夕方、神秘な時刻に彼女は祈る。暑い時刻（九時から三時にかけ）彼女は働く。そして夕方にほんのわずかの食事をする。フランドルのベギン会修道女(29)の生活を読んでいるような気がする。あれら信心深い女子労働者たちは、地下室の闇の中で、ちょっとした子供の歌（〈ロロ〉の歌と呼ばれている）の中に、あまりにも自分たちの心を注ぎ込んでいた。ユダヤのあわれな娘は、それほどは歌わなかったが、あらゆるものの世話をし、時おり「ほとんど視線がたえられない、雪のように白い光で輝き出た。」

（29）**ベギン会修道女**　ベギン会は一一七〇年ころ創られた共同生活体。主にベルギーで根づいた。修道女とは言ってもこの会に入るのには終生俗世界を離れた生活をするという誓いをたてる必要はなく、結婚のためにこの共同生活体を離れることもできた。六年間修道院で過ごせば、院内で自らの住居が与えられ、祈り、病人を訪ね、レースを編んだり布を織ったりして終生過ごすこともできた。

彼女の思いを見抜くことができる。年上の従姉エリサベツは、子供が一人もいなかったのだが、六ヵ月前から妊娠していた。預言者の子か？　先駆者の子か？　はっきりと推測できた。奇蹟についてしか、メシアと化身についてしか語られなかった。空気は、そうした思いで満たされ重くなっていた。

仕事が中断していた暑い時刻、午後の長いあの病んだような時刻（その時修道士たちは憔悴するとカッシアヌス(30)は言っている）、あの女の子（すでに一六歳になっていた）は何を夢み、何を見たのだろう？　天の白鳩だったろうか？　神の光だったろうか？　あるいは夕方、彼女のところに食物をもってくる天使だったろうか？　「小福音書」の中で、そうしたことすべてが清らかで感動的だ。いくつかの点で、それらは公式のもの以上に民衆のしるしをになっている。いっそうの本性と心情とがこめられている。

（30）　**カッシアヌス**（三六〇頃〜四三〇頃）　教会著作者。ベツレヘム、エジプト、ローマで過ごしたあと、マルセイユ付近で男子および女子の修道院を指導、同地で没した。修道院生活に関する彼の著書は、のち数世紀にわたって影響をおよぼした。

彼らはヨセフとマリアが結婚していなかったと言うよう大いに心がけていた。そして婚前交渉という考えを遠ざけている。中世全体を通して結婚の価値を下げていた、おどけクリスマス(31)のようなみだらな嘲笑を防ぎ、伝説をあやうくしないよう大変賢明な配慮をしたのである。

（31）　**おどけクリスマス**　中世時代から、クリスマスの前夜に、若者たちが仮面をかぶって教会や墓地でロンドを踊る習慣があった。また地方によっては聖ニコラス（やがてサンタ・クロースへと変る）が若者たちを結婚あるいは受胎させる役割をもつとされ、その祭日（十二月六日）頃から、親の決めた相手ではない結婚相手探しを行なう習慣もあったようである。（渡邉浩司氏の教示による）。ミシュレはそういったことをおどけクリスマスと言っているのかもしれない。

もしも彼らがみんなやっているように、イエスをそっけなく突然離乳させる代りに、彼に自然の乳を与えていたならば、運命は、この女の宗教の豊かな影響力は、別種のものとなっていただろう。イエスはもっと人間になっていただろう。何と美しく有益な神話を、そのうえに創ることができただろうか！　心が、〈善意が〉、優しさが必要だったろう。それこそが欠けているものだ。〈愛〉があるが、それは別のものだ。〈愛〉は〈善意〉ではない。それはしばしばひからびた熱意、時に暴力的で怒りっぽい熱意なのだ。

マンク氏[32]が言っているように、エジプトへの旅以上に本当らしいものは何もない。エジプトはすぐ近くにある。海を渡ってたえずそこに行っていたのだ。エジプトにいたユダヤ人フィロン*は、もっと学問的な形で、イエスとパウロの教義をもった。モーセは、はっきりと言われていることだが、エジプトで自己形成をなしていた。そこから、一二歳で教え、博士たちを黙らせてしまった（子供のダニエルが士師たちを黙らせたように）というイエスの早熟も生じる。彼の母は、多分彼を鼓舞して送り出してから、身を引き、彼を押しとどめようとしたのだろう。かわいそうな母！

……だが彼に、きつい言葉を言ったところで何になろう？

(32)　**ソロモン・マンク**（一八〇三〜六七）　ドイツ生まれのヘブライ学者。『ユダヤとアラブ哲学論』（一八五九）ほか。

*　フィロンは、イエスの少し前に生まれ、クラウディウス[33]の治下、イエスの少しあとに死んだが、ユダヤ人の頭脳の中で、プラトンやモーセをエゼキエルの黙示録やダニエルと離反させる愚かな学問的大混乱を、大変よく代表するものだ。——メシアの先例たちの極めて不文明な時代（ダニエル、シラの子ヨシュア[34]、フィロン等のあいだの）が、現存の最高にしっかりとした批評家の一人、ミシェル・ニコラ氏[35]によって可能な限り解明された。すばらしいまでにたくましい大胆な精神であり、才気の輝きを軽蔑し、奥底に触れ、本質に到達する精神である。L・メナール[36]に関するその評論の中で、大いなる原則が、すばらしい形で提起された。「心が信仰を作った。ギリシアは自分たちの神々を、神々自身がギリシアを作る以前に作った。」——聖職者の天分という大問題は、かのバンジャマン・コンスタンが、ほんのちょっと励まそうと、エックシュテン[37]に反対して真理を主張したものだが、今日学問の大剣をもったミシェル・ニコラにより、（『エッセイ』七六ページ）一刀両断に解決されている。もしギリシア人たちが神権政治を脱却していなかったなら（と彼は言う）、ヘロドトスはヴァンサン・ド・ボーヴェ[38]のようなものとなったろうし、プラトンはドゥンス・スコトゥス[39]のようなものとなり、ホメロスは『フィエラブラ[40]』を創っていただろう。アイスキュロスの『プロメテウス』は『受難の神秘劇』の効果をもつものとなっていただろう。（ミシェル・ニコラ『エッセイ』、七六ページ）。

(33) **クラウディウス**（前一〇〜後五四） ローマ皇帝（在位四一〜五四）。病身のため妻のアグリッピナに実権を握られ毒殺された。
(34) **ヨシュア** 『旧約聖書外典』の「集会の書」（＝「シラの書」）の著者。シラの息子でベン・シラとも呼ばれる。
(35) **ミシェル・ニコラ** 第一部第二章一節、訳注（5）参照。
(36) **ルイ・メナール** 第一部第三章三節、訳注（27）参照。
(37) **フェルディナン・エックシュテン**（一七九〇〜一八六一） デンマーク生まれのフランスのジャーナリスト、哲学者。
(38) **ヴァンサン・ド・ボーヴェ**（一一九〇頃〜一二六四） フランスの宗教家。世界創造から一三世紀当時までの歴史を述べた作品を書いている。
(39) **ドゥンス・スコトゥス**（一二六六〜一三〇八） イギリス（スコットランド）のスコラ哲学者、神学者。精妙博士と称される。事物の全体性を直観によって把握し、思惟に対する意志の優位を主張した。
(40) **『フェイエラブラ』** 同名のサラセンの巨人が登場する一二世紀の武勲詩。

彼の母、妹、そしてそれからは群衆がついて来た。彼は、自分の母の姉（クレオパ[41]の妻マリア）にも付き従われる。彼に魅了され慰められた婦人たちによって、熱狂的に付き従われる。彼女たちは大変立派な婦人たちで、ある者たちは行政官たちの妻であって、ああ何ということ！良かれ悪しかれ不当で残酷な多くのことどもに関係していた女たちである。彼女たちは、ああしたことすべてを洗い流し消し去ってくれるこの若いラビの前に、優しい教義の前に、身を投げ出し身を捧げる。彼のあとを付いていってもう離れることができず、彼に食物を与える。さらにもっと熱心に、彼は貧しい女たちから付き従われる。汚れた生活で、罪で病んだ女、混乱した生活で悪魔にとりつかれているように見える興奮状態の女、〈キツネつきの女〉たちからも、である。不幸な女、マグダラのマリアもそうした者だった。彼女は娼婦と呼ばれているが、当時よくあったように（そして私が名づけようとする女達のように）、買い戻されて、あの残酷な仕事から引き出された解放奴隷の女だったにちがいない。彼女の生き生きとした心情の、そして感謝の心の吐露、彼女が生きていた香りが前もって彼女をかぐわしくしていたこと、また彼女が髪の毛でぬぐったこと、それはきわめて美しい歴史的物語である――情熱的な物語で、福音書の中で聖母が対象となっている冷たさとは対照的である。

(41) **クレオパ** イエスの弟子。イエス復活の夕べ、エルサレムからエマオに赴く途中、もう一人の弟子とともに復活のイエスに会った。（「ルカ」二四章一八節）。

そこには、ユダヤの伝統の論理的一貫性がある。正義にみち非の打ちどころのない者よりも、大いに罪を犯しても許されるべき多くのものをもっていて、恩寵をいっそう輝き出させる者への、好みが働いているのだ。

聖ヨハネによると、マグダラのマリアは復活の唯一の目撃者だった。彼女一人がその心の眼でもって見た。そして世界は彼女の言葉を信じた。

激烈な懐疑家たちがあっという間に信じる方に移ってしまった。自称〈現実的〉な男たちが、ごく頻繁に起きる豹変によって、進んで見神者となった。タルスス(42)のユダヤ人パウロは布作りで、誇り高く激烈な男だったが、商売の旅をしている間に、パリサイ派の大いなる熱狂を示した。彼は不幸にも聖ステパノ(43)の投石刑に関与することになった。若い殉教者が悲痛きわまる穏やかさにつつまれて果てた姿が、おそらく彼の中に刻印され、そのもとをもはや離れることがなかった。雷雨が、地面への転倒が、〔天からの〕微光が(まったく珍しくもない偶発)、パウロを動転させた。「律法」の激烈な信奉者であっただけ、彼は恩寵の中でも熱情あふれ、怒りまくり、有無を言わせぬ態度をとった。

(42) **タルスス**　トルコ南部の都市。聖パウロの生地。
(43) **聖ステパノ**(?〜三五頃)　エルサレムで投石の刑を受け、キリスト教最初の殉教者となった。

こうした男は女達に属していた。実際「使徒言行録」と「書簡集」は、彼がつねに彼女たちと共にいることを示している。彼女たちは彼から目を離さなかったように見える。テクラ(44)は妹のようにして彼のあとを従った。そして彼のかたわらで、マリアの役割ではないとしてもマルタ(45)のつつましい役割を果していた。

(44) **テクラ**(一世紀)　キリスト教の聖女。イコニウムの人。家を捨て、パウロに従ってアイティオキアにいった。告発を受け火刑に処せられたが、その火にも焼けなかったという。
(45) **マルタ**　ラザロとマグダラのマリアの姉妹。「ヨハネ」一一〜一二章参照。なお「ルカ」一〇章三節以下ではイエスの身の回りの世話をしようとする彼女の姿が伝えられている。

この物語全体において、この激烈な男の人となりは奇妙なことに様々に変化する。彼の唯一の戦いは、ギリシア精神に対するもの、勇敢にも自身で言っているように理性に対するものであった。ギリシア人へ向ってなした宣言において（「コリント〔書〕」一および二）、彼はまさしく神の櫃の前で踊るダビデ[46]のようなことをする。愚かさを誇り、イエスのために自分は愚かになったという（一、四章一〇節）。「なぜならば神の愚かさは人間よりももっと賢いからだ」（同、一章二五節）。逆上し、雄弁かつ極めて無邪気なそうしたことすべてが、内面全体を示している。正直で純真な男が、熱烈で情熱的な女たちの社会にあって感じる、極めて現実的な困難さを示している。

（46）**神の櫃の前で踊るダビデ**　「サムエル記下」六章一六節参照。

彼が執筆していたマケドニアでは、二人の女に、宿泊していた家のリディア[47]と、〈青白い女〉（クロエ）とにはさまれていた。後者の家では小さな教会の集まりが催されていた。この〈青白い女〉というあだ名からは、彼女も隠棲した、多分金持ちの解放奴隷の女（マグダラのマリアがそうだったように）だったように思える。初め彼は禁欲を勧めながら、（「コリント」一、七章、七、八節）、そうしたすべてを超越していることを自慢している。が、それは違っていた。もっとあとの方で彼は、自分が「肉の中にとげをもっていること、そして悪魔の使いが、誇りをもてなくするため、ときおり彼を打ちのめしている」ことを認めている。思いもかけなかったような、心打つ告白である。障害をもうけてまで、そんなにも心が高なるのを阻止せねばならなかったという、魅力的で危険な女たちがどんな人々だったのか、分からないのが残念なくらいだ。リディアについては何も知られていない。あの魅惑の地シリアの出だったように思える。女商人でおそらく思慮深かったろう。ソロモン〔箴言〕の中で、大変りっぱな生活を送り家を富ませ布を作って売る等をしていた女のようにである[48]。このソロモン〔箴言〕の中の女は、上質で高貴な商品だった真紅の布を売っていたが、それはローマ人たち、とりわけ行政官、法務官、管理官が買っていたのである。ああした女商人は貴婦人で、おそらく身分の高い女だったのである。

（47）**リディア**　パウロの「使徒言行録」一六章一四～一五節参照。
（48）……女のようにである……　「箴言」三一章一〇節以下参照。

その続きは奇妙である。彼はああした誘惑の中で三回、自分から手を引いてくれと主に祈る。「だが主は私に言われた。『わが恩寵はお前にとって十分である。わが力は弱さの中でその力をあらわす。』私はだから自分の弱さの中にいることをむしろ喜んで誇ろう。キリストの力が私の中に宿るために。」（「コリント」二、一二章九節）これは原初の純粋さの中では、多分計れないような危険な影響力をもった言葉だ。神秘者たちはこれを言いかえた。「罪によって人は上昇する。罪を犯すことで人は神の栄光をたたえる。」モリノス[49]の表現そのものである。

（49）**モリノス**（一六二八～九七）　スペインの神秘思想家。クイエティズム（静寂主義）の代表的存在。

しかしながら私が思うに、パウロ自身は、みずからのゆらぎに腹を立てていたのだ。

彼が女に向けて謙虚になるよう、きびしく沈黙と服従とを要求し、男の中に神の似姿があること、女は男のためにのみ創られたのだということ、ヴェールをかぶったままでしか祈るべきでないこと、彼女の長い髪は、そのためにしか与えられなかったのだ、などなど（「コリント」一）を思い出させながら、激しい言葉で語っているところに、そうしたことが感じられるように思われる。

この激しいののしりは、女は祭壇から遠ざけられるだろうと思わせかねない。ところが反対のことが起きる。〈女は司祭であり〉、ミサを執行し聖別をする。四百年間そういうことだった。

パウロ自身前言を翻してしまう。コリントに着いて彼には、はっきりと分かったのだ。ギリシアの女性は、気高い美しさとともに、金の口を、雄弁で巧妙な口をしていて、彼の大いなる補佐役となるだろうと。〈際だって優れた女性〉フェベ（解放奴隷の別称）はすでに活動的な〈司祭〉であり、コリント教会の執事であった。彼女はまず初め〈助祭〉だった。パウロの最初の伴連れ、バルナバ[50]やテクラは、もう彼のもとにはいなかった。フェベがすべてだった。

彼女が彼に宿を提供した。彼女は彼のために口述筆記した。* その理由は分からない。彼は病気にたおれていたのか？　彼女は何を書いたのか？　聖パウロの中でも最も激烈な文書である。

(50)　**バルナバ**（一世紀）　キプロス島の出身者。パウロとともに伝道の旅をした初期キリスト教の使徒。最初はパウロの先輩としてむしろパウロを導いていたと思われる。

* ラテン語では削除されている。アフル氏[51]に捧げられたディド版（一八四二）のギリシア語でも削除されている。——ギリシア語では〈フェベヲトオシテ、ヨビオコサレタ〉である。改革派教会の古いフランス語訳は、率直に、文字通りフェベが聖パウロの口述の下に〈書いた〉と訳してある。ギリシア語が単に、フェベに託して彼が〈それを送付した〉（オクスフォード版でジョウェット[52]がそうしているように）ということだけを意味しているとしたら、それは二重用法となっているのだろう。パウロはすでにフェベの派遣について語り、彼女を推薦していた、等。

(51)　**ドゥニ・アフル**（一七九三〜一八四八）　フランスの高位聖職者。一八四〇年以来パリ大司祭。一八四八年六月、暴動の流血をやめさせようと街に出て、サン＝タントワーヌ街のバリケードの前で殺された。

(52)　**ベンジャミン・ジョウェット**（一八一七〜九三）　イギリスの学者。オックスフォード大学でギリシア語を教えた。

ここではわれわれが推察しただろう次のことが、はっきりと言われている。この激烈かつ生き生きとした、しかし一貫性のない雄弁は、飛躍し、急転により論理と理性に対しひどく侮蔑的なものとなっているが、これは書かれたものではないということが、である。小アジアの、諸言語が混在した地方出身の一人のユダヤ人、商品を各地で売り歩くキリキア（ポンペイウス[53]によって粉砕された海賊たちの大集合地）の商人は、ヘブライ語特有の表現がひどく混ざったギリシア語を、ギリシア＝シリア方言の一つを話していたに違いない。だが熱意と大胆さは、我を忘れさせてしまうような激しい精神は、そんなところで止まることはまずなかった。彼は語り、どなり、雷を落とした。彼のもとにいたギリシア人たちは、すばやい腕前をし、婦人たちはすこぶる熱心で、記録を集めては素早く書いていった。大抵は翻訳せねばならず、それもあまり几帳面にではなくやっていた（彼ら全員が同じ感性で生きていた）が、それは危険がないではないことだった。というのもヘブライ語で考えたことが、行きあたりばったりの思いつきで間違ったギリシア語に投げ入れられ、許容できるギリシア語に至りついたものの、ほとんどの場合重大な変化、削除、抹消を経てやっとそうなったという状態だったからである。大変でこぼこしたグランドで全力の競走をするとき、衝突や急な揺れをあまりにも感じすぎるのと同様である。

（53） **ポンペイウス**（前一〇六頃～前四八） ローマの将軍、政治家。前六〇年、第一次三頭政治を敷くが、カエサルと対立し、エジプトで暗殺された。

これは多様な要素を含む集団的作品である。あの「ローマの信徒への手紙」〔＝「ロマ書」〕は「恩寵」の「ラ・マルセイエーズ」であり、「法」へのあざけりであり、コリント教会全体によって作られたような様子をしている。聖パウロはそこに輝きを投じ、フェベは巧みな筆を投じた。ある第三者も影響をふるいえた。重要な人物で、皇帝の一族へのあいさつに聖パウロが送った者で、当時ギリシアとの通商全体を集中させていた港の税管理者エラスト(54)である。

（54） **エラスト** パウロの知人。「ロマ書」一六章二三節参照。

帝国の中で奥深い革命が起きていた。国家の高官である法務官〔プラエトル〕に代えて、ほとんど至る所に、皇帝は、自分の手足、自分自身の利益に合った部下、〈管理官〉〔プロクラトル〕を置いたのである。これはローマ人であろうとなかろうとかまわなかった――しばしば皇帝の解放奴隷の一人だったりした。聖パウロの友人あのエラストも、そのギリシア名前からして、そういう者でありえた。つい先頃クラウディウスないしネロによって創られたこうした個人的統治を代表するものは、優遇や恩恵にもとづいて生まれた者で、必然的に聖パウロと同様〈法の敵〉であり、法律家たちへの生まれながらの反対者であった。

書簡全体が次の言葉の中にある。〔律〕法だけが罪を作る。〔律〕法が死ねば罪は死ぬ（「ロマ書」七章七節）。

いくつもの意味にとれる言葉だ。ユダヤ人においては、この〔律〕法という語は〈モーセの律法〉を意味し、ローマ帝国においては、〈ローマ法〉を意味していた。そしてギリシア的精神からすると〈良心の法〉、天性の公平さを意味していた。

とはいえ〔掟を記した〕石の板や、青銅の板がこわされ、「悪」の禁止事項が消し去られ、「悪」が世界から消滅したということ、そして永遠の正義もまた消し去られたということは本当に確かなのか？

アイスキュロスとソクラテスにおける、そしてゼノンやラベオにおける女王だった正義は、再び婢《はしため》となってしまった。というよりも正義は愛と信仰の中で亡んだ。聖なる陶酔と「恩寵」の乱痴気騒ぎの中で亡んだ。

どんな力とともに、行政上の革命と宗教上の革命が一致したかが分かる。専制支配の手先、カエサル〔皇帝〕の地方長官は、どれほどフェベやオリエントの使徒とうまくいったか違いない。ローマでの、法の都市での使徒たちの宣言は、まさしく〈法に死を！〉という意味をもっていた。

フェベはこの手紙を〈ネロの宮殿に〉、ナルキスス(55)の友人たちに届けようにも誰も信用しなかった。そのことははっきりと述べられている。
(55) **ナルキスス**（?～五四）　ローマのクラウディウス帝の解放奴隷。帝の側近として権力をふるい財をなすが、ネロの台頭とともに失脚した。
私はネロと言ったのでありクラウディウスと言ったのではない。というのもクラウディウスはユダヤ人を追放していたからだ。当時すべてがユダヤ人だと思われていた一宗派の使者を、彼の治下で、送り込むことはまずできなかったろう。

フェベは無防備で行ったのではない。彼女は皇帝の家をたやすく開けるに違いない二つの鍵をたずさえていった。その家の真の主人はナルキススやパラス(56)の一派だった。あの解放奴隷の人々はひどく汚されており、オリエントの思想にそれだけいっそう染まりやすかったのである。すべての神々がそこにいた。秘められた小宗教が、あらゆる種類の密儀が、贖罪や清めの儀式が、背徳と悔恨の、そしてパニックと悪夢の濃い霧があった。アッティスの鞭打ち苦行者がまちがいなくそこにはいたし、多分汚らわしいタウロボリウム（血の洗濯）もすでにあった。フェベにとっては、そうしたことすべてを跳ね返し無益にしてしまう、「良い知らせだ！……罪は死んだ！」という簡単な言葉をもって到着するというのは、何という力だったことか。

（56）**パラス**（?～六三）　やはりクラウディウスの解放奴隷で側近。王妃アグリッピナと謀り皇帝を殺害した。

開けるためのもう一つの鍵、師イエスは言った。「カエサルに返せ、等。」（「マタイ〔伝〕」、二二章二一節）弟子パウロは言った。「権力に従いなさい。さからう者は、神にさからうこととなります。」――「神の大臣である王公たちに年貢を支払いなさい。彼らは大臣としての仕事につねに専心しているのですから。」（「ローマの信徒への手紙」、一三章）――そしてペテロは率直に言っている。「悪い主人にさえも従いなさい。」（「ペテロの手紙」一、二章、一八～二〇節）行為や行動で従うのみでなく、思想でも従うということなのである。ユダヤ的留保を付けながら従うことではない。「王公たちは民の罪によって数多くなる」は、神の懲罰である（「箴言」二八章、二節）[57]。いかなる留保もしないのだ。自己抑制し、意識的に服従し心から仕え、愛することが必要である――ティベリウスを愛し、ネロを愛することが。奴隷制のもとにうがたれた新しい奴隷状態である。古代のあらゆる隷属が、大幅に巧みに深化され、中世に、そしてそれ以降に、極めて熱烈なキリスト教徒の王公たちすべてを作り出すこととなった。

（57）第二部第五章訳注（38）参照。

当時の大いなる出来事と言えば、行政官の職という考えから解放された皇帝による、「法」の主人としての皇帝による個人的統治、つまり自らの代官の中で〈法そのものとなった〉皇帝による統治であったが、それは新しい教義〔キリスト教〕からすばらしい聖別を受けたのである。皇帝はこのオリエントの声を、魂の奥底から従わせようとするこの救世主を、受け入れるに決まっていたのではないか？　ネロは帝位についたとき、ローマの師たちに対しまだ従順だったとしても、すでに陰では、その時まで支配していた解放奴隷たちに、つまり彼の芸術家的気まぐれを楽しませる極めて雑多な人々に、とり囲まれていた。彼らのある者は詩人や朗読者たち、他のものは山師やあらゆる神の僕たちであった。ネロは彼らにとっては、その支離滅裂で途方もない想像力により、生まれながら餌食になる者だった。彼の頭はいっぱいつまっていて破裂していた。並はずれた物事を、それもじつに多彩な方向について考えめぐらしていた。彼はローマの皇帝であり、法律家たちの皇帝ではなかったろうか――それとも最高の芸術家であり、詩の皇帝ではなかったろうか――あるいはオリエントの天分の再建者、ミトラの一種、メシアの一種ではなかったろうか？　彼にはまだ分からなかった。

彼は愛されたいと思っていた。セネカ（自分の奴隷たちと一緒に食事をした高潔なストア哲学者）に育てられ、彼は解放奴隷たちの味方になっていた。彼はとんでもないユートピアを企て、税金の全廃を考えていた。ゼノンの言い方でのストア学派的理想が実現されたことだろう。「愛、それが都市の救い」という理想が。だがこの愛という言葉は何と漠然として分かりにくいものか！　正義を欠く愛、気まぐれと優遇の愛は、地獄になりえるのだ。〈救いなどでは全然なく〉、都市の禍いとなりうるのだ。

かつて世界で起きた最大の論争の一つ、確かに起きたと推察されるそれは、あのネロの宮殿で、臨終時のネロを多分前にして起きた〈女とストア派の〉それだったのではないだろうか？

すでに述べたことだが、女は最初の四世紀間（三六九年まで）〈司祭だった〉。真のキリスト教の司祭だった。女が、女から出た信仰を守るべきだったのだ。

だが二つの敵対者の役割は、どれほど異なっていることか！　ストア派は世界の坂道一般を上ってゆく。女は気ままにそこを下ってゆく。ストア派は（自らを憎ませることになる忌わしいことだったが）この疲弊しくたびれ果てた世界にあって、〈努力〉を要求し、〈仕事〉を命じるのだ……おお！　それに対しフェベは見下すように、苦もなく答えるだろう。「ユリは働きもせず紡ぎもしないが、皇帝よりも美しく装っている」と。

法律家またはストア派の人々、行政官や哲学者は、何とかして眠ろうとしている病んだ世界に、耐えがたいような大きなことを要求するのである。つまり目覚めたままで、さらに生きようとすることを！　世界は、眠りへといざなってくれる乳母のあの声の方を、どれほど愛することか！　あの甘美な女の声は、悦楽を感じさせなくもなく次のように言う。「死ぬことは何と快いこと！」

死ぬこと、この肉体の束縛から解き放たれること！　喜ばしい展望である（〈ソレハワタシヲ、コノニクタイノ桎梏カラカイホウスル〉）。肉体、それは労働であり、税金の心配であり、「法」の重圧である。肉体、それは軍隊であり、野蛮人のところでの戦争であり、凍ったライン河地方への追放であり、国境の防衛である。

その点では法律家は強い。キリスト教の女を押しとどめ、困惑させられると信じている。だが彼女はほほえんで言う。「何ですって！　救いを迎えにやってくる北方の兄弟たちを押し返すですって？　むしろ彼らにやって来るように、そして私たちの城門を開き、私たちの町の城壁を打ち壊し倒してしまうように頼むべきでしょうに。」

だが帝国は、われらの法は、技術はどうなるのか？――なぜ技術なのか？――聖なる「祖国」、「都市」、知恵と平和のこの広大な調和はどうなるのか？――いやこの世に平和はない。天上の「都市」以外いかなる都市もない。

空しい「知恵」など打ち倒せ！　理性よ、目を伏せろ！　「神の愚かしさ」を前に、わが過ちを認めてあやまれ……正義よ、そして法律学よ、的はお前だ。お前は思い上がっていると思う。人間の美徳の高慢な母よ、お前の法廷から下りておいで……おまえのいつわりの正義よりももっと高く、罪人が、これからは席を占めるだろう。彼の罪は「恩寵」が勝利を収める領域である。

何という嘲笑と軽蔑をフェベはユリア法[58]に対し、結婚の公的讃美に対し示すことか！*　何だって！　あすは死ぬであろう世界のために、さらに結ばれ子をもうけ、神が消し去ろうとしているこの低俗なるもの肉体を永続させようというのか！……結婚のおかげで砂漠ができて広がってゆく。すでに多くの地方において帝国は浄化されている。まだいくつかの災禍はあるが、すべては解放されるだろう。……夫よ、妻のもとを逃れよ……遠ざかり一人きりになるように。「この俗世が終末へと迅速に向えば向うほど、神の国は満たされるだろう。」（アウグスティヌス）

(58) **ユリア法**　カエサル、またはアウグストゥスの提案に関係する法。反逆、官物横領、公私の暴力をとりしまり、被解放者の身分を定めるなど多くの規定を含むが、最も重要なのは婚姻秩序に関する法である。

＊結婚に反対するイエスの恐ろしい言葉が引用されていた。「サロメは主に言っていた。『いつまで人は死ぬのでしょうか？』――『お前たちが子を産むだろうときまでだ』――彼女は言った。『ああ！　では私が子供を持たないのはよいことだったのですね！』――彼は言った。『サロメよ、サロメよ！　なんでも食べなさい。しかし苦い草を食べないようにしなさい』。」アレクサンドリアのクレメンス[59]『ストロマティオス』、三巻、三四五ページ。

(59) **クレメンス**　第二部第二章、訳注(25)参照。

死は反駁しようのない至高の論拠だった。フェベは多くの民族の墓の上で自らの信条を説いた。彼らの神々は祭られた場所で、見たところ闘争してはいても目はうつろで、すでに冷たくなり、この死の女司祭にとっては取り組みやすい相手となっていたのである。彼らが答えられたとしたら、新しい信仰は、女によって勝利し、古代の道をたどっていった（パウロ自身の意に反して）と多分言っただろう。パウロは女がヴェールをかぶり、黙し、依存する存在であることを欲した。しかし私には彼女が祭壇で説教しているのが、霊感にみちた口調で話しているのが見える。男に教え、言っているのだ。彼のためにその神を作ってやっているのだ。力強く魅惑的なやり方（じつのところ、ごく自然な）であり、古代の宗教はそれを乱用したりはしなかったのである。陰気なイフィゲネイア[60]、泡で覆われた巫女は、魅力よりも恐怖の方を感じさせた。従順で、寡黙な、女神ウェスタ[61]に仕える巫女は彫像となった。この彫像は生きていて話をし、民衆の頭上でミサをとり行なった。民衆を祝福し、民衆のために祈った。彼女はイエスの近くにあって民衆の声となった。

(60) **イフィゲネイア**　第一部第三章五節、訳注(7)参照。
(61) **ウェスタ**　ローマ神話でのかまどの女神。第一部第三章二節、訳注(18)参照。

技芸の女神たち、ギリシアの鑿で生まれた娘たちが、四世紀の長きにわたって打ち壊されなかった限り、彼女たちの死んだ美しさに対し、人は生を、目に見える「智恵」を、女の大神官位を対立させた。* 黙したケレスは、新しいケレスが古い愛餐を魅惑し、神聖なパンを与えていたとき、大いに戦うことはできなかった。謹厳な処女パラス〔アテナ〕はマグダラのマリアが祭壇を劇的な場所とし、そこを涙でひたしてしまったとき、完全に果てねばならなかった。

* 他のすべての祭司と同様、女性も公式に聖別され、按手によって精霊を受け取っていた（カルケドン(62)公会議、第四回司教会議）。三六六年あるいは三六九年のラオディケイア(63)公会議は女に対し高位聖職を禁じた（教会法令一一章、『小デュオニュッシオス双書』マインツ。一五二五年。ラベ(64)とマンシ(65)はこの公会議のことを書き落としている）。——三九一年のカルタゴ公会議は女にカテキスムを教え洗礼をほどこすことや、既婚男性とともにでなければ研究することさえ禁じた。そのときまで女は集会を司り、説教をし、指図し、ミサを執行していた。アトン(66)が指摘しているが、当時女は「異教時代に彼女が受け取っていた教育によって」まことにそうするのにふさわしかったのである。女（三〇歳の？まだ美しく、ギリシアやオリエントにおいてと同様に雄弁で巧妙だった）の力が、ほとんど彼女を神聖視させた高位の役職において、どれほどのものとなったに違いないか容易に理解できる。まさに祭壇で叙任され、称讃され、万人の愛となった彼女は、まちがいなく最高に完璧な真の支配力をもっていたのだ。陰うつなテルトゥリアヌス(67)はそのことに腹を立てている。交際ぎらいのアタナシウス(68)はエジプトの修道院制度に奮い立たせられ、女が聖別して天と地の婚姻をなすような瞬間の、顕著すぎる効果を恐れた。万人が彼女と心を交わせ、彼女から、彼女の優しい手から聖体を拝領するような時のことである。もし彼女が聖別をするというなら、非公開で、彼女ただ一人のためになされることを彼は望んだ。だがしばしば彼女は、そうやって完全に閉じこもるだけの力をもっていなかった。戸は極めてきつくは閉められていなかった。熱心な人々がずっと外にいて、決定的な瞬間に、感動的なくらい慎み深く神聖な混乱の中で、彼女のところに押し寄せたのだ。アタナシウスは新たに怒りを感じ、女に対し押し寄せられることを禁じた。彼はむしろ彼女をおぞましくしたいと思い、身を洗うことを禁じた。——さらに繊細で高邁な心遣いによって、カリディシアン(69)の一派は、イエスへの愛が女をあまりに混乱させ、精神的婚姻を夢みることに向っていくのではないかと恐れた。彼らのところで女は司祭だったが〈単にマリアの〉それであった。——西洋にあって女たちは、はるかにずっと無知で、決して司祭職をもたず、ただ教会の物質面の世話をする助祭職だけをもった。五世紀に西洋の三つの公会議と二人の教皇が女を聖なることどもから決定的に遠ざけてしまったのである。

(62) **カルケドン** 小アジア、ボスポラス海峡に面した古代都市。第四回公会議が開催された（四五一）。

(63) **ラオディケイア**　トルコ南西部、セレウコス王朝により建設された古代都市。初期キリスト教の中心地。
(64) **フィリップ・ラベ**（一六〇七〜六七）　フランスのイエズス会士。『公会議全集』（十七巻、一六四四〜七一）を編んだ。
(65) **マンシ**（一六九二〜一七六九）　イタリアの高位聖職者で歴史家。やはり公会議に関する膨大なコレクション（三十一巻、一七五九〜九八）を残した。
(66) **アトン**　九二四年から九六四年までヴェルサイユの司教だったアトンと、九七一年頃死んだヴィックの大司教のアトンの二人がいるが、ここではどちらかは分からない。
(67) **テルトゥリアヌス**（一五五頃〜二二二頃）　初期キリスト教教父。キリスト教ラテン文学の確立者として知られる。
(68) **アタナシウス**（二九五頃〜三七三）　初期キリスト教教父。アリウス派に反対して三位一体説を擁護した。
(69) **カリディシアン**　原文 Callydiciens。不詳。

彼女はこの死にゆく世界に何を言ったのか？……「共に死にましょう！」である。優しくも甘い姉妹の言葉、聴かれることのあまりにも確かな言葉！……しかしながらこの言葉にずっとひっかかって、さらに生きることも、完全に死ぬこともう出来なくなったとしたら、どうなるのだろうか？

9　世界の衰弱、中世の粉砕

次のように仮定してみよう。ある朝、わが国の大御所たち、天文台や科学アカデミーが、ある月のある日に地球が、灼熱の石質隕石で出来た彗星を、つまり鉄と火の雨を横切るだろうと発表したと。とてつもない驚愕が起きるだろう。最初人々はうそだと思いたがるだろう。だが事態は確かであり、計測され証明されているのだ。あらゆる活動は止むだろう。あらゆる娯楽も労働も止むだろう。誰もが手をこまねいている。しかし、なかなかやってこない。起きる年をまちがえていたのだ。大したことではない。だがどんな労働も再開しない。無力感も変らない。皆が皆、そうした事態に向けて心の準備をしてしまったのだ。

死だ！　もはや活動していない者にとって、これ以上甘美なものは何もない。初期キリスト教の時代には、この期待がすべてを単純化した。沈黙が、奇妙な平和が、人間の情念を作り上げげた。訴訟ざたももうなかった。君の所有、私の所有といったことには無関心になった。あす消え去るだろうものに関しては、ほとんど争われなくなった。[*] 兄弟、姉妹のあいだですべては共有となった。セックスも忘れられた。妻でさえ、妹でしかなくなった。家庭は冷えあがり、火は消えた。

＊　最後の審判がま近くなり、すべてを終らそうとしていると信じられたとき、人々は奴隷を進んで厄介払いしようとした。——キリスト教は奴隷制を少しも廃止していなかった。ワロン[1]や他の多くのものが引いている聖パウロのテキストは（「ガラテヤの信徒への手紙」三章二八節）、それとは何も関連もない。デポワ[2]は論文において（「アヴニール」紙、一八五五年一二月二日、一六日、二三日）、断固たる力強さでそのことをしっかりと証明したが、いまだ反応がないままである。ボシュエ[3]がここではデポワを支持することになる。「奴隷制を非とするのは、精霊を非難することになる」（「プロテスタントへの警告」）。さらにデポワは、神学校の現在の教育を自らに賛成するものにしている。神学校教育では「逃亡するニグロを断罪する」（ブービエ[4]、ル・マン礼拝式用語福音集、六版、四章、二二〜二五）、『コーラン』は逆に、イスラム教を受け入れる奴隷を自由だと宣している。『コーラン』が言うには、「人間を解放する者は、彼自身、この世の生の苦しみと、永遠の苦しみとから解放される。」

（1）**アンリ・ワロン**（一八一二〜一九〇四）　フランスの歴史家、政治家。『セム族における一神教について』（一八五九）ほか。
（2）**デポワ**　原文 Despois。不詳。
（3）**ジャック・ベニーニュ・ボシュエ**（一六二七〜一七〇四）　フランスの聖職者。仏文学史上最大の雄弁家の一人と言われる。
（4）**ブービエ**　原文 Bouvier。不詳。

死は望まれたのである。おお！　死がすぐさまやって来られるように。イグナティウス[5]は書いている。「私は死に飢えている。私は死に渇いている。」

（5）**イグナティウス**　スペインのイエズス会の創立者イグナティウス・デ・ロヨラ（一四九一〜一五五六）のことであろう。

自然は呪われるものであった。自然は断罪されるものであった。「創世記」の第二の言葉は、創造主は「後悔した[6]」である。

（6）「後悔した」——「創世記」六章五節から七節には、「主」は人を造ったことを後悔し、家畜や鳥らを造ったことも後悔すると言ったとある。

テルトゥリアヌスが言っているように〈自然からほどなく脱出し〉、「最高の速さで立ち去ること」、それが人間の真の目的である（『異端者への抗弁』五、一二）。聖キプリアヌス[7]はペストと飢餓を願望した（『書簡集』）。子供をもっている者は「この汚れた俗世から子供たちが脱出するよう」神に祈らねばならない（テルトゥリアヌス）。それは聖ヒラリウス[8]が自分の娘のためになしたことであり、彼は目的を達した。ついで彼は妻のために祈り、再びこの恩寵を得た（フォルトゥナトゥス[9]）。

（7）**聖キプリアヌス**（三世紀初頭～二五八）　カルタゴの司教、教父。著作はほとんど人宛の書簡形式をとった論文と手紙である。

（8）**聖ヒラリウス**（三一五頃～三六七頃）　教父、ポアティエの司教。アリウス派との論争の意義を西方教会に伝える。

（9）**フォルトゥナトゥス**（五三〇頃～六〇〇頃）　ポアティエの司教。聖ヒラリウスの伝記を書いている。

だが生は、その義務とその必要な活動とを、ともかく一日でも生が続くために、どうやって維持するのだろうか？あの無気力な大衆から必要不可欠ないくつかの行動を、どうやって手に入れるのだろうか？……だが、もしもそれに到達しないとしたら、世界は間違いなく終るだろう。少なくともあの病んだ者たちに、一つの情熱を、一つの悪徳でさえも見出すことが出来たならば、彼らは救われるだろうに。だが、どうしたらよいのか？　死を愛するあの色青ざめた者たちの嘆かわしい完璧さから、何を引き出したらよいだろう？　彼らは打ちのめされ、ほほえみ、感謝しているではないか。

今日でもインドでは人間の中で最も弱い人々が見出される。彼らを殴っても何一つ罰せられないといった人々が。おずおずとした女たち、息をしているだけといった年老いた女たちで、彼女たちはジャガナト[10]の〔祭りのとき〕大車の車輪の下に身を投げ、その車は彼女らの上をゆっくりと通過してゆく。この恐るべき責め苦は一つのため息も引き出せない。最小の行動にしても、彼ら弱者にはできないのだ。宗教的な悪疫が生まれると、どこでもこの死への飢え、犠牲への傾向、解放の喜び以上にあたりまえのことはなくなる。そこでは最も軽蔑されたみすぼらしいものが、足もとで秩序と「法」を破壊し、踏みつけ、自ら自身の「法」なるというこの誇らかな幸福をもつ。

（10）**ジャガナト**　インド中東部の港湾都市。毎年六～七月には大車を引く祭があり、全国から人々が集まる。

事例は次々と広まっていった。何人かのキリスト教徒は非業の死をとげた。[*1] だがとてつもなく多くの人々は、あれらの殉教者をまねることなかった。ただ市民生活の重荷を、とりわけ軍隊を引き受けるのを拒否することだけをあまりにもまねたのである。[*2] それ自体ひどくきついものだったが、果てしもない遠征によって（セーヌ河からユーフラテス河まで）軍隊ははるかにずっときついものとなった。また石工や職工の仕事もやらねばならないことで、またあらゆるものの物価が上っているときに、極めてわずかな俸給で貧乏暮らしを強いられたことで、はるかにずっときついものとなっていた。タキトゥスは才能豊かにその様子を描いている。兵士は何をしていたのだろうか？　帝国そのものへの戦争である。兵士は一人の皇帝を作った、とその皇帝は俸給を上げたが、まもなくそれも不十分になる。ついにがっかりした兵士は、出来るならばラインもドナウも勝手に守らせるがままにして、自らは剣を捨てて言ったものだ。「私はキリスト教徒となった」と。

＊1　ドッドウェル[(11)]『少数の殉教者について』。リュイナール[(12)]自身、誇張があったことを認めている。

（11）**ヘンリー・ドッドウェル**（一六四一～一七一一）　イギリスの神学者。

（12）**ティエリー・リュイナール**（一六五七～一七〇九）　フランスの宗教家。

＊2　原文は正確だった。「剣を使う者は剣によって亡びねばならない」（「マタイ伝」、二六章五二節）。テルトゥリアヌスは脱走するようはっきりと命じている。ラクタンティウス[(13)]は海軍と貿易さえ禁じている。

（13）**ラクタンティウス**（二六〇頃～三二五頃）　古代ローマのキリスト教神学者。コンスタンティヌス大帝の子クリプスの教育係。

そこへ野蛮人が渡ってくる。無秩序な群れで、マリウスやティベリウスが大変な虐殺を行なった女、子供、牛、荷車の混然とした一かたまりである。彼らを押しとどめること以上に容易なことは何もなかった。それ以上賢明なことも、である。タキトゥスがその『ゲルマニア』という物語で何を言いえたにせよ、またわれらの突飛なゲルマン心酔者たちが何を付け加えたにせよ、野蛮人たちはローマ帝国に、ほとんど無秩序と破壊のみをもたらしたのだ。彼らの中のエリートを受け入れ、分散させ、ローマ化すること、それがなしえたことである。だが無分別に親密になること、彼らへの障壁となる門を開き、部族として彼らを迎え入れること、それは大混乱を受け入れることであった。くすんだブロンドの髪をした大きな子供たちには、ああした社会を理解するなど思いもよらないことだったのだ。彼らはあらゆるものを壊し、いっとき猛威をふるった。それから力強い見かけなのに大変軟弱だったあれらの人々は、南方の暑さに、悪徳に、放蕩に溶けていった。あの雪から残ったのは泥であり、その泥で帝国はぬかるみ、さらにいっそう下へと落ち込み、再生するどころではなくなったのである。

イタリア人とギリシア人のうち残っていたわずかなもの、ケルティカ(14)とスペイン、リグリア(15)やダルマティア(16)の堅固で破壊されない種族が、帝国にあって、人口減少の中においてさえ、はるかにずっと現実的な可能性を保っていた。タキトゥスやユウェナリスをさらに生み出すような天分は、あるいはマルクス・アウレリウスのような人や法律学の巨匠であるガイウス(17)やウルピアヌス(18)や、大家である大パピニアヌス(19)を生み出すような天分は、世界に欠けてしまったのだろうか？　古代世界がある面では、アリストテレスやヒポクラテス以降下降線をたどっていたとしても、他の面で、〈法および正しいことの理解〉においては向上していったと主張することは出来るのである。

(14) **ケルティカ**　古代ガリア地方の一部、セーヌ河とガロンヌ河の間の地域。
(15) **リグリア**　イタリアの北西部の地方。ジェノバ湾に面する。
(16) **ダルマティア**　バルカン半島北西部アドリア海沿岸地方。現在のクロアティアとモンテネグロ共和国の一部。
(17) **ガイウス**（二世紀）　ローマの法学者。その著『法学提要』は、ユスティニアヌス帝の「法典」の基礎となった。
(18) **ウルピアヌス**（一七〇頃～二二八）　ローマの法律学者。多くの法律書を残し、のちの「ユスティニアヌス法典」に、その学説が多数収録された。
(19) **パピニアヌス**（一四〇頃～二一二）　ローマの古典法学者。カラカラ帝が弟ゲタを殺したのを非としたため、帝の命で殺された。当時最大の法学者として、パピニアヌス派の創始者となる。

「ローマ帝国は手の施しようもなく死につつあった」というあの陳腐な確信は、諸国民の生を個人の生と軽率にも同列に置くところからやって来る。それ以上異なるものは何もないのである。諸国民は自らの内懐に、個人の持っていない革新をもっている。だがよみがえるためには生を信じなければならない。勝つためには勝利を信じなければならない。魂を……冒された人々相手に、どうしたらよいのだ？　「あなたに何が残っているの？　――〈自我よ〉」とメデイアは言った。もし〈自我〉が残っていたら、それがすべてだ。だがもし残っていなかったら？　自我がゆらぎ病んでいたら？　死ぬと信じそう述べること、それはすでに実際に死んでいるということなのである。

トラヤヌス[20]の大植民地はきわめて強固で、かつ極めて安定したもので（ある植民地には六百万人がいた、ルーマニアとトランシルバニア[21]である）、帝国を強化するように思えた。だが軍隊の大指揮官も、法律家の皇帝も、精神状態において十分ではなかった。オリエント風の無気力がつねに増大し、その女性的神々、シリアやフリュギアの熱病が広がっていった。歴代の皇帝は、彼らのライバル、パルティアの王たちをやむなく模倣せざるをえなくなった。エジプトのファラオ、バベルの預言者、イランのミトラと同様〈太陽王〉だった彼らを。バクトリアのギリシア人たちは、そうした称号をもっていた。そしてポントス王国の不滅のミトラ、不屈の王ミトリダテス[22]も。

（20）**トラヤヌス**（五三～一一七）　ローマ皇帝（在位九八～一一七）。戦略に長じ、ローマ帝国最大版図を実現、内政も充実し、栄華の時代を築く。
（21）**トランシルバニア**　ルーマニアの中央部から北西部の地方。
（22）**ミトリダテス六世**（前一三二頃～前六三）　小アジアにあったポントスの王（在位前一二〇～前六三）。三回にわたりローマと戦い、最後にはポンペイウスに敗れて自殺する。

最初、ことは狂気じみて見えた。だがネロはそれを夢み、多分それが彼をしてキリスト教徒に対し残虐行為をなさしめ、反＝キリストとしたものだった。*シリアの小神官、子供のヘリオガバルス[23]も、それを試み身を亡ぼした。二人とも卑劣なめめしい男で、グロテスクなアドニスであり、驚くほど滑稽だった。だが彼らの狂気はもっとあとで、アウレリアヌス[24]により、絶対に必要というときに模倣された。彼は二十もの戦いに勝ち、自らを〈太陽〉の化身としたのである。

（23）**ヘリオガバルス**　第二部第四章、訳注（30）参照。

(24) **アウレリアヌス**(二一四頃~二七五) ローマ皇帝(在位二七〇~二七五)。軍人皇帝期の混乱の中で帝国の統一に務め、世界の再建者と呼ばれた。

* 「黙示録」に関するレヴィル[25]を見ること。

(25) **アルベール・レヴィル**(一八二六~一九〇六) フランスの牧師。『マタイ伝の批判的研究』(一八六二)ほか。

死にかけている神はすべて自らを〈太陽〉と宣したものだ。セラピス、アッティス、アドニス、バッコス、すべてが最後にはそうなった。帝国、この老いた病人は、少しでも熱を得ようと太陽の方に目を向けた。ミトラ、あの〈ムテキノタイヨウ〉から、いっとき軍神を、軍団の崇拝を作れるように思ったのである。*

* プレラー[26]が『ローマ神話』(一八五八)の中に集めているすべてのテキストを見ること。

(26) **ルートヴィッヒ・プレラー**(一八〇九~六一) ドイツの古典学者。ギリシア神話および古代哲学史を研究した。

ミトラは、ローマの最後の敵ミトリダテスから、そしてポンペイウスが粉砕した神秘の帝国、一時地中海全域の主となっていた海賊の連合体から、大いなる名声を得ていた。ミトラ信仰の連合体であったが、そのすべての秘密は手に入っていなかった。はっきりと分かるのは、あれら絶望した人々にあって、ミトラは〈エネルギー〉、太陽と人間のエネルギーだったということである。ミトラの軍への加入儀式は洞窟の中で行なわれていた。闇の洞窟から、神が若々しく力強く生まれて輝き出す。そして雄牛を打ち倒しのどをかっ切って殺す。ミトラを通常表わすために、海賊たちはきわめて巧みに、巨大な野獣を殺す処女の美しいギリシア彫刻(それが勝利の女神像である)をつかった。ただ彼らはその像にフリュギアの縁なし帽をかぶらせ、そこから若いアッティスを、ただし去勢されておらず、反対に、しっかりとした腕をもって、一撃で雄牛を打ち殺してしまうアッティスを創ったのである。

〈兵士〉、〈ライオン〉、〈太陽を追いかける者〉(手に剣をもって地上を駆けめぐるために)、それが加入儀式の各段階だった。初心者には剣と王冠が提供されたが、彼は次のように言いながら剣だけを受け取ったのである。「ミトラがわが王冠なり」、私はエネルギーの王となるだろう、と。

これは軍団において大変大きな成功を収めた。雄牛の血、湯気をたてながら滝のように流れ出るあの赤い血は、衰弱した者の上に落ちて、彼に力と愛する勇気さえも与えるだろう。ミトラはしばらくの間、ローマ帝国の真の宗教となった。帝国そのものであるコンスタンティヌスも、[27]それに手を触れるのを躊躇していたのである。

(27) **コンスタンティヌス**(二八〇頃〜三三七) ローマ皇帝(在位三〇六〜三三七)。「ミラノ勅令」によりキリスト教を公認(三一三)。ローマ帝国を再統一、新都市コンスタンティノープルを建設した。

だがその影響も長くは続かなかった。ミトラは自分自身を傷つけ、他者をいやすどころではなくなった。衰弱し倒れてしまった。他の多くの神々のように、太陽であり勝利であった彼も、悔悛する神となったのである。

この時代の虚無を良く知り、その堕落の度合をはかるためには、当時の色青ざめた文学を知るだけで十分だろう。死にゆく者の息が、弱々しく取るに足りないたわごとの最後の繰り返しがある。底知れぬ貧しさがあり、決定的な無力がある。すべてがぶよぶよし、軟弱で老いている——そしてもっと悪いことに空っぽで誇張され、空気と風でふくれ上がり、奇妙なくらい大げさになっている。

聖ヒエロニムスが、キリスト教徒の処女に宗教的独身を勧めながら、自らの受けた誘惑と自らのかつての欲望の凶暴さを語っているあれらの奇妙な手紙に比較できるものは、いかなる言語にあっても、何一つない。反対にあの燃えるようなテーマにおいて、あんなにも力に欠けた殉教者たちの物語のような、冷たく色青ざめたものも何一つない。だが、誰もが引用し、二〜三世紀にわたって、インナエウス、[28]クレメンス、アタナシウス、ヒエロニムス、エウセビオス等[29]が称讃した、広く普及し人気のあった手引書、無味乾燥な『ヘルマスの牧者』は、貴重な作品で、初心者が参加するのを認められた小さな神秘劇の台本となった。女たちが司祭であった限りこの台本は流行した。多分老女にも若い女にも向いた多くの女の役を含んでいたからである。すべての女たちが自分たちのもっている使徒としての霊感を、喜んでそこで示すことができたのである。

(28) **インナエウス**（一三〇頃～二〇二頃）　小アジア出身の教父。グノーシス主義を厳しく批判し『異端駁論』を著す。
(29) **エウセビオス**（カエサレアの）（二六五頃～三四〇頃）　神学者。『教会史』（全十巻）を著す。

雄が受胎させなかった色青ざめた卵に、あまりにも似たあわれな作品である。だがしかし誰がそれを信じるだろうか？　それはさほど女性的な性質をもってはいない。女性の柔らかさ、美しさ、魅力的な欠点といったものが欠けている。以上が、愛も、子供も、母性も、つまりあの強力な加入儀式もなくてすませられると信じることなのだ。子供は、ユダヤの記念建造物には（継承を自慢の種にするのを除けば）ほとんど現われない。キリスト教の記念建造物にもまったく現われない。イエスは子供のように見えるが、そうではない。彼は説教をするのだ。母親はあえてそこに触れてこない。彼女にとって彼は不毛であり、授乳もしなければ育てもしなかったのである。何が起きるだろうか？　女は陰うつで乾いた魅力のない貧しい外観となる。男の無能は多分嘆くべきものだろう。だが無能な萎縮した女は〈乾いた果実〉！なのだ。それは（死以上に悪いもの）〈荒廃〉！である。

この学派のもとにやって来る北方の人々の間抜けな様子、愚かな姿をも見てみたまえ。東ゴート族、西ゴート族[30]は、老いさらばえた愚劣さへの伝説化した名称となっている。彼らはヘルマス[31]のおふくろさんのベンチの上にいて、「ムーサ、芸術の女神よ」と言っている。背後にもう一つ別のものが、残酷な先生（そしてその鉄の鞭）が、アッティラ[32]がやってくる。

(30) **西ゴート族**　ゲルマン族の西方の分派で、四一八年頃王国を築き、南フランスで五〇七年まで、スペインで七一一年までその王国を維持した。東ゴート族はその東の分派で（三世紀末分れる）、黒海沿岸、イリュリア、やがてイタリア等に進出した。
(31) **ヘルマス**　原文 Hermas 不詳。
(32) **アッティラ**（？～四五三）　フン族の王（在位四三四～四五三）。ゲルマン諸族を征服し、中央ヨーロッパを支配するが、カタラウヌム平原でローマと西ゴートの連合軍に敗れる。

ゴート族の王たちは、やがてやって来るダゴベルト[33]の息子たちのかたわらで、いまだ人間の姿をしていることに注意したまえ。フレーデガル(34)の近くにいる彼らの年代記作者たちも同様である。フレーデガルは、カロリング朝(35)の修道士たち、やっとの思いでたどたどしく震え声で数言を話すような沈黙の禽獣よりも優れている。

(33) **ダゴベルト一世**（六〇〇頃～六三九頃）　メロビング朝のフランク王（在位六二九～六三九）。学芸を保護し、サン＝ドニ修道院を創設。
(34) **フレーデガル**（七世紀）　『フランク王国の年代記』著者に擬せられている人物。
(35) **カロリング朝**（七五一～九八七）　フランク王国後期の王朝。小ピピンが創始し、その子カール大帝（＝シャルルマーニュ）がローマ皇帝号を教皇より与えられ、後に三つの王国に分かれ、現在のドイツ、フランス、イタリアのもととなった。

北極海でなされたケーン(36)の恐るべき旅行のあいだ、ニューファンドランドの犬、つまりエスキモー〔＝イヌイット〕の犬が、「とてもおとなしく」頭も良かったのに、ものすごく厳しい寒さによって狂ってしまったのを見る以上に、印象的なものは何もない。私は、伝説の中で、ライオン、犬、鳥たちといったかつて賢かったものが愚かになるのを見るとき、そう言いうるなら、同じ悲しみ同じ恐怖をもつ。野獣たちは間抜けになってしまった。これこれの動物はインドでラーマの友だった。これこれのものはペルシアで聖アントニウス(37)や聖マカリオス(38)等のところで、翼のあるフラワシ(39)やその精霊*を持っていて、あるものは滑稽な悔悛者である。ライオンは隠者の助修道士となり、彼の荷を運ぶ。ハイエナは彼の説教に耳かたむけ、もはや盗みをしないと誓う。

(36) **エリシャ・ケーン**（一八二〇～五七）　アメリカの北極探検家。
(37) **聖アントニウス**（二五一頃～三五六頃）　エジプト生まれの隠修者の祖。修道院制度を創設した。
(38) **聖マカリオス**（三一〇頃～三九一）　エジプトの隠修士。聖アントニウスの弟子。
(39) **フラワシ**　ゾロアスター教で考えられた守護霊。

＊「禽獣たちの都市、動物たちの偉大さとその退廃」という美しい主題である。この主題は、こうしたタイトルを見出し、ただ一人それを十全に書き上げた大変魅力的な精神、ウージェーヌ・ノエル(40)のものだ。――それは人間の問題となる部分を多大に含んでいる。『アヴェスタ』によって、われわれはライオンに対抗するのに、犬との同盟によってしか生きられなかったということが分かる。ライオンへの恐怖が結びつけたのである。ライオンが欠けているところでは人は孤立して

いた。ライオンが社会を作り出してくれたのである。

(40) **ウージェーヌ・ノエル**（一八一六〜九九） フランスの文芸批評家。ミシュレの友人。

実体を欠く伝説である。キリスト教の考えでは動物はうさんくさく、禽獣は仮面をつけているように見える。ユダヤ人が動物たちにつけた不吉な名前〈毛の生えたもの〉は、黙した悪魔たちということである。自然全体が悪魔的なものとなる。暗い葉におおわれた木は恐怖と罠とに満ちている。木はヘビがエバを魅了し欺き、人類を堕落させようと、とぐろをまいていた場所であり、罪あるものではないのか？ ヘビでなければ、鳥である。サヨナキドリ〈メロディー魔〉が、またも人の心を混乱させまどわせようとして、そこから歌うのである。魔法をかけられたあれらの木々から砂漠の魔術が生じ、雲がそこにやってくる、そして雨が。そこから花が、果物が、人間を誘惑するあらゆるものが生じる……打ち倒せ！ 不吉な木々を！ 平野は、ぎらぎらとむき出しのまま荒涼と広がってゆけばよいのだ。地球は愛を作りすぎた。今や大地は悔悛して罪をあがなうように。＊

＊ 三つの〈書物の民〉、ユダヤ人とその二人の息子キリスト教徒とイスラム教徒は、「言葉」を培い、生をなおざりにした。言葉において豊かで、行為において貧しく、地球を、〈ハハナルダイチ〉を忘れた。冒涜的なことだ！……古いギリシア＝ビザンティウム世界の裸形を見たまえ。カスティーリャ(41)の荒々しく塩をふくんだ陰鬱な無人の地を見たまえ。イギリス人によって放棄されたインドの運河すべてを見たまえ。ペルシア、あの神の楽園はどうなったか？ イスラム教徒の墓場となっている。ユダヤの地からチュニスやモロッコまで、他方アテネからジェノバまで、上の方から地中海を見下ろしているあれらすべての禿山は、耕作の冠を、そして森の冠を失ってしまった。冠は戻ってくるだろうか。決してそうはならない。古代の神々が、その庇護の下であれらの海岸では花咲いていたのだが、あの活動的で力強い種族が、今日、墓から出てきたとしたら、彼らは言うだろう。「嘆かわしい〈書物の民〉、文法と単語と空虚な空理空論の民、お前たちは『自然』をどうしてしまったのだ？」

(41) **カスティーリャ** スペイン中央部および北部の地方。中心都市マドリード。

こうしてこの世で、この奇妙な現象、創造への憎しみ、そして「父なる神」の迫害と追放が始まった。ただ「言葉」

だけが君臨した。一二〇〇年まで、父なる神への一つの祭壇も、一つの教会も、少なくともそれを思い出させるような象徴さえもなかった。神が〈自然の外に〉出されたこと、神がその生命、魂であり、神から絶えず生み出されるものである大いなる教会の外に出されたこと、それは人間とはかかわりなかったのだ！（驚くべきことだ！）

「父」！　貴い神聖な言葉、古代世界の愛を表すもの。家族は自らのしっかりとした支えを、その厳かな〈マモリガミ〉をそこにもち、家庭は堅固さをもっていた。すべては中世において漂い出す。夫は夫だったろうか？　父は父だったろうか？　私には分からない。家族は、理想的で神秘的なそれは、伝説を真似てその権威を他のところに持つようになった。家族にはいかなる長もいなくなった。昔の意味での〈いかなる父〉も。この名称は創造主、産出者を意味していた。今や第三者がその名称をもっている。父は彼は言う。「わが父よ！」と。彼自身の家の中で、彼は何者になっているのか？

しかしながら、至る所で中世に帰着する考えを遠ざけよう、姦通を遠ざけよう。尊敬された、汚れない神聖な家族を想定しよう。事はつねにもの悲しい。それは男への軽蔑であり、貶められた夫である。夫にとって妻は汚れないものだ。というのも彼女は、他の所に魂をもっていて、すべてを与え、そして何も与えないからである。他のものが彼女の理想である。彼女が母になったのを見るというのは、彼女が「精霊」を宿したということである。息子は彼女のものである。夫のものか？　いいやちがう。それが外部の社会を映し出した家庭となる。母と子は一つの民である。男は劣った民である。彼は農奴であり家畜である。世界の壊滅は、不幸な者が自らの貧しい心を作り直したいと望むであろう、まさしくこの避難所で繰り返される。

母親の甘やかすようなまなざしのもと、早熟な美しさで花開き成長するこの子は何なのか？　男自身もその子を誇らしく思い、他のものたちよりも好む。それにしても何とその子は他と異なっているか！　時おりそのことが、あまりにも感じとられる。つらい変異である！　癒しようのない悲しみである！　男は、その子を愛すべきか愛してはならないか分からないだろう。彼は待ちのぞみながらその子を愛する。だがどんな安心もない。真の完璧な喜びも全然ない。彼は笑いを失い、この世で二度とそれを持てないだろう。

初期教父たちの引用する書物「原始福音書」（プロートエヴァンゲリウム）では、ヨセフの感動的な姿がすでに提起されている。その憐れみ深い善良さ、だがその深い悲しみ、そしてその涙。はるかにずっと明白なのは「大工の福音書」（ファブリ・リグナリィ）である。力強く飾り気のない書物で、可能な限り破壊されてしまったように見える。アラビア語の版の中でしか探し出せなかった。だがそれはまったくアラブ的ではなく、アラブ的な愚かな虚飾をもっているわけでもない。それはギリシアないしはヘブライのものである。予言的力強さとともに、この取るに足りない小さな書物は、ヨセフとイエスにおいて、あとに続いた千年の情況全体を、残酷な家族の傷を描いたのである。

「神殿」からひどく厳しいやり方で拒絶された哀れな孤児の娘にとって、ヨセフは初めからすばらしいものとしてあった。神殿は評判を傷つけられた貧しい状態の彼女を与える。ほとんど深入りすることなく、単なる婚約者として、彼は彼女に腕を差し出し救う。それでも彼はやはり悲しい気分であり、生涯を通してそうだったのである。彼が死んだとき、はるかに悪いこととなった。彼の魂は悲しみで弱まり、動揺し、絶望する。彼は自分の運命を嘆く。自らの誕生を呪い、自分の母がよこしまな欲望をいだいた日に（「詩篇」の言葉によると）自分を作ったのだと信じ、ついには次のように言う。「わが肉体に災いあれ！　わが魂に災いあれ！　私はわが魂が神からすでに遠ざかっているのを感じる！」苦い叫びである。彼には大地も天もなかったのだ。彼は〈彼女〉のそばで〈彼女〉とともに、そして〈彼女〉なしで暮らした！　この暗い生を終えるとき、彼には「地獄のライオン」が見える。彼はイエス自身を恐れる。彼ヨセフがマリアについて抱いた邪悪な思いゆえにである。彼はまちがっている。イエスは心をもっている。イエス自身あふれんばかりの涙をこぼし、ヨセフを静め、安心させ、彼から死の恐怖をとり除いてやる。「あなたの中の何も死にはしないでしょう。こわがらないで下さい！　あなたの肉体そのものが留まるでしょう、溶解しないでしょう。大いなる千年の宴のときまで、傷つくことなくあるでしょう。」

こうして、極めて早い時から、やってくるだろうこと、至る所で繰り返されるだろうことが、見事に描かれたのである。予測されなかったのは、この地獄にあって、結婚という責め苦を受けたものは、互いをあざけることで自分たちの苦しみを激化していくだろうということだった。クリスマスを歌った残酷な詩が、中世全体で彼らを追いかけてゆく。それは一笑にふすべきだし、彼らのことを歌って陽気にならなければならない。悲しんでいることは許されない。最も悲しい者こそ、あざけりの対象とならないために歌うのである。それは至る所彼につきまとってくる。どこで振り返ろうと、夜の集いの歌に、教会の入口で演じられる神秘劇に、石に刻まれた神秘劇に、つねに至る所に同じ伝説がある。クリスマスのあとには、伝説を通俗化した甘ったるく冗漫な物語がやってくる。一つの文学全体が、毒を広め、かき混ぜ、それを傷口にそそぎ込み、心に、最も感じやすい一点に疑惑の鋭い傷以外の何も与えない……つまり愛だ！

少なくとも愛は子供から母親へと存続する。「この崇拝の中で、愛の対象は子供のようには見えないか？」そう思われるかもしれない。しかし間違いである。

早くもユダヤ人の所から、家族は厳しいものだった。「お前の息子に鞭を惜しむな」、「息子を熱心にたたけ」（「箴言」一三章二四節。二三章一三節。二九章一五節。「シラの書」三〇章、一節、九節、一〇節）。「お前の娘に決してほほえむな。彼女の体を汚れないよう保て」（「シラの書」七章二四節）。不快な教えである！ 奇妙な教えである！ それだけいっそう、そうした教えは決疑論者(42)に訴えるだろう。彼らはそれを素早くとらえて、恥ずべき解説をする。ある者は母親に対し、息子を眺めるのを禁じるのだ。

(42) **決疑論者** 特定の良心の問題や行為に一般的な道徳的・倫理的原理を適用して解決しようとする神学者。

この子はいったい何なのだろう？ 「肉体」であり受肉した罪である。このユリとバラの「肉」が美しく豊かになればなるほど、それは愛を、劫罰《ごうばつ》を受けた「自然」が語った愛の瞬間を表わすことになる。ああ！　膝の上で、両腕の中で、胸に押しつけて、彼女は「罪」以外の何を抱くのだろうか？……したがって彼女は、何と悲しく臆病となることか！　あえて愛したりするだろうか？　そうであり、そうでない。……あまりにも愛しすぎるとしたら？……どんな限界があるのか？……おお！　残酷な教義よ、お前は家庭をこなごなにし、愛を苦いものとし、母の愛まで凍えさせてしまう。

「だから神における以外いかなる愛もないのだ。神はすべての人を愛する……すべてを与えたとき、自らの息子をも与えたとき、神はあらゆることを要求できる！」――その良き知らせが無限の許しと見えた巨大な犠牲は、罪が死んだことを、正義が不可能なことを、そして地獄が打ち破られ色あせたことを示していた。だが、古い野蛮な考え、生まれたときから神に見捨てられ地獄のために創られた者がいるという〈予定説〉は、いったいどうしていまでも存続するのだろう。『旧約聖書』の上を暗く漂っている絶望的な考えである、それは「福音書」においては、優しい背景から、血にまみれたひらめきとなって、*厳しく浮き出てくる、――それは、聖パウロにおいて強烈な考えであり、人間を、残酷な博士を作るものであり、アウグスティヌスにおいては、死刑執行人を作るものとなる。

＊「あなた方には天の王国の秘密を知る機会が与えられた。彼らには与えられなかった。」（「マタイ〔伝〕」一三章。また「ヨハネ〔伝〕」一二章四〇節も見ること）。――どうして寓話で話すのか？「彼らが見ても見えないよう、聞いても聞こえないようにするためである。」（「マルコ〔伝〕」四章一一節、「ルカ〔伝〕」八章一〇節）。マルコは付け加える。「彼らが回心するのを恐れ、彼らの罪が彼らに引きつがれるのを恐れて」（「マルコ〔伝〕」四章、一二節[43]）と。――もっと奇妙なのは、古いユダヤ精神に則って「神は人を試す」ということである。（試みの中にわれらを誘い込まないでくれ……）私の間違いであってほしい。多分誤って解釈したのではないか？……心にとってこれ以上残酷なことがあろうか？

(43)「マルコ〔伝〕」四章一二節　この前後の出典指示は、引用文が「共同訳」とは少なからず異っており、ミシュレの思い違いがあるかもしれない。

愛は何と恐ろしいことか！　ダンテにおける地獄の門は、次の言葉を記している。「私を作ったのは愛である。」愛はアウグスティヌスの憤怒を、またその辛辣さを作った。アフリカ的魂をもつ彼は神への激しい思いの中で、永遠の地獄についていくばくかの疑問をもち、福者は地獄落ちの人を見て同情を抱くかもしれないとあえて信じたギリシアの教父たちを、非難し断罪する。*

＊　中世の恐るべき不毛は、これらの教義を裁いた。火は消え去ったように見える。何と多くの世紀が空しかったことか！根気づよい学識が、こうしたこと、ああしたことを見事に再発見する。本当に、どうしてそれを恥じないのか？　何だって！　千年間などほんの少しだって！……千年なのだ！　千年なのだ！　言っておくが、多くの民と王国とのこの社会にとってだったのだ！……一二〇〇年まで、何と引きずってきてしまったことか！……そして、一二〇〇年以降、さらに嘆かわしい状態となった。人は生きることも死ぬことも出来なくなった。六〇〇年間に、多くの手だてを尽して、憎しみであるもの以外、そして取りしまり組織へと変わるもの以外、何一つ創ることができなかったのだ。——一二〇〇年頃、托鉢修道会が、彼らの燃えるような隣人愛が、マリア崇拝が、生じた。そうしたものすべてが、取りしまり組織に、異端尋問所の取りしまり組織になった（何たること！）。——一五〇〇年頃、イグナティウス〔・デ・ロヨラ〕の十字軍が、騎士団が、それもやはり取りしまり組織となり、数限りなく策謀の組織網となった。——今日では聖ウィケンティウス・ア・パウロ(44)による献身的博愛主義があるが、世人も国家もやはり、そこに取りしまり組織しか見なかったのである。

(44) **ウィンケティウス・ア・パウロ**（一五八一〜一六六〇）　フランスの司祭。慈善事業に献身し、ラザリスト会などの修道会を設立。

誰が地獄に落とされるのか？　すべての人が、である。アウグスティヌスを通して、この「愛」の教義においては、愛されるものは発見できず、選ばれるものは稀であり、ほとんどありえないということが分かる……何たること！　いったい「法」は、さらに厳しい何をもちえただろうか？　私に「正義」を返してくれ……正義のかたわらでなら、少なくとも、軽減情状〔＝罪の軽減に相当するとみなされうる情状〕をもてただろうに。「恩寵」相手では何もできないのである。私の運命はあらかじめ作られてしまっている……おお！　私を「愛」から解き放ってくれ！

時おり山中を旅してみたら、いつか私が出会ったものを多分あなたも見ることになるだろう。岩が雑然と積み重なって山となっているあいだ、木々や草々の多彩な世界のまん中に、巨大な小峰が屹立している。その孤峰は黒々としていて、草木が生えておらず、地球の奥深い内部から生み出されたものであることは余りにも明らかである。いかなる草もそれを彩らず、いかなる季節もそれに変化をもたらさない。鳥がとまることもほとんどない。まるで地中の火からもれ出た塊にさわって、翼を燃やしてしまうのを恐れているみたいだ。地球内部の苦しみを陰うつに証しているこれは、自分の生まれた場所をまだ夢みているように見える。そして自分をとりまいているものに何一つ注意を払わず、自分一人の愁いから、決して気をそらすことがないように見える……

大地の下で起きている大変革〔＝革命〕はいったいどんなものだったろう。計り知れないどんな力がその内部で戦っていたのか。山をもち上げ、岩を貫き、大理石の層を引きさき、あの岩塊が地表にまで湧き出てくるためには！……またいかなるけいれんが、耐えがたい苦しみが、あの桁はずれのため息を地球の奥底から引き出したのか！

私はすわる。すると曇った目からゆっくりと出てくるつらい涙が、一つ一つ自分の思いを言葉に出し始める……自然は私に、あまりにも歴史を思い出させたのだ。この無秩序に積み上った山は、中世全体を通して人間の心にのしかかっていたのと同じ重さで、私の胸を締めつける。大地が内部の奥深くから、天に向って投げ上げたこの荒涼とした尖峰の中に、私は人類の絶望と叫びとを認めた。

「正義」が人の心に、あの「ドグマ」の山を千年間ももたらしていたこと、正義があの心の粉砕において、時刻を、日を、年を、長い長い年月を数えていたこと……それこそが、知っている者にとっては永遠の涙の源泉となる。

私の心を痛ましい思いでみたしたのは、それは長期の諦観であり、優しさであり、忍耐であり、そして人類が自らを押しつぶしていた、あの憎しみと呪詛の世界を愛するためになした、努力である。

人間が自由を放棄し、無用な家具のように「正義」を解体し、やみくもに「恩寵」の手に自らをゆだねようとし、恩寵が目には見えないような一点に、特権者に、選ばれたものに集中し、残りのすべてのものは、地上でも地下にあっても失なわれたもの、永遠に駄目なものとなったのを見たとき、至る所から神を冒涜する叫びが上ったろうと思われるかもしれない。――だが違ったのだ。うめき声しか上がらなかったのである……

そしてあの心打つ言葉、「私が地獄に落とされることがみ心にかなうならば、あなたのみ心の通りになりますように、おお主よ！」が上がった。

そして彼らは、大人しく、従順に、あきらめ切って地獄落ちの屍衣に包まれたのだった。……　それにしても絶望と疑いへの、何という絶え間ない誘惑だろう！……この世の隷属が、そのすべての悲惨をともなって、永遠の地獄の却罰の始まりであり、前兆であるというのか！　最初苦しみの生があり、ついでその慰めとして地獄があるというのか！……前もって地獄に落とされているのか！……では、教会前の広場で、あれら最後の審判の劇が演じられたのはなぜなのか？　生まれる前から奈落の底にゆだねられ、そこに借りをもち、そこに属している者を、不確実の中に保ち、つねに深淵のふちに宙ぶらりんにしておくことに、残酷さはないのだろうか？

生まれる前からだって！……子供が、罪なき者が、わざわざ地獄のために創られたとは！……いやそれどころか、罪なき者とは何か？　そこにこそ、この体系の恐ろしさがある。もはや罪なき状態などないのだ。

私には全く分からないが、しかし大胆に、とまどうことなく断言できる。そこにこそ人間の魂が停止し、忍耐がぐらついた、解決しようのない核心部分があるのだ……

子供が地獄へ落とされるだって！　母の心を深く、身の毛もよだつほど傷つけることだ……その傷を探る者は、そこに死の恐怖をはるかにこえるものを見出すだろう。

そこからこそ、最初のため息が発したのだということを信じたまえ。……抗議からであろうか？　全然ちがう……だが、女の臆病な心が、われ知らずにそのため息をもらしたのであり、このつつましく、ごく小さな、痛ましいため息の中に、恐るべき〈反論〉があったのである。

あんなにも小声の、しかしあんなにも胸ひきさくようなため息！……夜それを聞いた男は、もうその晩眠れなくなった……いや他の多くの夜も……そして朝、日の出る前、彼は自分の畑に行く。そして、多くのことが変ったのを見出した。彼は耕作の谷や平野が、もっとはるかに低く、深く、墓のようになっているのを見出す。もっと高く、もっと黒々と、もっと重々しく地平線に二つの塔がある。黒々とした教会の鐘楼と、黒々とした封建領主の主塔だ……彼はまた二つの鐘の声をも理解しはじめた。教会は鳴らしていた、〈いつも変らず〉と。主塔は鳴らしていた〈決してない〉と……だが同時に、一つの力強い声が彼の心の中で、もっと大声で語ったのだ……その声は言ったのだ、〈いつかある日に！〉と……それは神の声だった！

〈いつかある日〉「正義」が戻ってくるだろう！　あれら空虚な鐘はうっちゃっておけ。風を相手におしゃべりさせておけ……自分の疑念におびえるな。〈この疑い、それはすでに信なのだ〉。信じ、希望せよ。先のばしされていた「法」が到来するだろう。それは教義の中に、世界の中に、自らの座を占め裁くためにやって来るだろう……そして審判の〈この日〉は「革命」と呼ばれるだろう。*

＊　ミシュレ『フランス革命史』一巻、序文、一六ページ（一八四七年一月三一日）。

結論

私はこの聖なる本、真実私のものは何一つなく、人類の魂のみであるこの本が、批判の言葉を生み出さなかったことを、そして、すべてがここでは祝福だったことを望みたかった。

ところが最後のいくつかの章で、批判が再度われわれを捉えてしまった。しかしそれはわれわれのせいではない。近代的思考を、遠い古代とのその幸せな一致を語ることが、中世にわれわれがこうむった長期の遅れと不毛の停滞とを説明せずに、どうして可能だというのか？

われわれはいまだそうした停滞をこうむっている。

本当のことを言って、遅れや停止は、あまりにもしばしば再開する。ときおりわれわれの歩みは遅れる。巨大な力を感じつつ、一歩一歩、息切れするように見える。どうしてだろうか？　これほど明解なことは何もない。われわれは死んだものを、それだけにいっそう重くなったものを引きずっているからである。それがわれわれの表皮であるなら、ヘビがやるように、どうにかそこから脱け出られるだろう。何人もの人が力強く体をゆする。しかし悪は奥底にあるのだ。

悪はわれわれの敵の中にあるのと同様、われわれの友の中にもある。一〇〇万もの糸（思い出、習慣、教育、情愛）

を通して、各人が内面で結びつけられている。偉大な精神の持ち主も他の者たちと同じだ。自らを自由で女王であると信じている奔放な想像力それ自体が、「法〔＝権利〕」から「恩寵」へと飛び回りつつ、内的な隷属をもっている。芸術家たちのとても生き生きとした感受性は、非常に内省的だが、それだけにいっそう人間の悪を感じない。ダンテはアルビ派(1)の大いなる恐怖については、何一つ知らなかったようだ。一つの世界の翳りについて、一三〇〇年頃開始したサタン崇拝の恐るべき事実について、何も知らなかったようだ。彼は自らの旗を、永遠の福音（あの時代の高度の観念）の中にではなく、後ろの方に、聖トマス〔・アクィナス〕の中に建てたのである。魔術師の王シェイクスピアは、天から地獄の方に探しに行く。だが地上は？　そして自分の生きている時代は？　綴れ織りの下に、彼はポローニィアス(2)しか感じない。三〇年戦争(3)と一千万もの人々の死を準備している黒いモグラを感じることはない。ルソーは、軽率にも、『エミール』の一語によって、反動の世紀を開始してしまった。

（1）**アルビ派**　カタリ派ともいう。一二世紀に南仏のトゥールーズ、アルビを中心に行なわれたキリスト教の宗派。グノーシス派やマニ教の流れをくみ異端とされ、弾圧された。
（2）**ポローニィアス**　シェクスピアの『ハムレット』の登場人物。
（3）**三〇年戦争**（一六一八〜四八）　ボヘミアの新教派が反動宗教改革政策に対して反乱を起こしたことにはじまり、デンマーク、イギリス、オランダが新教徒擁護を名目にドイツに侵入、敗退したあと、やがてスウェーデンとフランスが同じ名目でドイツに侵入、一進一退し最終的に四八年のウェストファリア条約で戦いを終えた。

今日の何らかの天才たち（私が思うに、あんなにも高度の仲間といることを恥ずかしがらないだろう人々）は、両立しえないものをいまだ両立させうると信じている。同情、思いやり、あるいは古い習慣から、彼らは過去の切れ端を持ち続けている。母親たちの優しい記憶、ゆりかごの思い、そしてそれぞれの老いた善良な教育係のゆらめく姿——そうしたものが彼らの眼の前に残っていて、彼らから世界を、際限なくいつまでも続く悪の広がりを、シュピルベルク(4)やシベリアのようなものを隠してしまう。——精神的シベリアを、つまりこの瞬間そのものに生じて高まってゆく不毛と冷たさを。

（4）　**シュピルベルク**　チェコの中央部モラビアの町ブロン近くにあった要塞で、ハプスブルグ家の政治犯の監獄として使われていた（一七四二〜一八五五）。なおシベリアはロシアの政治犯の流刑地となっていた。

くるりと反転することが、す早くきっぱりと中世に対し、あの病的な過去に対し、背を向けてしまうことが必要である。中世は何かをなさない時でさえ、死を伝染させることで恐ろしい影響力をもっているのだ。戦ってもならないし批判してもならない。忘れなくてはならないのだ。

忘れよう、そして歩もう！

生の科学の方に、博物館の方に、学校の方に、コレージュ・ド・フランスの方に歩んでゆこう。

歴史と人類の科学の方に、オリエントの言語の方に歩んでゆこう。最近なされた数多くの探索の旅と一致する形で、古代の〈テンプン〉に尋ねてみよう。そこに私たちは〈人間的感覚〉を受け取るだろう。

お願いだから〈人間〉であるようにしよう。人類の聞いたこともない新しい偉大さによって、偉大になってゆこう。三十もの遅れていた科学が、新しい視点と、諸々の方法の威力とをともなって、ほとばしり出たところである。まちがいなく明日には、そうした力がそれらの科学を倍増するだろう。

古代文明に、さらに三十もの世紀が付け加わった。いくつだか数が知れないほどの記念建造物、言語、宗教、いくつもの忘れられた世界が、あの病的な過去を裁きにやってくる。

巨大な光が、恐ろしく強烈な（電気の明かりよりもさらに強い）交差する光線が、過去を、その愚かしい学すべてにおいて打ちのめしながら、その代りに二つの姉妹の、つまり学問と良心との誇らかな一致を示した。あらゆる陰は消滅した。諸々の時代にあって同一であるもの、自然と歴史の堅固な基盤にのった永遠の「正義」が輝き出る。

これが本書の主題であった。偉大な、しかも簡単な主題だった。すべては大変よく準備されていたから、最高に出来の悪い腕の持ち主でも、十分に書くことができたのである。だが真の著者、それは人類である。

ある偉大な預言者が一六世紀になした願望が、成し遂げられたことになる。〈ここに深い信仰がある〉。だれがそれを揺るがせられるだろう、どこから攻撃はやって来るだろう？　学問と良心は抱き合ったのだ。

ある者は探究する。あるいはそういったふりをする。白日のもと手さぐりをする。道が平らで、あんなにもすばらしく照らされているときに、杖を求めるにせ盲人だ。

ここに合意に到った全人類がいる。それ以上何を望むのか？　疑うことにどんな得があるのか？

インドから〔一七〕八九年まで光の奔流が流れ下ってくる。「法」と「理性」の大河である。はるかなる古代は君なのだ。君の種族は八九年となる。そして中世はよそ者となる。

「正義」はきのう発見された子供ではない。それは自分の家に戻りたがっている女主人(5)であり、女相続人である。それは一家の真の奥方である。彼女の前には誰がいたろうか？　彼女は言うかもしれない。「私は暁の中で、ヴェーダの微光を浴びながら生まれました。ペルシアの朝に、私は雄々しい労働における純粋なエネルギーでした。私はギリシアの天分であり、『テミスはユピテルである』、〈神は正義そのものだ〉という言葉の力による解放だったのです。そこからローマが由来します。そしていまだあなたが従っている『法』もまた。」

（5）**女主人**　ここで正義を女性になぞらえているのは、フランス語で「正義」という言葉が女性名詞だからである。

「望むらくは……私にはよく分かるが……」――だが完全に望まなければならない。

仕上げには三つの、それも実践的な言葉が父から息子へと送られる。「純化」「集中」、「偉大」である。

古い混合から純化されて、明確なものとなろうではないか。一つの世界からもう一つの世界へと揺れ動かないこと。

二つの方向で身を守ること。――世間と主義主張の無秩序に対し強くあること。――心の一致によって家庭で強くあること。

家庭は「都市」を支える石である。それが一つでなければ、すべては失われる。家庭を分裂させるかもしれない空虚なシステムに対し、応答は次のような恐るべきものとなる。子供は生きてゆけないだろう。人間はそのため減ってゆくだろう。市民はあり得ないものとなろう、と。

彼らは叫ぶ、友愛！　と。だが友愛が何たるかをほとんど知らない。友愛は欲するのだ、生活習慣と気骨の確かさを、純化された厳しさを。だがそれは、この時代がほとんど思いついてもいないことだ。

もし家庭が拡大されねばならないとしたら、まず第一に雄々しい人間性全体をそこに据えつけ、「正義」の偉大なる教会をそこに据えつけることだ。正義は、多くの民族と多くの時代の中で、われわれのところにまで永続してきた。そのとき家庭は、かつてそれがそうであったもの、〈祭壇〉に、再度なるだろう。――一つの反射鏡が、世界の普遍的「魂」によって家庭を照らしている。その魂とは、「正確さ」と「正義」に他ならない。公平かつ不変の「愛」に他ならない。

本書が読者のために作り出そうとしたもの、少なくとも開始しようとしたもの、それはしっかりとした家庭である。本書は、昼間私をくぎづけにし、夜は徹夜させたこんなにも長い仕事において、私自身に対しじつにしばしば与えてくれたものを、皆さんにも与えてくれることだろう。人類の試練全体への大いなる慰撫と、厳粛かつ神聖な喜びと、光がもたらす深い平安である。

訳者解説──『人類の聖書』、あるいは神々と人類の照応史

本書はジュール・ミシュレ（一七九八〜一八七四）の *La Bible de l'humanité*（一八六四）の全訳である。訳本の底本としては、パリのフラマリオン社から一九世紀末に出された全集（旧版）のものを使用した。最新版には、一九九八年ブリュッセルのエディション・コンプレックス社から、クロード・メトラの序文付きで出たものがあるが、誤植が数多く見つかったため、原則として旧全集版に依拠して訳出することとした。

＊

オリエント・ルネサンス

周知のごとくルネサンスとは、一五〜一六世紀ヨーロッパの、古代ギリシア・ローマ世界の再発見をめぐる一連の動きを指しているが、この命名は後世になって、とりわけ一九世紀のミシュレの時代になってなされたものであった。というのもルネサンス（再生＝復活）という言葉は、従来個々の事象に関して、たとえば古代文明のルネサンス、芸術のルネサンスといった具合に使われており、一つの時代そのものをルネサンスと呼んだのは、歴史上ミシュレが最初だったからである。ごく教科書的な言い方をすると、ルネサンスは神中心の中世的世界像に対し、古代ギリシアやキリスト教以前の古代ローマの、いうなれば人間中心的な世界観を再発見・再評価することで、ヨーロッパ人の物の見方を根底から動かした出来事であった。

その後ヨーロッパでは、新大陸の発見等もあって、世界像の拡大が急速に起きていく。新しい人間中心の時代も、決してヨーロッパの白人中心主義だけでは済まなくなるような方向へと、事態はおもむろに動いていく。他文化、他文明の、つまり他者の発見が徐々にではあれ行なわれていく。特に一八世紀になってから、東洋の、それまでほとんど分からなかった古代文明の実相が知られだし、ヨーロッパ世界は大きな衝撃を受けたと思われる。自分たちの文明と、全く引けをとらないような高度の文明が存在しうることを、思い知らされたからだ。

ミシュレが生きていた一九世紀前半、特にインドやペルシアへの関心が高まったようである。またユダヤを含む古代オリエント文明の科学的研究もやっと緒についたばかりの頃で、本書の中でも、しばしばそうした成果についての言及がなされている。こうした東洋＝オリエントへの関心は、単に学問的世界の内部に留まるだけでなく、たとえばフランスだけを取り上げても、シャトーブリアンの『パリからエルサレムへの旅』（一八一一）、ラマルチーヌの『オリエント紀行』（三五）、ネルヴァルの『東方旅行記』（五一）等が次々と書かれたことからも分かるように、とくに近東地域に関し、数多くの文学者の心をとらえるものとなっており、一種の時代風潮だったといえよう。なかんずくイギリスのウイリアム・ジョーンズ（一七四六〜九四）、ドイツのアウグスト・シュレーゲル（一七六七〜一八四五）、フランスのウージェーヌ・ビュルヌフ（一八〇〜五二）を始めとするあまたの学者により、オリエント研究は目ざましく進んだ。わけても、フランスの学者デュペロンによるペルシャの古典『アヴェスタ』のラテン語訳（一七七一）を嚆矢として、インドの古典『ラーマーヤナ』、『マハーバーラタ』等々の近代ヨーロッパ（英独仏伊）語訳が、それも全訳を含んで、続々と出されたことが特記されよう。ミシュレはそうした翻訳に多くを負って、本書を書きあげることができたのである。

一八世紀から一九世紀前半にかけて、ヨーロッパ世界はこのように古代東洋文明を大々的に再発見した。この一連の動きを、オリエント・ルネサンスと呼ぶ人もいるが、むべなるかなと言うべきである。ヨーロッパ世界内部における古代文明の価値の再発見としてのルネサンスに対し、こちらの方は、ヨーロッパ以外の世界における文明の、自分たちのそれと同等ないしそれをも上回るような価値の、衝撃的発見だったのである。

本書『人類の聖書』は、このオリエント・ルネサンスの衝撃を、最も良く伝える作品と位置づけられるかもしれない。というのもミシュレほど、このオリエント・ルネサンスの発見を真正面から受け止め、古代東洋世界の生み出した様々な価値観を深く考え、ヨーロッパの伝統的価値観、ということは大なり小なりキリスト教化されたそれと、対決させた人はいないように思われるからである。それはどういう意味においてか、以下簡単に眺めておきたい。

人間の精神が宗教を作る

本書は、序文で著者が述べているように「宗教の歴史ではない」（一三ページ。以下ページは省略）し、神話の研究でもない。過去の様々な文明の基底にあって、それぞれの文明を生み出し形成した人間の精神活動の歴史を、可能な範囲内で跡づけようとしたものである。精神活動といっても、単に宗教、哲学、思想といった形で表されるものだけではなく、「愛、家庭、法、技術、産業」（同）等、精神の働きと一体化して生み出される種々の形を通してでも、把握されうると考えられている。文頭にあるようにヘラクレスといった神話上の存在や、アテナイといった都市でさえ、書き残された文書以上に、過去の精神活動を証言することもできるのである。それゆえ本書は、文字もなかったような遠い過去における人間精神の働きを、各民族各部族等がいうなれば集団的無意識的作用として、つまり民衆的次元で、自らの願望やら悲嘆やらを投影して生み出した神話、宗教等を最大の手掛かりとして、歴史的に概観しようとした、歴史家ミシュレの歴史書の一つと位置づけられるべきであろう。今日で言う心性史の、はるかな先駆けだったのかもしれない。

こうした彼の基本スタンスは次の一言で表現されるだろう。「精神活動が宗教を包含するのであって、それが宗教の中に包含されるのではない。宗教は〈原因〉ともなるが、それ以上はるかに〈結果〉である。」（同）

それゆえ本書は、過去の数々の宗教（的なもの）が、いかなる集団的心情から生み出され、それがどのような社会（の現実）を逆に生み出す原因となっていたかを、はるか昔の古代インドから、ペルシア、エジプト、オリエント等を経て、古代、中世、近代ヨーロッパへと辿ってみようとした作品といえる。残念ながら中国、日本といった漢字文化圏はミシュレの視野から抜け落ちているが、それは、漢字文化そのものの研究が当時のヨーロッパであまり進んでいなかったからであろう。もしわが日本等まで収められていたら、本書は文字通り全「人類の」主要な精神活動を、ほとんどすべて包括するものとなっていたろうにと悔やまれるが、それにしてもこれほど広い視野で過去の人類の心の跡をたどろうとするとき、いわば当然のごとく、ミシュレのいるヨーロッパも、またヨーロッパ的価値観の中心にあったキリスト教も、相対化されざるを得なかったのである。

キリスト教の相対化

広くキリスト教といっても「旧約」と「新約」の世界は、はなはだしく異なっている。本書では、旧約のユダヤ的なものも、新約のイエスの神格化も、いかに歴史的背景を担ったものであるか、随所に詳しく述べられている。ほんの数例を思いつくままに挙げておこう。たとえば旧約の中で、神によって救われたり見捨てられたりする人物の基準が、当時のユダヤ人の理想や価値観を反映するものであったということが、次のように語られている。「ユダヤ人（……）の理想は戦士でもなければ、労働者でも耕作者でもなかった。かつては羊飼いのように放浪する人で、後になって、行商人、銀行家、古物商として放浪生活にもどったのである。『聖書』は力強く簡潔にこの理想を打ち出している。（……）技術や産業は（農業も同様）トバル・カインの人物像で断罪され（……）、ただバベルのような無意味な仕事に到達するだけである。真のユダヤ人、族長は、〈投機的羊飼い〉」（三〇〇）であり、それゆえヤコブやアベルのような羊飼いは神によって祝福され、エサウやカインのような耕作者は断罪されたという（同）。『聖書』が伝える（神から与えられた絶対的価値とされる）ものが、いかに歴史的存在としてのユダヤ民族の価値観の反映でしかないかを、ミシュレは繰り返し言及する。さらにはユダヤ人をも含む、オリエントの砂漠の民たちの価値観も反映しているとする。古代オリエントの小部族は、それぞれ「自らを神に選ばれたもの、神の民であると信じ、異邦人は汚れたもの憎むべきものだ」（二五五）とする強烈な選民意識をもっていたというが、その文脈の中で、ユダヤ人も血の汚れを何よりも恐れるものとなった。そこで「旧約」では、しばしば近親相姦が行なわれるのだという。自分らの血を異邦人のものと混ぜ合わせてしまうのを恐れる余り、身近にいる肉親とのあいだで子孫をもうけるほうを良しとするからである。ミシュレはこれを「憎しみにみちたモラル」（同）と呼び、何度も奴隷状態に陥ったユダヤ人の救済願望が、自分たちは神によって恩寵をもたらされて永遠に救われ、敵たちは神によって地獄へと落とされ、永劫の罰を受けるという信仰へと結実したと見なす。この「永遠の地獄という観念」(八九) それ自体が、じつはペルシアの信仰から生まれていることも指摘されている。キリスト教の世界観の中に、それ以前の文明の諸要素が入り込んでいても、何ら驚くことはあるまい。

「新約」についても歴史的背景が詳しく語られる。そもそも処女から生まれ、自らを犠牲に供してこの世に救いをもたらした神というのは、オリエントにあってそれほど珍しい存在ではなかったらしい。たとえばアッティス(一九六)。それゆえイエスが生まれる前夜、救い主への待望感が巷に重くただよっていた頃、「三人の女がすべてを始めた。聖母の母アンナ(……)聖ヨハネの母エリサベツ(……)大司祭の妻だったもう一人のアンナ」は「時が来たということ(……)を信じて(……)夢を身ごもるようになる。子供を生みたいとじりじりする」(三六六〜三六七)。彼女たちの集団的願望の中でイエスは生まれた。そして、いかに女たちから愛され、崇められ、特別の存在へと高められていったか、本書の一章「女の勝利」に詳しく書かれている。さらにはパウロやそれを取り囲む女たちの活躍によって、ローマ世界にその教えが広まっていった経緯も、ペルシアからローマに入っていたミトラ神をはじめとする様々な神相手の闘いとともに、語られている。キリスト教がローマで勝利したのも、帝政ローマの皇帝たちが自分たちの支配体制を強化するのに、キリスト教の恩寵の教義がまことに都合よく思われたからという、ほんの偶然によるものだとさえ、ミシュレは言いたげである。

こうしたキリスト教の相対化と裏腹に、それ以外の古代宗教への再評価が、ほぼ必然的に行なわれることになる。

古代の復権

本書はインドから書き始められているが、ミシュレは『ラーマーヤナ』を中心に、古代インドの思想を読み取ろうと努めている。彼がとくに驚嘆しているのは、インドにあって「草は一本の草ではなく、木は一本の木ではないこと、「動物は動物ではない」のであり、「それは一つの魂」(三五) であるとされ、かつて人間だったし、未来にあって人間となるだろうとされているということだった。こうした輪廻転生の信仰は、動物植物を問わず生きとし生けるものに対する善意と愛から生まれたのであり、ここに「信仰が心情を作ったのではなく、心情が信仰を作った」（六五）という典型をミシュレは認める。

その他ペルシア、オリエント、エジプト、ギリシア等々の神々を眺めていくとき、それらの神々の姿や運命の中に、それぞれの地のそれぞれの民のせつないまでの心の反映を、認めることができる。そこから、「人間はあらゆる時に同じように考え、感じ、愛したということが分かった」（二九）とミシュレは言うのだ。たとえば、エジプトのイシスの神話の中に、かの地で当時数多く存在したはずの寡婦たちの深い悲しみの投影を見たり、オリエントで生まれたバッコス＝ディオニュソス神話に、農業労働者たちの夏のブドウ畑仕事からの秋の解放の喜びを感じたり、オリエントやギリシア神話に出てくる人身御供を求める怪物たちの物語に、当時東地中海世界で実際に頻発していたはずの集団的な人身略奪の痕跡を認めたり、ミシュレは各地の神話の陰に、歴史的に実在したに違いない事実と、それらに対する人々の反応の実例を次々と見出していく。

歴史家ミシュレによるこうした記述は、真実、歴史を語っているのだろうか、それとも類まれな想像力によって空想しているだけなのだろうか、と疑ってみたくなるくらいである。間違いなく言えることは、ミシュレは本書で言及されている数多くの資料、たとえばエジプトの古代生活の一場面を描いた図版（二四二）等をもとに、こうしたことどもを思いみているのであり、彼の言っていることが百パーセント根も葉もないということはないはずだということである。こうして彼は、人間たちが、いつの時代でも、いかなる地にあっても、変わることのないものであったということ、つまりああした古代の神話類こそ、人間性の本質を何よりも良くあかしてくれるものだということを確信する。

ところで本書の原タイトルにある La Bible は単数名詞である。これがユダヤ・キリスト教の『聖書』を指すものでないことは一読すれば分かることであるが、このタイトルのみではいわゆる『聖書』のことと誤解されるかもしれぬと考え、原著にはない「多神教的世界観の探求」というサブ・タイトルを付した。いったいこの La Bible は何を意味するのだろう。本書では『ラーマーヤナ』、『シャー・ナーメ』等、各地で聖なる書物として扱われてきた諸作品を数多く取り上げている。もしそうしたもの全体を聖書と称したとするなら、タイトルは当然複数形にされれねばならない。ということはミシュレの意識の中で、歴史的に生まれたあらゆる信仰、神話、宗教を越えて、人類全体に対し、永遠の人間の本質をあかし、未来に向けて人間のあるべき姿を示し続けるような聖なる書を、たとえ素描のようなものであれ、提示してみたいという気持ちがあって、本書のタイトルを思い付いたのではないだろうか、と思われるのである。それゆえこの『人類の聖書』は、過去の人類の歩みを眺めるだけのものに留まってはならず、未来に向けてのメッセージをもたらさねばならなかった。

古代から一挙に近代へ

ミシュレが古代神話の中で、インドのそれと並んで高く評価するのはギリシアのそれである。オシリス、アドナイ、バッコス、アッティスといったエジプトやオリエントの神々が示した受動的受難に対し、「ヘラクレス的な能動的受難」を「人間を豊かにする」(一九六)ものとして称讃し、働き手としての人間像の基本をギリシアが作ったと評価するのである。しかし、かつて青春時代イタリアの思想家ヴィーコを発見しつつ、「人間は自分自身のプロメテウスである」と確信したという履歴からも推察できるように、何よりもミシュレが注目するのは「第二の創造者であるプロメテウス」(一九七)である。プロメテウスは周知のごとく、神々の火を盗んで人間に与えたかどで、ユピテルによりカフカス山の岩に鎖でつながれ、ワシに肝臓を日々ついばまれるという罰を受ける。「一方では結《ゆ》わえられ釘づけされた『法』の『子』がいた。他方には、天上における全能者、僭主、『法』の敵、『主』が、審判者が、好意ないし『恩寵』がいた。それはユピテル」(二一六〜二一七)であるというこの言葉からも分かる通り、最高神ユピテルは自らの思いにかなうものを好意(=恩寵)によって救い、意に反する者は罰を加えて自由に断罪する存在とされる。

ユピテルは「そのときバッコスと混じりあう」(二一七)と続けて書かれている。こうしたユピテル=バッコス的イメージを、地上において自らに纏わせたのがアレクサンドロス大王であり、やがてそれがローマの諸皇帝に引きつがれ、近代の絶対王政期の王たちにまで継承されたとミシュレは言う(二九三)。

そして、こういった地上の絶対的権力者を支える最有力のイデオロギーとなったのが、ヨーロッパ世界にあっては、ユピテル的存在の延長上に生じた、ユダヤ・キリスト教的神の「恩寵」の理論に他ならなかったというのだ。この理論は、神の言うなれば恣意的に下される救いと同時に、永劫の罰をも前面に打ち出すことで、中世を千年あまり恐怖の陰で覆いつくし、数知れぬ苦難を人類にもたらすことになった。ルネサンスによって、こうした中世的世界像はかなりの程度崩壊したわけだが、中世的社会体制の一部は、その後も根強く生きつづけてアンシャン・レジームへと通底した。こうした古い社会体制を完璧に打倒しようとしたのが、フランス革命だったとミシュレは考える。本書の本文の末尾が彼自身の書いた『フランス革命史』の序文の中枢部によって閉じられているのも、じつは、こういったミシュレの基本的な世界史観にもとづくものである。

それでは、フランス革命によって切り開かれた近代の、立脚すべき原理とはいかなるものなのか。彼によれば、古くはギリシアにあってソクラテスが主張した原理、ユピテルは正義の女神テミスと共にいない限り神の名に値しないということ、そして正義を現実化するもの「法は神々の女王そのもの」（二七三）であるという原理である。「法」と「正義」と、そして「自由」の確立、それに基づく「生」の解放、それこそが近代の原理となろう。「イスラム教的運命論とキリスト教的恩寵の運命論は、中世を不毛化した。ギリシアがあんなにも豊かだったのは、自由を信じていたからなのである」（二一九）とか、「ユダヤ人とその二人の息子キリスト教徒とイスラム教徒は、『言葉』を培い、生をなおざりにした。（……）地球を、〈ハハナルダイチ〉を忘れた」（三九三）と注記されてある通りである。

インド的（人間を越えた万物への）愛、ギリシア的自由、それらが正義と法とに結びつくとき、真に豊かな人間性（＝人類。フランス語ではhumanitéという一語）が開花するだろう。これが本書の伝えるメッセージに他なるまい。そしてそれは次のように結論づけられている。

「インドから八九年〔フランス革命〕まで光の奔流が流れ下ってくる。『法』と『理性』の大河である。はるかな古代は君なのだ。（……）そして中世はよそ者となる。」（四〇五）

はるか遠い古代が一挙に近代へと結びつき、自らによって自らを創るという人間のあり方を実現する。これがミシュレの世界史像の構想となったのである。このあまりにも近代的といってよい人間観のかたわらに、人間を越えた大いなる自然の、あのインド的世界像の重要性をも忘れていなかったというのが、ミシュレのミシュレたるゆえんである。本書の三年半後に発表された作品『山』その他を見ても、そのことは良くわかる。歴史の中で生まれた千万という神々が、すべて人間精神の生み出したものに他ならないとしても、この宇宙（＝大自然）の中で人間もまた生み出されたものであり、集合体としての人間精神もまた有限であるというのも、まぎれもない真実だろう。ミシュレが本書で試みたのは、すでに述べたように、あくまでも人間の精神と神々との照応の歴史であって、人間をも越えた宇宙の究極の意味を、あるいは個々の宗教の説く神々すべてを越えた究極の原理を、問うことではなかったはずだ。それゆえ、そういった哲学的ないし宗教的（場合によっては自然科学的）探索は、読者であるわれわれ自身が、おそらくは深い孤独に耐えながら、なし続けねばならないこととして残されたのである。

＊

最後に私事ではあるが、ちょっと記しておきたい。昨二〇〇〇年、私は東京都立大学でフランス文学科の大学院・学部共通の授業を担当することとなり、この作品のキリスト教に関連する幾つかの章を読むことにした。一年間大変熱心につきあってくれた学生諸君と楽しく勉強できたことを喜んでいる。とはいえ、本書は全体としてかなり難解であり、固有名詞等、多くの事典、辞書等の（いちいち名は記さないが）お世話になりながら、調べられるだけは調べたつもりではあるが、分からないまま残ったものも多いし、あるいは勘違いをしている事項もあるかもしれない。またギリシア語、ラテン語については、浅学ゆえ読み違いをしている所もあるのではないかと危惧している。読者諸賢の忌憚ないご指摘をお願いしたい。

末尾となったが、本書訳出を勧めてくださった藤原書店の藤原良雄社長と、校正等でお骨折りいただいた編集部の清藤洋氏に対し、改めて謝意を表する。

二〇〇一年八月

大野 一道

ま 行

や 行

ら 行

聖典・作品名

あ 行

か 行

さ 行

た 行

な 行

は 行

わ 行

や 行

ら 行

ま 行

な　行

は　行

さ　行

た　行

か　行

索　引

固有名（神名／人名／地名）・事項

あ　行

著者紹介

ジュール・ミシュレ（Jules Michelet, 1798-1874）

フランス革命期にパリで民衆の子として生まれ、ナポリの思想家ヴィーコの影響のもとに歴史家となり、コレージュ・ド・フランス教授等を歴任。『フランス史』『フランス革命史』ほかの歴史書、『鳥』（1856）『虫』（1857）『海』（1861）『山』（1868）といった自然をめぐる博物誌的エッセイ、『民衆』（1846）『女』（1859）など同時代の社会をめぐる考察など厖大な作品を遺し、フランスでは単なる歴史家の枠を越えた大作家として、バルザックやユゴーと並び称されている。

訳者紹介

大野一道（おおの・かずみち）

1941年東京都生まれ。1967年東京大学文学部大学院修士課程修了。現在中央大学教授。専攻は近代フランス文学。著書に『ミシュレ伝』（藤原書店）、訳書に、ミシュレ『民衆』（みすず書房）『女』『世界史入門』『学生よ』『山』、フェロー『新しい世界史』（以上、藤原書店）、ペギー『もう一つのドレフュス事件』（新評論）、ボンヌフォア編『世界神話大事典』（共訳・大修館書店、第37回日本翻訳出版文化賞）などがある。

人類の聖書
——多神教的世界観の探求——

2001年11月30日　初版第1刷発行©

訳者　大野一道
発行者　藤原良雄
発行所　株式会社 藤原書店
〒162-0041　東京都新宿区早稲田鶴巻町523
TEL　03（5272）0301
FAX　03（5272）0450
振替　00160-4-17013
印刷・製本　モリモト印刷

落丁本・乱丁本はお取り替えします
定価はカバーに表示してあります
Printed in Japan
ISBN4-89434-260-X

新しい性の歴史学

性の歴史

J-L・フランドラン

宮原信訳

性の歴史を通して、西欧世界の全貌を照射する名著の完訳。愛／性道徳と夫婦の交わり／子どもと生殖／独身者の性生活の四部からなる本書は、かつて誰もが常識としていた通説を、綿密な実証と大胆な分析で覆す。アナール派を代表する性の歴史の決定版。

A5上製　四四八頁　**五三四〇円**

（一九九二年二月刊）◇4-938661-44-6

LE SEXE ET L'OCCIDENT

Jean-Louis FLANDRIN

感性の歴史学の新領野

涙の歴史

A・ヴァンサン=ビュフォー

持田明子訳

ミシュレ、コルバンに続き感性の歴史学に挑む気鋭の著者が、厖大なテキストを渉猟し、流転する涙のレトリックと、そのコミュニケーションの論理を活写する。近代的感性の誕生を、こころとからだの間としての涙の歴史から描く、コルバン、ペロー絶賛の書。

四六上製　四三二頁　**四二七二円**

（一九九四年七月刊）◇4-938661-96-9

HISTOIRE DES LARMES

Anne VINCENT-BUFFAULT

日曜歴史家の心性史入門

「教育」の誕生

Ph・アリエス

中内敏夫・森田伸子編訳

名著『〈子供〉の誕生』、『死を前にした人間』の日曜歴史家が、時代と社会によって変化する生物的なものと文化的なものの境界を活写し、歴史家の領域を拡大する〈心性史〉とは何かを呈示。「心性史とは何か」「避妊の起源」「生と死への態度」「家族の中の子ども」他。

A5上製　二六四頁　**三二〇〇円**

（在庫僅少）（一九九二年五月刊）◇4-938661-50-0

自然科学・人文科学の統合

気候の歴史

E・ル=ロワ=ラデュリ

稲垣文雄訳

ブローデルが称えた伝説的名著ついに完訳なる。諸学の専門化・細分化が進む中、知の総合の企てに挑戦した野心的大著。関連自然科学諸分野の成果と、歴史家の独擅場たる古文書データを総合した初の学際的な気候の歴史。

A5上製　五一二頁　**八八〇〇円**

（二〇〇〇年六月刊）◇4-89434-181-6

HISTOIRE DU CLIMAT DEPUIS L'AN MIL

Emmanuel LE ROY LADURIE

売春の社会史の大作

娼婦

A・コルバン
杉村和子監訳

アナール派初の、そして世界初の、社会史と呼べる売春の歴史学。常識が人類の誕生以来変わらぬものと見なしている「世界最古の職業」と「性の欲望」が歴史の中で変容する様を、経済・社会・政治の近代化の歴史から鮮やかに描き出す大作。

A５上製　六三二頁　**七六〇〇円**
（一九九一年二月刊）
◇4-938661-20-9

LES FILLES DE NOCE
Alain CORBIN

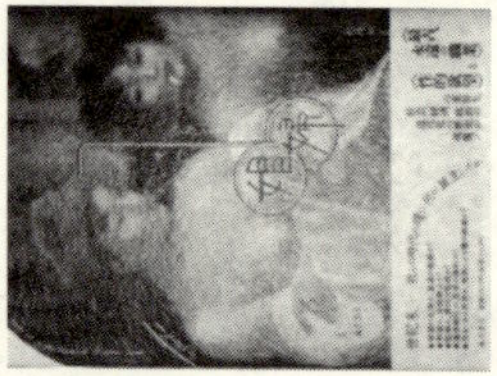

「嗅覚革命」を活写

においの歴史

〔嗅覚と社会的想像力〕

A・コルバン　山田登世子・鹿島茂訳

アナール派を代表して「感性の歴史学」という新領野を拓く。悪臭を嫌悪し、芳香を愛でるという現代人に自明の感受性が、いつ、どこで誕生したのか？　一八世紀西欧の歴史の中の「嗅覚革命」を辿り、公衆衛生学の誕生と悪臭退治の起源を浮き彫る名著。

A５上製　四〇〇頁　**四九〇〇円**
（一九九〇年一二月刊）
◇4-938661-16-0

LE MIASME ET LA JONQUILLE
Alain CORBIN

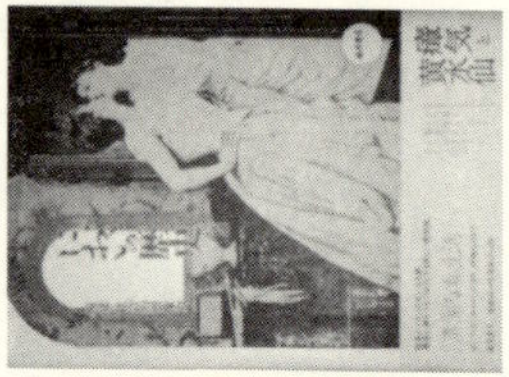

浜辺リゾートの誕生

浜辺の誕生

〔海と人間の系譜学〕

A・コルバン　福井和美訳

長らく恐怖と嫌悪の対象であった浜辺を、近代人がリゾートとして悦楽の場としてゆく過程を抉り出す。海と空と陸の狭間、自然の諸力のせめぎあう場、「浜辺」は人間の歴史に何をもたらしたのか？　感性の歴史学の最新成果。

A５上製　七六〇頁　**八五四四円**
（一九九二年一二月刊）
◇4-938661-61-6

LE TERRITOIRE DU VIDE
Alain CORBIN

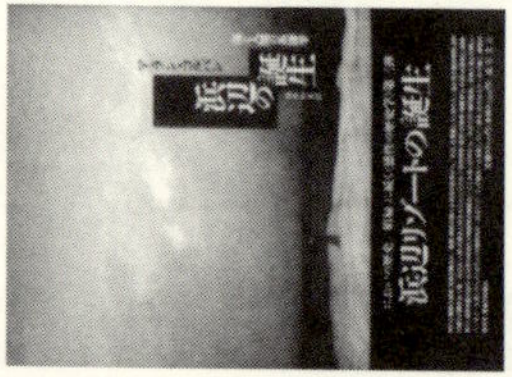

近代的感性とは何か

時間・欲望・恐怖

〔歴史学と感覚の人類学〕

A・コルバン
小倉孝誠・野村正人・小倉和子訳

女と男が織りなす近代社会の「近代性」の誕生を日常生活の様々な面に光をあて、鮮やかに描きだす。語られていない、語りえぬ歴史に挑む。〈来日セミナー〉「歴史・社会的表象・文学」収録（山田登世子、北山晴一他）。

四六上製　三九二頁　**四一〇〇円**
（一九九三年七月刊）
◇4-938661-77-2

LE TEMPS, LE DÉSIR ET L' HORREUR
Alain CORBIN